教育部区域和国别研究基地非洲研究中心

浙江省哲学社会科学重点研究基地非洲研究中心

浙江省重点创新团队（文化创新类）中非文化交流战略与政策研究团队

浙江省高等学校创新团队非洲研究团队研究成果

浙江师范大学非洲研究院主办

AFRICAN STUDIES

非洲研究

2013年第1卷（总第4卷）

中国社会科学出版社

图书在版编目（CIP）数据

非洲研究.（2013年第1卷）/浙江师范大学非洲研究院主办
—北京：中国社会科学出版社，2013.10
ISBN 978 - 7 - 5161 - 3359 - 0

Ⅰ.①非…　Ⅱ.①浙…　Ⅲ.①非洲—研究　Ⅳ.①K94 - 55

中国版本图书馆 CIP 数据核字（2013）第 235620 号

出 版 人　赵剑英
责任编辑　张　林
特约编辑　蓝垂华　全太顺
责任校对　高建春
责任印制　戴　宽

出　　版　中国社会科学出版社
社　　址　北京鼓楼西大街甲 158 号（邮编 100720）
网　　址　http://www.csspw.cn
　　　　　中文域名:中国社科网　　010 - 64070619
发 行 部　010 - 84083685
门 市 部　010 - 84029450
经　　销　新华书店及其他书店

印　　刷　北京君升印刷有限公司
装　　订　廊坊市广阳区广增装订厂
版　　次　2013 年 10 月第 1 版
印　　次　2013 年 10 月第 1 次印刷

开　　本　710 × 1000　1/16
印　　张　21
插　　页　2
字　　数　355 千字
定　　价　58.00 元

《非洲研究》编辑委员会

目 录

Summary ……………………………………………………………… (1)

特 稿

习近平主席访非与未来十年的中非关系 ……………………… 刘鸿武(3)
发展适应新情况的不干涉内政学说 ………………………… 王逸舟(22)

非洲和平安全与不干涉原则

中国对非洲和平与安全政策的演进:一种建设和平的新范式?
　……………………………[南非]克瑞斯·艾登　[英]丹·拉吉(31)
从国内经验看中国对非洲的和平安全政策 ………… 王学军　刘 祎(41)
南苏丹分离与中国的不干涉政策 ……[苏丹]哈立德·阿里·艾敏(51)
中国在南北苏丹关系问题中的作用 ……………… 姜恒昆　黄雨威(66)
中国与尼日利亚贸易投资关系中的治理和安全问题
　………………[尼日利亚]阿德鲁·阿德乌伊,奥德姆拉·欧耶基德(77)
中国投资对非洲和平安全的影响:以津巴布韦为例
　………………[津巴布韦]劳伦斯·曼达拉,罗纳尔多·奇帕卡 (95)

南非与南部非洲发展问题

南非成为非洲区域发展领导者的优势与困境 …… 胡 美　刘鸿武(109)

中国与南非工业制品出口的竞争性:基于引力模型的研究

…………………………………………………………… 孙志娜(124)

南部非洲发展共同体经济一体化的成就与问题 … 赵长峰　赵积旭(138)

中国与南部非洲发展共同体合作历程及前景 …………… 张　瑾(148)

非洲政治与国际关系

埃及穆斯林兄弟会的民主化转型问题 ………… 王恋恋　王　泰(165)

英国工党政府的非洲政策浅析(1997—2010) …… 李鹏涛　翟　珣(180)

非洲区域一体化与中非合作的机遇和挑战 ……………… 唐　晓(192)

论非洲华侨华人与中国对非公共外交 …………………… 赵　俊(206)

在非中国企业对中国对非外交的影响 …………………… 郭宏宇(219)

东非油气资源新发现及其前景 …………………………… 周术情(228)

非洲历史、文化与社会

塞西尔·罗得斯的种族主义思想述评 …………………… 汪津生(241)

当代埃塞俄比亚教育发展困境及原因分析 ……… 陈明昆　苏　兵(251)

非洲城市化的现状、特点和发展趋势 …………… 李　晶　车效梅(260)

1949—1964 年中国外交部涉非机构的演变 ……… 郑建成　龙向阳(274)

非洲调研报告

喀麦隆雅温得第二大学孔子学院现状调研 ……………… 陈连香(295)

Contents

Summary ·· (1)

Special Manuscript

President Xi's Visit to Africa & Sino-African Relationships
 in the Next Decade ··· By Liu Hongwu (3)
Developing Non-interference Doctrine Adapting to
 New Situations ·· By Wang Yizhou (22)

Non-intervention Principle and African
Peace and Securityt

China's Evolving Policy towards Peace and Security in Africa: Constructing a
New Paradigm for Peace Building? ······ By Chris Alden and Dan Large (31)
Domestic Experience and International Peace Involvement:
 Understanding China's African Policies on Peace
 and Security ······························· By Wang Xuejun, Liu Yi (41)
South Sudan Secession and China's Non-Interference
 Policy ······································ By Khalid Ali ElAmin (51)
China's Role in Resolving Sudan-South Sudan Issues
 ······································ By Jiang Hengkun, Huang Yuwei (66)

Governance and Security Challenges Associated with China-Nigeria
Trade and Investment Relations
·· By Adeolu O. Adewuyi & Ademola Oyejide （77）
Chinese Investment in Africa: Opportunities and Challenges for Peace and
Security in Zimbabwe ··· By Lawrence Mhandara & Ronald Chipaike （95）

Development issues of South Africa and Southern Africa

The Advantages and Difficulties of South Africa to be a Regional
Development Leader ···················· By Hu Mei, Liu Hongwu （109）
An Analysis of Competitiveness between China and South Africa's
Manufacturing Goods Export: Based on Trade Gravity
Model ··· By Sun Zhina （124）
The Economic Integration in SADC Region: Achievements
and Problems ···················· By Zhao Changfeng, Zhao Jixu （138）
Economic Cooperation of China and SADC: History
and prospect ·· By Zhang Jin （148）

African Politics and International Relations

A Study of the Egyptian Muslim Brotherhood's Democratization
and its Causes ···················· By Wang Lianlian, Wang Tai （165）
UK's Third Way Foreign Policy in Sub-Saharan Africa under
New Labour, 1997 – 2010 ··············· By Li Pengtao, Zhai Xun （180）
Africa Regional Integration Brings Opportunities And Challenges to
China-Africa Cooperation ······························ By Tang Xiao （192）
Overseas Chinese in Africa and China's Public Diplomacy
towards Africa ··· By Zhao Jun （206）
Effect of Chinese Enterprises on China's African
Diplomacy ··· By Guo Hongyu （219）

Prospects of Oil and Gas in East Africa ·············· By Zhou Shuqing (228)

Africanhistory, Culture and Society

On the Racist Ideology of Cecil Rhodes ··········· By Wang Jinsheng (241)

An Analysis to the Crisis of Educational Development in

Contemporary Ethiopia ················· By Chen Mingkun, Su Bing (251)

Research on the status, Characteristics and Development Tendency

of Urbanization in Africa ················ By Li Jing, Che Xiaomei (260)

A Historical Survey on Transitions and Background of the African-related

Region Department of the MFA of the PRC, 1949 – 1964

····························· By Zheng Jiancheng, Long Xiangyang (274)

Field Research

Field Research on Confucius Institute at University of Yaounde II

of Cameroon ·································· By Chen Lianxiang (295)

Summary

Title: **President Xi's Visit to Africa & Sino-African Relationships in the Next Decade**

By Liu Hongwu, Professor, Director of the Institute of African Studies, Zhejiang Normal University

Abstract: Xi Jinping's first Africa trip as Chinese President, is an important diplomatic effort and policy announcement of grasping China-Africa cooperation. It shows that the new strategic direction of China diplomacy will take the cooperation development and win-win development of southern countries, developing countries and emerging countries as significant supporting points, to play a global constructive role in promoting harmonious and win-win development. In the future, China needs to take innovative measures to boost the transformation and upgrading of China-Africa cooperation relations, to build a relation-structure of mutual development opportunity and mutual strategic fulcrum, and China should take more considerations to African countries' development demands and interests during the cooperation. China's development is inseparable from the world's development. How to advance the Africa's development with China, is the epoch requirement of the eventual achievement of "Chinese Dream", and also is the challenges for Sino-African relationships in the future.

Key words: Xi Jinping, Visit to Africa, Next decade, Sino-African relationships

Title： Developing Non-interference Doctrine Adapting to New Situations

By Wang Yizhou, professor, Deputy dean of international studies of Peking University

Abstract： Non-interference principle is the basic principle of Chinese diplomacy. This principle conforms to the fundamental interests of China and other developing countries, and needs to be adhered to for a long term. However, with the change of the times, we need to make improvements and amendments on the connotations and spirits of this principle. In resolving regional conflicts and hotspot issues, under the premise of ensuring the basic interests of state party, relevant countries and international community may participate in the resolutions of internal crisis of individual countries, thus to better maintain regional and world peace. China academic society should try to develop new non-interference doctrine which not only has Chinese characteristics, but is in line with international trend.

Key words： Non-interference principle, New situation, Neodoxy

Title： China's Evolving Policy towards Peace and Security in Africa： Constructing a new paradigm for peace building?

By Chris Alden and Dan Large, scholar in South African Institute of International Affairs, scholar at School of Oriental and African Studies in London University Affairs

Abstract： With China's demands in the protection of its interests in Africa and pressure from the international community which hopes it plays a more significant role in peace and security affairs in Africa, China is becoming more and more involved in the complex engagement, Africa peacekeeping and post-conflict reconstruction. This highlighted some problems in China's African policies, including the lack of specific policies towards post-conflict environment, fragile states and the non-interference principles in China's Africa policy. However, China has been increasingly involved in the process of post-conflict intervention in Africa in their own way of peace building. Furthermore, the policy model has been considered to present four characteristics： holding that the concepts of stability and harmonious development is more attractive than the "democracy, freedom and market economy"; emphasis on Africa local initiative; believing that economic development played a fundamental role in peace reaching; emphasizing the role of the state. Although it is hard to make a conclusion that this model is a better way to achieve sustainable peace, the growing and unprecedented confidence that the Chinese policy making community brings to the theorizing of peace building and the positive engagement with African counterparts suggest that a new agenda is in the making.

Key words: China; Africa; peace-building; post-conflict interference

Title: Domestic Experience and International Peace Involvement: Understanding China's African Policies on Peace and Security

By Wangxuejun, Liu Yi, researcher of Institute of African Studies at Zhejiang Normal University, postgraduate student of Institute of African Studies at Zhejiang Normal University

Abstract: Due to the different national experience in China and Western countries, Currently China and the West have taken different intervention policies in the areas of peace and security in Africa. And it contributes to understand and analyze the Chinese peace and security policies in Africa from this perspective. The domestic experience of achieving stability and peaceful order in China can be summarized as "Developmental Peace", which holds that the economic and social development is a fundamental way to achieve sustainable peace, accompanied by the gradually political and social improvement and highlighting the sovereignty and national independence in the process. Therefore, China's policy of peace and security takes on different modes and features from Western "sovereignty-development" ones, and future policy trend is to expand and deepen cooperation areas and space in this mode. Specifically, in addition to peacekeeping in Africa, China will be more involved in African conflicts mediation and Africa's peace-building operations; however the cautious stance will be insisted on the aspect of system and the rule of law construction and the organization of elections.

Key words: China-African relations, peace and security, domestic experience, developmental peace, peacebuilding

Title: South Sudan Secession and China's Non-Interference Policy

By Khalid Ali El Amin, University of Khartoum

Abstract: Africa's governance and security problems are complicated and numerous, which has plagued the peace, development and stabilization of African continent. As early as in the colonial period, Western countries have established their advantage in Africa. As a late comer to the international economic scene, China has obtained tremendous and breathtaking strides in economic development in recent years. Much of the media flurry deeply, even perceived China's interests expanding in African Continent as threat. For the past few years, China-African economic and trade relations continue to heat up, which has given rise to questions over the objectives, nature and impact of such a relationship in academic circles. Furthermore, the international media launched the debate of China's Non-Interference Policy around the southern problems of Sudan. In front of the reality that western international relations lack consistency and creditability, it is necessary for China to investigate comprehensively the real concerns of African and Western countries in this continent, participate actively in Africa's governance and security problems, and promote positively the establishment of inclusive system of governance in Africa.

Key words: Sudan, China, Non-Interference Policy, Africa Governance, Recommendations

Title: China's Role in Resolving Sudan-South Sudan Issues

By Jiang Hengkun, Huang Yuwei researcher of Institute of African Studies at Zhejiang Normal University, postgraduate student of Institute of African Studies at Zhejiang Normal University

Abstract: The relations between Sudan and South Sudan have been at a deadlock since their peaceful separation, and its root can be traced back to the long-standing northern - southern Sudan issue before the separation. Because of its greater influence on the two Sudans, as well as the requirement for the protection of its interests and image in both Sudans, China actively participated in its own way and played a constructive role in solving the problems between Sudan and south Sudan. China's role in the relation between Sudan and South Sudan will not only affect its relations with the two countries, but will also affect such major issues faced by China as the protection of its overseas interests, the optimization of its image, the assumption of its international responsibility, and even the development of its "non-interference" principle.

Key words: China, Sudan, South Sudan, Diplomacy

Title: Governance and Security Challenges Associated with China-Nigeria Trade and Investment Relations

By Adeolu O. Adewuyi & Ademola Oyejide, Department of Economics, University of Ibadan, NIGERIA, Centre for Trade and Development initiatives, Ibadan, Nigeria

Abstract: China-Nigeria trade and investment relations have taken a new dimension in recent times. These economic relations have brought a number of benefits (or opportunities) and costs (or challenges) including the issues of governance and security, which this paper seeks to analyse. In terms of benefits, Nigeria's merchandise export to China increased over tenfold from US $ 73. 3 million in 2002 to US $ 1. 44 billion in 2010. In the same vein, Nigeria's import from China increased over tenfold from US $ 740. 6 million in 2002 to about US $ 7. 30 billion in 2010. Foreign direct investment from China to Nigeria rose from US $ 75. 6 million in 2004 to over US $ 1. 21 billion in 2010. The grant elements of China's loans to Nigeria have hovered around 25 – 30%. The different stakeholders in Nigeria and China (governments, exporters, importers, investors, contractors and the general public) have benefited from these trade and investment flows. However, part of the associated costs is growing concern that the trade and investment pattern between the two countries may be inconsistent with, and dangerous to Nigeria's industrialisation aspiration. In particular, there are governance and security issues arising from the economic relations which this paper examined. These issues include unfair competition, sharp practices such as importation and production of sub standard products, violation of national labour and human right laws, environmental laws and health/safety standards, corruption, kidnapping, and lack of transparency. Some recommendations are provided for future policy formulation.

Key words: Governance, security, China, Nigeria, Trade, Investment

Title: **Chinese investment in Africa**: **Opportunities and Challenges for Peace and Security in Zimbabwe**

By Lawrence Mhandara & Ronald Chipaike, Department of Political and Administrative Studies in University of Zimbabwe, Department of Social ScienceBindura University of Science Education Zimbabwe

Abstract: China has a long history of political contact with Africa dating back to the Han Dynasty. With respect to Zimbabwe, the political contact was most visible during the war of liberation when the People's Republic of China supported the nationalist fighters against the Southern Rhodesian government. As the Cold war ended, China rejuvenated its drive to strengthen its strategic cooperation with the developing countries, of which Zimbabwe is a part. The adoption of the official 'Look East' policy by Zimbabwe in 2003 was further evidence of this expanding Chinese strategic outreach. It is this reinvigorated engagement with Zimbabwe that has attracted wide scholarly interest particularly at a time when Zimbabwe has been rebuked by its traditional Western partners for failing to respect the fundamentals of good governance. Despite the relentless and incessant Western opposition and chastisement, China has remained committed to the non-interference policy in dealing with Zimbabwe and has continued to invest in new projects in key sectors of the economy such as mining and infrastructure development without 'strings attached'. Findings indicate that although China's non-interference policy has helped the isolated government to survive the Western onslaught, it came with huge challenges for the institutionalisation of democracy in the country. However, departing from the premise that peace and security has now assumed a broader sense, the paper establishes that despite the negative implications on good governance, human rights and rule of law, China's investment presents a major opportunity to improve human security for Zimbabwe. The paper mainly recommends that China should make an effort to leverage its investments to advance good governance in Zimbabwe and in so doing exercise flexibility in line with conventional wisdom.

Key words: China, Zimbabwe, Investment, Peace and security

Title: **The Advantages and Difficulties of South Africa to be a Regional Development Leader**

By Hu Mei, Liu Hongwu, PhD. associate Researcher of Institute of African Studies at Zhejiang Normal University, professor, Doctoral supervisor, Qianjiang Scholar of Zhejiang Province

Abstract: A regional development leader is badly needed by the development of Africa as a continent with so many development countries. After years of exploration, South Africa has formed its development ideas and policy system, plays important role in the regional and sub-regional organizations to prevent and deal with the conflict all over the Africa and the peace and security of African. All of these lead advantages of South Africa to be a dominant country in the development of African continent. However, with the disadvantages of its national strength and political will, the disputes from both history and reality with other African countries, South Africa has many limits from both inside and outside in the role of development leader to realize the political ambition of Africa, which stirs up the distrust from other African countries as well. In the long run, in order to be a regional leader on the development, it is needed to be promoted on the national power and ability, its idea and policy in the politics of domestic politics and foreign policy.

Key Words: South Africa, Development Leader, Development aid, The Development of Africa

Title: **An Analysis of Competitiveness between China and South Africa's Manufacturing Goods Export**: **Based on Trade Gravity Model**

By Sun Zhina, scholar of China-Africa international business school, Zhejiang Normal University

Abstract: In recently years, as the economic and political relationship between China and South Africa are gradually heating up, the trade between two countries grows rapidly. The trade relationship between China and South Africa was shown to complement each other, as well as exhibited a certain extent of competitiveness at the same time. So, this paper tries to apply the trade gravity model to investigate the competitiveness between China and South Africa's manufacturing goods export to the third market. The result showed that there existed the obviously strong competitiveness between China and South Africa's manufacturing goods export to the third market, especially stronger in the labor intensive manufacturing goods, but lower in the capital intensive manufacturing goods. There was important policy enlightenment of above results for the economic and trade cooperation between two countries.

Key words: China; South Africa; Manufacturing goods export; Competitiveness

Title: The Economic Integration in SADC Region: Achievements and Problems

ByZhao Changfeng, Zhao Jixu, associate professor in Central China Normal University, postgraduate student of Central China Normal University

Abstract: Since founded in 1992, SADC has achieved remarkable success in free trade area, customs union and financial cooperation. Now, it has developed the biggest scale and most potential regional organization in Africa. However, there are numerous challenges SADC are facing in the process of economic integration because of the history and reality, such as the extremely uneven development among members, overlapping identity among members, insufficient depth of regional economic integration, vulnerable means of transportation and weak attraction for the foreign investment, etc. If these problems cannot be resolved, they will impede the development of economic integration in SADC in the future.

Key Words: SADC; South Africa; Economic Integration

Title: Economic Cooperation of China and SADC: History and prospect

By Zhang Jin, scholar of Institute of African Studies, Zhejiang Normal University

Abstract: China-Africa Cooperation has long history. Based on bilateral cooperation relations, China and the Southern African Development Community (SADC) countries successfully support each other. However, though sub-regional economic organizations in Africa have being exerting influence since their establishment, China's cooperation with them seems to lag behind. Taking the cooperation between China and SADC as a case study, this paper analyzes the feasibility of further cooperation, discusses the major areas for such cooperation and its impact will be incurred, and concludes that the enhancement of China's cooperation with sub-regional economic organizations in Africa will not only consolidate the traditional cooperation but promote multilateral cooperation as well.

Key words: China-Africa Cooperation; Regional economic cooperation; Sub-regional; Southern African Development Community (SADC)

Title: **A Study of the Egyptian Muslim Brotherhood's Democratization and its Causes**

By Wang Lianlian, Wang Tai, PHD Candicate of Nankai University; Professor, College of Marxism Studies, Inner Mongolia University for the Nationalities.

Abstract: In 2012 June, Egyptian political turbulent finally ended, the Muslim Brotherhood became the winner of Egyptian history for the first time. It is shown that the Muslim Brotherhood has the advantage in the fight with the secular power, as a new power of democratization, the brotherhood became more moderate, it accepted the current constitutional system and law and searched for a legal means in the constitutional system in order to participate in politics; besides, at the beginning of brotherhood it committed to penetrate the civil society. The democratization of brotherhood had experienced a long way, the reasons of the successful transformation had mentioned below: first, the evolution in the internal thought; secondly, the younger generation want to seek a new development path; thirdly, diversity in the Egyptian domestic politics and civil society development; the last one is the Middle East democratization had advanced. As the most influential moderate power, the brotherhood will play an indispensable role in the future the Egyptian political development path, but also it will face a lot of challenges.

Key Words: Egypt; the Muslim Brotherhood; democratization

Title: **UK's Third Way Foreign Policy in Sub-Saharan Africa under New Labour, 1997 – 2010**

By Li Pengtao & Zhai Xun, researcher of Institute of African Studies at Zhejiang Normal University, postgraduate student of Institute of African Studies at Zhejiang Normal University

Abstract: New Labour government has demonstrated a compassionate attachment to Sub-Saharan Africa. Although New Labour's claims to implement its ideas about an 'ethnical foreign policy' in Sub-Saharan Africa have succeeded in giving Britain a higher profile in the international arena, the implementation of such a policy is intrinsically difficult.

Key Words: UK; New Labour; Africa; Third Way Foreign Policy

Title: **Africa Regional Integration Brings Opportunities And Challenges to China-Africa Cooperation**

By Tang Xiao, professor, dean of centor of African Studies in China Foreign Affair University

Abstract: Regional integration is the way for Africa to seek peace and development through unity. Great progresses have been achieved in peace and security, trade, foreign cultural exchanges and other significant areas. But African regional integration has also been affected by war, internal conflict and political instability, similar economic and industrial structure, and international financial crisis, it has a long way to go. Combination of Africa regional integration with China-Africa cooperation is important strategic opportunity and cooperation platform for China to achieve industrialization, urbanization, modernization and sustainable development. Within the framework of the Forum on China-Africa Cooperation (FOCAC), China and African countries can nurture and promote the combination of the China-Africa cooperation with African regional integration, develop bilateral cooperation complemented with multilateral cooperation, and produce more fruitful results in the scale and efficiency.

Key Words: Africa regional integration, China-Africa cooperation, FO-CAC

Title: **Overseas Chinese in Africa and China's Public Diplomacy towards Africa**

By Zhao Jun, Ph. D. , Associate Researcher of the Institution of African Studies at Zhejiang Normal University

Abstract: Public diplomacy is an important direction of promoting China's diplomacy in the new era. Encouraging overseas Chinese to actively involve in public diplomacy is an important channel and way of China's public diplomacy. With the development of China-Africa relations, overseas Chinese in Africa has played an increasingly important role in China's public diplomacy towards Africa, but also faced many constraints. According to "local conditions" and meeting the needs of African, overseas Chinese in Africa has actively explored the ways of participating in public diplomacy. It is not only conducive to the unfolding of China's public diplomacy towards Africa, to the deepening of the cognition between Chinese people and African people, but also to the protection of rights and interests of overseas Chinese in Africa.

Key words: Africa; overseas Chinese; China-Africa relations; public diplomacy towards Africa

Title: **Effect of Chinese Enterprises on China's African Diplomacy**

By Guo Hongyu, scholar of China Foreign Affair University

Abstract: Chinese enterprises in Africa are more important in Chinese African diplomacy than before. The paper explores the positive and negative effects of Chinese enterprises in Africa, especially the effects on national interests outside the public diplomacy. The paper argues that the enterprises in Africa are positive in building the nation's image, shaping the national interests and improving the efficiency of diplomacy, but the gulf of cultures, the homogeneous competition and indefinite identity are negative in China's African diplomacy. The paper suggests that the diplomatic service should work in close cooperation with Chinese enterprises in Africa, so that the enterprises can do better in the diplomacy.

Key words: Chinese enterprises in Africa, national interests, efficiency of diplomacy

Title: Prospects of Oil and Gas in East Africa

By Zhou Shuqing, an assistant professor of the Institute of African Studies, at Zhejiang Normal University (IASZNU)

ABSTRACT: The exploration of oil and gas in the East African region has been continuing almost a century. The international industry circle had shown little interest in this field. East Africa, however, becomes a new hub of oil and gas exploration now. The hydrocarbons discoveries in the region of Rift Valley of East Africa bring about a new future of the countries including Uganda, Kenya, Somalia, Ethiopia, Tanzania and Mozambique etc. There are great prospects of the oil and gas in this region when the energy giants from both western and emerging countries converge on the place. Nevertheless, there is no real smooth ride ahead. The great challenges in the hydrocarbons exploration and development are face facing the governments in East Africa. Stability, Better infrastructure, and admissible policies on oil and gas would combine to contribute to the development of economy of East African countries.

Key words: Africa, East Africa, Oil, Gas, Energy

Title: On the Racist Ideology of Cecil Rhodes

By Wang Jinsheng, associate professor of Literature and history Institute at Beifang University of nationalityies

Abstract: The characteristic of strong racism is the main feature of Rhodes' colonial acts, which can be divided into two parts. One is emphasis on the thinking of white racial superiority; the other is the idea of discrimination against African natives. The first part underwent a process of development and change. There are three different components in it, including supremacy of Anglo-Saxon nation, union of Anglo-Boer and the union of the English-speaking peoples throughout the world, which is to win over the United States. The second part can be subdivided into two levels, such as the thought of discrimination against blacks and apartheid. Overall the two parts of Rhodes' racist ideology are complementary. The author emphasized that the racist ideology is a deep thrust for colonization.

Key Words: Rohdes; Southern Africa; Colonial Ideology

Title: An Analysis to the Crisis of Educational Development in Contemporary Ethiopia

By Chen Mingkun, Su Bing, deputy director, professor of Institute of African Studies at Zhejiang Normal University, postgraduate student of Institute of African Studies at Zhejiang Normal University

Abstract: After the Second World War, the Emperor Selassie made a lot effort to develop modern education and achieved remarkable success. However, relying too much upon the west to be sufficient preparation for localization in education, and bringing the educational system a structural disequilibrium, so causing a great number of secondary school graduates unemployed, which finally aroused an educational crisis and imperiled the regime. As to military regime, the government putting too much emphasis on the role of ideology to education system, along with the undue pursuit of equal access to education, but the better quality neglected, all these combined to the defeat of education development in instable political context finally. Founded in 1995, the federal government carried out quite some reform strategies on education sector, such as the regionalization of education, encouraging private education, implementing cost-sharing and so on. While an unprecedented development was made in education sector, owing to the insufficient investment in education sector and the deterioration of teaching and learning environment, the quality of education is difficult to be sustained.

Key words: Education System; the Crisis of Educational Quality; Teaching Environment; Finance for Education

Title: Research on the Status, Characteristics and Development Tendency of Urbanization in Africa

By Li Jing, Che Xiaomei, PHD candidate in Department of History, Xiamen University; Professor at Institute of History and Tourist Culture, Shanxi Normal University

Abstract: Since 1950s and 1960s, Urbanization in the Africa has initiated. The pace of urbanization development has been accelerated. The primal urban population has been grown rapidly. Urban corridor has been taken shape. Currently, in the process of urbanization in Africa, it exhibits many new characteristics. The development of urban is affected by inheritance of colonialism, government policy, and Rejuvenation of population. The main impediment to development of urbanization is a housing shortage, unemployment and poverty, and frequent natural disasters. The trend of African urbanization are that larger cities' relatively importance will begin to decline, with the faster growth occurring in medium and small cities, and transnational urban corridors will be the inevitable tendency to the development of regional urbanization in Africa, while the urban diseases will long harass the African countries.

Key Words: Africa; Urbanization; characteristic; Status; Tendency

Title: **A Historical Survey on Transitions and Background of the African-related Region Department of the MFA of the PRC**, 1949 – 1964

By Zheng Jiancheng and Long Xiangyang, Doctor, School of International Studies, Jinan University; Associate Professor of School of Politics and Administration, South China Normal University

Abstract: The region department of the MFA of the PRC which presided all of African Affairs had experienced three-time major transitions from 1949 to 1964, and each transition owned its various and complicated background. In 1949, the Department of Western European and African Affairs was set up, and the African affairs were attached to Western European affairs. In 1956, the MFA established the Department of West Asian and African Affairs, and the West Asian and African Affairs were also divided from others. In the year of 1964, the Department of West Asian and African Affairs was divided into both the Department of African Affairs and the Department of West Asian and North African Affairs. This article makes a preliminary historical survey on the transitions and background of the African-related Region Department of the MFA of the PRC from 1949 to 1964 according to the related archives and documents, in order to clarify the circumstances surrounding this era, and provide certain enlightenment for us involving further adjustment of the African-related Region Department.

Key Words: Sino-African relationship, the African-related region department, bipolar system, intermediate zone

Title: Field Research on Confucius Institute at University of Yaounde II of Cameroon

By Chen Lianxiang, postgraduate student of Institute of African Studies at Zhejiang Normal University

Abstract: After more than 10 year's development, Confucius Institute at the University of Yaounde II of Cameroon has become the mode of construction of the Confucius Institutes. It has set up 13 teaching places in Yaounde, Douala and Maroua (including the "Confucius Classroom" in La Gaiete International School). Among of them, the first teaching place of Chinese language in Cameroon, even in Middle and West Africa regions was set up in Teachers College, University of Maroua, to foster local teachers of Chinese language. For the past over 10 years, the Confucius Institute has trained more than 800 postgraduates and advanced students from Cameroon and more that 20 neighboring African countries. It also held 18 training classes for the community to train over 600 participants. In 2012, Chinese Language was included within the national education system by Ministry of Secondary Education in Cameroon. Currently, the special school-running pattern of Confucius Institute presents vigorous development trend, but it still facing many problems, including the uneven level of teachers' quality, frequent replacement of teachers, lack of suitable teaching materials, low usage rate of teaching resources and imperfect management mechanism, etc.

Key words: Cameroon, Confucius Institute, Development status

特　稿

习近平主席访非与未来十年的中非关系

刘鸿武

【内容提要】习近平主席上任伊始首访非洲，是中国准确判断非洲大趋势、把握中非合作机遇的一次重大外交努力与政策宣示。它表明中国外交的新的战略取向，将是以推进与南方国家、发展中国家、新兴国家的合作发展、共赢发展为重要支撑点，努力在全球范围内扮演推动人类和谐发展、共赢发展的建设性角色。今后，中国需要创新性举措来推进中非合作关系的转型升级，形成一种具有全球影响力的中国与非洲互为发展机遇、互为战略支点的关系结构，并在合作过程中更多考虑非洲国家的发展诉求与利益。中国的发展日益离不开世界的发展，如何推进非洲大陆与中国一起发展，是"中国梦"最终得以梦圆的时代要求，也是对未来中非关系的挑战所在。

【关键词】习近平；访问非洲；未来十年；中非关系

【作者简介】刘鸿武，浙江师范大学非洲研究院院长、教授。

2013 年 3 月，中国国家主席习近平上任伊始首访非洲，出席在南非德班召开的金砖国家第五次领导人会议，并对坦桑尼亚、南非、刚果（布）三国进行了国事访问。这次中国国家领导人访非，是在中共十八大形成新的中央领导班子并组建起新一届政府后的一次重要外交活动，是中国准确判断非洲大趋势、把握未来中非的新机遇后的新一届政府对非政策的重大政策宣示，将对未来十年的中非关系进程和走向产生多方面的影响。

过去十年，随着中非合作关系的深入发展，中非在发展领域的合作逐

渐成为推动全球经济进入新增长周期的重要动力，中国也日益将中非发展
合作视为自己所倡导的塑造新型世界体系的重要实践平台与战略机遇。总
体上看，未来十年或二十年，随着非洲内部经济关系的增强和非洲与中国
等金砖国家合作关系的推进，非洲将在某些领域替代中国成为新一轮的世
界工厂与世界市场的成长平台，成为世界经济增长的新大陆，中国也将通
过不断拓展的中非合作关系来开辟自我发展的外部空间。在此过程中，中
非有可能通过共同努力，建构起一种新型的互为支撑、互为机遇的"命
运共同体"，通过推进另一种"全球发展再平衡"战略，来解决人类面临
的种种挑战，开辟人类发展的广阔前景。

这样一种基于中国智慧与胸襟的"发展再平衡战略"，它着眼于人类的
共同发展与合作发展的新型国际关系的建构和塑造，其与近代以来西方国
家主导的那种弱肉强食、霸权治理的旧式国际关系体系有着本质的区别。
过去三十年，基于自己独特的发展经验和对人类发展及其现代性本质的深
刻反思，中国在有关全球发展的一系列话语中已经形成自己日益坚定的理
论、道路与制度自信，并逐渐摆脱了长期以来流行的西方观念学说的支配。
尽管中国提出的一系列新的核心发展理念目前尚难以为今日西方所理解和
接受，但对于广大的发展中国家、新兴国家，特别是对于非洲大陆众多的
广大小国贫国弱国，中国的理念和实践，却在根本上代表了一种真正的新
型的全球发展希望与制度、道路乃至价值伦理诉求。正是在这一意义上，
中国与全球广大的发展中国家，特别是与非洲国家间建立的历史性的命运
共同体关系就有了全新的时代意义。从长远来看，基于对自身身份、利益
和对全球与人类共同发展方向的清醒认识，中国需要更明确地在国际交往
与话语领域中克服阻力，有效地宣示和践行自己的发展理念与战略。

一　"中国三十年"与"非洲十年"：怎样的关联性？

在当代世界经济进程中，有两个重大事件将记入历史。一个是过去三
十年中国经济的高速发展，另一个是过去十年非洲经济的快速增长。"中
国三十年"与"非洲十年"这两个前后相续的当代世界经济重大事件，
相互间有着十分复杂的内在关联性与互动性。过去十多年，这两块大陆具
有关联性传导性的经济增长进程，表明中国与非洲正在形成一个互为动

力、互为支撑的巨大时空合作结构，也表明世界经济发展的重心日益向南方国家、发展中国家转移，世界经济结构也将随之发生重大变革。

我们在这里使用的"中国三十年"与"非洲十年"是一个大致的经济发展时段，用以说明这两块大陆在此期间所经历的突出的经济增长过程。所谓的"中国三十年"，大致开始于 20 世纪 80 年代初，一直延续到 21 世纪第一个十年。在这三十多年中，中国经济获得了持续的高速增长，平均的 GDP 增长速度达到 9% 左右，这使中国经济的总量和规模在三十年间翻了几番，一步步跃居世界第二大经济体。作为一个有 10 多亿人口的巨型国家，中国这种持续三十年的经济高速增长，在世界经济发展史上可谓是从未有过的奇迹，从长远来看，无论这种发展伴随着多少争议和问题，但它却从根本上改变了整个中国的面貌，也对世界经济产生了重大影响。目前中国经济已经进入下一个时期，高速增长的时代已经过去，结构变迁与层次提升的中国经济升级版也将在艰苦的探索中继续推进。作为一个世界性的大国，中国经济的持续发展必然会影响到外部世界，包括遥远的非洲大陆。事实上，中国通过改造自身、发展自我而逐渐影响外部世界，通过自我发展进而推进世界发展这一"外溢"现象，在过去十年中非新型合作关系的日渐形成并快速发展过程中逐渐得到了彰显，而这种关系的推进在某种程度上成为非洲获得"增长十年"的重要驱动力量。

所谓的"非洲十年"也是一个大致的发展时段。从 2000 年前后开始，非洲就进入了一个相对稳定持续的经济发展时段，目前这一时段还在延续。而这一时段与中非合作论坛的成立大体同步，并非完全是一个无意的巧合，这两者之间实有内在的对应与互动关系。2000 年中非合作论坛的建立及随后中非经贸合作的快速推进，为非洲大陆的经济增长创造了不同于以往的一种持续扩大的外部环境与时代条件，并被国际社会普遍认为是推进非洲过去十余年进入经济相对稳定快速发展的最重要外部动力。尽管国际社会有许多对于中非关系及中国对非政策的批评，中非关系目前也确实面临种种新的挑战与问题而需要调整完善和转型升级，但从总体上说，过去十多年中国越来越成为推进非洲大陆经济发展的积极力量这一客观事实，却日益为国际社会所普遍认可。① 自 2000 年以来中非合作论坛

---

① 张春：《新形势下中非关系的国际贡献研究》，专题报告，见中非联合研究交流计划网，http：//pdas. zjnu. edu. cn/showDetails. jsp? favid＝603372&cataid＝252，2012 年 11 月 30 日。

十二年间召开的五届部长级会议推出的不断拓展、调整、完善的合作举措，如同五个台阶渐进式推进中非合作向纵深领域发展。如果世界经济与国际政治不发生重大危机或意外事件，非洲大陆这一经济相对稳定持续的发展，就有可能还会维持一段相当长的时间，从而在非洲大陆最终出现类似"中国三十年"一样的另一个"非洲三十年"。

中国和非洲是幅员广阔的国家与大陆，正如中国内部存在东、中、西部发展的不平衡一样，非洲大陆内部的发展进程也十分不平衡。过去十多年非洲50多个国家发展情况其实差异很大，并非所有的非洲国家都踏上了经济相对快速增长的列车，但是作为一个大陆来看，自2000年以来非洲经历了一个自20世纪60年代独立之后少见的持续十年之久的经济相对稳定增长时期，并逐渐成为全球经济增长最快的地区。

按照标准银行的资料，非洲大陆经济增长速度在过去二十年有一个十分明显的变化，20世纪90年代平均增长速度仅为2.2%左右，但21世纪的头十年，平均增长速度却提升到5.5%左右，① 逐渐成为全球经济增长最快的地区。这期间，相当一批非洲国家的发展速度更快，这十年间全球经济增长最快的10个国家，始终有6个或7个集中在非洲大陆。② 以2011年为例，这一年不仅撒哈拉以南非洲地区大多数国家保持了较好发展趋势，平均增速超过5%，在当年全球经济增长最快的10个国家中，有6个集中在非洲大陆，位于西非的加纳更是以13%的增长速度位居全球榜首。而这一年，绝大多数欧洲国家经济增长都不到1%甚或负增长，美国也只勉强超过1%。

2012年，全球经济形势依然困难重重，但撒哈拉以南非洲地区经济增长依然一枝独秀，总体上达到5.5%，成为全球经济增长最快的区域之一。尤其给人以深刻印象的是，在2012年全球经济增长最快的前25个国家中，有14个来自撒哈拉以南非洲地区。这14个国家当年GDP增长速度都超过了6.5%。它们是：利比亚（108%）、塞拉利昂（25%）、尼日尔（12%）、科特迪瓦（8.2%）、安哥拉（8.1%）、埃塞俄比亚

---

① Standard Bank, "EM10 and Africa: new forces broaden Africa's commercial horizon", Africa Macro Insight & Strategy, 16 March 2012.

② 2001年到2010年的10年中，全球增长最快的10个经济体中有6个在撒哈拉以南非洲地区，分别是安哥拉、尼日利亚、埃塞俄比亚、乍得、莫桑比克、卢旺达。

（7.8%）、卢旺达（7.7%）、加纳（7.5%）、莫桑比克（7.5%）、厄立特里亚（7.5%）、赞比亚（6.7%）、刚果（金）（6.6%）、尼日利亚（6.5%）、坦桑尼亚（6.5%）。[①] 值得关注的是，在 2012 年全球经济增长最快的前 40 个国家中，没有一个来自西方发达国家或经合组织成员国。[②]这表明世界经济的增长日益依赖于发展中国家而非西方发达国家。根据非洲发展银行的研究报告预测，2013 年尽管全球经济环境依然充满风险，但只要情况不继续恶化，撒哈拉以南非洲地区的经济增长率依然可能达到5.4%，如果不包括南非，这个数字还有可能会达到 6.6%，从而成为全球经济增长最快的地区。[③]

　　总体上看，虽然近年来非洲大陆经济增长较快的一个基本原因是其原有的起点很低，规模很小，但这种持续的相对快速而稳定的增长，也确实让外部世界的人们对这一块大陆的未来产生了非同寻常的期待与想象。

　　近年来非洲发展的一个突出现象，就是这块大陆正在出现一批充满活力并且开始有了民族自信的国家，这是非洲这块大陆真正意义上的第二次觉醒。2011 年，南非加入金砖国家行列，成为非洲大陆第一个迈入全球新兴大国俱乐部的非洲国家。2013 年 3 月 25 日在南非德班召开的"金砖峰会"，主题是"金砖国家与非洲大陆：发展、融合与工业化的伙伴关系"，议题集中于四个重要领域，包括推动非洲基础设施建设发展、建立金砖国家主导的"南南开发银行"及金砖国家智库和金砖国家商务委员会的成立等。这次峰会基于南南合作精神而形成的非洲新发展议题及展示的信心，再次将世界的目光聚集于这块大陆。紧随南非之后的还有若干个所谓的"非洲新兴国家"或"发展动力国"。如资源与人口大国尼日利亚，这个曾被称为"跛腿的非洲巨人"国家，在过去十年间也似乎开始加快了前进的步伐。按照这个国家过去几年持续保持的约 7% 的经济增长

---

　　① 根据世界银行数据整理，其中利比亚属于战后恢复性增长。http：//web. worldbank. org/WBSITE/EXTERNAL/EXTDEC/EXTDECPROSPECTS/EXTGBLPROSPECTS/0，menuPK：615470 ~pagePK：64218926 ~ piPK：64218953 ~theSitePK：612501，00. html

　　② 根据世界银行 2013 年 1 月 15 日发布的报告《2013 全球经济展望》（*Global Economic Prospects*）（Volume 6，January 2013）整理，http：//web. worldbank. org/WBSITE/EXTERNAL/EXTDEC/EXTDECPROSPECTS/EXTGBLPROSPECTS/0，menuPK：615470 ~ pagePK：64218926 ~ piPK：64218953 ~theSitePK：612501，00. html

　　③ 2013—01—16 驻南非经商参处，http：//za. mofcom. gov. cn/article/jmxw/201301/20130100004834. shtml

速度，它的领导人和精英们普遍自认为尼日利亚将是非洲一个新的"金砖国家"。尼日利亚的目标是到 2030 年建设成为世界经济强国。① 此外，安哥拉、加纳、毛里求斯、刚果（金）、刚果（布）、卢旺达、埃塞俄比亚、苏丹、赞比亚、博茨瓦纳、莫桑比克、坦桑尼亚、肯尼亚等国，都在不同程度上逐渐显示出成为非洲大陆新兴国家或发展动力国的势头。而它们中的一些国家比如卢旺达、安哥拉，十多年或二十年前还曾经历过种族大屠杀或内战的恐怖，这正是应了两千年前古希腊就流行的一句话："非洲总有新奇的事发生。"

近年来，非洲大陆不经意的变化还发生在许多方面。当欧洲债务危机持续不断且四处蔓延时，一些资源富足且政局稳定而获得开发的非洲国家，通过多年的快速发展已经开始由债务国成为债权国。比如石油资源丰富的位于非洲西南部的安哥拉在 2011 年已经开始向它昔日的殖民宗主国葡萄牙提供贷款，以支持这个南欧国家摇摇欲坠的国家财政体系保持稳定。世事时局之变，可谓一叶知秋。安哥拉与葡萄牙关系的这一变化，对世界体系之历史性转型及走向颇有特殊的象征意义。

事实上，世界发展的推动力量正从北方发达国家向南方发展中国家转移，2009 年新兴大国对外贸易占全球贸易总量的近 40%，对全球国内生产总值的贡献总量超过 20%，对世界经济增量的贡献额超过 55%。而许多个世纪以来非洲大陆与西方传统国家的那种"支配—依附"的关系也正在发生戏剧性的变化。比如，2008 年开始的欧洲严重金融危机虽然也对非洲构成冲击，让非洲的经济增长率由 2007 年的 7.1% 骤降至 2009 年的 2.8%，但 2010 年非洲便强势反弹走出谷地，恢复到 5.3% 的水平。这反映出非洲经济发展的动力和活力正日益来自这块大陆内部自身，来自与中国和其他亚非新兴国家的合作。正如南非总统雅各布·祖马 2010 年 8 月 24 日在近千人出席的"中国—南非高端商务论坛"上所称的那样，西方对非洲的支配性影响正在减弱，"以前工业发达国家打个喷嚏全球都要着凉，而这次金融危机主要影响的是发达国家。"②

① 2012 年，尼日利亚不仅在世界经济不景气的情况下保持了 6.5% 的经济增长速度，而且贫困率也由 48% 下降到 46%，被世界银行非洲局官员称为新兴经济体中表现最突出的国家之一。
② 《南非想成为"金砖第五国"》，http://www.cnr.cn/allnews/201008/t20100831_506974039.html，2012—05—05.

二　如何评估非洲发展的潜力与新动力?

从全球中长期发展的总体格局上看,非洲大陆有许多发展的巨大潜力与特殊优势,其中的一些潜力与优势,近年来随着南方国家发展进程的推进特别是全球新兴国家的拉动而日渐明显地呈现出来。

第一,非洲在人口与劳动力方面的潜力。非洲目前 54 个国家共有人口约 10 亿,其人口结构与发展特点是年轻化与增长快。按照非洲目前的人口增长速度,到 2030 年,全球新增加的 30 岁以下的年轻人口中的 60%将集中在非洲大陆。到 2040 年,非洲的劳动力将接近 11 亿,超过中国、印度这两个世界人口大国。世界银行的报告认为,相对于世界其他地区日益严重的人口老龄化及不断攀升的劳动力成本,若非洲大陆政局保持稳定,且提升劳动力素质的基础教育与职业教育的投入不断增加,则非洲大陆未来可用于经济发展的人口红利颇为可观。未来二十年,全球化这双无形之手会将工作机会转移到具有成本优势的国家,非洲将在低端产业方面"替代中国成为下一个世界工厂"。[①]

第二,非洲农牧业发展前景十分广阔。非洲大陆拥有 90 多亿亩可开发利用的土地,但实际利用率不到四分之一,目前全球 60%的未利用可耕地集中于非洲大陆。仅刚果(金)一国可开发的土地就达 18 亿亩,与中国必须守护的土地总量的最低红线相当,而其人口数 6 700 万仅为中国 13 亿的 5%左右。这样广袤的土地资源如果能开发利用起来,对非洲大陆和世界的粮食安全、民生改善来说,其意义是不言而喻的。

第三,非洲大陆在许多经济发展的战略性资源、能源储备方面也极为有利。非洲拥有全球黄金储量的 40%、石油储量的 10%、铬和铂金储量的 80%—90%。近年来,在东非地区发现储量丰富的陆海油气资源,仅肯尼亚可供勘探的油气区块就已增加到 51 个,这可能从根本上改变非洲大陆在全球油气资源中的地位。此外,非洲广袤的草原、清澈的江河湖海、洁净的空气、独特的文化、壮阔的山川,从经济发展的综合角度上

① T. Dinh:《非洲能否成为下个世界工厂》, http://zm.mofcom.gov.cn/article/f/201206/20120608196218. shtml, 2012—06—25.

看，都有特殊的意义。事实上，过去许多年，虽然因政局动荡和战乱不已，非洲大陆一直是世界上投资风险高的地区，但同时也是世界上投资回报率最高的地区，其投资回报率总体上比中国、印度、越南这些发展较快的亚洲国家都要高。

第四，随着非洲一体化进程加快，非洲工业化进程也将加快，前景广阔，并将成长为一个巨大的世界新兴市场。按照非盟的构想，非洲大陆将在 2017 年建成一个统一的、本大陆的自由贸易区，即"非洲自由贸易区"，这将极大地改变非洲在世界经济体系中的边缘化不利状态。许多非洲国家近年的发展表明，"与中国和越南一样，（黑）非洲国家通过鼓励外资政策，可以加快工业发展，扩大对外出口。成功可以复制。如近期以来埃塞俄比亚在欧盟花卉市场的份额增长迅猛。而在某些非洲国家，一些产业的第一家工厂开业不久员工人数就达 5 万人。"[①] 2011 年，非洲大陆整体 GDP 达到 2.3 万亿美元，超过巴西与俄罗斯。目前非洲城市化水平与中国基本相当，城市人口规模快速提升，这块大陆目前拥有 3 亿多购买力相对稳定并不断提升的中等收入群体（或曰"中产阶级"），未来二十年进入这一阶层的非洲人的数字将增长到 8 亿以上，非洲大陆由此而有望成为世界上最有潜力的新兴世界市场。今天，非洲的航空业、物流业、保险业、新型能源、绿色经济等，都日益呈现出对外部世界的巨大吸引力。

第五，发展水平的相对落后，使得非洲未来提升的空间很大。虽然从全球比较的角度上看，目前非洲大陆经济与社会发展水平尚十分低下，处于全球发展序列的最底层，但正因此，其未来向上提升的空间与规模才十分巨大。目前非洲大陆特别是撒哈拉以南的非洲大陆，人均 GDP 尚不足 1 000 美元，未来二十至三十年，这一数字即使只提升到 3 000 到 4 000 美元这种并不太高的水平，也必定会给世界带来巨大的变化和影响。

除上述发展优势与潜力外，从根本上说，推进此轮非洲大陆发展的核心动力，来自多个方面，大体可以归结为来自非洲内部与外部。一方面是非洲内部自身积极因素的长期积累与成长已经到了一个关键时候，另一方面是这些内部因素与外部拉动力量及所提升机会的有机结合与良性互动。

以中国的观察角度与经历来回顾考察过去百年非洲大陆的艰难历程，

---

① T. Dinh：《非洲能否成为下个世界工厂》，http：//zm. mofcom. gov. cn/article/f/201206/ 20120608196218. shtml，2012—06—25.

可以看出，经过漫长曲折的探索徘徊，进入 21 世纪后，支持非洲大陆逐渐进入"新发展时期"的一些成长要素的累积，已经攀升到了一个历史的关键阶段上，非洲正在走向历史变更的关键拐点上。而这些内部因素的积累与成长，及外部环境的变化及拉动，日益构成了新世纪里推进非洲大陆走向发展的"新动力"与"新机遇"。①

这些新动力或新机遇概括起来看，大致有如下几个方面。

首先，经过独立以来五十年的成长，一些非洲国家日渐趋于成熟，发展能力也累积并提升。从现代国家建构、民族聚合与文化认同的角度上看，经过独立建国以来半个多世纪的曲折发展，"国家"作为一个全新而真实的政治存在与精神观念，逐渐在非洲大陆获得了历史性的建构与成长。作为现代世界体系中最后一批迈进"现代国家"门槛的后来者，在 20 世纪 60 年代后才创立起来的数十个非洲大陆年轻国家，其国家建构与成长有其特殊的时代要求和内在规定性，这使其在过去数十年间经历了太多的战乱、冲突和动荡。但尽管如此，基于对国家主权和民族独立地位的坚定维护，绝大多数非洲国家还是生存了下来，并保持了国家的统一和主权完整。今天，随着国家统一建构的推进，随着自主性的国家观念的逐渐形成和深入人心，在许多非洲国家中，一些更隐蔽的积极变化，一些从长远来看能更有力地推进国家现代发展的基础性力量与结构性要素，都在悄然不觉的历史进程中一点点地积累起来，并在世界格局发生变化的背景下开始呈现出其特殊的积极意义。② 比如，在一些非洲国家，现代国家政治建构与政府执政能力的提升，现代主权国家观念的形成，国内民众对国家归属感与认同感的增强，在主权国家成长基础上推进的非洲区域一体化进程与地区合作组织的发展，非洲人民的自尊、自信、自立意识，各国知识精英和政治精英的爱国情感和政治责任感，文化与心理方面的现代发展要素等等，都在过去数十年非洲各国几代人的不懈努力与追求中缓慢但却有力地积累和成长起来，而今天，这一切的成长，已经到了一个历史性的加速发展的拐点上，这正是近年来非洲大陆整体上进入相对稳定与快速的经

---

① 刘鸿武：《当代中非关系与亚非文明复兴浪潮——关于当代中非关系特殊性质及意义的若干问题》，载《世界经济与政治》2008 年第 9 期。

② 关于当代非洲国家建构与成长进程之既不同于欧美西方国家亦区别于亚洲东方国家的特殊性质与内在规定性，参见刘鸿武《从部族社会到民族国家——尼日利亚国家发展史纲》，云南大学出版社 2000 年版，第 2—30 页。

济发展时期的根本原因。

第二，非洲发展的动力日益来自非洲社会内部，内源式发展动力逐渐增强和提升。历史的发展是有其内在的规律性与自然演进过程的。经过上述提到的半个多世纪的一系列源自非洲内部的变化与成长，非洲国家已经日渐蓄积起一些内生的发展动力，一些源自内部的精神自信与追求，也使相当一批非洲国家的国家结构与行动能力逐渐趋于成熟和稳定，政府机构的管理能力也开始实质性地成长了起来。在经过长期的磨合与尝试之后，一些具有非洲本土特点的包容性的现代政治制度逐渐在非洲成长起来。而非洲大陆的上述发展潜力，因为与世界新兴国家日益加强的经济合作而正在由潜在优势转化成现实的优势。①

第三，新兴国家形成非洲发展的外部拉动力量，南南合作成为非洲的新希望所在。过去十多年，特别是 2008 年西方金融危机爆发后，世界经济发展重心加速向南方国家、新兴国家转移，来自中国、印度、巴西和其他亚太、南亚、拉美、中东地区的一系列新兴国家，在能源、矿产、农业、金融、电信、基础设施建设方面的对非投资日益扩大，对非洲的资源、市场、劳动力、土地的需求也日渐强烈，这明显提升了非洲资源国际竞争平台，延长和提升了非洲发展要素的价值链。新兴国家对非援助也日益成为发达国家传统对非援助的有效益的替代品，新兴国家对非援助成本低，有效益，更适合非洲国家需要。根据欧盟设立的"欧洲发展政策管理中心"研究成果可以看出，中国对非援助要比欧洲国家有效益得多，通常情况下，一个欧洲工程师管理项目一年的费用大概是 15 万美元，但一名中国工程师同样的工作费用只需 1.9 万美元。② 这使得中国和其他新兴国家在对非援助与合作的国际竞争中，往往要比西方国家更有优势。近年来，新兴国家对非援助与投资项目都快速增长。根据世界银行的报告，到 2011 年，来自新兴国家的对非投资项目已达到 538 个，远远超过发达国家的 319 个。2000 年至 2007 年间，印度对非投资额增长了 800% 以上，

① 据 2011 年 7 月非洲开发银行等发布的《2011 年非洲经济展望》统计，在过去的十年里，非洲与新兴经济伙伴经贸关系快速发展，双方贸易额占非洲贸易总额的比重从原来的 23% 提高到 39%。参见刘鸿武主编《非洲地区发展报告 2011》，中国社会科学出版社 2012 年版，第 120 页。

② Francesco Rampa and Sanoussi Bilal, *Emerging economies in Africa and the development effectiveness debate*, Maastricht: European Centre for Development Policy Management, 2011.

到 2009 年，印度三分之一以上的对外投资目标地已是非洲大陆。同时，非洲内部贸易与投资也在加速拓展。

第四，非洲国家、区域与大陆一体化进程与全球南南合作两种力量加速推进并互为支撑。相关研究表明，随着非洲区域一体化进程的加快及跨区域基础设施建设的推进，非洲大陆内部贸易每增长 5%，非洲大陆整体 GDP 就会增长 2 000 亿美元。今天，在非洲大陆内部，在亚非世界之间，正在形成一种新型的南南合作关系，来自新兴国家的资源需求和投资贸易正日益成为非洲大陆实现经济增长的一个重要动力源。联合国非洲经济理事会发布的《2011 年非洲经济展望》认为，与新兴国家的经贸合作将在越来越广泛的领域替代西方传统国家而成为非洲发展的新动力。① 对此，非洲国家领导人看得十分清楚，即便是那些出于政治目的批评中国的人也十分明白此道。2012 年 3 月 14 日，曾利用反华情绪获取选票而上台的赞比亚总统迈克尔·萨塔，在总统府对到访的中国企业家称，中国对赞比亚的投资惠及赞中两国，希望中国企业家扩大在赞投资，在矿业、农业和纺织业等行业做出更大作为。② 一些非洲研究机构指出，"我们需要使投资让双方都能受益。对于投资者和需从中受益的非洲国家来说，这是一个合作关系。"③

第五，全球体系转型与南方力量提升构成了非洲加速发展的更广阔背景。几个世纪以来形成的以西方世界为中心、亚非欠发达地区为外围的旧有等级制国际体系正在发生深刻且富有历史意义的变革，世界政治经济重心也随之出现向地理上的"东方"和政治经济学意义上的"南方"世界转移。④ 从全球发展的良性互动结构上看，如果世界经济体系的演变能更加的包容与开放，在成熟形态的西方发达国家、快速崛起的全球新兴国家、具有巨大潜力的非洲国家这"三个世界"之间，能形成一种良性互

① AFDB, OECD, UNDP, ECA, *African Economic Outlook* 2011, pp. 103 – 114，经合组织网站，http://www.oecd-ilibrary.org/development/african-economic-outlook – 2011_ aeo – 2011 – en，2011—12—24.

② "Zanmiba：President Sata Seeks More Chinese Investment"，http://allafrica.com/view/group/main/main/id/00014556.html，2012—03—24.

③ Zemedeneh Negatu，"Does Africa really benefit from foreign investment?" http://zm.mofcom.gov.cn/article/f/201209/20120908334285.shtml

④ 罗建波、刘鸿武：《中国在世界中的角色》，载《中国社会科学报》2011 年 12 月 29 日，总第 251 期，第 24 版。

动的格局，在合作中寻求多边互利共赢的世界新格局，则非洲大陆将有可能进入一个持续发展的新时期。在此意义上，非洲大陆正在多方面地向世界展示出它所蕴藏着的巨大潜力与未来希望，并使得国际社会越来越倾向于认为在未来的二十或三十年中，非洲大陆将成为世界经济的"增长新大陆"，成为未来更长时期全球经济新一轮发展提升的希望所在。"就此来说，谁拥抱了非洲，谁就拥抱了未来。"①

不过，非洲的发展道路不会一帆风顺，未来还有许多不确定因素。从总体上看，非洲各国发展的不平衡性将日渐明显，部分国家将可能率先兴起成为非洲大陆的"新兴国家"和"发展动力国"，而一部分国家则可能在内外因素作用下持续动荡，兵连祸接，甚至坠入分裂瓦解的深渊。从长远看，非洲不可能作为一个大陆整体性同步走向发展，50 多个非洲国家发展进程与发展道路的分化与多样化将是一个总的趋势。

三　如何评估习近平主席首访非洲的成效与意义？

面对变化着的非洲大陆发展态势及日益呈现的"非洲机遇"，中国对非合作的理念与政策需要有一个通盘而长远的考虑。中国需要在一些重大问题上作出清晰准确的战略判断，顺势而为，将非洲机遇与中国机遇结合在一起，将非洲复兴梦想与中国复兴梦想结合在一起，共同努力推进中非合作关系跃上历史新高地。

正是在此背景下，中国新一届政府对非洲合作的理念与政策也开始呈现出在继承传统的基础上的提升与转型努力。2013 年 3 月 26 日—31 日，刚刚履新的中国国家主席习近平出访非洲三国并出席在南非举行的第五次金砖国家领导人会议。这是中国新一届政府准确判断非洲大趋势并努力把握中非合作战略机遇的特殊努力，对未来十年中非合作与中国外交都具有特殊而重大的战略意义。②

---

① 刘鸿武主编：《非洲地区发展报告》，中国社会科学出版社 2012 年版，第 15 页。
② 《继往开来、影响深远的外交开局之旅——外交部部长王毅谈习近平主席对俄罗斯、坦桑尼亚、南非、刚果共和国进行国事访问并出席金砖国家领导人第五次会晤》，见中非合作论坛网：http://www.focac.org/chn/zt/1/t1027218.htm

　　第一，这是一次中国对非战略与全球战略的宣示。习近平主席此次出访非洲三国及出席金砖国家峰会，非常清晰而明确地向世界传递出一个强烈的信号：未来十年中国外交与国家发展的战略取向，将是以推进与南方国家、发展中国家、新兴国家的合作发展、共赢发展为中国外交战略的支撑点，中国将要在全球范围内扮演推动人类和谐发展的建设性国家角色。中国正在努力通过强有力的创新性举措来推进中非合作的转型升级并不断跃上历史新高，从而形成一种中长期的、具有全球影响力的中国与非洲互为发展机遇、互为战略支点的关系结构，中国将会在中非合作进程中更多地考虑非洲国家的发展诉求和利益，将中非合作关系真正塑造成为一个推进非洲大陆发展的建设性力量。事实上，过去十多年非洲经济快速发展的重要原因之一是与中国这样的新兴国家形成了以共同发展为特征的新型南南关系。各项研究表明，中非合作是在过去十年推进非洲经济增长最重要的外部动力。从中国的全球战略结构与布局上看，中非关系正是中国在现有的全球对外关系中最有可能也是最值得用心去经营和塑造的一个特殊领域，因为它给了中国这样一个特殊的机会，即一个通过中非合作实践平台来实现自己倡导的塑造新型全球国际关系的理想和梦想的机会。今日与未来，中国的发展日益离不开世界的发展，推进非洲大陆与中国一起发展，应该是"中国梦"最终得以梦圆的一个必然要求。

　　第二，这是一次在国际上塑造中国国家形象的努力。让外部世界更好地理解中国发展走向及对世界的影响，打消世界对中国发展战略意图与战略目标的顾虑，从而接纳中国的发展现实并将其转换为世界发展的一个机会，是当下的中国处理与外部世界关系时面临的一大命题。习近平此次对非洲的访问，正是试图更好地在解决这一命题时所作的努力。他在南非第五届金砖国家领导人峰会期间不同场合的多次讲话，在坦桑尼亚和刚果（布）的两次演讲，坦诚而全面地阐述了中国为什么要把与发展中国家、新兴国家的合作作为中国外交与对外合作重点的战略考虑。通过近年来中非合作的实践，中国对未来的中非关系及世界体系变革有了自己清晰的认识，中国逐渐意识到，中国自身的发展必须以南方国家（包括非洲国家）的发展为前提，中国需要与发展中国家、与整个世界形成一种互为机遇、互为支撑的共赢发展格局。中国努力向全球传递着清晰的信息，即与传统西方国家当年的发展是以牺牲其他国家的发展不同，中国是一个新兴的大国，是一种新型的发展模式，是能给世界带来机遇的发展模式，中非战略关系将成为推进全球经济进入新一轮增长周期的重要动力。这有助于破解"中国威胁论"，解除一些发展中国家因受西方挑拨而对中国产生的防范戒备心理。

第三，本次出访拓展了中南、中非合作的新局面。对俄罗斯和南非两个金砖国家的访问，使中国与两国关系有了实质性推进。此次金砖国家峰会，初步达成建立金砖国家开发银行意向，并筹备建立金砖国家外汇储备库，中国将在此过程中发挥主导性作用。刚刚成立的金砖国家工商理事会，是金砖国家论坛机制化的重大举措，使金砖国家论坛有可能向国际组织演变。同时，中国与南非合作共同推动非洲大陆的发展，如同形成非洲发展的两驾马车，区内是南非，区外是中国，并借助金砖国家合作机制一起来推动整个非洲大陆的发展，中国和南非，加上非洲53个国家，这是一个新的巨大的国际合作战略架构，是两个大陆的战略性合作，意义非凡。未来二十年，非洲将在部分领域替代中国，成为新的世界工厂、世界市场，成为未来二十年世界经济增长的新平台，而中国在此时的深度介入，将成为非洲未来发展的最重要动力，不仅会引导非洲未来发展的方向，对中国全球战略地位的提升也有重大意义。

第四，本次出访旨在推进中国对非合作政策与举措更务实有效。中国与资源匮乏的坦桑尼亚等非洲国家的合作，有力地驳斥了中国与非洲发展关系是为了资源的说法。当年中国援建了坦赞铁路并没有拉回来一吨矿石，现在又以重大合作项目来推进非洲一体化建设与工业化进程。如中国将与坦桑尼亚合作开发建设达累斯萨拉姆附近的巴达莫约港，总投资概算达100多亿美元，这个港口的建立，以及周边还要兴建的工业开发区，将会推动整个东非一体化进程，辐射非洲大陆。此外，习近平此次访问的非洲三国，坦桑尼亚代表东部非洲，南非代表南部非洲，刚果（布）代表中西部非洲，这表明中国不仅在参与整个非洲的发展，也在深层次上推进非洲各区域的发展。中国日益意识到未来中非关系的发展、中国在非洲的战略利益的实现，都必须有新的布局与提升，必须通过促进非洲发展来实现。按照中非合作论坛第五次部长级会议制定的未来三年中非合作行动计划，中国的对非政策日益重视非洲的国家诉求和民生要求，包括积极回应非洲国家的发展诉求，将对非合作与推进非洲工业化进程结合起来，通过促进非洲的工业化来提升非洲经济自主发展的能力与层次，增长非洲国家的收入，扩大当地就业机会。近年来，中非在资源、能源、初级矿产品方面的合作也逐渐与中非经济的中长期合作目标结合起来，中国加强了实用、可行、对非洲有利的实用技术对非洲国家的转移与输送，积极培养非洲国家技术人才和熟练工人，并适当增加民生援助项目，特别是直接面对基层百姓的援助项目。这些中非合作的新理念和政策举措，在习近平访问非洲的过程中都获得了强调。

第五，本次出访有助于化解西方围堵并盘活中国外交棋局。近年来，美国"重返亚太"战略之分化离间中国与周边国家关系、在中国周边制造战略紧张以遏制中国和平发展的意图十分明显。如果把握不当，亚洲可能由世界发展的"市场"转变为全球对峙的"战场"。面对美国及其同盟国家的战略紧逼，中国需作从容应对，"你做你的，我做我的"，坚持自己推进世界和平与发展进程的既定战略，以更加坚定有力的决心和举措来切实推进世界的发展与和平进程。具体而言，中国在战略上当跳出西方设置的战略困局，"你来我往"，你来到我家门口，我就走向更广阔的世界上去，你要形成围堵中国的战略棋盘，那我就跳出你的包围圈，采取"外线作战"之策，来盘活中国的战略空间。具体而言，中国可作出基于中国智慧的另一种"战略再平衡"，通过推进全球和平发展、共同发展来超越美国及其西方的冷战思维，以更具包容性、建构性的心胸与眼光来倡导和推进世界的和平发展。习近平此次出访非洲三国，正能化解和抵消美国重返亚太、纠集日本等盟国围堵中国给中国造成的困境，是一种"外线作战"的战略突破，是中国的另一种"全球战略再平衡"。在政策设计和行动操作上，中国可以选择若干非洲国家作为中非合作的战略支撑，通过持续而强有力的全方位合作，推进这些国家的经济与社会发展，并进而引领非洲未来发展的走向与趋势。中国需要运用自己古老民族的智慧与思想，放眼全球，着眼未来，提升中非发展战略合作在中国外交战略大局中的地位与作用，以更积极主动地来推进与广大发展中国家的合作。中国只有放眼于全球与未来，站得更高更远，不与日本在家门口纠缠，才能使日本在中国外交中的地位相形下降或边缘化，从而迫使日本认真考虑什么样的对华政策才对其真正有利和有效。

第六，本次出访呈现出中国外交的新格局与新气度。中国需要向世人呈现出中国外交的新定力与新理念，中国外交的战略格局也需要重新理解和把握。以前中国外交是四句话：大国是关键，周边是首要，发展中国家是基础，多边是重要舞台。目前这四句话的内涵正在变化，一是关键、首要、基础各部分的关系需要重新理解，二是基础的意义应赋予新的内涵。事实上，关键和首要的东西，虽然重要，但也可能往往只是当下的、眼前要应对的，而基础的东西，却可能是长远的、战略的。中国外交既要应对当下，更要布局长远，要有不同于美国、西方的长远战略抱负。因为有了自己的战略支撑，有了坚实的基础平台，中国的发展和外交才有定力、支撑点和回旋余地，才真正有能力处理好大国关系、周边关系。因而看非洲的问题，看中非关系，都不能只看这两三年，而要看未来二三十年，从全球战略层面上去考虑。① 总体上说，中非合作关系的推进，已经成为撬动中国与西方世界关系的一个战略支点，一个改善中国发展的外部战略环境。拓展中国发展的外部战略空间的支点，这是我们考虑中非合作关系的战略意义与政策选择时必须具有的眼光和视角。

四　如何通过更积极的思想对话影响非洲治理进程？

随着中非合作关系的提升，中非在思想领域的交流合作也日显重要，中国应该在推进南南思想成长与智库建设方面采取更加积极主动的姿态。

中国是个既古老又现代的国家，数千年来，中国的政治文化与思想传统，都是围绕着如何实现国泰民安、创造太平盛世这一理想目标而展开的。在这方面，中国丰富的政治思想与实践经验中有许多可供发掘的历史财富。而在过去百年追求民族复兴的进程中，中国人民以百折不挠的意志去探寻救国富民的道路与真理，逐渐积累了丰富的思想理念、知识成果与政策主张。非洲大陆的国情与中国颇有不同，但自 20 世纪 60 年代各国相继独立以来，也经历了复杂曲折的国家治理难题的挑战，其中的探索努力与成就得失，也值得中国给予尊重和借鉴。因而，围绕着国家治理与国家建设的命题，中国与非洲国家间应该有广阔的思想、理念和价值的交流空间，有可供分享的政治实践及其知识累积。

此次在南非德班召开的"金砖国家峰会"，将金砖国家智库的建设设置为峰会期间各方讨论的重要议题，并最终决定成立金砖国家智库理事会，这表明金砖国家意识到，一种不同于过去西方国家主导的发展模式和

---

① 刘鸿武：《重新理解中国外交新格局》，载《东方早报》2013 年 4 月 1 日。

理念正在形成当中，尽管他们自身的某些发展经验已经为国际所关注，但是对发展模式和道路的理论化阐释能力还有所不足。① 亚非国家在政治思想领域、发展道路选择方面进行的实质性交流与对话，及中国一直倡导的中非开展治国理政经验交流的主张，是未来中非合作、南南合作的一个意义重大的新领域，它给中非发展合作开辟了一个更具战略意义的新舞台。

今天，中国应该努力通过中非发展合作实践及其理论总结来建构中国现代性话语与思想力量，在总结中非发展合作关系的丰富实践过程中，为中国的国际思维和相关理论的建设打开广阔的空间，为中国在发展领域孕育具有原创意义的"中国思想"或"中国知识"提供特别的理论温床与话语权源头。从全球思想结构上看，近代以来，西方建构起了一个以西方为中心的现代性话语体系，并凭借其暂时领先的政治经济力量，想把这些西方经验塑造成全世界所有国家和民族都应该遵循的所谓"普世主义"原则。这一以西方为中心的话语体系既维护着西方的传统利益，也成为抑制发展中国家自主探索发展道路的巨大障碍。如果不破除西方话语霸权，包括在中国和非洲国家在内的亚非国家自主探索当代发展道路与发展模式的合理正当性就得不到国际社会的认可。对此，中国应积极推进学术"走出去"战略，加强与非洲学界、智库的沟通联系，共同总结当代中非合作的丰富实践，提炼出足以支持亚非国家现代复兴与发展的思想话语与知识形态，这也是当下中国学术界面临的历史任务。

中国是一个制度早熟的国家，其独立的自成一体的国家制度框架已经有两千多年的历史演进过程，非洲大陆上的绝大多数国家则都是在 20 世纪的中期才开始形成并加入现代国家行列的。国家能力很强是中国发展的一大优势，但社会组织发育程度、社会自主治理能力相对较弱则是中国在发展过程中需要克服的一个障碍。与中国相反，许多非洲国家，尚处于现代国家建设的早期阶段，有许多国家制度与能力建设的基本任务尚未完成。因而中国与非洲在国家治理能力、发展建设能力等方面有许多可以作比较研究的地方，在国家管理与政策实践上则更有许多可以交流互鉴之处。近年来，中非合作关系开始在国家治理模式的交流与合作层面上呈现出具有创新意义的良性互动，非洲国家提出的所谓"向东看"理念也持

---

① Liu Hongwu, "African Development Approach: Disputes and Choices", *Contemporary World*, Semi-annual, No. 2, 2012.

续蔓延。事实上，过去十多年来在中非合作论坛框架下建构起来且日趋机制化的中非合作关系，是一种以追求经济社会发展为核心内容的"发展导向型"的新型国家治理模式与南南合作关系。这一以共同发展、互利互惠、实用有效为价值理念和操作原则的国际合作关系，不仅提升了中非双方的国际地位，改变了中非双方在国际上的身份，也对以往全球治理体系中西方发达国家"治人"而发展中国家"治于人"的旧式"干涉性治理关系"构成了种种挑战，并因此而形塑着一种新的更具时代性与合理性的国家治理与社会发展的新模式。

不过，在国家能力建设与治理模式合作方面，中非之间也面临着一些结构性问题与国情世情的差异，这需要中国采取十分审慎的态度来精心处理。在此方面，如下两点可能尤其需加注意。

第一，如上所述，与非洲国家相比，中国是一个国家治理能力很强的国家，而非洲国家恰恰是世界上国家治理能力最弱的一个群体。这些弱小的、落后的、分散的非洲国家，与国家能力很强的中国开展合作，难免有时会让非洲国家担心它们处在弱势地位、从属地位。所以中国在与非洲国家合作的时候需要谨慎地考虑到非洲国家及其民众的这种感受，即便是良好的合作意愿与政策主张，也要多倾听非洲国家的主张与感受，自然是"己所不欲，勿施于人"，即便是"己之所欲，也勿强施于人"。为此，在推进中非合作过程中，中国可以更多地重视与非洲区域组织如非盟以及一些次区域组织的合作，因为非洲国家认为他们在区域组织的层面上会变得相对强大。过去中非合作主要表现为中国和非洲国家的双边合作，是中国与各个非洲国家的一对一的合作，一些非洲国家往往会觉得自己太过弱小了，因而中国可以通过重视与非洲区域组织的合作来消除或平衡部分非洲国家的担心。

第二，目前的中非合作，中国一方的主导性往往比较强，这一点是必要的，中国可以更好地按照中国的意愿与方式来推动中非合作进程及非洲的发展。但是在这个过程中，中国还是应该要努力避免让非洲人感觉未来在一个中国主导的世界经济平台上，非洲再次被强大的中国所边缘化，成为中国的外围国家、从属国家。这是今后中非合作关系中中国一定要小心应对的问题。因为许多非洲人认为当年西方殖民宗主国就是以他们为中心，以非洲为边缘和外围的，那么今后中国会不会也把非洲边缘化呢？中国在这方面是没有多少经验的，过去中国强调中非友好合作，强调中非间是南南合作和平等互利关系，中非都是发展中国家。不过客观地讲，中国正在成为世界最强大的国家之一，中国的 GDP 是非洲五十几个国家总和的 10 倍以上。这个时候就不可能总是简单地说，非洲国家也不一定会再简单地相信，中国与非洲所有的穷国小国都是平等的。因而，在中非合作进程中，中国要努力提升非洲国家在合作中的主体性，需要更加尊重非洲国家的意愿与诉求。

（责任编辑：周海金）

发展适应新情况的不干涉内政学说

王逸舟

【内容提要】不干涉内政原则是中国外交的基本原则，这一原则符合中国和其他广大发展中国家的根本利益，需要长期坚持。但是，随着时代条件的变化，我们需要对这一原则的内涵和精神加以完善和修正。在解决地区冲突和热点问题方面，应该在保障当事国基本权益的前提下由相关国家和国际社会参与个别国家的内部危机的解决，从而更好地维护地区和世界和平。中国学术界应努力发展有中国需求与特色又符合国际趋势的新的不干涉内政学说。

【关键词】不干涉原则；新情况；新学说

【作者简介】王逸舟，北京大学国际关系学院副院长，教授，博士生导师。

2012 年 11 月到埃塞俄比亚首都参加中非智库论坛第二届会议。[①] 我最大的一点收获就是，中国学界应当适应新的时代和情况，努力发展出有中国需求与特色又符合国际趋势的不干涉内政学说。这方面，不仅西方发达国家对中国有各种指责，国际社会有大量不同方向的期许，非洲很多国家也有越来越多的愿望。

传统上，我们国家在半个多世纪的对外交往中，始终坚持尊重各国主权和不干涉内政的原则，赢得了亚非拉广大新独立国家的支持，也为中国

---

① 中国非洲智库论坛第二届会议于 2012 年 11 月 18 日至 19 日在埃塞俄比亚首都亚的斯亚贝巴举行，由浙江师范大学非洲研究院与亚的斯亚贝巴大学和平安全研究所合作主办。

在国际社会的立足和发挥大国作用确定了独特的规范。我认为，这一原则的关键在于，充分相信各国人民及其政治家的智慧与能力，深刻反思旧时强权政治和霸权主义的恶果，坚决抵制用外部移植的方式把当事国不情愿的方案强加于人。它所以能够长期坚持下来，既和中国的战略远见与耐心坚持不可分割，也与多数国家实际的状况及对中国的需要联系在一起。从根本上讲，这一原则也同当今世界依赖主权民族国家为主体成员的国际体系构造是一致的；没有了主权及对主权的尊重，国际体系将陷于以大欺小、以强凌弱的野蛮丛林逻辑而无法自拔；哪怕是那些经常违背这一原则的西方大国，也不可能完全地、彻底地抛弃它，因为那样同时意味着对外交往中国家利益至上、国家行为体主导外交和国际关系的近代国际关系全套理论与实践的失效。"二战"以后的历史证明，中国一直是维护这一原则的主要大国之一，尤其是广大发展中国家在寻求政治独立和外交自主的政治斗争中的重要伙伴；在同样的意义上，中国作为联合国常任理事国和负责任的大国，有理由也有可能不仅自己要继续坚持这一原则，而且应当在国际社会全力维护它的合法性、正义性和广泛效用。

但是，从另一个角度观察，对这一原则加以丰富和修订，使之更加符合新时代特点，正在成为日益迫切的一件事情。首先，全球化的加速发展和全球性挑战的严峻化，使得信息的传递更加迅速，使任何一个地点的坏消息及其严重后果的扩展超出以往任何时期；如果没有及时地介入和制止，一个国家内部的消极事态，很有可能不仅伤害本国本地区的人民，而且还会危及周边国家和整个国际社会的利益。内战的外溢就是一个典型事态，从波黑战争到海湾战争直至近期的利比亚战争均属于这类麻烦；据不同的评估数据，最近二十年间，由内战或动荡政局诱发的国际对抗，占到地区冲突和局部热点战争总数量的百分之六十以上。在新的时代，国际安全的保障、各国自身的稳定，乃至全球性治理的推进，都要求对于传统的不干涉原则作出某种修正，使之允许在保证当事方基本权利的前提下由各国和国际社会参与个别国家内部危机的解决。其次，发达国家早已意识到干预的必要，发达地区的公众和媒体对之有众多的讨论和呼声，在过去一段时期里，形成了大量理论与政策实践，并且竭力将这些东西扩展成国际共同标准与规范。这里马上能够想到的，比方说，有人道主义干涉学说、人权高于主权学说、保护的责任学说、区域一体化与治理学说、全球分层次干预学说、反恐与先发制人学说、国际组织功能变化学说、联合国维和行动的新使命学说等等。应当承认，这中间确有相当多的内容表达了新时期国际社会的共同需要与多数国家的诉求，有一定的进步意义和启发性。然而，这些干预学说往往被歪曲性、狭隘性地使用，首先满足的是发动干涉的西方国家的私利与霸道企图，而且多半是在没有征得国际社会多数探讨与同意、没有得到当事国各国允许和理解的前提下实施，因而后果往往是顾此失彼，甚至带来更大的灾难与不确定性。从这个角度说，中国作为联合国安理会里唯一来自发展中国家的代表，又是一个强调正义和平等权利的社会主义大国，应当积极参与有关国际介入的最新讨论，认真研究实践中提出的新要求新机遇，为建立既符合国际安全和全球治理新要求又能为弱小国家和危机地带民众的多数所接受的介入理论作出自己的贡献。

我的上述想法，在本届会议上一再得到验证与强化。过去很多中国人（包括研究者和领导同志）以为，非洲国家及其学界是赞赏中国传统的不干涉内政原则的，是会无保留地继续在双边关系和国际事务中支持我们的这一立场的，毕竟它们有与中国类似的历史遭遇，有寻求政治、经济、外交更大自主性的强烈要求，有对于西方霸权主义和强权政治的敏感痛楚。一般而言，这个判断并没有错，但现实表明，这种认识过于简化，有时容易造成误判和严重分歧。从会上的激烈争执和私下的深入交谈不难察觉，中国的传统认知需要充实和适当修正。首先，非洲国家的政府与学界及公众并非完全一致，在各国官方大体保持原有立场不变的同时，学者、媒体和百姓有明显的分化。在后面这些群体里，有相当多的人担心，中国的不干涉立场及经济援助，会给本国的"腐败官员"更多以权谋私的机会，而受援国的普通人则受益不多。其次，冷战结束以来的二十年，尽管非洲国家一度受到西式民主化浪潮的严重冲击，也有过不少怨言与批评，但现在，除少数国家外，多数非洲国家已采纳了选举产生多党制度和自由、民主、人权等规范，因而在实践做法上要求域外大国及国际社会用更加负责的态度与政策，区别对待发生在非洲大陆的危机事态（军事政变、局部战争和骚乱等等），包括必要的强制干预与道义谴责。这方面，一些非洲智库与学者公开或私下里对中国提出了"更高要求"，即支持非洲多数国家及公众的愿望，支持对于非民主、不尊重人权和腐败行为的更多约束与施加压力。再次，非洲联盟及各个次区域组织，呈现出更加活跃介入本地区事务的愿望与决心，也给中国传统的不干涉内政原则以新的冲击或启示。

在 2012 年 7 月北京召开的中非第五次部长级会议上，中国政府有关加大力度支持非洲整体维护本地区安全与稳定的能力的倡议，受到各方广泛的关注与多数好评，也在此次智库会议上有强烈反响。相当多的非洲学者建议，中国可以通过对于非洲联盟这类有更大代表性的机构的赞助，以灵活多样和务实有效的方式，提升中国不干涉内政原则的质量并充实新的内涵。我个人的感觉也与此相符：确实，世界各个区域一体化趋势在加快，非洲也不例外；中国如果想赢得更多朋友和战略合作机会，在这个大陆上也要学会与非盟等机构合作，适当加大对于非洲进步（落后）的不同层面的赞赏（否定）力度，适度参与非洲维系和平能力建设、安全调解过程推动以及军事自主性建设的过程，而这一切均可归纳到新的建设性参与、创造性介入、合作性接触的范畴，是对中国一向坚持的不干涉原则的提升与丰富，是对非洲国家主权与民族自立立场的更好尊重，是对非洲多数国家和人民的根本利益的一种与时俱进的认知与帮助。

事实上，我们国家过去这些年在外交、军事和商务的大量实践，已经走在理论工作者的前面，大大超越了传统框框的限制，给我们学界的创新提供了源源不断的大量案例。例如，中国最近十年在苏丹危机上所开展的调解行动，不仅卓有成效地为这个国家的稳定和发展提供了大量帮助，而且为中国在非洲大陆其他地区的类似举措提供了有益启迪；中国的斡旋努力，还伴随着中国工程师和石油队伍对这个拥有丰富石油资源的国家的经济援助和人力资本积累，从而让非洲北部这个原本最贫困的国家开始有了成长的活力。这一点与西方的干预方式及其理念有本质的区别。再如，中国在联合国维持和平框架下为一些非洲战乱国家和地区提供的维和部队，从来没有在军事上直接打压过任何非洲国家的内政一方，却始终坚持为介入的对象提供力所能及的监督停火、协商对话、战后重建、安抚民心等帮助，从而赢得最守纪律、最能建设、最尊重当地风俗的外国军人的美誉。

在冷战以来的二十年，中国作为一个负责任的联合国安理会常任理事国，在非洲大陆这方面的纪录无懈可击，可以说是任何别的常任理事国无法相比的。再有，中国外交官在各种正式与非正式场合，当遇到非洲国家内部有矛盾有分歧甚至有冲突危险的时候，始终从维护非洲国家的整体利益出发，从避免非洲兄弟自相争斗乃至残杀的角度考虑，一向坚持"谈判优先"、"和为上与和为贵"、"对话比对抗强"的指导原则，努力帮助和争取实现危急情势的"软着陆"。中国外交部门及联合国代表在调停埃塞俄比亚与厄立特里亚争端中的表现即为一例。中国财政部和商务部等部门在这些年中,不仅在非洲援建了大量基础设施和投入了大量贷款援助,帮助非洲国家实现经济上的发展和缓解财政上的困难,而且根据中央统一部署和要求,对于团中央的青年志愿者项目、对于卫生部的援非医疗队项目、对于农业部的示范工程以及中国军队的维和部队在非洲的存在提供了财政上的保障与指导,为中国新时期在非洲大陆的总体布局做了后勤保障和战略支撑。诸如此类还可以发掘出许许多多,它们从不同侧面折射出中国人在国际交往中承担更多责任与义务的大国自觉意识,反映出中国外交部门及各领域实践家的创造性成果,值得我们珍惜与总结,值得理论工作者和教学工作者吸纳进去。

我在不久前出版的小书《创造性介入——中国外交新取向》(北京大学出版社 2011 年版)中指出:"'创造性介入'讲的是一种新的积极态度,即在新世纪第二个十年到来之际,中国对国际事务要有更大参与的意识和手法。它要求中国的各个涉外部门和更大范围的中国公众,在坚持邓小平改革开放基本路线的同时,增强进取心和'下先手棋',积极介入地区和全球事务,拿出更多的方案并提供更多的公共产品及援助,以使未来国际格局的演化和人类共同体的进步有中国的印记、操作及贡献;它也提醒我们对外政策的规划人和制定者——中国不能走西方列强称霸世界的老路,不能把我们的意志和方案强加于人,在积极参加国际事务的同时注意建设性斡旋和创造性思路,发掘和坚守东方文化和历史文明里'求同存异'、'和而不同'、'斗而不破'、'中庸大同'等成分,倡导并坚持'新安全观'、'新发展观'、'和谐世界观'等理念,谨慎恰当处理与其他国家和国际社会的关系,审时度势、统筹兼顾地提升中国在世界舞台的形象与话语权。这种新的'创造性介入'立场,既是对'韬光养晦'姿态及做法的(哲学意义上的)扬弃,又绝非西式的干涉主义和强权政治,而是符合中国新的大国位置、国情国力和文化传统的新选择。这一立场,将伴随中国和平崛起的整个阶段,逐渐形成国际政治和外交舞台的中国风格。"

结合非洲与中国关系的现实,以及这次在埃塞俄比亚开会时受到的启发,我初步考虑,至少以下几点应当倡导深入研讨:一是对于中国传统上坚持的不干涉内政原则,如何区分不变的内核部分和与时俱进的外延部分？二是如何把经济方面的优势适当转化为文化方面的深入对话与对接，增加中国良好形象塑造的新动力新源泉？三是如何仔细分类和归纳，统筹考虑和适当安排，更多更好同时又是量力而行地提供有中国特色和非洲需要的国际公共产品？四是全面分析和评估非洲各国政府、学界、媒体、智库、NGO及公众对于中国在非洲角色的不同需求，有针对性、有层面感地设计未来中国创造性介入非洲建设与稳定过程的整体战略。五是把中国十八大之后国家高层关于新阶段中国发展的全局部署及精神要旨，特别是有关社会力量作用及政治发展蓝图的部分，仔细落实到中非关系新时期新型伙伴关系的规划中去，把传统意义上相对单一、相对单薄的政府对政府之间的援助及调解方式，扩展为社会各方面参与、政府有计划有步骤引导、民间与官方多方协力共创共赢的新格局。所有这些都需要解放思想、盘活思路、激发智慧。我深信，非洲大陆过去是、现在是、将来仍持续是中国国际合作扩展和国内思想进步的一个重要源泉，中国学者有理由在新的形势下逐步丰富和发展出新的不干涉内政的学说。

（责任编辑：王学军）

非洲和平安全与不干涉原则

中国对非洲和平与安全政策的演进：
一种建设和平的新范式？

［南非］ 克瑞斯·艾登　　［英］ 丹·拉吉

【内容提要】 为应对中国在非洲利益的保护需求与国际社会期待中国在非洲和平安全事务中发挥更大作用的压力，中国开始越来越多地参与到非洲维和与冲突后重建等复杂行动中来。这使中国对非政策中的一些问题凸显出来，包括缺乏应对后冲突环境与脆弱国家的具体政策，以及对非洲政策中的不干涉内政原则。但中国已越来越多的以和平建设的形式参与非洲冲突后干预的进程中，其政策模式具有四个特点：认为稳定与和谐的发展比"民主、自由加市场经济"更具吸引力；强调非洲本土自主权；坚信经济发展对于实现和平的根本作用；强调国家的作用。尽管这种模式是否是一种实现可持续和平的更好途径还难以下结论，但中国决策集团开始对建设和平进行理论思考，积极接触非洲伙伴，并表现出日益增长和前所未有的信心，这些表明，一项新议程正在形成之中。

【关键词】 中国；非洲；和平建设；冲突后干预

【作者简介】 克瑞斯·艾登（Chris Alden），高级讲师，南非国际问题研究院中非关系项目主任；丹·拉吉（Dan Large），英国伦敦大学亚非学院讲师。

伴随 2011 年超过 1 550 亿美元的中非双边贸易总额与中非之间高水

平的双边与多边外交接触，中国在非洲的利益不断扩大。然而这一不断扩大的利益却越来越面临一系列的安全挑战，包括对中国工人的袭击、针对中国公司的任意武断的行为以及政权变更带来的影响等等。如何在这种不稳定与无法治的条件下保护中国的经济利益，是中国在中非发展合作不断深化之后必须面临的安全课题。与此同时，中国还面临来自非洲与国际社会的日益增长的压力，希望中国在应对非洲的不稳定、冲突与后冲突环境的多边倡议中扮演更直接更深入的角色。中国对这种双重压力的反应一开始是试探性的。在 21 世纪前十年中期，中国一方面有选择地参与苏丹达尔富尔冲突与利比里亚维和行动，另一方面有意避免直接参与受冲突困扰的非洲其他地区的事务。自 1998 年后中国开始逐步愿意积极参与多边维和行动的现象说明，尽管存在一些障碍，比如中国官方承诺坚持不干涉内政原则，但中国政府其实并不反对更多地参与这种复杂的国际行动。

一　不干涉原则与中国参与非洲
冲突后和平建设的进程

迄今，尽管中国的投资与贷款在这些后冲突国家的经济中发挥了重要作用，在其他传统资金来源回应缓慢、难以到位的情况下为这些非洲国家提供了亟需的资金并帮助建设了关键的基础设施，但非洲冲突后国家问题在中国对非政策中并没有占据突出的位置。这就造成这样一种结果——中国在这些国家的参与显而易见且十分重要，同时它又特别容易受到因国家脆弱性引发的包括弱行政能力、东道国政府合法性竞争等问题的影响。从南苏丹到民主刚果，对深深卷入非洲本地环境的中国行为体的压力要求中国政府作出有效回应以应对这些艰难的境遇。

正是在这一背景下，设计一种应对后冲突环境与脆弱国家的政策成为近年来中国的非洲政策制定者与研究者关心的关键问题。然而，参与这一复杂的话题使中国面临的很多困难与问题都凸显出来，如不干涉内政问题，这一政策即使不是难以为继，至少也是食之无味——这导致了对这一传统政策方法的调适。与此同时，由于非洲政府与地区组织十分重视旨在支持从冲突向和平发展艰难过渡的政策，中国缺乏应对后冲突环境的能力与脆弱国家的政策正在成为一个引人关注的政策缺口。① 加上中国对西方所鼓励的政策之干预主义性质的犹豫心理，这一政策缺口与北京在国际事务与支持非洲利益方面发挥更大更积极作用的承诺愈加显得不协调。

在中国对非洲后冲突与脆弱国家事务的参与持续扩大的同时，过去十年对后冲突国家与国家崩溃的多边干预本身也一直在增多。联合国主导的干预所声称的目标一直是通过推广民主与市场自由化促进社会政治与经济转型，从而解决冲突的根源。这一目标不同于先前的联合国行动。② 1992年联合国时任秘书长加利首创了和平建设的概念，出版了影响力很大的《和平议程》一书，构建了国际社会深度参与后冲突国家的框架。他阐释道："和平建设不仅仅是在敌对暂停后的重建和平……和平建设的目标是将各敌对方纳入互惠的事业，不仅促进经济与社会发展，而且巩固创造持久和平所必需的信心。……和平建设始于采取实际措施恢复公民社会、恢复经济、修复土地及其生产力，遣返安置流离失所者与难民；它还包括减少作为社会暴力诱发因素的武器的数量"。③

和平建设兴起后，西方与非洲学术与政策决策圈对以负责任治理为条件的国家主权即"保护的责任"这一概念兴趣也日益浓厚，人道主义干预的范围也不断扩大。④ 概括起来，所有这些发展被描述为"自由主义和平建设"，它主导了应对国家重构、经济恢复、鼓励战后社会和平等复杂

---

① 参见最近的一个报告，Saferworld，*China and conflict-affected states*：*between principle and pragmatism*，London：Saferworld，January 2012. http：//www. saferworld. org. uk/downloads/pubdocs/China%20and%20conflict-affected%20states. pdf.

② Mats Berdal，*Building Peace After War*，London：The International Institute for Strategic Studies，2009；James Mayall and Ricardo Soares de Oliveira，eds.，*The New Protectorates*：*International Tutelage and the Making of Liberal States*，London：Hurst，2011.

③ 参见 Boutros-Boutros Ghali，"An Agenda for Peace Preventive diplomacy，peacemaking and peace-keeping"，秘书长根据 1992 年 1 月 31 日和 1992 年 6 月 17 日的安全理事会首脑会议上的发言作的报告；Boutros Boutros-Ghali，"Report on the work of the Organization from the Forty-seventh to the Forty-eighth Session of the General Assembly"，September 1993，New York.，pp. 156 - 157.

④ 参见 Francis M. Deng，Sadikiel Kimaro，Terrence Lyons，Donald Rothchild and I. William Zartman，*Sovereignty as Responsibility*：*conflict management in Africa*，Washington，D. C.：The Brookings Institution，1996. 他们指出，作为责任的主权意味着国家政府有义务确保其公民的安全和社会福利的最低标准，对国家政治机构和国际社会负责，p. 211.

任务的国际政策。[1]

至今，中国很大程度上就是国际社会对后冲突重建与和平建设关注迅速增加的一个例证。[2] 根据引文，因抵制建构以人权为条件的国家主权的国际努力，对非洲政权的精英腐败和对反对派的暴力迫害视而不见，中国通常被西方学者共同认为是政治逆流，以至于批评者将中国参与非洲大陆刻画为狭隘的重商主义，甚至更严重的认为中国对非政策缺乏道义。[3] 正如王学军所解释的："西方国家参与和平建设的主导思想是'自由民主'，西方认为民主政治制度的实现是一个国家内部可持续和平与稳定的先决条件。然而中国认为每一个国家都有自己的政策优先，在冲突结束后立即推进民主制度不一定应该是直接的优先关注事项。"[4]

这一立场反映在中国政府关于冲突后重建以及其他更多参与的官方记录中，这在中国的联合国外交以及中国对非洲问题的政策立场的背景下逐一显现。作为中国将自己塑造为参与非洲和平发展的仁慈大国策略的一部分，中国政府对非洲的和平与发展长期以来都表达了言辞上的支持，[5] 正如胡锦涛时代和谐世界理论所能看到的。北京公开坚定支持联合国建设和

① Roland Paris, *At War's End: building peace after civil conflict*, Cambridge: Cambridge University Press, 2004. Duffield 认为自由和平是一个新的或政治的人道主义观点，强调它的基础是冲突解决和预防，构建社会网络，加强公民和代表机构，以及促进法治和安全部门在市场经济运行中的改革。Mark Duffield, *Global Governance and the New Wars*, London: Zed, 2000.

② 例如参见, Adekeye Adebajo and Ismail Rashid, eds. , *West Africa's Security Challenges: Building Peace in a Troubled Region*, Boulder, Colorado. : Lynne Rienner, 2004; Simon Chesterman, *You, the People: The United Nations, Transitional Administration, and State-Building*, Oxford: Oxford University Press, 2004; Dominik Zaum, *The Sovereignty Paradox: The Norms and Politics of International Statebuilding*, Oxford: Oxford University Press, 2007; Sultan Barakat ed. , *After the Conflict. Reconstruction and Development in the Aftermath of War*, London: I. B. Tauris, 2010.

③ Moises Naim, "Rogue Aid", *Foreign Policy*, 1 March 2007.

④ 王学军, "China's Security Cooperation with Africa under the Frame of FOCAC", 于 2010 年 11 月提交给南非国际问题研究院与浙江师范大学非洲研究院主办的"中国、南非与非洲"学术研讨会会议论文, p. 128.

⑤ 郑必坚, "China's 'Peaceful Rise' to Great Power Status", *Foreign Affairs*, Vol. 84, No. 5, Sep/Oct 2005, pp. 18 - 24; 中华人民共和国国务院, "China's Peaceful Development Road", Beijing, 2005; Bonnie S. Glaser and Evan S. Medeiros, "The Changing Ecology of Foreign Policy Making in China: The Ascension and Demise of the Theory of 'Peaceful Rise'", *The China Quarterly*, Vol. 190, June 2007, pp. 291 - 310.

平的努力，① 同时对如何更好地开展和平建设提出了自己的观点，并坚称中国愿意加强参与国际社会和平建设各领域的努力。② 例如，中国驻联合国代表在 2009 年联合国安理会关于冲突后和平建设的辩论中把《和平议程》报告作为另一个联合国集体安全机制发展的基石，但强调反对一刀切的做法。③ 在其他场所，中国经常谈到的一个突出主题则强调发展是非洲和平的基础。④

　　确实，经历过一些含混犹豫之后，后冲突重建正在成为中国与非洲和平与安全合作中明确的一部分。⑤ 这一点可以体现在中非合作论坛的进程中，而论坛是中国与非洲大陆官方关系外交基石的三年一次的会议，是中非双方发表共同宣言的基地。⑥ 2006 年第三次中非合作论坛行动计划第一次提及和平建设，它声称，"中国积极支持相关国家的战后重建"。⑦ 在三年后第四届中非合作论坛上中国宣称"加强与有关国家在联合国建设和平委员会的合作，支持有关国家战后重建进程"。⑧ 2012 年 7 月召开的第五届中非合作论坛进一步确认了这一实质性参与的趋势，中非双方同意建立中非和平安全合作伙伴，后冲突重建成为扩大的和平安全合作领域的一

---

　　① 因此，2005 年 6 月 7 日中华人民共和国在对联合国的立场文件中指出，例如，中国支持设立建设和平委员会。委员会的职责应主要是协助从冲突到冲突后重建的过渡规划和协调国际努力。

　　② 参见 2011 年 9 月 9 日第 66 届联合国大会上中华人民共和国的立场文件，北京：外交部。

　　③ 参见刘振民大使在 2009 年 7 月 22 日召开的安理会关于后冲突和平建设的公开辩论会上的发言。

　　④ 参见联合国常驻副代表沈国放在 2001 年 11 月 26 日召开的关于"加强联合国紧急人道主义援助的协调"大会第 56 届会议上发表的讲话《发展是实现非洲和平的基础》。

　　⑤ 例如，2010 年 12 月的《中国与非洲的经贸合作》白皮书中表示，北京同其他国家一起努力的目标在于共同推动非洲的和平、发展与进步。参见《中国与非洲的经贸合作》，北京：中华人民共和国国务院信息办公室，2010 年 12 月。

　　⑥ 例如，2010 年 12 月的《中国与非洲的经贸合作》白皮书中表示，北京同其他国家一起努力的目标在于共同推动非洲的和平、发展与进步。参见《中国与非洲的经贸合作》，北京：中华人民共和国国务院信息办公室，2010 年 12 月。

　　⑦ 参见《中非合作论坛北京行动计划》(2007—2009)，2006 年 11 月。

　　⑧ 参见《中非合作论坛沙姆沙伊赫行动计划》(2009—2012)，2009 年 11 月。

个重要方面，① 虽然第五届论坛重申致力于建设一个"持久和平与共同繁荣的和谐世界"，但总体而言，几乎没有考虑如何实现这些承诺。尽管出现了新的政策动向，但这些目标依然模糊且大体上是一个愿望而已。② 同样，中国参与非洲安全与后冲突和平建设的制度架构（包括非盟和平与安全理事会、冲突早期预警制度、和平建设支持基金或智者委员会，非洲发展银行、非洲发展新伙伴计划或非盟）的程度与性质仍不明朗。

人道主义援助是中国多边与双边海外参与政策演进的又一个领域。③由于中国自身国内灾后重建的努力以及在向海外提供人道主义援助方面中国发挥作用的方向与形式的争论，中国在该领域的参与虽然在扩大但一直是临时性的。中国官方强调的是传统的人道主义原则、中立性、人道与公正，以及尊重主权和东道国同意。④ 除了双边援助外，中国从事人道主义援助的一个重要趋势是走向更广泛的南南合作的框架。⑤ 另一个趋势反映在中国在 2006 年开始从一个灾难援助的接受者转变为一个对世界粮食署的援助者。在像达尔富尔这样的地区，中国开始通过一系列由中国公司实施的人道主义和社会恢复项目悄悄地通过发展来促进和平。⑥

中国冷战后参与联合国多边危机反应的记录表明，直到最近，除了维和外，它还不是一个积极的、充分参与的行为体。通过加盟 77 国集团或

---

① 参见 2012 年 7 月 23 日在中国北京召开的非洲合作行动计划（2013—2015 年）论坛第五届部长级会议，会议指出，中国和非洲国家将加强在政策协调，预防性外交，维持和平行动，冲突后重建和复兴方面的合作，在平等和相互尊重的基础上共同维护非洲的和平与稳定。"（2.6.1），这个倡议提到："为了加强与非洲和平与安全问题上的合作，中国方面将推出'中国—非洲倡议和平与安全的合作伙伴关系'，为了支持其和平项目，非洲的和平安全架构，和平与安全领域的人员交流培训，非洲冲突的预防，管理和解决以及冲突后的重建和发展，中国将在能力范围内向非洲联盟提供财政和技术支持。"（2.6.3）

② 参见《第五届中非合作论坛北京宣言》，2012 年 7 月 23 日。

③ "当非洲国家遭受自然灾害或战争时，中国总是及时向他们提供人道主义援助。"请参见《中国与非洲的经贸合作》，北京：中华人民共和国国务院信息办公室，2010 年 12 月。

④ 引自 2001 年 12 月 19 日联大第 46/182 号决议，这有助于建立联合国人道主义事务协调厅（OCHA），以及这项决议支持的基本的人道主义原则。见公使衔参赞王洪波在第 65 届大会关于议程项目 69 的发言："加强协调联合国人道主义和救灾援助，包括特别经济援助"，2010 年 12 月 15 日。

⑤ 例如，在 2011 年 1 月，北京支持 G77 联大决议草案"在自然灾害领域的有关人道主义援助的国际合作：从救济到发展"，强调"必须提供紧急援助的方式支持恢复和长期长远发展。"

⑥ 参见 Daniel Large，"Between the CPA and Southern Independence: China's Post-Conflict Engagement in Sudan"，*SAIIA Occasional Paper* No 115，Johannesburg：SAIIA，April，2012.

通过中非合作论坛，中国一直依靠自己试图倡导国际社会给予冲突后国家以更多的支持。同时，中国一再重申其发展中国家的身份，并不断强调愿意以自己的方式提供帮助。与积极参与维和相比，中国在多边冲突后和平建设行动中发挥了非常有限的直接作用。显然，参与和平建设更易引起争议，而维和尤其是中国军队采取的维和支持模式政治敏感性较小，同时中国又可以通过参与维和证明其对和平的支持立场。

　　然而，正如本文说明的，越来越多的迹象表明，中国对冲突后重建与建设和平的立场开始发生变化。这首先表现在中国开始更多地参与联合国关于建设和平的辩论，为联合国建设和平基金贡献经费，并参与其他机制如联合国中央紧急反应基金，[①] 或者努力增强其在传统维和模式之外的维和作用。与此相连的是，中国正面临一种外部压力——非洲政府与其他大国显然都希望看到中国在建设和平与脆弱国家重建中发挥更积极更大的作用。这进一步反映在中非合作论坛上中非双方开始讨论这一话题，而且中国也开始参与了一系列非洲的多边倡议。与此同时，中国对联合国建设和平支持性言辞的变化，加之前面提到的中国迄今已经采取的措施，依然掩盖了中国与西方政府甚至与非洲伙伴在一些基本方面的规范分歧，尤其是在没有达成共识的干预或对"保护的责任"的谨慎立场方面。因此，更深入具体地剖析中国理解后冲突干预与建设和平问题的一些关键规范是有益的。

二　在非洲冲突后干预方面中国正在显现的规范

　　关于非洲冲突后重建以及更广泛意义上的建设和平方面的中文文献数量很少，反映出这是一个相对新的研究与政策讨论主题。[②] 现有文献部分

---

①　在 2006 年至 2012 年之间中国投入了大约 600 万美元的基金。见 2012 年 8 月 1 日的联合国建设和平基金，www.unpbf.org/donor/contributions。北京已向联合国中央应急基金提供财政援助。例如，中华人民共和国公使衔参赞张绍钢在 2009 年 12 月 9 日的联合国中央应急基金高级别会议上的发言。

②　在中国社科院进行的访谈，北京，2010 年 12 月 16 日。更为普遍的是，八年前的中国，和平研究这一学科几乎是新的，参见 Alan Hunter，"Introduction：The Chinese Century"，in Alan Hunter ed.，*Peace Studies in the Chinese Century：International Perspectives*，Aldershot：Ashgate，2006，p. 5.

是因为受到目前关于"保护责任"（R2P）争论的激励，以及一些似乎要求国际回应的事件带来的持续性压力而出现的。① 诸如"如何巩固政府权威、动员社会资源"之类的问题与建设和平这一术语并没有明确的联系，而且这个术语也没有被中国学术界和政策界所广泛接纳与使用。② 虽然有一些关于战后发展挑战和国家作用的讨论，但总体而言，政府声明所使用的和平概念是不成熟的，仅是指没有战争的状态。中国涉及非洲关系的官方、公开报告的主旨一贯是乐观的：只要某些障碍被克服，和平几乎是历史的必然趋势。

出于管理其全球形象的需求，同时体现出其日益增长的自信，中国接受了在维和方面的积极立场。这证明协调中国传统外交政策原则与当代政策实践的关系并非难事。正如最近赵磊所指出的："中国的决策者虽然认识到建设和平比维持和平更加复杂，但是仍然支持启动与扩大旨在巩固和平、防止武装对抗重现的国际建设和平行动。"③ 中国愿意参与更为复杂的建设和平行动，其背后是中国学术界和政策界面临的越来越大的压力。他们必须依据诸如"保护责任"这样的干涉主义政策和自身不断扩大的海外利益包括受冲突影响的非洲部分地区的利益，来承担起全球责任。然而，有观点认为政策制定者落后于中国企业家，企业家们在北京发起了一场关于如何以适当方式应对各种冲突的激烈政策讨论。④ 根据赵磊的观点，促使中国深化参与和平建设行动的动机是中国想要成为"规则制定者"而不仅仅是做一个回应者的愿望。他论证道："中国的战略文化正在发生微妙但重大的转变，即从被动地遵守国际规范到积极地制定规范……中国领导人已经开始关注中国的制度贡献，强调'话语权'和建设性原则，即大国应该建设性地设置议程而不只是遵守别人制定的规则。"⑤ 中国正在出现的这一规范形成进程可以从四个大的方面来理解。

---

① 　与中国非洲研究院学者的讨论，金华，2010 年 12 月；在中国社科院进行的访谈，北京，2010 年 12 月 14 日。

② 　在中国社科院进行的访谈，北京，2010 年 12 月 14 日。

③ 　赵磊，"Two Pillars of China's Global Peace Engagement Strategy: UN Peacekeeping and International Peacebuilding", *International Peacekeeping*, Vol. 18, No. 3, 2011, p. 351.

④ 　在中国社科院进行的访谈，北京，2010 年 12 月 14 日。

⑤ 　赵磊，"Two Pillars of China's Global Peace Engagement Strategy: UN Peacekeeping and International Peacebuilding", *International Peacekeeping*, Vol. 18, No. 3, 2011, p. 351；赵磊：《为和平而来：解析中国参与非洲维和行动》，载《外交评论》2007 年第 1 期，第 29—36 页。

　　首先一个方面,刘辉等中国学者断言,"对非洲来说,稳定与和谐的发展比'民主,自由加市场经济'更具吸引力。"① 从这个角度来看,政治稳定比举行选举更重要,和平是一个长期发展的结果,而民主政治并非必然是担保实现和平的首选方式。② 事实上,有很多情况表明,选举的作用是不能确定的,它可以造成国家内部紧张关系,如 2009 年肯尼亚的案例。

　　中国的冲突后干预政策的第二个方面强调非洲本土自主权,强调让非洲本土机构根据自己的情况来确定和追求自己的解决方案。按照中国人的思维,解决冲突和促进冲突后的发展首先是那些直接受冲突影响的当事人的责任。③ 而且,长期解决方案的更大功效应该归于本土机构,任何外部援助都应该只是对此的回应,应该服从服务于本地需求。④

　　坚信经济发展对于实现和平的根本作用是中国应对冲突后重建政策方法的第三个方面。中国学者强调满足基本需求优先,包括提供住房和食品而不只是民主或人权,同时他们还重视提供经济发展赖以进行的物质基础设施,将其看作是战后重建的正确起点。

　　第四个方面是中国认为国家的作用是至关重要的。中国与非洲国家机构接触交往是中非双边关系中常规的确定的一部分,内容涵盖日常合作以及人力资源开发等领域的培训。对于创造脆弱国家所需要的行政手段而言,至关重要的国家机构能力建设因中国的不干涉承诺而面临着困境,尽管最近的趋势表明,中国越来越接受参与支持非洲的国家能力建设。⑤ 除了重视国家机构外,中国总体上也强调加强非洲区域组织在全球安全管理架构中的地位。

----

　　① 刘辉:《民族主义视角下的苏丹南北内战》,载《世界民族》2005 年第 6 期;也可参见王学军前引文。

　　② 与中国浙江师范大学非洲研究院学者的讨论,金华,2010 年 12 月 17 日;庞中英肯定了这一观点,他说:"中国与亚洲,非洲和拉丁美洲的许多发展中国家、非西方国家的双边和多边关系,中国不断反复坚持,它不会放弃这些原则,而是将维护它们,这些已在发展中国家受到普遍欢迎的原则",参见庞中英,"China's Non-Intervention Question", *Global Responsibility to Protect*, Vol. 1,No. 2,2009,p. 238.

　　③ 对中国现代国际关系研究院学者的访谈,北京,2010 年 12 月 20 日。

　　④ 正如浙江师范大学的一位分析师指出:"我们应该给非洲人他们需要的东西,而不是我们认为非洲人需要的东西。",金华,2010 年 12 月 17 日。

　　⑤ 参见《中国与非洲的经贸合作》,北京,2010 年 12 月,国务院信息办公室,第 4 节:"加强发展能力建设"。

这四个方面塑造了中国以和平建设的形式参与非洲冲突后干预的政策模式。在某些情况下，中国效仿或重复着联合国所采用的普遍立场，但有时，中国的政策模式使人联想到邓小平时代指导中国经济发展的实用主义哲学。它们很大程度上反映的是，中国决策集团为应对全球安全管理的紧迫问题从中国的视角和利益出发而进行的有意识努力，因此也意味着中国前所未有地开始在东亚地区之外更加自信地参与国际和平安全事务。

三 一种可持续和平的更好途径？

就观念、实际行动以及不同方式所导致的结果而言，中国参与后冲突行动的新兴模式意味着对现行国际建设和平制度的一种替代。这不是直接的、有目的的竞争意义上的替代，也不是对当前制度的一个新挑战；而是对非盟危机应对体系的一个强有力的支持。在一些地方，中国模式已经被应用于长期存在的问题，并且被期望在"自由主义和平建设"模式让人们失望的地方，中国模式可以更为成功。正如中国驻联合国大使明确宣布的那样："建设和平不可能有统一的标准，要根据不同当事国的情况制定不同的战略。"①

非洲对于多边参与和平建设必要性的敏感性已经促使中国在诸如苏丹等一些地方的外交政策发生了史无前例的转变。而且，通过诸如中非合作论坛提出的"中非和平安全合作伙伴倡议"之类的倡议来锻造中非共同计划的积极努力可能会带来更多的变化。虽然脆弱国家这类容易引发争议的问题领域依旧存在不确定性，并且相对于正式的政策而言，它们还处于新的政策方法之外，但中国决策集团开始对建设和平进行理论思考，积极接触非洲伙伴，并表现出日益增长和前所未有的信心，这些都表明，一项新议程正在形成之中。

（王学军、刘祎译）

（责任编辑：王学军）

（译者简介：王学军，浙江师范大学非洲研究院副研究员；刘祎，浙江师范大学非洲研究院国际关系专业硕士研究生）

---

① 刘振民大使在安理会冲突后建设和平问题公开辩论会上的发言，2009年7月22日。

从国内经验看中国对非洲的
和平安全政策

王学军　刘　祎

【内容提要】当前中国与西方在非洲和平安全事务的两种不同的干预政策都是各自国内经验向外部投射的结果。这一视角有助于我们理解分析中国的对非洲和平与安全政策。中国在国内实现稳定与和平秩序的经验可以概括为"发展型和平"理念，该理念把经济社会发展视为实现可持续和平的根本途径，同时辅之以渐进式的政治与社会改良，并在整个过程中坚持强化主权与国家自主性。在此理念影响下，中国对非和平安全政策表现为一种不同于西方的"主权—发展"模式与特点，未来政策走势是在这一模式下的合作领域与空间的拓展和深化。具体而言，除了参与非洲维和行动外，中国将会更多地参与非洲的冲突调解，更多地参与非洲的建设和平行动，但对制度建设、法治建设、组织选举等方面将依然保持谨慎立场。

【关键词】中非关系；和平与安全；国内经验；发展型和平；建设和平

【作者简介】王学军，法学博士，浙江师范大学非洲研究院副研究员；刘祎，浙江师范大学非洲研究院国际关系专业硕士研究生。

近年来，中国对非洲和平安全政策实践的变化及其影响已经成为中非关系研究中一个日益显现的话题。^① 当前讨论的一个基本关注点是中国参与非洲和平与安全事务方面正在发生的新变化，主要包括：参与的领域不断扩大，从参与非洲维和到参与非洲的建设和平；参与的性质出现变化，从遵从规范发展为开始建构规范；参与的主体日益多元化，从国家主导到企业等民间行为体也开始参与；参与的方式主要是多边主义，但也开始利用双边关系来影响非洲国家对国际与地区维和的立场等等。与此同时，当前关注的另一个重要方面是中国对非洲和平安全事务的参与以及中国对非洲日益扩大的发展领域合作对非洲的影响与意义。2012 年 7 月在北京召开的中非合作论坛第五届部长会议上，中国提出了要发起"中非和平安全合作伙伴倡议"，以进一步加强与非洲在和平与安全领域的合作。这一新伙伴倡议的提出，加之国际社会与非洲一直对中国在非洲和平安全事务中的作用抱有的较高期待，使得中国对非洲和平安全政策的未来走势成为一个新话题。关于这一问题，国外学者现有两种代表性观点，一种观点认为中国对非洲安全事务将保持一种保守的立场，很大程度上在适应非洲的不安全现状而不是试图改变这一现状。^② 另一种观点相信中国将建构一种新的和平建设范式，在非洲的和平安全事务中日益扮演更积极的角色。^③ 本文认为要把握中国对非安全政策走势的前提是理解中国政策的结构性逻辑。为此笔者引入理解对外政策的国内视角，以此视角来理解分析中国

---

① Saferworld, *China's growing role in African peace and security*, 2011; *Tackling insecurity in the Horn of Africa: China's role*, Seminar port, January, 2012; Saferworld, *China and conflict-affected states: between principle and pragmatism*, London: Saferworld, 2012; *China's Role in International Conflict Management: Sudan and South Sudan*, winter, 2012, Global Review; Daniel Large, "Between the CPA and Southern Independence: China's Post-Conflict Engagement in Sudan", *SAIIA Occasional Paper No 115*, SAIIA, 2012; Jonathan Holslag, "China and the Coups: Coping with political instability in Africa", *African Affairs*, Volume 110, Issue 440, 2011, pp. 367 – 386; Chris Alden and Dan Large, "China's Evolving Policy Towards Peace and Security in Africa: Constructing a new paradigm for peace building?" A paper presented to the first China-Africa Thinking Tank Forum holden in Hangzhou China, 2011; 王学军：《中国参与非洲和平安全建设的回顾与反思》，载《国际问题研究》2012 年第 1 期；克里斯·阿尔登，张春，贝尔纳多·马里亚尼，丹尼尔·拉吉：《非洲冲突后重建：中国日益增长的作用》，载《国际展望》2011 年第 6 期。

② Jonathan Holslag, "China and the coups: Coping with political instability in Africa", pp. 367 – 386.

③ Chris Alden and Dan Large, "China's Evolving Policy Towards Peace and Security in Africa: Constructing a new paradigm for peace building?"

对非洲的和平与安全政策。本文认为由于中国国内的基本经验是以发展维持了国家的稳定，因而中国对非洲的和平安全政策的指导性理念可以概括为"发展型和平"，这不同于西方基于自身经验所奉行的"自由主义和平"理念。在此理念影响下，中国对非和平安全政策体现为"主权—发展"模式，未来的政策走势是在这一模式下的合作领域与空间的拓展和深化。下文分三部分展开论述：第一部分概括总结中国国内改革发展稳定的经验，并对"发展型和平"概念作出初步界定；第二部分分析"发展型和平"理念指导下中国对非洲安全政策的特点；第三部分对中国政策的未来趋势作出分析预判。

一　中国实现国家内部秩序与稳定的经验

从国内视角理解中国参与非洲和平安全事务政策的基本假定是，对外政策往往是国内经验向外部投射的结果。根据这一假定，我们不仅可以解释和理解中国在非洲的和平安全政策，而且也可以理解西方主导的对非和平干预政策，同时也更好地理解中国与当前国际社会对非安全干预政策的差异与分歧。当然，我们也可以据此视角，结合中非关系中其他互动性的因素，对中国政策的近期走势作出合理的分析与预判。根据这一假定，理解中国对非安全政策的前提是理解新中国成立以来特别是改革开放以来中国国内实现稳定的经验。

中国的第一条经验是以发展来促进稳定。在毛泽东时代，尽管新中国初步建立了相对独立的国民经济体系，但经济发展一直受到政治因素的干扰。从肃反运动到庐山会议发起的反右倾运动再到后来持续了十年之久的"文化大革命"，国家生活的政治化严重影响了中国经济的发展进程，造成国家处于困顿与危机的不利局面。邓小平开创了中国改革开放的新时代，确立了以经济建设为中心的党的基本路线，将党的工作重心开始转移到经济发展工作上来，中国开始逐步迈上快速发展的轨道。之后中国延续了邓小平时期的政治遗产，一直将发展视为最重要的任务。江泽民时期，发展被定为共产党执政兴国的第一要务，是解决中国一切问题的关键。胡锦涛时期，又提出了科学发展观，发展依然是中国最关键的任务。① 习近平提出的"中国梦"，其实还是围绕以发展为核心任务的经济繁荣富强的宏伟蓝图。回顾新中国成立到改革开放再到今天，正反两方面的事实让中国获得的一个根本经验就是"发展是硬道理"，发展才能带来稳定与和平。由于民主化进程等各项政治改革相对进展不大，发展成为中国共产党维持与巩固政权合法性的最基本手段。

中国实现安全与稳定的第二条经验是对政治民主化改革与国家秩序稳定关系的认识。中共领导层认为民主化尤其是激进的西方式民主化并不适合中国，很可能对中国的和平与稳定造成直接的破坏性影响。这一条经验主要来自中国在 20 世纪 90 年代初的国内与国际经历。中共领导层认为，冷战后中国经受住了西方所推动的民主化第三波浪潮的冲击，因而维持了国内政局的稳定；相反，苏联东欧因为自由主义的新思维导致了共产党政权的垮台，国家也一度陷入了政局动荡、经济困难的艰难处境。基于正反两方面的经验，中共领导层认为民主化应该是渐进的，激进的民主化很可能导致中国陷入难以预料的动荡中。基于以上认识，中国采取了渐进保守的政治改革道路，包括党内民主、政治分权、依法治国等等，最重要的经验是将新兴的经济精英与政治精英吸纳进政府决策体系。有学者将中国政治改革概括为"治道民主"，② 也有学者将中国改革开放后的政治发展概括为"行政吸纳政治"或者"政治的行政化"，并认为它是一套精心设计的制度安排，其核心经验是不断满足新兴的强者，同时给予弱者必要的关照。③ 至少截止到目前看，中国对威权政治的渐进式改革取得了相当大的成功，不仅巩固了国家政权，而且大致维持了社会的和平与稳定。

第三条重要经验是强化国家政权的同时弱化社会力量。20 世纪 80 年代以来，中国共产党提出并一直坚持的基本路线是"一个中心，两个基本点"。其中非常重要的一点就是坚持和强化中共的领导。中共领导的威权式政府控制了巨大的资源，具有巨大的行动能力。同时，政府对待社会团体的策略是，依附性的可以存在和发展，一切独立的有组织力量都坚决

---

① 参见党的十二大到十八大历届报告。

② 任剑涛：《政道民主与治道民主：中国民主政治模式的战略抉择》，载《学海》2008 年第 2 期。

③ 康晓光：《再论行政吸纳政治：90 年代中国大陆政治发展与政治稳定研究》，载《21 世纪》网络版 2002 年 8 月号，总第 5 期。

镇压，不论是否已经表现出反叛倾向或是否实施了反叛行为。在这种环境下，政治上能动的社会阶级或群体是不存在的。① 这种统治策略造成了中国"强国家—弱社会"式的国家社会关系模式。

中国初步实现繁荣稳定的第四条十分重要的经验是坚持主权与国家自主性。这表现在中国对主权的强烈意识与维护主权和独立自主的根本原则立场。新中国成立初期，中国在建立外交关系时遵循的两条基本原则是"另起炉灶"、"打扫干净屋子再请客"，就是要肃清帝国主义的遗留影响，在维护自身主权的基础上来建立和发展外交关系。为了维护自主性，避免受外部大国的支配，毛泽东时代中国外交不惜"两个拳头打人"。改革开放后，在中国开始融入国际体系进程中，中国的现代化事业也始终坚持国家自主性。② 这主要表现为，在改革开放进程中，国家的主权和安全始终被放在第一位，这是所有改革开放措施的前提之一。③

二 发展型和平理念与中国对非洲和平安全政策的特点

中国六十多年来实现初步繁荣稳定的经验促使中国对和平形成了一种不同于西方"自由主义和平"的理念，可以概括为"发展型和平"。"发展型和平"理念的最大特点是把经济社会发展视为实现可持续和平的根本途径，同时辅之以渐进式的政治与社会改良，并在整个过程中坚持强化主权与国家自主性（这不同于当前主导非洲和平与冲突解决的自由和平论）。西方实现国内稳定与秩序的经验是民主化与市场化的自由主义模式，在对外和平干预行动中，西方将自身经验投射到海外被其冠名为"失败国家"或"脆弱国家"的非洲及其他发生内部冲突的国家。西方"自由主义和平"理念坚信政治与经济的自由化、民主化是维持可持续和平的关键保障。在发展和平理念的指导下，中国对非洲和平安全政策表现出不同于西方的特点，大致可以概括为"主权—发展"模式，这一模式

---

① 康晓光：《再论行政吸纳政治：90 年代中国大陆政治发展与政治稳定研究》，载《21 世纪》网络版 2002 年 8 月号，总第 5 期。

② 杨雪冬：《国家自主与中国发展道路》，载《社会科学》2006 年第 3 期。

③ 参见邓小平：《国家的主权和安全要始终放在第一位》，《邓小平文选》第 3 卷。

大致有以下几个不同于西方的特点：

第一，强调非洲在非洲大陆冲突管理与解决及冲突后重建进程中的主体地位和非洲自主权。这不仅体现在中国在各种国际多边场所的对非政策宣示中，而且也体现在中国在非洲参与各种安全事务的实践中。2013 年 4月 26 日，中国驻联合国代表李保东在第 67 届联大"和平解决非洲冲突"问题专题辩论会上发言指出："要积极支持非洲的和平努力。非洲对本大陆问题的理解和认识更为深刻，非洲冲突当事方更易接受来自本大陆的劝和努力。国际社会应相信非洲人民的智慧和经验，充分倾听非洲声音，尊重非洲意愿，全面、积极地支持'非洲人以非洲方式解决非洲问题'。"① 在参与联合国与非盟在非洲维和实践方面，中国依然宣称坚持主权和不干涉原则，但这一原则宣示并非指不介入非洲冲突国家内部事务，而是在介入的方式上往往采取多边主义。这种多边主义表现在其尊重非洲地区组织非盟的立场，而且还表现在中国对非洲的平等尊重的态度。中国倡导坚持政治谈判与协商解决冲突，反对外部强制性武力干涉，反对打着"保护平民"和"人道干预"的旗号，行战争之实，甚至在非洲国家推动政权更迭。②

第二，强调通过发展领域的举措来促进非洲和平与稳定，对良治、机构建设、督促民主选举等事务持谨慎态度。由于中国的"发展型和平"理念强调一个国家长治久安、可持续和平的根本基础在于社会经济发展，因此在应对非洲国家内部冲突与不稳定方面，与西方相比较，中国更注重通过帮助非洲国家实现发展从而为其实现长期稳定和平奠定基础。这种"通过发展实现和平"的政策特点不仅体现在中国对非战略实践中以发展领域合作为重点并赋予其安全意义，而且还体现在中国在参与非洲维和建和活动中参与的领域主要是社会经济等基础性领域，即所谓的"修路筑桥建医院"模式，③ 而很少参与涉及政治社会转型的上层建筑领域，比如机构建设、国家建设、法治、善治等等。也就是说，在参与非洲维和建和行动中，中国参与得更多的是基础性、低政治领域的事务，对高政治介入

①　参见中国常驻联合国代表李保东大使在第 67 届联大"和平解决非洲冲突"问题专题辩论会上的发言。

②　同上。

③　李东燕：《中国参与联合国维和建和的前景与路径》，载《外交评论》2012 年第 3 期。

性事务极少参与。西方学者称之为，中国注重"硬"基础设施而忽视"软"基础设施。

第三，在非洲冲突解决方式上，中国的发展型和平理念主张是维护国家统一、领土完整和民族团结，强调反复协商对话和平解决，反对通过强制性手段与外部输入和"开药方"的模式来为非洲和平寻求出路。西方自由和平理念的思路则倾向于通过分裂、分离来"遏制和缓和暴力"，"使和平得以恢复"。① 这类案例包括厄立特里亚问题、科索沃问题及南苏丹问题，目前也有通过分离手段解决刚果（金）境内战乱和冲突的主张。②

第四，更注重与冲突国政府、非洲联盟的合作，与社会性组织互动较少。这是中国自身"强国家—弱社会"关系特点及其思维模式在参与非洲和平安全事务上的反映。这种思维模式是基于中国权力集中的政治文化传统。希望加强与权力中心的合作来促进非洲的和平与稳定，同时保护自身不断拓展的利益。目前中国主要关注与非盟及非洲相关国家政府的合作，都体现了这一理念。但需要指出的是，非洲国家特别是处于冲突困境的国家往往不是权力集中的社会政治结构，而是权力分散型的政治结构，是属于"强社会—弱国家"的国家社会关系模式。非政府组织、工会劳工组织，乃至于反政府组织等都是对非洲国家内部社会动荡与稳定造成重要影响的社会性力量。中国这种单一化的合作模式给中国对非安全政策实现其愿望与目标构成了挑战。③

三　"发展型和平"与中国对非安全政策的趋势分析

显然，"发展型和平"理念指导下的中国对非安全政策与西方"自由民主和平"理念指导下的西方和平干预政策存在较大差异。在当前国际对非和平安全干预中，基于西方经验的"自由主义和平"理念大致支配

---

① ［法］夏尔菲利普·戴维：《安全与战略：战争与和平的现时代解决方案》，王忠菊译，社会科学文献出版社 2011 年版，第 274 页。

② 李东燕：《中国参与联合国维和的前景与路径》，载《外交评论》2012 年第 3 期。

③ 王学军：《中国参与非洲和平与安全建设的回顾与反思》，载《国际问题研究》2012 年第 1 期。

了各项国际对非和平干预行动的实践，从预防性外交到维持和平、建设和平无不如此。① 但在外部力量参与非洲的冲突管理实践中，除了西方理念的主导性影响外，中国的参与已经被学术界开始视为正在建构一种新的理念范式，② 而且两种和平干预范式之间事实上已经开始发生互动与磨合。更为重要的是，由于联合国主导的外部干预在促进非洲内部冲突转化方面成效不佳，国际社会和非洲都开始日益强调非洲自主权与非洲本土化冲突管理和解决模式。中国在未来进一步参与非洲和平安全建设的走向正是在这种内部与外部、西方与中国多重互动背景下探讨的一个重要问题。西方期待中国更多地参与到非洲冲突的调解、维持和平与建设和平等冲突管理的各环节中，并希望中国在接受西方的规范的前提下，在非洲和平与安全事务中发挥更大的作用。非洲则较为赞赏中国尊重非洲自主权的政策，但同时希望中国更多、更深入地参与非洲国家内部事务，在非洲实现和平、发展、良治方面提供更多的建设性援助。在此双重期待的压力下，中国对非和平安全政策趋势如何呢？

　　本文认为，中国对非和平安全政策主要取决于中国"发展型和平"理念、中国在非洲不断扩展和深化的利益以及非洲、西方与中国的互动关系。首先从利益拓展与保护的视角看，中国对非洲和平安全事务参与的广度和深度都必将不断提升。除了参与非洲维和行动外，中国将会更多地参与非洲的冲突调解，更多地参与非洲的建设和平行动，因为随着中国在非洲利益的不断扩展深化，非洲国家内部的冲突、政变或内战已经与中国在非洲的经济安全和人员安全息息相关。正如中国驻联合国前大使陈健所言："远在地球另一边发生的事情，动乱、内战、政权更迭等等，过去与我无直接关联，中国可以持超脱态度，以后就不再如此了。"③ 2008 年底，中国积极推动刚果民主共和国和卢旺达解决了刚果民主共和国东部的冲突

---

① ［美］布鲁斯·琼斯等：《权力与责任：构建跨国威胁时代的国际秩序》，秦亚青等译，世界知识出版社 2009 年版。

② ［南非］克瑞斯·艾登、［英］丹·拉吉：《中国对非洲和平与安全政策的演进：一种建设和平的新范式？》，载《非洲研究》总第 4 卷，2013 年；莎拉·范·霍伊密森：《中国、主权以及在非洲的武装冲突中保护平民：'第三种国际干涉范式'的出现？》，引自门镜、［英］本杰明·巴顿主编：《中国、欧盟在非洲》，李靖堃译，社会科学文献出版社 2011 年版。

③ 陈健：《中国多边外交面临新课题》，载《解放日报》，2010 年 10 月 25 日。

问题。① 两位中国非洲事务特别代表刘贵今和钟建华分别在前苏丹达尔富尔问题和两个苏丹关系问题上卓有成效的斡旋活动说明，中国已经开始在非洲冲突预防与调解方面发挥积极的建设性作用。中国在这方面的成功经验将会鼓励中国未来在非洲冲突预防与调解中通过特使外交的方式继续扮演建设性角色。在建设和平方面，中国也将扩大参与的领域，超越原有的"修路筑桥建医院"模式，参与诸如和平与安全专业人员培训、青年就业培训、帮助战斗人员遣返安置包括提供就业机会等更广泛的领域。因为这些活动对中国而言，既有资源与能力，也无干涉内政之嫌。需要指出的是，一些西方学者认为，中国对非洲军事政变与冲突持一种完全置身事外的超脱态度，将军事政变作为非洲政治的一种常态加以接受并尽力适应，而并不是去努力塑造非洲的政治稳定。② 这种结论即使不是完全错误的，至少也是有失偏颇的。事实上，中国已经开始把如何应对非洲国家内部的政治不稳定列入其政策考虑范围，尽管在目前并没有作出非常详尽的政策安排。

从"发展型和平"理念角度看，中国在参与非洲和平安全事务中仍然将受到这一理念的制约，加上当前西方自由和平理念主导的联合国维和建和效果不彰且评价褒贬参半，③ 因此中国在参与非洲维和与建和方面不会简单盲目地扩大和参与自由主义事项优先的国际和平行动，而是继续坚持关注维和建和中经济社会发展部分的活动，对诸如制度建设、法治建设、自由民主选举等事项持谨慎观望态度。也就是说，中国不会抛弃自身的特色理念而向西方主导的自由和平理念靠拢，不干涉作为政策原则将会被保留，但在实践中国在非洲和平安全事务中的姿态将会更加积极，政策也会更加灵活，表现出能动性、创造性和建设性。④ 2012 年，中国与安哥拉开展警务合作联合打击安哥拉境内的华人犯罪团伙，就开创了一种新的合作方式，尽管如此，中国在非洲设立海外基地以及开展双边军事干预的可能性也几乎不可想象。在合作主体方面，中国将会借鉴学习西方经

---

① Saferworld, "China's growing role in African peace and security", 2011.

② Jonathan Holslag, "China and the coups: Coping with political instability in Africa", *African Affairs*, Volume 110, Issue 440, 2011, pp. 367 – 386.

③ 李东燕：《中国参与联合国维和建和的前景与路径》，载《外交评论》2012 年第 3 期。

④ 参见王逸舟：《创造性介入：中国外交新取向》，北京大学出版社 2011 年版；卢沙野：《关于中非新型战略伙伴关系的几点思考》，载《新战略研究》2013 年第 1 期。

验，适应非洲冲突管理"多层多元"的特点，加大对非洲公民社会各类行为体的工作力度。当然这可能需要一个过程以便中国积累更多经验，更多地接触了解非政府组织等民间力量，逐步开启与非洲非政府组织、国际非政府组织在非洲和平与安全事务中的合作。

从中国、非洲与西方三者互动角度看，中国将会更尊重非洲本土的需求，而不是简单地对西方国家和国际机构的自由主义和平理念表示接受或拒绝。在这一方面，中国更像是一个唯物主义者或现实主义者，西方更像是一个自负自大的理想主义者，非洲则是务实主义者。未来非洲和平将是多种外部力量共同作用的结果。由于西方的实力霸权，中国的"发展型和平"难以在短期内超越"自由和平"主导非洲冲突管理进程，但发展的因素在未来非洲冲突管理中所占的比例会越来越大。

（责任编辑：周玉渊）

南苏丹分离与中国的不干涉政策

［苏丹］哈立德·阿里·艾敏

【内容提要】非洲大陆的治理和安全问题复杂多样，一直困扰着非洲的和平、发展与稳定。早在殖民时期，西方国家就已经确立了它们在非洲的优势。作为国际经济舞台的后来者，中国近年来取得了巨大的经济成就。有些媒体深感恐慌，甚至将中国在非洲大陆的利益扩展视为威胁。近年来，中非经贸关系继续升温，引发了学术人士对中国发展对非关系的目标、性质以及影响的猜测和质疑。与此同时，国际舆论界围绕苏丹南方问题，展开了关于中国不干涉政策的争论。面对西方国际话语缺乏一致性和可信性的现实，中国有必要全面考察非洲以及西方国家在该大陆的真正关注点，主动参与非洲的治理和安全问题，积极推动具有包容性的治理体系在非洲大陆的确立。

【关键词】苏丹；中国；不干涉政策；非洲治理

【作者简介】哈立德·阿里·艾敏（Khalid Ali El Amin），苏丹喀土穆大学发展问题研究院副教授。

引 言

非洲大陆存在众多治理和安全问题，且在不同非洲国家呈现不同的形式，这些问题造成了非洲大陆的不稳定并严重削弱了该大陆的和平与发展。然而，不论不良治理导致的不稳定是源于腐败、压迫和专制、管理不善、权力和经济资源分配不公，还是未能处理好种族、宗教和文化多样性，在这些因素的共同支配下，受苦的是底层的非洲人。中国在非洲不断增长的经济参与，导致中国的不干涉政策饱受争议。一些人认为，中国有必要抛弃其不干涉政策，更多地参与非洲事务，帮助非洲大陆解决一些棘手的问题，另一些人认为中国应该坚持不干涉他国内政的政策原则。不过，也有另外一种观点通过引用一些近来中国举动的实例而得到越来越多人的认同，该观点认为，中国再也不能固守不干涉内政原则，该政策迟早要根据环境作出调整。

在此背景下，这篇短文概述了苏丹与南苏丹的冲突、《全面和平协定》（Comprehensive Peace Agreement，CPA）及其与中国不干涉政策相关的争议，以及随着中非经济往来的日益增加，我们可以从中非之间建立建设性伙伴关系和政治往来、解决非洲安全与治理问题的经验中所能吸取到的一些经验教训。文章第一部分简要概括了争论者的主要立场；第二部分简单介绍了苏丹与南苏丹冲突的背景；第三部分涉及美国在导致南苏丹分离的和平进程中所扮演的角色，以及中国作用的明显缺失；第四部分涉及北苏丹内部及两个苏丹之间的持续暴力冲突的主要原因，同时还探讨了受持续冲突影响的各种利益；文章的结论部分指出了应吸取的经验教训，并针对中国在处理非洲治理和安全问题方面缺少主动性和明确的对非战略问题提出了一些建议。

一　中国的不干涉政策与非洲的治理问题：有关争论

虽然中非关系源远流长，但中非经贸关系的迅速升温只是过去十多年的事情。中国扩大对非经贸关系成了媒体的焦点，并引起学术界的关注。学术界在关注中国经济发展所取得的巨大和惊人进步的同时，还对中国发展对非经济关系的目标、性质和影响等方面产生了质疑。与学术争论一样，许多媒体对中国取得的巨大经济成就感到恐慌，将中国在非洲大陆扩展利益视为威胁。[1]　这就是对中国在非洲的经济参与作客观分析以及提出

---

① 　K. Ampiah, S. Naidu, "Introduction: Africa and China in the post-cold-war era", In K. Ampiah. S. Naidu, eds., *Crouching tiger, hidden dragon?: Africa and China*. Scottsville: South Africa: University of KuaZulu-Natal Press, 2008, pp. 3 – 19; A. Vines, "China in Africa: A mixed blessing?" *Current History*. Vol. 106, NO. 700, 2007, p. 213.

赞成或反对理由的大背景，该部分仅尝试对有关中国不干涉原则的部分争议，以及与之相关的中国是否参与非洲的治理和安全问题作一个简单介绍。

中国和平崛起的标志是经济迅速增长和相对超级大国而言在全球取得的优势。和平崛起意味着中国实现现代化和步入世界强国之列是一个和平的过程，而非为追求经济利益而以介入冲突与危及和平的行为来控制他国。和平崛起的核心是不改变现有国际秩序，发展与各国现政府的关系，而不是对其统治的合法性或其统治者的可信度提出质疑，这正是中国不干涉政策的核心内涵。① 不干涉政策源于中国的内政外交在过去以及现在遭到干涉的经历，对此，李安山称中国的对外政策是建立在尊重主权与相互平等以及互不干涉内政的基础上。② 尽管中国尊重非盟为结束非洲大陆的冲突及其他治理问题设立的原则和目标，但中国认为，作为局外者，中国无权干涉非洲国家的国内事务。③

中国有可能对其双边主义及与存在治理和安全问题的各国政府打交道的方式作出调整，因为作为国际经济舞台的后来者，中国需要在西方国家已确立经济、政治、文化和语言优势的领域有所突破和扩展自身的经济关系。中国拓展经济关系，为能源、原材料和商品市场等方面的利益服务，非洲人民同样也能从中受益，获得改善其生活条件的机会。通过开展经济活动和无附加条件的经济援助，中国加深了与非洲人民的友谊并赢得了他们的信任。一家布鲁塞尔研究所的政策报告称：

民意调查显示，非洲是对中华人民共和国持正面看法比例最高的大陆，在多个方面都超越了非洲人对许多欧洲国家的正面认知度。非洲人对中国的积极看法源自中国对基础设施等被忽视领域的投资、中国提供了非洲人负担得起的消费品、中国对工业化的支持、中国提供了新的就业机会，以及非洲人对中国人"勤奋工作"的共同认识。由于中国同时扮演投资者、捐赠者和竞争者的角色，非洲社会的不同层次都能以不同的方式

---

① N. C. Aye, . *"The myth of Chinese non-interference"*, http：//www2. irrawaddy. org/openion_ story. php？ art_ id＝6078, August 18, 2006,

② L. Anshan, （2007）. "China and Africa：Policy and challenges", *China Security*, Vol. 3, No. 3, 2007, p. 72.

③ Ibid. , p. 76.

从中受益。①

　　许多人认为，通过与以专制独裁、腐败和侵犯人权著称的当地精英合作，中国的不干涉政策使其扩大了在非洲的经济活动。② 有人进一步认为，与中国交往仅使精英阶层受益，大多数人却要忍受冲突、暴力和贫穷，且中国帮助创造的财富也是弊多利少。③ 持这种观点的人还认为，中国与非洲的极权主义政权关系密切，破坏了西方国家为改善非洲大陆的治理与安全状况作出的努力，这与中国所处的大国地位所应承担的国际责任不符。④ 还有观点认为，在非洲的重大经济利益使中国介入非洲大陆冲突与安全问题的解决势在必行，至少，中国需要保护在非中资企业和人员的安全。⑤ 持该观点的人甚至进一步认为，在那些中国有重大投入的非洲国家，中国将不得不利用自身的潜在影响力塑造其国内政治、保护它自身的利益以及缓解遭受暴力与内战影响的非洲人民的艰难处境。

　　要对这两种观点作出评价，必须将多种因素考虑在内。首先，虽然中非关系历史久远，中国却不得不在经济几乎为前殖民和新殖民主义完全控制的非洲寻求经济空间，这些国家在非洲积累了丰富的知识储备、拥有巨

① J. Holslag, V. S. Hoeymissen, *The limits of socialization：The search for EU-China cooperation towards security challenges in Africa*. Brussels：Brussels institute of Contemporary China studies, 2010, p. 8. Available at：www. vube. ac. be/biccs

② L. Jakobson, Zha Daojiong, "China and the world wide search for oil security", *Asia-Pacific Review*. Vol. 13, No2, 2006, p. 68; G. Le Pere, "The Geo-strategic dimensions of the Sino-African relationship", In K. Ampiah, S. Naidu eds., *Crouching tiger, hidden dragon? Africa and China*. Scottsville：KuaZulu-Natal Press, 2008, pp. 20 – 39; D. Large, *China's involvement in armed conflict and post-war reconstruction in Africa：Sudan in comparative context*. DIIS report, 2007. Retrieved November 3, 2012, p. 75. from http：//www. isn. ethz. ch/isn/Digital-Library/Publications/detail; D. Large, "China and the contradiction of 'non-interference' in Sudan", *Review of African Political Economy*. Vol. 35, No. 115, 2008, p. 98.

③ P. J. Keenan, "Cure or curse? China, Africa and the effect of unconditional wealth". University of Illinois. College of Law, 2008. Retrieved October 29, 2012, p. 29. From http：//www. works. bepress. com/patrick_ keenan/4; D. Large, *China's involvement in armed conflict and post-war reconstruction in Africa：Sudan in comparative context*. DIIS report. 2007. Retrieved November 3, 2012, p. 76.

④ T. Rafferty, "China's non-interference challenged by Sudan's referendum", *China Brief*. December 19, 2010. Retrieved August 20, 2012. from http：//www. jamestown. org

⑤ D. Large, *China's role in the mediation and resolution of conflict in Africa*, Oslo Forum Network of Mediators. Centre for Humanitarian Dialogue, 2008, p. 105. Retrieved October 30, 2012, . From www. despace. cigilibrary. org

大的人力资源和物质资源，此外它们还与非洲国家保持了历史悠久且发展良好的文化和语言联系网。非洲的前殖民宗主国有能力也有经济条件指导非洲人如何自我管理和解决他们之间的分歧，而最近才在经济上进入非洲的中国则没有这种能力。仅根据行为来判断一国体制的好坏并不总是客观的，看似完美的道德说辞在实践检验中也并不总是如最初标榜的那样。例如，西方仅仅将巴希尔和穆加贝视为国际社会的弃儿和侵犯人权者，以此作为反对中国在非洲扩大经济关系的理由。但是，西方国家一直讨好的突尼斯的本·阿里和埃及的穆巴拉克，却因过度压迫、腐败和践踏人权，一夜之间被自己的人民推翻而变成了弃儿，这对西方的逻辑无疑是当头棒喝。这里并不是在为巴希尔和穆加贝辩护，而是表明国际关系中的"公开谴责"行为是主观的、有选择性的，也缺乏一致性和可信性。

中国似乎并不满意以各种道德和安全为借口，对伊拉克、利比亚等国家公然进行军事干预以实现其政治目的，也不喜欢与他国交往时用西方国家的价值观和标准居高临下地约束和强迫别人。由于自身遭受过殖民主义和新殖民主义的霸权态度，中国对非洲合作伙伴的反应极为敏感。此外，由于诸多因素，中国在非洲治理和安全问题方面的经验和知识较之西方国家非常有限。由于这些原因，对中国而言，注重不干涉原则并根据情况作出调整，这与其坚持的不干涉政策并不矛盾。然而，中国自己的近代历史及其已经成为大国的现实国际状况表明，除完全放弃不干涉政策外，中国有意愿为和平、公正和繁荣的世界作出贡献。在联合国安理会的其他四个常任理事国无意愿时，中国在联合国遍布世界各地的维和行动中发挥举足轻重的作用，与此同时抵制那些以联合国安理会为借口的军事干涉企图。①

迫使中国更积极主动地介入非洲治理和安全问题，只是复杂、棘手和敏感的政治游戏的一部分，而这一游戏中的政治、道德价值观、宣传、媒体和所谓的学术"客观性"错综复杂地交织在一起，共同服务于战略性的政治目的和构想。两个例子引发人们对通过干预结束非洲大陆的冲突、

---

① B. Ling, "China's peace keeping diplomacy", International Relations and Institutions, China Rights Forum, 2007. Retrieved August 20, 2012. from http：//www. hrichina. org/sites/deafault/files/oldsite/PDF; P. C. Roque, C. Alden, "China and the UN Security Council: from observer to activist", *China in Africa Policy Briefing*, No 2, April 2008, http：//academia. edu/403929/China_ and_ the_ UN_ Security_ Council_ From_ Observer_ to_ Activist

重建和平之类的呼吁背后的真实意图的质疑。第一个例子是西方国家不愿意为联合国—非盟达尔富尔混合行动（UNAMID）提供其所需的战术直升机，而该行动正是西方国家努力促成的。"没有一个北约国家哪怕是提供一架直升机。令人遗憾的是，这非常准确地反映了那些言辞令人生厌者在达尔富尔问题上的真正关注点。"① 第二个例子是西方国家不愿意向索马里派驻维和部队，而中国应非盟的要求为该维和行动作出了重要贡献。② 没有西方国家渴望中国在解决非洲治理和安全问题方面扮演积极活跃的角色，如果中国真的发挥了这样的作用，其意图也被认为是以多边主义为幌子为自身的利益和企图服务。下文在某种程度上论证了隐藏在批评和反对中国背后的这一趋势，以及为将中国纳入其大规划和大战略而诱导和歪曲中国行为的企图。

中国在联合国安理会中出面影响达尔富尔、索马里以及其他地区事务的进程，部分是由于中国对西方的批评过于敏感，且中国关注自身的国际形象。这表明中国非常需要调整和重新定义不干涉原则，同时又要坚持不干涉原则的精神。在这种情况下，虽然中国将其在非洲问题上的多边主义政策限制在联合国和非盟的范围内被证明是谨慎的做法，但是中国的行动似乎是临时性反应，而非牢固地建立在自身的全面政策或战略以及其与非盟的伙伴关系的基础上。或许目前期待中国形成这样一种战略还为时尚早，但是随着从国际环境以及自身发展中吸取经验教训，中国上述战略的形成必将会有所进展。

二 《全面和平协定》和南苏丹分离的背景

苏丹南北冲突在数十年前就已爆发，但随着 1989 年全国伊斯兰阵线（NIF）通过军事政变夺取政权，并宣布对苏丹人民解放运动/军（SPLM/A）发动圣战，此次内战的强度和规模都达到了前所未有的水平。内战战

---

① 　E. Reeves, . Darfur final chance: The UN is on the verge of abandoning plans to send troops to Darfur. It must not be allowed to. *The Guardian*, November 30, 2007. Checked November 3 2012 and firstly retrieved April, 2012. from http://www.guardian.co.uk

② 　C. Lynch, "China filling void left by west in U. N. peacekeeping", *Washington Post*, November 24, 2006, B - 2. Retrieved August 20, 2012, from http://www.washingtonpost.com

火蔓延，导致数百万南方人流离失所，双方均有成千上万的人因战争而丧生。

　　起初，苏丹人民解放运动/军的目的并不是分离，而是旨在推翻全国伊斯兰阵线——全国大会党政权，建立一个统一的新苏丹。也就是说对苏丹这个国家进行解构和重建，将其建设成一个世俗的国家，承认国家的宗教、种族和文化的多样性。该军事组织倡导建立以公民权利平等、尊重国内不同团体的权利（尤其是被边缘化的地区和人民的权利）为基础的国家，在统一的苏丹内，确保权力和资源对所有的苏丹人公平分配。① 苏丹人民解放运动/军的这一口号吸引了青尼罗州和南科尔多凡州大量年轻人加入其队伍进行武装斗争，这反映了苏丹被边缘化地区人民的不满。② 此外，大部分来自北部的苏丹人，支持苏丹人民解放运动/军提出的建立一个新的统一的苏丹的倡议，他们后来组建了苏丹人民解放运动—北方局（SPLM-N）。

三　南北冲突、美国与 2005 年《全面和平协定》：南苏丹分离

　　20 世纪 90 年代，伴随着南方战事的加剧，苏丹政府和苏丹人民解放运动（SPLM）继续和平谈判。最初是 1989 年的亚的斯亚贝巴和内罗毕和谈，然后是 90 年代初尼日利亚阿布贾和谈，1994 年政府间发展组织（IGAD）开始参与陷入僵局的南北和平进程。③ 当时南北双方在战场上陷入了军事僵局，双方被迫寻求冲突的和平解决。但是直到 2000 年以后，美国介入苏丹和平进程并对谈判结果施加压力，政府间发展组织（IGAD）的调停才取得了进展。南北双方最终在 2002 年达成了《马查科斯协议》

① I. M. Adam, *The intellectual, political and organizational dimensions of the Sudan People's Liberation Movement*：1983 – 2003, Khartoum：Africa International University Publication, No. 44, 2001, pp. 217 – 223.

② F. Deng, (2012). "The paradox of Southern Sudan independence-some personal reflections", in Heinrich Boll Foundation and Toni Weis, eds., *Sudan after separation*：*new approaches to a new region*. Berlin：Heinrich Boll Stiftung Publication Series on Democracy, Volume 28, 2012. p. 11. Retrieved October 30, 2012. From www. boell. de/downloads/Sudan_ after_ Separation_ kommentierbar. pdf.

③ M. E. Khalifa, Peace steps in ten years：1989 – 1999：*Facts and documents*, Khartoum：Sudan Currency Press, 2000.

（*Machakos Protocol*），随后又于 2005 年签署了《全面和平协定》。[①]

2005 年《全面和平协定》解决的最重要问题有：（1）确定以沙里亚法（Sharia）管理苏丹北部地区；（2）苏丹南部完全自治，并且享有在六年过渡期后的 2011 年通过公投决定苏丹是统一还是分离的自决权；（3）在青尼罗州和科尔多凡州实行人民协商制；（4）建立由全国大会党和苏丹人民解放运动共同组成的过渡时期民族团结政府，监督和平进程的实现。[②] 舆论普遍认为，中国在最终于 2005 年 1 月达成《全面和平协定》的苏丹和平谈判中没起到重要作用，[③] 而该协定导致了苏丹南部的分离，这一结果对中国、苏丹和非洲的利益产生了极大的影响。

《全面和平协定》留下许多具有争议性的问题，而一旦南部苏丹公投的结果导致新国家诞生，南北双方的这些问题却来不及解决。南苏丹分离后，未决问题仍是南北苏丹冲突的根源，正如 2012 年双方在哈季利季油田的武装对抗显示的那样，这些问题有时几乎将两国引向公开的战争。这些未决问题主要包括：（1）边境划分；（2）阿卜耶伊地区的边界和归属；（3）石油生产和收入；（4）公民身份；（5）北苏丹的苏丹人民解放运动—北方局的地位问题，该组织包括前苏丹人民解放军在青尼罗州和南科尔多凡州的武装游击队。[④]

虽然《全面和平协定》规定，民族团结政府（2005—2011）的运行旨在使统一更具吸引力，但是六年过渡期内，《全面和平协定》及其执行情况造成了一种强烈的迹象，即公投的结果是南方将很可能不赞成统一，

---

①　J. Young, *Sudan IGAD peace process*：*an evaluation*. 2007. p. 13. Retrieved October 29, 2012, from www. sudantrbune. com/IMG/pdf/Igad_ in_ Sudan_ Peace_ Process. pdf; J. Young, *the Fate of Sudan*；*the origins and consequences of a flawed peace process*. London：Zed Publishers, 2012, p. 124.

②　GoS and SPLM, *The comprehensive peace agreement between the government of the Sudan the Sudan's people's liberation army*, 2005. Retrieved April 14, 2012. from www. unmis. unmissions. org/Portals/UNMIS/Documents/General/cpa-en. pdf

③　D. Large, *China's role in the mediation and resolution of conflict in Africa*, Oslo Forum Network of Mediators, 2008, p. 40. Retrieved October 30, 2012. from www. despace. cigilibrary. org

④　J. Young, *the Fate of Sudan*；*the origins and consequences of a flawed peace process*, London：Zed Publishers, 2012; F. Deng, "The paradox of Southern Sudan independence-some personal reflections", in Heinrich Boll Foundation & Toni Weis, eds., *Sudan after separation*：*new approaches to a new region*, Berlin：Heinrich Boll Stiftung Publication Series on Democracy, Vol. 28, 2012. pp. 11 – 20. Retrieved October 30, 2012. from www. boell. de/downloads/Sudan_ after_ Separation_ kommentierbar. pdf

苏丹南部地区最终可能会选择分离。《全面和平协定》确定在苏丹北部实施沙里亚法，也没有落实协议中的许多承诺（如对青尼罗州和南科尔多凡州的安排、对公民权利的主张、首都的特殊地位以及修改现有法律使其与《全面和平协定》保持一致等，而这些均被列入 2005 年临时宪法中，但却没有得到严格的贯彻和执行）。此外，整个过渡期内，全国大会党与苏丹人民解放运动之间的持续不和也增加了双方的相互怀疑与不信任，推动了南方分裂的趋势。①

南苏丹分离是美国支持的 2005 年《全面和平协定》谈判与执行的核心内容。② 执行《全面和平协定》中有关进行全民公决条款以及执行公投结果，是《全面和平协定》中被强调最多的部分。美国主导下的外交活动将阿拉伯国家和中国囊括在内，促使苏丹政府尊重其对《全面和平协定》的承诺，按规定的日程举行公投并严格执行公投结果。③ 而不利于苏丹统一或者确保南北作为邻国至少维持友好关系等问题却被忽略了。此外，对民主变革问题的忽视使得杨表示："就像在中东一样，美国和它的西方盟友在苏丹向我们展示了它们对民主言辞上的支持与对独裁政权实际上的支持两者之间的彻底分离。"④ 因此，通过对在北方实施沙里亚法以及对南方自决权的认可，《全面和平协定》已经埋下苏丹南北分离的种子，而执行时对和平协定中缩小南北分离可能性的有关条款的忽视，使南北分离的种子进一步发芽成长。与此相反，和平协定中确保苏丹南方分离以及将分离合法化的条款却得到了严格执行。因此，2011 年 1 月公投结果有几乎 99% 的南方人支持南方分离和苏丹南北分裂，而造成苏丹分裂的部分原因在于美国的极力推动与苏丹北方的政治鲁莽。

2005 年《全面和平协定》以及南苏丹分离都未能解决北苏丹冲突的根源。在一个世俗的国家里平等地享有公民权利、被边缘化地区和人民公

① S. S. Wassara, "The comprehensive peace agreement in the Sudan: institutional developments and political trends in focus areas", CHR. Michelsen Institute, Sudan Working Papers. No. 1, 2009.

② J. Young, the Fate of Sudan: the origins and consequences of a flawed peace process, London: Zed Publishers, 2012.

③ R. Carne, "South Sudan: lessons in diplomacy from the birth of a new nation", The Guardian. July 15, 2011. Retrieved April, 2012 from http://www.guardian.co.uk

④ J. Young, the Fate of Sudan: the origins and consequences of a flawed peace process, London, Zed Publishers, 2012, p.171.

平分享权力和资源的要求等导致南苏丹分离的主要问题依然没有得到解决。前苏丹人民解放运动—北方局的武装人员在青尼罗州和南科尔多凡州继续为重组苏丹政府进行斗争，这让人联想起南苏丹的武装抵抗运动。喀土穆政府没有通过建立在对话、谈判与和解基础上的政治途径解决苏丹人民解放运动—北方局问题，而是以军事行动予以回应。最终，青尼罗州和南科尔多凡州的暴力活动在 2011 年爆发，造成极大的人员伤亡和损失，成千上万的人流离失所，经济活动和日常生活遭到严重破坏。

在靠近两国边界的北苏丹南部青尼罗州和南科尔多凡州的暴力冲突，使南北苏丹之间因阿卜耶伊问题、边界划分问题、石油问题和公民身份等问题引发的紧张局势更趋复杂。① 伴随着零星的边界冲突，南北两个苏丹的关系越发激烈紧张，正是这些零星的边界冲突多次将两国拖入公开的国家间战争的边缘。南苏丹分离严重影响了中国的石油利益，中国巨额投资的石油生产和运输设施被一分为二，石油设施和生产设施被严重损坏，南北之间持续不断的摩擦和分歧导致 2012 年 2 月南苏丹停止石油生产决定的出台，对中国的石油出口也因此停止。② 在石油生产和出口中断的同时，两国边界局势高度紧张，零星暴力频发，南北苏丹内部的流血冲突也从未间断。

与各类参与者和媒体扮演了重要角色的达尔富尔运动相类似，要求中国提供帮助实施干预进而结束暴力、恳请联合国担负起保护平民的责任，以及为流离失所的难民提供救济援助之类的呼吁再次充斥西方媒体。③ 北苏丹政府不允许非政府组织为青尼罗州和南科尔多凡州地区受战争影响的人民提供人道主义援助，这使形势更趋复杂。虽然各方都有真实的理由，但问题的关键是如何卸下中国的包袱，使其发挥作用并为处理一个自己并

---

① Editorial Board. "Sudan's scorch-earth approach to settling an oil dispute", The *Washington Post*, March 29, 2012. Retrieved August 20, 2012, from http：//www. washingtonpost. com

② S. Raghavan, A. Higgins, "China in the tug of war between two Sudans", The *Washington Post*, March 30, 2012. Retrieved August 20, 2012. from http：//www. washingtonpost. com; J. Young, the Fate of Sudan; the origins and consequences of a flawed peace process, London: Zed Publishers, 2012.

③ P. Harris, "George Clooney's latest film for help in south Sudan", The *Guardian*, March 14, 2012. Retrieved April 10, 2012. from http：//www. washingtonpost. com; R. Devereaux, George Clooney arrested in planned protest at Sudanese Embassy, The *Guardian*, March 16, 2012. Retrieved April 10, 2012, from *http*：//www. guardian. co. uk

未参与的协定的后果作出贡献。

四　两个苏丹：谁来承担南苏丹分离的后果?

这里有必要重申的是，2005 年签署的《全面和平协定》导致了苏丹南部的分离，但该协议并未解决苏丹冲突的根源，即要在一个兼具经济和政治包容性的政府体系下，采取和平的多样化管理方式、公平分配权力和财富等，这些导致冲突的根源至今依然存在。南方的分离与持续不断的冲突均源于 2005 年签署的《全面和平协定》，这些问题对苏丹、非洲和中国的利益产生了严重影响。接下来本文依次分析上述三方的利益是如何受到影响的。

由于苏丹政府在管理多样性方面的失败，苏丹南北方人民受尽了苦难。在北苏丹，由于政府在南方分离前后不承认也没能处理好种族、文化和宗教的多样性问题，反而采取排斥、否认、异化和压迫的政策，为冲突制造了条件，并进一步推动了各团体的分裂。在达尔富尔、东部苏丹、青尼罗州、南科尔多凡州以及北苏丹的中心地区，不满情绪四处蔓延并表现为武装对抗、零星的动乱和游行示威。在南科尔多凡州、青尼罗州和达尔富尔，暴力冲突以不同的紧张程度延续着，导致成千上万的人流离失所、人身安全与日常生活严重受损。数百万人的正常生活被打断，他们在持续不断的威胁下变得脆弱，其未来充满了不确定性。总之，对于北方苏丹人来说，用于暴力冲突的财政支出和石油收入的减少导致了生活条件的恶化。

在所有外国力量中，中国的利益受 2005 年《全面和平协定》、苏丹南方分离以及南北苏丹之间持续不断的冲突的影响最深。虽然南苏丹的分离与反对分离主义的"一个中国的政策"相对立，但是中国尊重南苏丹人民分离的权利，承认了南苏丹的国家地位。在这个过程中，中国即使不是完全参与，至少也是部分参与其中，并承受了巨大的利益损失。中国的巨额石油投资被一分为二，石油生产设施分布在南苏丹，而提炼和运输石油的设施则分布在北苏丹。北苏丹南部地区以及南北两个苏丹之间的不安全和暴力冲突，对石油生产造成了威胁，南苏丹最终停止了石油出口。结果，中国失去了一个已经投入巨资的有价值的油源，中国公司和中国政府的石油收益损失巨大。此外，南科尔多凡州和达尔富尔地区的不安全局势对在石油和其他基础设施项目中工作的中国人员也构成了严重的威胁，他们很容易遭受杀害和绑架。[1]

《全面和平协定》及南苏丹分离的方式有悖于非洲的利益，这主要与非洲国家确信现有边界是非洲国家领土完整和安全的保证有关。非洲统一组织（OAU）及现在的非洲联盟都不鼓励非洲大陆的分裂主义运动，它们一贯支持苏丹的国家统一，反对任何对苏丹已经确立的后殖民边界的质疑。苏丹人民解放运动/军倡导苏丹在新的基础上的统一，这或许是其在与北方的长期斗争过程中能够获得一些非洲国家支持的一个主要原因。因此，对于非洲来说，苏丹的分裂是不受欢迎的，这种发展趋势很可能会增强地区武装力量、增加分离倾向并威胁非洲大陆有着类似治理问题的国家的领土完整。[2]

虽然包括北方和南方在内的苏丹人民是相继发生在两个苏丹国内以及两国之间冲突后果的主要承受者，但是中国和非洲方面的利益也受到了冲击，它们呼吁在南北苏丹控制暴力，并阻止两国内部和两国之间安全形势的恶化。2011 年后半年与几乎整个 2012 年，中国与非洲国家尽了最大的努力为两国悬而未决的问题寻找解决方法，以避免两国之间有可能发生的战争。尤其是中国，通过闭门协商、支持联合国安理会 2046 号决议等方式，中国在 2012 年设法使两个苏丹免于走向公开的战争。决议要求南北苏丹在规定的时间内和平解决悬而未决的问题。援引中国外交部发言人刘伟民的话："中国一直在努力改善两个苏丹之间的难题。"[3] 另一方面，非盟特使塔博·姆贝基极力寻找阿卜耶伊、边界划分、恢复石油生产和增加出口，以及彼此结束对边界另一侧武装组织的支持等问题的解决办法。在本文写作过程中，非盟特使的努力仍在进行中，而苏丹政府对南科尔多凡

---

① P. C. Roque, C. Alden, *China in the UN Security Council: from observer to activist. China in Africa Policy Briefing*, No. 2, 2008. p. 4.

② F. Deng, "The paradox of Southern Sudan independence-some personal reflections", in Heinrich Boll Foundation and Toni Weis, eds., *Sudan after separation: new approaches to a new region*, Berlin: Heinrich Boll Stiftung Publication Series on Democracy, Volume 28, 2012. p. 13. Retrieved October 30, 2012. from www. boell. de/downloads/Sudan_ after_ Separation_ kommentierbar. pdf

③ S. Raghavan, C. Lynch, "Sudanese president threatens war against South Sudan over oil fields", *The Washington Post*, April 19, 2012. Retrieved October 29, 2012 from http://www. washingtonpost. com

州和达尔富尔州的焦土政策仍在继续。

虽然中国在南苏丹分离之前与非盟一样支持苏丹统一，中国也遭受了南北分离的严重后果，但中国还是尊重南部苏丹人民建立他们自己国家的选择。这让人回想起中国在2005年《全面和平协定》的协商、构想和执行过程中并未发挥积极的作用，而正是该和平协定导致了南部苏丹的分离，并在两个苏丹之间形成了潜在冲突的根源。尽管政府间发展组织成员国参与了苏丹的和平进程，非盟也积极参与了苏丹冲突的解决，尤其是在他们的共同努力之下，延迟了南北苏丹冲突爆发的时间。但是，非洲国家和中国都不得不解决《全面和平协定》所带来的影响，因此它们的举措和行动更像是临时的应急性反应，而不是基于自身的服务于本国人民利益诉求的战略。

结　论

美国推动下的和平进程始终坚持推进苏丹南方的分离，并未解决北苏丹冲突的根源，南北苏丹之间的主要冲突问题依然没有得到解决。这导致分离后的南苏丹与北苏丹之间以及双方国内冲突和暴力的相继产生。

我们很难继续维持对不干涉政策的反对意见，不干涉政策意味着反对军事干预、制裁以及施加条件塑造别国的经济和政治。在可预见的未来，不干涉政策很有可能仍是中国对外政策的支柱。不过，考虑到从以往经历中吸取的教训以及未来国际形势的发展变化，中国也有可能发展出一套独立的综合性战略，在与具体的国家或非盟等非洲的合作伙伴进行合作、协调以及磋商的基础上，解决非洲大陆出现的和平、冲突和人道主义事务。

不干涉原则帮助中国增强了在大多数非洲国家的存在与影响力，然而，对该原则的敏感性也限制了中国在有些原本能发挥影响力的事件中的行动。中国以富有成效和意义的方式积极主动地参与非洲事务对中国和非洲人民都是有益的，这并不必然意味着也不应被理解为西方观念上的干涉和干预。基于中国和非洲利益的介入行动，可以依据现有条件和当下的治理问题采取不同的形式。

在相互理解和尊重的基础上，关注不同行动的影响、鼓励采取特定形式的行动、共享信息、通过磋商提供有益的建议等，都是某种形式的建设性参与，都会产生一定的结果，并为解决非洲大陆的治理与安全问题作出积极贡献。鉴于中非关系的快速发展以及当前复杂的国际环境，中国与非洲共享利益是正当的，在互利和相互理解的基础上，中国更多地参与非洲的治理和安全问题，不仅仅是双方政府的需要，也符合中国与非洲双方人民的利益。

确保苏丹统一是促进与保护苏丹、中国和非洲利益的最好保障。中国没有积极参与缓和双方敌对立场的调停进程，也没有对南苏丹分离的经济、政治和安全影响，以及维持统一的必要性提出有益的建议。南苏丹的分离及其对中国、非洲和南北苏丹人民的影响表明，在迫切需要的时候，不采取主动进而避免将要出现的安全灾难是要付出巨大代价的。

一个在经济和政治方面均具包容性的治理体系，可以确保人民平等地享有公民权利、处理社会和地区的不公平问题。对于种族、宗教和文化团体的不满与诉求，在其演变成为分离主义运动之前就应作出积极的回应。这样一种治理体系更能确保不同群体在同一个国家内和平共处，也就是说，它是和平、安全、统一和领土完整的主要保障。

中国与非洲未来的行动应该考虑以下几个方面：第一，加大投入，增加对各种复杂的社会、经济和文化方面的知识，以指导国家和政府的决策、行动。第二，除了政府层面以外，中国需要同其他国家的社会各层面建立关系，扩大在政府以外的接触面。例如，发展与公民社会组织、不同政治团体、社区组织、社会领袖等的关系。至于发展哪些关系，取决于不同国家有效的政治和社会力量的组织形式。第三，与其被动接受和响应其他行为体已经提出的处理非洲大陆治理和安全问题的战略，中国和非洲不如在互利的基础上，本着合作与相互理解的伙伴关系精神，共同采取主动措施发展自身的战略、计划和行动，进而解决非洲的治理和安全问题。只有如此，中国和非洲才能使该大陆发生的事情朝着有利于自身的方向发展。中非的长期战略必须建立在对彼此国内情况完全了解的基础上，这样才能有效地解决当前面临的治理和安全问题。第四，中国在联合国安理会中保护一些非洲国家的政权免受惩罚性的制裁和军事干预，作为回报，这些非洲政权应该采取相应的行动加强其对国内的治理、改善其国内人民的安全环境。这将会更好地保护非洲和中国人民的利益，同时也会提高中国在其他地区的国际地位，因为部分与中国关系密切的非洲国家的政府在政府治理和安全领域的失败，经常被用来损害中国的国际形象，阻碍了中国和平崛起并削弱了中国的全球地位。

（付海娜译，姜恒昆校）

（责任编辑：王学军）

（译者简介：付海娜，浙江师范大学非洲研究院非洲史专业 2013 届硕士研究生）

中国在南北苏丹关系问题中的作用

姜恒昆　　黄雨威

【内容提要】自和平分离以来，苏丹和南苏丹关系持续僵持，而其根源可追溯到分离前长期存在的苏丹南北问题。由于对两个苏丹均具有较大影响力，加之需要保护自身在两个苏丹的现实利益和国际形象，中国以自己的方式积极参与南北苏丹关系问题的解决，并发挥了建设性作用。中国在南北苏丹关系问题中的作用不仅会影响到中国与两个苏丹的关系，而且必将对中国面临的海外利益保护、国家形象优化、国际责任担当以及不干涉内政原则的坚持和发展等重大问题产生影响。

【关键词】中国；苏丹；南苏丹；外交

【作者简介】姜恒昆，博士，上海师范大学博士后，浙江师范大学非洲研究院副研究员；黄雨威，浙江师范大学非洲研究院硕士研究生。

2011年7月9日，苏丹南北正式分离，中国在第一时间承认了南苏丹的独立并与其建立外交关系。与此同时，中国继续与苏丹保持友好合作关系。然而，随着苏丹和南苏丹关系因历史遗留问题而持续紧张，中国如何在南北苏丹问题的解决中发挥其平衡作用，如何为两国的和平与稳定作出自己的贡献，特别是如何实现三方互利共赢，却是对中国外交的新考验。只有对传统外交政策作出适当调适，中国才能在坚持"互不干涉内政"原则的前提下，既有效保护自己的海外利益，又积极承担大国责任，并树立良好的大国形象。

一　苏丹南北问题

分离前的苏丹共和国领土为 250 万平方千米（其中南方约 64 万平方千米），是非洲面积最大的国家，其近 3 900 万人口（其中南方约 826 万）分属 19 个种族，约 600 个部族。苏丹是一个历史悠久、文化独特的国家，其北部努比亚地区被认为是古代"非洲与地中海文明的走廊"。约从公元前 3 000 年开始，努比亚各原始黑人部落进入了自己的文明发展时期，那里先后出现了若干实力不俗的库什（黑人）王国，它们共同创造了既有埃及风格又具本土特色的努比亚文明。公元 5～6 世纪前后，基督教传入努比亚地区，使苏丹北方进入了持续近千年的基督教文明时期。公元 8 世纪后，伊斯兰教传入北方并逐渐取代了基督教的主导地位。此后，同样长达千年的伊斯兰化进程不仅将大多数北方居民变成了阿拉伯人，而且最终将南方纳入了统一的苏丹版图。

尽管南苏丹的早期历史因无从考证而鲜为人知，但早在 15 世纪之前那里就已生活着目前南苏丹的丁卡、努尔、巴里、希鲁克等主体民族的祖先，这些民族主要以农耕或家畜饲养为生。与北方的阿拉伯—伊斯兰化不同，南方因蚊虫、炎热、沼泽等天然屏障而长期免受阿拉伯文化和伊斯兰教的影响，并保留自己的社会、文化、宗教传统及政治制度，直到被土耳其—埃及政权用武力并入统一的苏丹版图。虽然埃及对南方的殖民统治有名无实且无助于南方发展，但对苏丹的南北关系却有着极为深远的影响：埃及殖民者直接参与并一度垄断了北方人在南方的奴隶掠获活动，加剧了南方人对北方人的仇恨；更为重要的是，埃及将欧洲人带到了南方，这不仅为基督教在南方的传播打开了方便之门，而且为日后南方对抗北方提供了重要的动员工具。

如果说南北不睦的历史根源是北方人对南方人的奴隶贩卖，那么英国对苏丹的殖民统治则是南北对立强化的重要原因。绞杀马赫迪革命并重新占领苏丹后，以英埃共管为幌子的英国殖民者对苏丹南北采取了"分而治之"的管理政策，即在北方推行西式政治制度，但在南方却推行以封闭和孤立为特征的所谓"南方政策"——禁止北方人进入南方或在南方工作；阻止伊斯兰教和阿拉伯文化向南方传播；鼓励南方黑人恢复其非洲传统文化和部落生活；鼓励传教士在南方各地建教堂、办学校和开诊所，传播基督教文化。长达半个世纪的殖民统治不仅强化了原有南北隔阂，而且使南方的发展水平远远落后于北方。

同许多非洲国家一样，苏丹也在"二战"前后兴起了民族独立运动。但是，由于南北发展水平的巨大差异，加之英国对北方的偏袒，苏丹的独立进程及未来的国家制度安排和国家权力分配均被北方政党掌控。独立前的自治政府既未满足南方人建立联邦制国家的政治诉求，也未给予南方人平等参与国家管理的权利，这引起了南方人的极大愤慨和剧烈反应。在苏丹独立后不到5个月的1955年8月，南方驻军发动武装叛乱，第一次内战爆发并一直持续到1972年《亚的斯亚贝巴协定》给予南方自治地位。然而，在经历11年的短暂和平后，由于对尼迈里政府为控制石油资源而取消南方自治并重划南北界线，以及在南方推行伊斯兰教的做法强烈不满，南方人于1983年再次选择了武装对抗中央政府的道路，第二次内战爆发。这场内战是"二战"后持续时间最长和死亡人数最多的战争，共导致200万人死亡，400万南方人流离失所。①

从20世纪90年代初开始，在政府间发展组织的倡导下，苏丹政府同南方的苏丹人民解放运动展开多轮艰苦谈判，并最终在美国的直接介入下取得了突破。2005年1月9日，苏丹政府同苏丹人民解放运动签署了以权力和财富分配及南方的未来地位为核心内容的《全面和平协定》，结束了长达半个世纪的南北武装对抗。2011年1月9日至15日，南方依据《全面和平协定》就其未来地位问题举行了全民公投，公投的结果是98.83%的选民赞成与北方分离，而此结果也得到了苏丹政府及国际社会的迅速接受和普遍认可。2011年7月9日，苏丹南北正式分离为两个独立国家。然而，分离并未像人们期待的那样带来南北和解，长期存在的苏丹南北问题也未因分离而尘埃落定，只不过其表现形式由苏丹的内政问题转化为两个苏丹的外交问题即南北苏丹问题而已。

---

① J. Bennet, S. Pantuliano, *et al.*, *Aiding the peace*: *A multi-donor evaluation of support to conflict prevention and peacebuilding activities in Southern Sudan 2005 – 2010*, Netherlands Ministry of Foreign Affairs, December 2010, p. 22, www. oecd. org/dataoecd/3/40/46895095. pdf, acceded on 29/11/2011.

二　南北苏丹问题

虽然南北分离使苏丹的南北内战成为永久的过去，但南苏丹独立并不意味着两个苏丹的睦邻友好，地区争端、边界划分、石油收入分配、国民身份、债务分担等问题的悬而未决，特别是相互对对方反叛力量的支持，已经并将继续导致两国的尖锐对抗，甚至可能引发全面战争。具体而言，苏丹和南苏丹之间主要存在以下问题：

首先是石油利益分配问题。由于石油收益关乎两国的经济发展和政治稳定，双方均认为石油收入分配问题比其他问题更为重要和紧迫。2011年1月份南部苏丹举行公投时，石油收益占苏丹政府收入的60%～70%，占南苏丹政府收入的98%。[①] 南苏丹分离使苏丹失去了50%的石油收入，导致国内经济出现危机并进而危及政治稳定；而南苏丹则成为内陆国家，其石油出口的唯一途径是使用苏丹的输油管道和出口终端。由于分歧巨大，分离前就已开始的输油管道使用费谈判在分离后陷入僵局。苏丹不断指责南苏丹拖欠其石油过境费，并于2011年底将南苏丹通过苏丹领土出口的部分石油没收，而南苏丹则指责苏丹政府"偷窃"了其价值8.15亿美元的石油。为报复苏丹政府的"偷油"行为，南苏丹于2012年1月20日开始了长达15个月的"自杀式"石油停产。随后，南苏丹与肯尼亚签署协议，宣布将修建一条通往肯尼亚拉穆港的输油管道，同时考虑修建一条经埃塞俄比亚至吉布提红海港的输油管道。[②]

如何分担分离前的国际债务是两国争执的另一焦点。苏丹在南北内战期间大量举借外债以弥补财政赤字，其中约四分之三是向巴黎俱乐部成员及海湾国家沙特阿拉伯和科威特所借。苏丹的外债在逐年增加，2000年苏丹的外债为150亿美元，到2008年已高达326亿美元。虽然石油收入

---

① Marina Ottaway and Mai El-Sadany, "SUDAN: From Conflict to Conflict", *Carnegie Endowment for International Peace*, May 2012, p. 8.

② See "South Sudan's oi pipeline construction will commence soon", *sudantribune*, June 14, 2012, available at: http://www.sudantribune.com/South-Sudan-s-oil-pipeline; Meraf Leykun, "South Sudan Oil Pipeline to Pass through Ethiopia", 2*merkato*, March 19, 2013, available at: http://www.2merkato.com/201303192138/south-sudan-oil-pipeline-to-pass-through-ethiopia.

一度延缓了苏丹的外债增长速度，2009 年和 2010 年分别为 340 亿美元和 350 亿美元，但是南苏丹分离导致的石油收入锐减和逐年累积的债务利息，使其外债迅速增至 2011 年的 414 亿美元。按照国际货币基金组织的预计，2013 年苏丹的外债将达到 456 亿美元。① 无力偿还巨额债务的苏丹政府要求南苏丹承担一部分债务，并将债务问题与石油谈判联系起来，但南苏丹坚持认为南方从苏丹政府的外债中没有得到任何好处，南苏丹可以呼吁相关债权国对苏丹减债，但没有义务偿还这些历史债务。

苏丹和南苏丹之间的领土纠纷更为复杂。南苏丹独立时，两国 2 100 英里长的边界尚有 20% 未划分，存在大片有争议的边境领土。除堪比"克什米尔"的阿卜耶伊外，两国还有六个争议地区。② 两国的多数石油分布在边境地带，一些争议地区还可能有铜矿和铀矿，而对这些资源的争夺加深了领土争端的复杂程度。南苏丹独立之后，苏丹与南苏丹不断爆发边界冲突，两国在边界线的各自一侧部署了大量军队。在非盟高级别执行小组领导人姆贝基的调停下，2012 年 2 月 10 日，苏丹和南苏丹在亚的斯亚贝巴签署了友好和互不侵犯协议，承诺相互尊重主权和领土完整，互不干涉对方内政。然而，友好协议未能阻止两国关系的恶化，在因丧失石油收入而导致的经济危机的催化作用下，两国的领土纠纷，特别是产油且输油管道经过的阿卜耶伊地区归属问题迅速升温，并最终激化为 2012 年 3 月至 4 月的哈季利季军事冲突。虽然在国际舆论和苏丹的军事优势的双重压力下，占领仅 10 天后南苏丹就被迫从哈季利季撤出军队，但以争夺领土和石油资源为目的的哈季利季冲突却充分反映了两国关系的复杂性和严重程度。

---

① Benjamin Leo, "Sudan Debt Dynamics: Status Quo, Southern Secession, Debt Division, and Oil: A Financial Framework for the Future", CGD Working Paper 232, Washington, D. C.: Center for Global Development, 2010, p. 1, available at: http://www.cgdev.org/content/publications/detail/1424644; "MF official downplays Sudan's prospects for debt relief", *sudantribune*, 10 April 2013, a-vailable at: http://www.sudantribune.com/spip.php? article46159.

② 阿卜耶伊是苏丹与南苏丹边界一块面积不足 2 万平方千米的地区，两国对该地区的归属存在严重争执。详见：姜恒昆、周军《苏丹南北关系中的阿卜耶伊问题》，载《西亚非洲》2011 年第 7 期。除阿卜耶伊外，两国还在荣克（Renk）、梅根尼斯（Megenis）、卡卡镇（Kaka Town）、基尔河（Kiir River，亦称阿拉伯河）、卡费亚—金吉（Kafia Kingi）及哈季利季等地区的归属权上存在争议，详见：ICG Policy Briefing, "Sudan: Defining the North-South Border", *Africa Briefing N#75*, 2 September 2010.

三　中国参与解决南北苏丹关系问题的原因

苏丹南北分离后，中国在政治和经济上与两个苏丹均保持着良好的关系，这是中国能够充分发挥调解作用，在解决南北苏丹问题中发挥建设性作用的根本原因。自 1959 年建立外交关系以来，中国与苏丹一直保持着友好关系，两国关系主要表现为政治上的相互支持，同时中国给予苏丹一定数量的援助。苏丹曾支持中国进入联合国，并一直在台湾、涉藏、涉疆等问题上支持中国，而中国也在人权及解决达尔富尔冲突等问题上支持苏丹政府的立场。20 世纪 90 年代中期中国政府提出"走出去"战略后，苏丹成为中国成功实施这一战略的第一站，两国合作领域由政治为主迅速转为政治和经济并重，而之前的单向援助也更多地转为以合作开发苏丹石油为典型的互利共赢。2011 年南苏丹独立后，中国明确表示无论地区形势和苏丹国内形势如何变化，中国发展与苏丹友好合作关系的政策不会改变。

合作开发苏丹石油和中国援建基础设施是两国友好与互利共赢的最好例证。1996 年中石油自带资金和技术开始了同苏丹的能源合作，并在 1997 年成为苏丹国际石油财团大尼罗石油作业公司的控股公司。[①] 两年后，苏丹正式加入了石油出口国的行列。在中国的投资与技术支持下，苏丹迅速形成了完整的石油工业产业链。从 2008 年起苏丹石油一直保持在约 50 万桶/天的产量，而其中的近七成输往中国。[②] 在石油合作的带动下，中国成为苏丹最大的贸易伙伴，而苏丹也成为中国在非洲的第三大贸易伙伴。值得说明的是，中国非常注重苏丹的基础设施建设，中国公司的修桥、筑路、打井、兴建医院和学校等善举让众多苏丹人直接受益，而中方承建的麦洛维大坝更是因基本解决苏丹的电力供应而被称作"苏丹的三峡工程"。[③]

---

① 戴新平：《苏丹——新的石油输出国》，载《阿拉伯世界》1999 年第 4 期。

② BP, *Statistical Review of World Energy* June 2011, pp. 8 – 12; U. S. Energy Information Administration, "Sudan and South Sudan", *Country Analysis Briefs*, Mar 19, 2012, http://www.eia.gov/countries/cab.cfm? fips = SU.

③ 蔡敏：《润物无声反哺情》，载《中国石油石化》2007 年第 17 期。

中国同苏丹南方的友好交往始于 20 世纪 70 年代，当时中国派医疗队和农业专家向南方人民提供帮助，后因南北内战中止。2005 年 1 月苏丹南北双方签署了结束内战的《全面和平协定》，成立了苏丹南方自治政府，中国是该协定的见证方之一。在为期六年的《全面和平协定》阶段，中国对苏丹南方的政策被国外学者认为是为应对苏丹南方独立的避险政策，亦即为南方的必然独立做悄然准备。[①] 2005 年 3 月苏丹人民解放运动领导人萨尔瓦·基尔访华，中国开始正式接触南方执政党苏丹人民解放运动。2007 年萨尔瓦·基尔以苏丹第一副总统及苏丹南方自治政府总统的身份再度访华，标志着中国与苏丹南方官方关系的正式开始。2008 年 9 月中国设立驻朱巴总领事馆后，双方在官方和民间两个层面持续保持正常交往。2011 年 7 月 9 日，南苏丹共和国成立，当天中国与南苏丹建交。

尽管中国因与苏丹政府长期保持友好合作关系而受到部分南苏丹人的敌视，但独立后的南苏丹以务实态度对待两国关系，重视中国在其发展中的作用。新生的南苏丹面临着严峻的发展问题，迫切期望通过中国的投资、援助及两国的石油合作实现快速发展。与此同时，中国也适时作出反应，迅速提升与南苏丹的关系，并努力平衡与协调同两个苏丹的关系。南苏丹独立后，中国不仅承诺给予其经济和社会发展所需的援助，在能源、基础设施、电信及农业四个方面积极参与其经济建设，而且在政治、文化和教育方面也努力促进双边交流。

中国积极参与解决南北苏丹问题的现实原因是保护自身利益和展现负责任大国形象。首先，中国在两个苏丹有着重要的石油利益。苏丹是中国对非洲直接投资的重点国家之一，也是中国对非洲投资最多的国家。至南北分离前，中国共向苏丹投资约 200 亿美元，占苏丹境内外国投资的一半，其中大部分资金直接投向了石油产业。苏丹南北分离后，南苏丹控制了大部分原油产地（约占原苏丹石油储量的 75%），而北苏丹则控制了石油运输管道和冶炼设施。两国所生产的石油均经苏丹的管道和港口出口，其中约七成输往中国，南北苏丹因此成为中国的主要原油供应来源地之一。

① Daniel Large, "South Sudan and China: turning enemies into friends?", in Danniel Large, Luke A. Patey, eds., *Sudan Looks East: China, India and the Politics of Asian Alternatives*, NY: James Currey, 2011, p. 173.

其次，两个苏丹还是中国对外劳务和工程承包的重要市场。中国公司自 1981 年起即在苏丹从事劳务和工程承包，涉及油气管道、港口、电力、公路、铁路、桥梁、水坝、住宅建设等诸多项目。目前，中水电、中海外、中铁等上市公司及众多国营和民营企业均在两个苏丹有大型建设项目。与大量投资和大型建设项目同时走进两个苏丹的是大批中国劳务人员。苏丹分离前夕，中国在苏丹北方和南方的劳务和管理人员分别为 2.3 万人和 0.2 万人，而南苏丹的独立进一步扩大了这一数字。然而，由于各种非法武装的存在，自 2004 年以来中国工人不断遭遇武装抢劫或绑架事件，已有 10 余名中方员工惨遭杀害。

此外，中国综合国力的增长及国际影响力的上升也要求中国承担相应的国际责任。随着中国海外利益外延的不断扩展，中、西方国家之间的海外利益发生碰撞、交锋的概率大大增加，尤其是在一些存在国内危机与冲突的欠发展国家。作为负责任的大国，中国不仅需要主动向需要中国的地区和国家提供帮助与建议，而且需要主动介入国际危机的解决并发挥建设性作用；作为一支平衡力量，中国也有责任避免在国际冲突与危机解决中出现弱国屈服于大国强权的事态。这既是中国作为国际社会平衡西方大国力量、维护国际社会正义的体现，也是塑造中国的负责任大国形象的需要。

四 中国参与解决南北苏丹关系问题的方式

中国在南北苏丹关系问题上一贯持有鲜明的外交立场：（1）主张国际社会应采取客观、公正和平衡的立场，并对制裁或威胁使用制裁一向持十分慎重的态度；（2）主张非洲人通过非洲方式解决非洲问题，支持非盟为推动解决南北苏丹问题所作的努力。在参与方式上，与西方国家以民主为"幌子"肆意干预非洲国家内政的做法不同，中国的建设性参与不仅讲求有理、有据、有节，而且注重实效性。具体而言，中国在参与处理南北苏丹问题时主要采取了以下三种方式：

首先是劝和促谈。在南北苏丹问题中，中国一贯鼓励双方通过协商、对话的方式解决政治问题。中国积极扮演着劝和促谈的调解员角色，致力于实现两个苏丹的和平与安全。例如，在南北苏丹石油僵局中，前任中国政府非洲事务特别代表刘贵今大使和现任特别代表钟建华大使先后多次率外交使团到达喀土穆和朱巴，与两国领导人讨论如何打破石油问题僵局，并劝说双方通过谈判解决其他未决问题。

其次，以援助和投资的方式推动南北苏丹协商解决石油问题。以援助作为双方和平解决僵局的交换条件已成为中国参与两个苏丹关系问题的新方式。中国通过向南北苏丹提供投资来鼓励其消除分歧，并以持续的援助为条件要求两国政府解决石油运输与过境费僵局，避免冲突升级。① 当因石油停产而不得不采取紧缩政策时，南苏丹以未来的石油收入作为担保迫切期望中国提供财政预算支持，而中国则要求南苏丹需要诚心诚意回到谈判桌前，通过协商解决石油僵局问题。

最后，积极参与联合国维和行动。南苏丹独立前，中国先后向联合国苏丹问题特派团和联合国—非盟达尔富尔问题特派团派出了维和部队。南苏丹独立后，中国又应联合国的请求向南苏丹特派团派遣了承担协助南苏丹平稳过渡、协助当地警察维护法律秩序、改革和重建执法部门、培训警察等工作的维和警察。② 中国为联合国在两个苏丹的维和行动提供援助和人力，既与中国一贯坚持的"不干涉"原则相适应，又为中国在南北苏丹问题的参与树立了积极形象，增强了南北苏丹人民对中国的信任。

虽然可以有所作为，但我们也不能高估中国在化解南北苏丹矛盾中的作用。首先，中国在处理南北苏丹问题时出现了某种程度的被动和滞后，这在一定程度上与中国一贯坚持的"不干涉内政"原则有关，但也制约了中国外交的主动性。其次，中国倡导在联合国和非盟的框架下行动，并始终与联合国和非盟保持一致，这也会局限中国在解决南北苏丹问题中的外交作用。最后，作为一个新兴大国，中国缺乏解决国际冲突和危机问题的经验、自信和操作能力。当然，中国充分认识到南北苏丹问题有着复杂的历史、种族、宗教、经济等根源，这些问题的解决首先需要南北苏丹的包容、真诚和睿智，而不是国际社会的强制性介入。

---

① Caroline Francis, Pratheepan Madasamy, eds., *China and the Sudan-South Sudan Oil Fee Impasse: Implications of Chinese Foreign Aid, Diplomacy, and Military Relations*, April 24, 2012. Available at: http://www.fordschool.umich.edu/sites/china-policy/files/2012/09/China-and-the-Sudan_South-Sudan-Oil-Fee-Impasse.pdf.

② 《中国首支赴南苏丹维和警队启程》，新华网，2011 年 11 月 12 日，http://news.xinhuanet.com/world/2011 - 11/12/c_ 111162668.htm.

五　南北苏丹关系问题对中国外交的启示

（一）继续坚持并合理发展不干涉内政原则

不干涉内政原则是中国外交有别于其他西方国家外交的重要特点之一，这一原则在几十年的外交实践中不但提升了中国的国际形象，也为广大发展中国家所接受。但是，在国际国内环境发生深刻变化的情况下，中国应对传统外交政策和原则作出与自身的负责任大国地位相应的调整与创新。中国在南北苏丹关系问题上的外交实践表明，中国有必要阐释其内涵和外延，进一步明确其适用范围，真正做到"有所为，有所不为"。否则，中国外交就可能失去应有的灵活性，难以有效维护中国的海外利益与国际形象。

（二）如何平衡与两个敌对国家的关系是中国外交的新课题

在 2005 年《全面和平协定》签订之前，中国无可厚非地与苏丹政府保持友好关系，未与当时的南方反叛组织苏丹人民解放运动往来。南北分离后，中国明确表示愿与两个苏丹保持友好关系，但两个苏丹却在发展与中国友好关系的同时，积极谋求中国在南北谈判中向对手施压，这使中国外交首次面临如何审慎平衡与两个为邻但为敌对国家关系的考验。2012年中国承诺给南苏丹提供 80 亿美元的发展援助贷款，但未对其帮助修建新输油管道的请求作出回应便是这种平衡外交的体现。

（三）谨慎介入是有效保护中国在非利益的首要选择

中国在两个苏丹有着以石油开发和人员安全为主的重大利益，南北分离及敌对已经并将继续威胁中国在这两个国家的利益。石油利益方面，南苏丹因未能就管道运输费与苏丹达成协议而于 2012 年 2 月停止石油生产，而两个月后两个苏丹在石油重镇哈季利季发生的严重军事冲突又迫使我国停止从苏丹进口原油。人员安全方面，2012 年 1 月底，29 名中国工人遭到因南北分离而被迫从南苏丹返回苏丹南科尔多凡州的苏丹人民解放运动—北方局武装人员的绑架。由此看来，中国在两个苏丹的利益受制于其双边关系，而在两个苏丹关系无法在短期内改善的情况下，谨慎介入是首要选择。

（四）南北苏丹问题凸显了对重大国际问题早作预判的重要性

虽然中国是最早承认南苏丹独立的国家之一，但在 2011 年 1 月南苏丹公投之前，特别是 2008 年设立领事馆之前的较长一段时间内，中国因种种原因未对南方的未来地位及双方的未来关系作出明确预判和积极回应，这在一定程度上制约了中国在两个苏丹关系问题上的外交优势。非洲有不少存在与苏丹类似问题的国家，政局动荡且存在严重的分离主义倾向，及早预判形势并在出现变局时作出合理选择是中国对非工作中需要高度重视的问题。

（责任编辑：周玉渊）

中国与尼日利亚贸易投资关系中的
治理和安全问题

［尼日利亚］ 阿德鲁·阿德乌伊　奥德姆拉·欧耶基德

【内容提要】近年来，中国—尼日利亚贸易和投资关系进入了一个新的阶段。经济交往带来的大量效益（或机遇）以及代价（或挑战），其中包括治理和安全事务。从效益角度而言，尼日利亚出口到中国的商品增长了十几倍，同时，尼日利亚对中国的进口额也增长了十倍之多。中尼两国不同的利益攸关者都能从贸易投资流动过程中获益。然而，考虑到两国间的贸易投资模式可能冲击或威胁到尼日利亚的工业化努力，特别是发端于经济往来的治理和安全问题，其中包括不正当竞争、欺诈性交易，例如进口和生产未达标产品、违反国家劳动和人权法规、违反环境法和健康/安全标准、腐败、绑架和缺乏透明度。最后，本文将为未来政策的制定提供一些建议。

【关键词】治理；安全；中国；尼日利亚；贸易；投资

【作者简介】阿德鲁·阿德乌伊（Adeolu O. Adewuyi），尼日利亚伊巴丹大学经济学系学者；奥德姆拉·欧耶基德（T. Ademola Oye-jide），尼日利亚贸易与发展中心学者。

一　导论和研究问题

近年来，中尼贸易和投资关系进入了一个新的阶段。这些经济交往带来了大量的效益和代价或者说是挑战和机遇，其中就包含了治理和安全事务。

尼日利亚对中国的商品出口额从 2002 年的 7 330 万美元增长到 2010 年的 14.4 亿美元，增速达 10 倍之多。在这期间，尼日利亚对中国的出口增速远超世界其他地区。因此，中国在尼日利亚的出口比重从 2003 年的 0.5% 上升到 2010 年的 1.7%，现在已经是尼日利亚第三大出口市场，仅次于美国和欧盟。同期，尼日利亚对中国的进口额也上升了近 10 倍，从 2002 年的 7.406 亿美元上升到 2010 年的 73 亿美元。来自中国对尼日利亚的外国直接投资（FDI），从 2004 年的 7 560 万美元上升到 2005 年的 9 410 万美元，2006 年是 6.3 亿美元，而到 2010 年则达到了 12.1 亿。赠款在中国对尼日利亚的贷款中所占比重一直在 25% ~ 30% 之间徘徊。

然而，日益深化的中尼经济交往还是避免不了治理和安全方面的挑战。考虑到中国对尼日利亚商品进口中 85% 都是燃料和矿产品，相当大一部分的对外直接投资都投入到了石油和矿产领域，中国的贸易投资既是在谋求资源也是在寻找市场。这些经济来往中存在着一些治理和安全问题，包括不正当竞争、欺诈性交易，例如进口和生产未达标产品、违反国家劳动和人权法规、违反环境法和健康/安全标准、腐败、绑架和缺乏透明度。本文正是在这样的背景下对中尼贸易投资关系进行考察，并对相关治理和安全挑战展开分析。

由于对中尼经济联系中存在的相关治理和安全问题缺乏相应研究，本文的讨论就显得实为必要。另外，大多数研究更加侧重经济而不是社会政治问题，而后者又十分重要，甚至在交往中会妨碍经济机会的获取。

二　治理、安全和贸易：文献综述

许多研究都考察了治理、安全和贸易投资之间理论和经验上的关联。本文接下来将对这些研究进行总结。

Acemoglu 和 Johnson 认为制度依赖型经济有助于提高产量，并且可能引起对制度薄弱国家出口额的提升。[1] 商品的涌入将逐渐降低生产价格并

① Daron Acemoglu and Simon Johnson, "Unbundling Institutions", *Working Paper* no. 9934, Cambridge, MA: NBER, September 2003.

且增加居民购买力。这意味着较之治理不力，善治更易于国家在贸易中提高收益。这就在一定程度上解释了中国商品包括未达标产品涌入尼日利亚的现状。

Anderson 和 Marcouiller 也认为不安全所充当的隐秘的税收或者关税角色，应当纳入贸易的实证分析中去。他们称，如果忽视这个重要的治理指标，可能会使实证预测发生偏倚。而且，制度效用中的多国变动以及交易商品价格的结果变化，引发了南北间的不对称贸易。[①]

在国家间贸易上，一些研究者也用不完善契约模型来检验国家间不同贸易制度的结果。在商品运输和付款并未同时发生时，就产生了不完整契约。如果（商业）信誉发挥作用，交易的可能性就会上升，也就意味着，对未来运送的某物，付款可以在今天完成，或者今天拥有了商品而在以后进行支付。与之相关的问题是信用（无论是以金钱、商品还是服务的形式）的提供方需要获得一些保证，这样以后他或是她会在交易完成时得到应允的回报。

参照 Li 的说法，[②] Kaufmann 和 Wei 提出了"效率贿赂假说"。[③] 假说认为在一个局部均衡的分析中，管治不力例如高度腐败可能会促进贸易的产生。在他们看来，来自不同经济实体的贿赂大小会反映它们不同的机会成本，因而，一些公司有意或者希望收买低效的行政程序。所以，就像一场拍卖，基于贿赂大小而得到的执照或者合同可以实现帕累托最优。如果官僚内的体制沉疴和行事拖沓是外因，那么贿赂就可以帮助企业减少面对的机会，从而提升贸易效率。

已经有大量的实证研究就这个话题展开研究，并且其结果也已经公布。例如，Wei（2000）认为如果脆弱的治理环境排斥国际贸易和投资，那么开放型经济就会以牺牲资源来塑造有效的制度，在平衡状态中表现出一种低腐败率。对官僚主义腐败指标和相关成本的运用，形成了一种模式，在这里面治理不力被证明会减少贸易的发生。同时这个模式表明，为

①　J. Anderson and D. Marcouiller, "Insecurity and the Pattern of Trade: An Empirical Investigation", *Working Paper*, Boston College, 2000.

②　S. Li, *Managing international business in relation-based versus rule-based countries*, New York: Business Expert Press, 1985.

③　D. Kaufmann and S. Wei, "Does 'Grease Money' Speed Up the Wheels of Commerce?", *NBER Working Paper* No. 7093, 1999.

了吸引对外贸易，国家倾向于在塑造良治上进行投资。研究发现了一些证据来支持以上事实，只要控制了发展水平和其他可能的腐败决定因素，一个开放型经济将会展现出较低程度的腐败。

与之类似的是，De Groot 等考察了制度在贸易往来中的作用。[1] 在他们的分析中，这些包括了贸易伙伴间与制度质量以及制度同质性相关的变量。他们发现了一个类似的法律或者是监管框架（这些国家拥有相似的治理系统，它们或是基于规则或是基于关系而成立）会促进双边贸易从12%提升到18%。同时，如果治理手段立足于规则，经济会表现出更高的贸易额。提高标准误差上监管的准确性，会促进双边贸易增长 20% ~ 24%。另外，更低的腐败率也会导致 17% ~27% 的额外贸易增长。

Kaufmann 和 Wei 同样认为，在一个官僚系统冗余拖沓的外生环境下，松散的制度倾向于促进贸易，但当制度是内生的时候，则会减少贸易的发生。[2] 通过广泛的企业层面的研究，他们发现"高效贿赂假说"并不会产生作用。实际上相反的是，治理不力的昂贵成本则会减少国际贸易的发生。

此外，据 Pushan 和 Traca 描述，良治会推动民营企业的发展，刺激投资，优化资源配置和促进长期可持续发展。[3] 尤其他们指出，高层次的腐败会增加官僚主义式的行政弊端，降低管理的效能，减少直接甚至阻碍贸易的发生。

三　中国—尼日利亚贸易投资流动的近期趋势

（一）中国—尼日利亚贸易流动的近期趋势

表 1 显示了尼日利亚对中国 21 类主要产品的进口额，从 2002 年的7.406 亿美元持续增长到 2010 年的 73.244 亿美元。虽然尼日利亚进口了

---

① H. De Groot, G. J. Linders, P. Rietveld, U. Subramanian, "The institutional determinants of bilateral trade patterns", *Kyklos*, Vol. 57, No. 1, 2004, pp. 103 – 124.

② D. Kaufmann and S. Wei, "Does 'Grease Money' Speed Up the Wheels of Commerce?", *NBER Working Paper* No. 7093, 1999.

③ Pushan Dutt and Daniel Traca, "Corruption and Bilateral Trade Flows: Extortion or Evasion?" *Review of Economics and Statistics*, November, Vol. 92, No. 4, 2010.

来自中国的所有大类产品，但是其中一些尤为关键。例如，2010 年，电子电器、汽车、机械和运输设备在所有进口产品总额中位居第一，然后是工业制成品、混合制成品、化学药品、食品以及生禽类。

表1　　　　　　　尼日利亚对中国进口（单位：百万美元）

Product label		2002		2003		2006		2008		2010	
		数额	比重	数额	比重	数额	比重	数额	比重	数额	比重
	所有产品	740.6	100	1068	100	3161.1	100	4292.3	100	7324.4	100
1	电子电器设备	105.2	14.2	137.9	12.9	489.8	15.5	743.1	17.3	1821.5	24.9
2	汽车类（地铁和电车除外）	86.5	11.7	171.9	16.1	765	24.2	734.9	17.1	1451.4	19.8
3	机械、核反应堆和锅炉等	99.3	13.4	255.8	24	431	13.6	814.8	19	1074	14.7
4	钢铁制成品	26.3	3.6	31.6	3	80.2	2.5	163.2	3.8	469.3	6.4
5	橡胶及其制品	16.4	2.2	21.1	2	64.9	2.1	126.9	3	249.1	3.4
6	塑料及其制品	24.7	3.3	34	3.2	146.2	4.6	174.1	4.1	226.6	3.1
7	铝及其制品	6.5	0.9	7.7	0.7	39.5	1.2	143	3.3	162.3	2.2
8	陶瓷制品	7.4	1	10.7	1	87.4	2.8	212.1	4.9	159.6	2.2
9	玻璃及其制品	4.8	0.6	9.5	0.9	28.1	0.9	64.1	1.5	119.9	1.6
10	钢铁	17.9	2.4	18.1	1.7	55.8	1.8	195.1	4.5	116.4	1.6
11	光学、照片、医疗等设备	20.3	2.7	19.9	1.9	86.4	2.7	67.6	1.6	106.5	1.5
12	鱼、甲壳类动物、无脊椎动物等	6	0.8	18.1	1.7	69.3	2.2	16.5	0.4	103.1	1.4
13	有机化合物	19.8	2.7	28.3	2.6	68.7	2.2	75.2	1.8	97.7	1.3
14	碱金属的混合制品	6.9	0.9	7.4	0.7	10.6	0.3	34.8	0.8	94.5	1.3
15	混合化学产品	29.2	3.9	18.3	1.7	64.1	2	50.6	1.2	85.8	1.2
16	无机化学品和金属化合物	11.7	1.6	18.8	1.8	64.4	2	66.7	1.6	60.8	0.8
17	碱金属的工具、器具等	2.7	0.4	3.2	0.3	6.2	0.2	23.7	0.6	58.3	0.8

续表

	Product label	2002		2003		2006		2008		2010	
		数额	比重	数额	比重	数额	比重	数额	比重	数额	比重
18	纸和纸板、纸和木板	18.9	2.6	22	2.1	61.4	1.9	55.6	1.3	53.5	0.7
19	家具和预建房屋	7.1	1	9.9	0.9	21.3	0.7	26	0.6	52.7	0.7
20	石料、石膏、云母及其制品	2.1	0.3	1.9	0.2	7.8	0.2	14.6	0.3	44.4	0.6
21	盐、硫、稀土和水泥	6.9	0.9	25.3	2.4	32.8	1	76.4	1.8	43.4	0.6

来源：国际贸易中心（ITC）数据库。

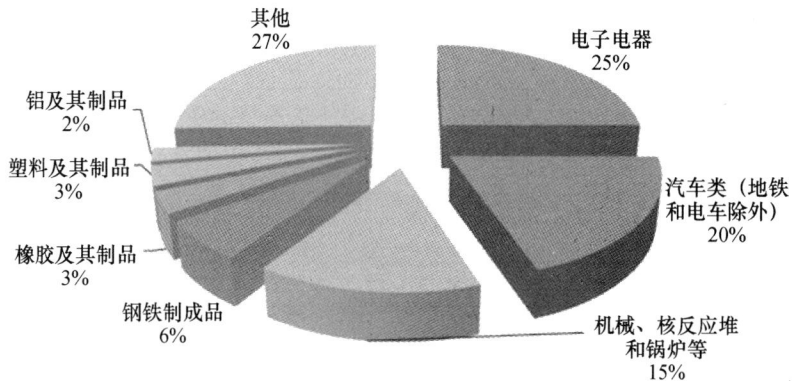

图 1　尼日利亚对中国进口产品结构（2010 年所占比重）

来源：国际贸易中心（ITC）数据库的基础数据。

而且，就大类产品来说，比起世界上的其他国家和地区，尼日利亚从中国进口了更多的混合制成品，例如鞋类及其相关制品。在电子电器、食品和生禽方面，中国在尼日利亚的出口份额不断增加，饮料和烟草也有小幅上涨；原材料（不包括食物和燃料）、制成品、机械和运输设备以及混合制成品，这四类总体上都有所增长。2002 年，中国占尼日利亚总进口额比重是 8.5%，到 2010 年则持续增长到 16.6%。①

———————

① A. O. Adewuyi and A. S. Bankole, "Are there Potential Economic Benefits from China-Nigeria Trade Agreements", *African Journal of Economic Policy*, Vol. 19, No. 1, 2012.

尽管相对平缓，但尼日利亚对中国的贸易趋势还是在不断扩大。出口额从 2002 年的 7 320 万美元增加到 2010 年约 14.4 亿美元（表2）。但是，尼日利亚对中国的出口结构却不似中国对尼日利亚那样多样化。这些产品仅覆盖了矿物燃料和石油、农产品、原材料、化学品以及制成品。通过对表 2 数据的分析可以得出，2002 年四大类商品出口总计 7 320 万美元。矿物燃料和润滑剂（7 180 万美元）在出口中占据主导，远随其后的是船舶类一共 32 万美元。

2010 年，尼日利亚对中国出口表上矿物燃料和润滑剂跃居第一位，紧随其后的是原料皮、兽皮（非毛皮）和皮革。第三是塑料及其制品，油籽、oleagic 水果、水稻、种子以及水果等排在第四位。相对于世界上的其他国家和地区，2010 年尼日利亚对中国的出口额度只有微不足道的1.7%。① 矿物燃料和润滑剂是尼日利亚对中国的主要出口产品，在 2007 年和 2010 年，它占尼日利亚世界出口总额的比例分别只有很小的 1.6% 和 1.7%。但是，较之其他国家，尼日利亚向中国出口了更多的原材料（不包括食品和燃料）。

人们越来越担心，两国间的贸易模式可能会冲击甚至威胁尼日利亚的工业化抱负。

表2   **尼日利亚对中国出口**   （单位：百万美元）

	Product label	2002		2003		2006		2008		2010	
		数额	比重	数额	比重	数额	比重	数额	比重	数额	比重
	所有产品	73.20		123.54		4.134		668.09		1440.8	
1	矿物燃料、石油、蒸馏产品等	71.83	98.1	109.8	88.9	0	0.00	147.27	22.0	696.62	48.3
2	原料皮、兽皮（非毛皮）和皮革	0.00	0.0	0.025	0.0	0.012	0.29	265.53	39.7	592.42	31.1
3	塑料及其制品	0.00	0.0	0	0.0	0	0.00	266.79	39.9	251.97	7.5

---

① A. O. Adewuyi and A. S. Bankole, "Are there Potential Economic Benefits from China-Nigeria Trade Agreements", *African Journal of Economic Policy*, Vol. 19, No. 1, 2012.

续表

	Product label	2002		2003		2006		2008		2010	
		数额	比重	数额	比重	数额	比重	数额	比重	数额	比重
4	油籽、oleagic 水果、水稻、种子和水果等	0.00	0.0	0.006	0.0	0	0.00	7.67	1.1	24.66	1.7
5	船舶、舰艇和其他浮生结构	0.32	0.4	6.78	5.5	0	0.00	6.73	1.0	21.73	1.5
6	橡胶及其制品	0.05	0.1	0.54	0.4	0	0.00	12.19	1.8	13.8	1.0
7	鞋子、鞋罩及其零部件	0.00	0.0	0	0.0	0	0.00	0.36	0.1	12.51	0.9
8	无机化学物、贵重金属化合物和同位素	0.00	0.0	0.16	0.1	0	0.00	0.084	0.0	8.96	0.6
9	可可及可可制品	0.00	0.0	0	0.0	0	0.00	1.14	0.2	6.77	0.5
10	机械、核反应堆和锅炉等	0.74	1.0	1.81	1.5	2.68	64.83	0.78	0.1	5.57	0.4
11	铜及其制品	0.00	0.0	0	0.0	0.27	6.53	13.32	2.0	4.64	0.3
12	电气、电子设备	0.00	0.0	0.11	0.1	0	0.00	0.2	0.0	4.59	0.3
13	矿石、矿渣和石蜡	0.00	0.0	0	0.0	0	0.00	7.17	1.1	4.37	0.3
14	混合化学产品	0.00	0.0	0.25	0.2	0	0.00	0.15	0.0	2.97	0.2
15	棉花	0.00	0.0	0	0.0	1	24.19	0.39	0.1	2.41	0.2
16	木材和木材制品、木炭	0.00	0.0	0	0.0	0	0.00	6.02	0.9	1.98	0.1
17	烟叶和加工型烟草	0.00	0.0	0	0.0	0	0.00	0.13	0.0	1.43	0.1
18	钢铁制成品	0.25	0.3	2.6	2.1	0	0.00	0.27	0.0	1.29	0.1
19	铝及其制品	0.00	0.0	0	0.0	0.9	21.77	3.62	0.5	1.25	0.1
20	原木、作物球茎、根茎和插花等	0.00	0.0	0	0.0	0	0.00	0	0.0	1.04	0.1

来源：国际贸易中心（ITC）数据库。

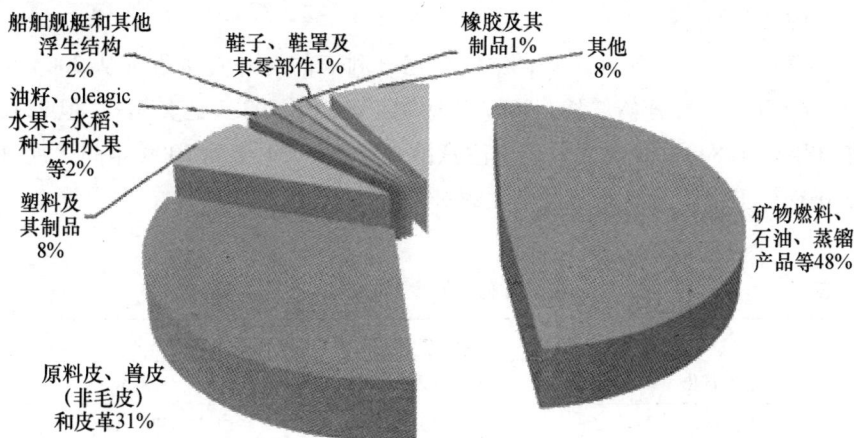

图2　尼日利亚对中国出口产品结构（所占比重）

来源：国际贸易中心（ITC）数据库的基础数据。

（二）中国—尼日利亚投资援助关系的近期趋势

尼日利亚已经成为中国在非洲大陆对外直接投资的主要接受国之一，仅次于南非。它对中国对外直接投资的吸引力一目了然：巨大的能源储备和广阔的国内市场，其中1.67亿居民拥有着不断增长的可支配性收入。近年来，中国流入尼日利亚的对外直接投资呈上升趋势。在1999年到2010年间，中国对尼日利亚的对外直接投资增加了10倍。

中国在尼日利亚的投资集中于油气、制造业、建筑业和通信方面。在尼日利亚的建筑业、油气、科技、服务和教育领域内，中国创办了30多个全资或者合资企业。[①] 表3中列出了部分企业，从表3中可以看出，大型中国公司是将资金投放在了油气、建筑业和房地产以及通信领域。

通过对表4中对外直接投资流动的分析可以看出，中国流入尼日利亚的资金从2004年的平均4 552万美元增加到2005年的5 531万美元。2006年，和流入尼日利亚的其他对外投资渠道相比，中国投资大约只占

---

① E. O. Ogunkola, A. O. Adewuyi, O. Oyeranti and A S. Bankole, "The Impact of China-Nigeria Economic and Trade Relations", A Final Report submitted to the Nigeria's Economic Management Team (NEMT), Abuja, Nigeria, 2010; O. Oyeranti, M. A. Babatunde, E. O Ogunkola and A S. Bankole, "The Impact of China-Africa Investment Relations: The Case of Nigeria". A Final Report Submitted to the African Economic Research Consortium (AERC), Nairobi, Kenya, 2010.

总额的 0.13% 。①

　　表 4 更进一步显示，来自中国对尼日利亚的对外直接投资从 2006 年
（6 779 万美元）开始增长，2007 年达到顶峰（3.903 5 亿美元），但 2010
年却降到 1.848 9 亿美元。还应注意的是，在 2004 年到 2009 年间，尼日
利亚获得了中国对西非超过半数的对外直接投资。

表 3　　　　　　　　　　　　　在尼日利亚的主要中国企业

企业	活动领域	资产（亿美元）
中国石化	石油和天然气	152.80
中国石油	石油和天然气	470.80
山东电力	电力建设	38.60
中土集团	建筑业	2.17
中国建筑	建筑业、房地产	58.90
CNOON	海洋油气	13.8
中材国际	水泥工程建筑	2.9
CGC	建筑业	0.30
华为	通信业	25.00
中兴通讯	通信业	13.00

　　来源：Eghula 和 Zheng （2011）。

表 4　　　　　2004—2010 年中国对尼日利亚的对外直接投资流动和股份

（单位：百万美元）

中国对尼日利亚的对外直接投资流入：2004—2010						
国家/地区	2004	2005	2006	2007	2008	2009	2010
尼日利亚	45.52	55.31	67.79	390.35	162.56	171.86	184.89
西非	87.78	98.16	82.94	521.91	209.74	326.16	512.6
非洲	317.43	391.68	519.86	1 574.31	5 490.55	1 438.87	2 111.99
全球	5 498	12 261.17	17 633.97	26 506.00	55 907.17	56 528.99	68 811.31

①　O. Oyeranti, M. A. Babatunde, E. O Ogunkola and A S. Bankole, "The Impact of China-Africa Investment Relations：The Case of Nigeria" .

续表

中国在尼日利亚对外直接投资股份：2004—2010						
尼日利亚	75. 61	94. 11	630. 32	635. 6	795. 91	1 025. 96	1 210. 85
西非	192. 77	273. 21	1 054. 92	2 392. 56	1 338. 02	1 889. 87	2 353. 76
非洲	899. 55	1 595. 25	2 556. 82	4 461. 83	7 803. 83	9 332. 27	13 042. 12
全球	44 800	57 200. 22	90 630. 26	117 912. 01	183 971. 09	245 750. 20	317 217. 90

来源：中国商务部（*www. english. mofcom. gov. cn*）。

中国在尼日利亚的对外直接投资存量从 2004 年的 7 561 万美元上升到 2010 年的 12. 108 5 亿美元。中国在西非对外直接投资存量中的一半落在了尼日利亚。

（三）尼日利亚在与中国贸易投资关系中的得失：宏观和微观角度

不同的利益相关者（政府、进口商、出口商和尼日利亚民众）都有望从中国—尼日利亚贸易投资关系中受益。国际贸易中心（ITC）数据库的现有数据表明，2007 年中国贸易顺差总额为 33 亿美元，2010 年是 432 亿美元。根据分析，在尼日利亚不同经济体的损失都是可预料的。但是，假设商品的出口价格和实际汇率保持不变，2000 年至 2010 年间，大类产品的生产商和出口商在对中国出口过程中获取的额外收益，反过来却推动了他们出口的大幅增加。考虑到尼日利亚对中国出口的主要成分是矿物和相关产品，以及在这期间，尼日利亚对中国出口的多数利润流入了政府和石油公司的合资企业。因此，尼日利亚人从中得到的好处是间接的，并且主要来源于政府在社会与经济服务中的支出。

中尼贸易往来中除了存在宏观经济上的得失，也要从微观经济角度进行分析。针对中尼贸易关系中的得失，最近正在进行的一项研究提供了一些意见。[①] 研究发现，尼日利亚消费者更偏爱中国商品。他们给出的选择购买中国产品的主要原因是，比起本地货，它们价格相对低，产品适用性、质量、技术和包装都更好。可是，消费者也提供了一些危害健康的劣

---

① A. O. Adewuyi, A. Aminu and I. O Kareem, "Impact of China-Africa Trade Relations: the Case of Nigeria", A final report submitted to the African Economic Research consortium (AERC), Nairobi, Kenya, 2010.

质商品的案例。

　　该项研究显示，尼日利亚生产商在与中国产品的竞争中是毁灭性的，导致利润率的下降、产能利用率低和工作岗位的流失。在生产商看来，产品缺乏竞争力的理由包括不利的政府政策、基础设施差、治理不力、进口关税低，以及外国相关信息的贫乏，尤其是关于中国的。而中国在西非的投资收益，则有利于增加就业机会，提高产量和出口额。

四　中国—尼日利亚贸易往来中的治理和安全挑战

（一）中国和尼日利亚治理指标的走向

　　用来分析的治理指标取自于文献资料，包括腐败（表现为对腐败的抑制）、法律与秩序（促进暴力的缓解和消除）、民主责任制（实现话语权和问责制的手段）、官僚机构效率（评估政府效率）和国内冲突以及政治中的军事势力（用来衡量政治稳定性）。通过治理指标的计算，这些数字越大，统治就越稳定。表5和表6显示，从2001年到2009年，中国的腐败指数在1.0到1.97之间浮动，而尼日利亚则稳定在1.0。通过对腐败指数的调控，从行为不当事件到受合同诱惑引发的贪污效应，都暗示了要预防用公共权力来牟取私利。

表5　　　　　　　　　　　　　尼日利亚治理指标趋势

时间	腐败	法律与秩序	民主责任制	政府官员素质	国内冲突	政治中的军事势力
2001	1	2.6	3	1	7.3	2
2003	1	1.5	3.2	1	6.1	2.88
2005	1	1.5	3.1	1	6.8	2.94
2007	1	1.5	3.1	1	6.9	2.95
2009	1	1.5	3.1	1	7	2.96

　　来源：全球国别风险指南（ICRG）。

　　相对而言，虽然中国也存在腐败现象，但尼日利亚则更明显。反贪机构对一些个人和企业组织进行了定罪或正在尝试举证。在尼日利亚的贸易伙伴中，特别是与中国，这是影响贸易投资关系的重要因素。

表6   中国治理指标趋势

时间	腐败	法律与秩序	民主责任制	官僚机构效率	国内冲突	政治中的军事势力
2001	1	4.75	1	2	10.08	2
2003	1.92	4.5	1	2	11.38	2.88
2005	1.96	4.5	1	2	11.35	2.94
2007	1.97	4.5	1	2	11.36	2.95
2009	1.97	4.5	1	2	11.36	2.96

来源：全球国别风险指南（ICRG）。

法律与秩序指标是描述代理人对社会充满信心和遵守规则的一种程度，尤其是契约履行的质量、财产权、执法人员、法院以及犯罪和暴力的可能性。尼日利亚监管部门所遗留下的看法和评价等级都不值得过于期待。所以，这就解释了尼日利亚贸易伙伴违反进出口规定的程度大小。2006年4月30日的《每日冠军》报道了一个案件，里面涉及30辆货车装载了走私物品进入到这个国家的一些神秘地区。一些人担忧，除了经济损失，这些行为也必然会威胁国家安全。

民主责任制体现在政治权利和公民自由的不同方面，比如自由公正的选举、政治中的军事势力和媒体独立性。在这些数据上，尼日利亚要优于中国。而且在促进公民人权领域，尼日利亚政府也做了很多。信息自由法案的通过就是一个证明。此外，公民团体一直寻求刚出台法律的有效贯彻，其中就包括政府采购和财政责任法。尼日利亚民主责任制环境得以改善的另一个证据是，国际观察员认为2011年的普选是自由并且公正的。在尼日利亚和中国的贸易往来中，民主责任制是促进其发展的重要因素。

官僚机构效率是用来衡量"输入"的反应，而这要求政府出台和实施令人满意的政策。这些效率包括政府官僚机构和行政管理的质量、公务员素质、管理官员的时间损耗和政治压力下行政部门的独立性。这些数据显示中国现状要更为良好。在尼日利亚，从很多事情可以看出官僚制度的效率低下。例如，不考虑港口改革的多样性，整理港口货物的实际周期会是预期时间的两倍。所以，这就会鼓励腐败行径，并打击有意去尼日利亚做生意的贸易伙伴或者投资者。尼日利亚在官僚机构效率上表现不佳的显著标志是政府政策的低执行力，甚至包括国家预算。

国内冲突和军事政治描述了由于某些原因例如种族关系紧张，掌权的政府会因违宪或（和）暴力手段而变得不稳定或被推翻。基于现有数据，中国现状同样优于尼日利亚。但尼日利亚因为自身的多种族、多文化和多宗教，所以是一个特殊案例。虽然，自 1999 年尼日利亚走上了政治稳定，可是接二连三的暴力和种族关系紧张事件还是对它与其他国家的贸易关系产生了消极影响。

（二）对于中国—尼日利亚贸易投资关系中的治理和安全问题的认知与分析

只有在良治与和平环境下，贸易和投资才能得以发展。这两个因素也决定了贸易投资中利润的分配和程度。本文中所讨论的与中国—尼日利亚往来相关的治理和安全问题，包括不平等竞争、遵守法律法规、腐败、政治稳定和国内冲突、绑架、谋杀和缺乏透明度。本次讨论基于尼日利亚经济管理组（NEMT）和位于肯尼亚内罗毕的非洲经济研究协会（AERC）提供的近期研究成果，[①] 同时也是对相关文献的补充。

中国和尼日利亚之间的贸易投资关系不仅导致承包商或投资者之间的不公平竞争，而且也包括两国生产者之间的不公平竞争。调查显示，在大部分尼日利亚本国生产商看来，尼日利亚市场上的中国产品已经对他们的生产活动形成了破坏。这一观点也得到了消费者的支持，他们认为市场上中国产品在不断增加，导致对本土和其他外国商品选择的减少。人们开始担忧廉价的中国商品涌入到尼日利亚，会引起本地商品竞争力的下降以及利润率受到挤压，最终导致本土企业的倒闭。举例来说，纺织品、皮革和木材/家具行业损失惨重，而中国生产商则获得了相应的市场份额。中国建筑企业与尼日利亚企业竞争激烈，这已经导致商业动荡和就业流失，也相应导致了尼日利亚的社会和政治腐化。[②]

我们发现，在遵守国际法和当地法律法规上，中国人有很多方面并没有做到位。例如，据报道，尼日利亚商人订购大量质量低劣的产品，这导

---

① 本节引用的作者系此次课题的主要研究人员。

② E. O. Ogunkola, A. O. Adewuyi, O. Oyeranti and A S. Bankole, "The Impact of China-Nigeria Economic and Trade Relations"; A. O. Adewuyi, A. Aminu and I. O Kareem, "Impact of China-Africa Trade Relations: the Case of Nigeria"; O. Oyeranti, M. A. Babatunde, E. O Ogunkola and A S. Bankole, "The Impact of China-Africa Investment Relations: The Case of Nigeria".

致大量中国的劣质产品进入尼日利亚市场，造成中国在尼日利亚进口份额的增加。一个前往尼日利亚中国企业的贸易代表团证实了这个传闻，中国企业除了受尼日利亚进口商的煽动，一般都不生产劣质产品。有篇调查曾指出，只有12%的商品达到了尼日利亚标准组织规定的三项进口要求。大多数商品只达到了一项（48%），以及有36%的商品符合两项进口规定。①

此外，一项消费者调查显示，一些原产中国的商品在使用时会引起不适。有些消费者认为，主要原因是中国产品极易发生故障、劣质，大多数维修困难并且价格不菲。②

另一方面，尼日利亚中国企业的特征是糟糕的劳资关系和对人权法的违背。虽然随着行业变化，中国企业里的工作环境也有所不同，但还是有一些显而易见的共同点，包括恶劣的劳动环境、中国雇主对工会的敌视态度、违反工人权利和不公平的劳动要求。同时，工人们经常被雇来当"临时工"，以至于他们享受不到任何退休福利。基本权利例如年假间的休假薪水常被忽视，并且工人们还被迫加班（没有任何额外福利）。在尼日利亚，一个经常被提及的典型违反工人权利案例是工作期间内对工人实施禁闭，火灾发生后导致人员伤亡。由于中国公司忽视预防措施和相关培训，以致对健康和安全问题关注力度不够。在一些案例中，一旦女性员工怀孕，中国雇主将终止与她们的合同。在招聘、培训和薪酬方面，中国公司对尼日利亚工人和中国工人存在差别歧视。这就是没有签订就业合同造成的结果。③

进一步来说，部分尼日利亚的中国公司曾被非政府组织（NGOs）指控违反了健康安全规定，以及他们所在地区的环境权利。例如，在尼日利亚东南部，一个叫 WEMPOCO 的中国测井公司被指控往克里斯克河排放未经处理的废水，因此威胁到当地渔民的健康和生计。同时，这家公司也被指控诱使地区领导人和执法人员镇压当地居民的抗议示威。在尼日利亚

---

① E. O. Ogunkola, A. O. Adewuyi, O. Oyeranti and A S. Bankole, "The Impact of China-Nigeria Economic and Trade Relations".

② A. O. Adewuyi, A. Aminu and I. O Kareem, "Impact of China-Africa Trade Relations: the Case of Nigeria".

③ E. O. Ogunkola, A. O. Adewuyi, O. Oyeranti and A S. Bankole, "The Impact of China-Nigeria Economic and Trade Relations".

的拉各斯，非政府组织指责中国金属加工公司 WAHUM 排放有毒物质，严重污染空气，而这实际上是彻底违背了职业安全与健康标准。

在尼日利亚 2010 年为相关利益者组织的交流研讨会①上，重点提及了腐败行为。尼日利亚人和中国人都卷入了一系列腐败案件中，包括执行时违背合同，虚报发票、逃税/避税/骗税以及缺乏透明度。据报道，在拉各斯的中国城（市场）里，中国人勾结部分海关人员从事进口和公开出售违禁品，导致了市场的暂时关闭。参加此次研讨会的尼日利亚全国商人协会成员（NANTs）强调了有关腐败和透明度缺乏的问题。② 在尼日利亚进行的大多数研究都观察到透明度的缺失，其中中国公司一直宣称对英语理解不足，并且不愿对研究人员的请求予以回应。而且，上述分析所需的重要信息，一般研究者是无法获取的。

在人身财产安全领域同样被曝出存在问题。据报道，近期在尼日利亚发生了两起中国人遭武装分子绑架事件，共 14 名中国人被绑架，事件发生地聚集了大型的中国企业。③ 近些年，尼日利亚一直面临着安全挑战，包括尼日尔河三角洲的交战、北部的宗教危机、中部地区富拉尼奶牛商和水稻种植户、北部的后选举时代危机，以及近年来的博科圣地叛乱。同时存在的还有持续不断的武装抢劫袭击和偷袭事件。

五　结　论

在中国—尼日利亚贸易投资关系中，相关的治理和安全挑战需要政策干预进行介入。

为了解决这一问题引起的质量低下和健康危害，政府应当在采用标准和卫生以及检疫措施上加大实施力度，防止有害产品进入本国。也可以用

---

　①　来自贸易政策研究和培训计划（TPRTP）和非洲经济研究财团的合作。

　②　E. O. Ogunkola, A. O. Adewuyi, O. Oyeranti and A S. Bankole, "The Impact of China-Nigeria Economic and Trade Relations"; A. O. Adewuyi, A. Aminu and I. O Kareem, "Impact of China-Africa Trade Relations: the Case of Nigeria"; O. Oyeranti, M. A. Babatunde, E. O Ogunkola and A S. Bankole, "The Impact of China-Africa Investment Relations: The Case of Nigeria".

　③　O. Oyeranti, M. A. Babatunde, E. O Ogunkola and A S. Bankole, "The Impact of China-Africa Investment Relations: The Case of Nigeria".

反补贴税来抵消出口国家（比如中国）产品的价格优势，维持本国行业的健康发展。这一举措可以确保尼日利亚不会成为一个低质、劣质和有害产品的倾销之地。尼日利亚标准组织（SON）、国家食品药品委员会（NAFDAC）以及尼日利亚海关局在减少本国不合格产品上要作出更多努力。另外，增加消费者保护委员会（CPC）的能动性，这样消费者就能通过适当举措向他们报告市场上的任何有害产品。消费者委员会也要教育消费者如何利用权利，以及为了他们自身的幸福，寻求法律诉讼或者纠正不良消费风气。

政府可以通过打击走私活动来帮助国内生产者应对不公平竞争，也可以通过地方政策帮助国内的生产商和承包商赢得一些机遇。为了达成合同，政府也要鼓励尼日利亚和中国投资者以及承包商之间展开合作。如果能拿出证据表明当地企业的损失是进口激增（中国产品的大量进口）造成的结果，政府同样可以利用 WTO 的安保措施来保护本国企业。而且，有关使用 WTO 反倾销和保障措施的规定，仍有许多问题需要解决。考虑到法律和数据需求以及设备和人员，政府急需解决能力缺失这个重大问题，对反补贴和保障措施的可操作性进行必要分析。长远来说，就自愿出口限制（VERs）问题，尼日利亚政府也要与中国政府进行协商，来避免大量中国商品涌入尼日利亚。

为了帮助当地生产商应对来自中国和其他市场的商品涌入，政府可以采取的措施包括：对本地生产商以补贴利率的形式提供贷款和大力支持消费国产商品。同样重要的是，提供稳定的电源以及协助生产商提高他们的技术。

政府也要利用石油收入来改善国家的公共建设和社会设施，并且加大在高就业潜力领域的投资活动，例如农业、制造业和服务业。这些都会帮助国家克服在供应受限时的挑战，促进经济基础多样化，降低失业率和贫困水平，而高失业率和贫困又是政治、宗教、种族危机以及武装抢劫发生的原因。

应加强对腐败和透明度缺失的打击力度。经济与金融犯罪委员会（EFCC）和独立反腐委员会（ICPC）的行动要去政治化并且更加有效。政府机构例如在公务员、执法机构、海关和司法部门里的腐败都要降低。企业事务委员会（CAC）和尼日利亚投资促进委员会（NIPC）也要为对外投资建立一个完善的数据库。只有这样，在需要之际，政府才能追踪任何一个外国投资者和投资项目。

政府应该鼓励中国商人和企业遵守当地法律,特别是劳动/人权法以及环境/健康和安全法。在这一过程中,非政府组织、工会、大众媒体和普通公民也要对政府给予支持和响应。在尼日利亚,中国企业通过社会责任行动,例如通过帮助政府在人力物力需求和能力建设上提供资金,来为尼日利亚的治理和安全作出贡献。

在尼日尔河三角洲危机中,用谈判寻求解决军事斗争的方式可以巩固和推广到博科圣地事件,以及尼日利亚其他存在政治和种族危机的地区。这对于遏制接二连三的绑架和包括对外国人的谋杀事件,显得颇为必要。而上述这些危机都会吓退现存和潜在的投资者。

（翟珣译,李鹏涛校）

（责任编辑:周海金）

（译者简介:翟珣,女,浙江师范大学非洲研究院 2012 级国际关系专业硕士研究生）

中国投资对非洲和平安全的影响：
以津巴布韦为例*

［津巴布韦］劳伦斯·曼达拉　罗纳尔多·奇帕卡

【内容提要】中非政治联系源远流长，可以追溯到汉朝时期。中国与津巴布韦之间的政治联系，在津巴布韦解放战争期间最为明显。冷战后，中国再次强化与包括津巴布韦在内的广大发展中国家之间的战略合作。2003 年，津巴布韦确立了"向东看"的政策，与此同时，津巴布韦由于未能尊重良治原则而备受西方传统盟友的指责。尽管津巴布韦不断受到西方无情的指责和惩罚，中国在处理与其合作关系时始终坚持不干涉政策，继续投资津巴布韦重要经济领域，且"不附加任何条件"。相关研究表明，中国的不干涉政策虽然有助于孤立的津巴布韦政府在西方的夹缝中继续生存，却给津巴布韦的民主化进程带来了巨大的挑战。由此，本文认为，中国投资尽管会对津巴布韦良政、人权和法治带来消极影响，但是却为提高国家安全和个人安全提供了重要机遇。

【关键词】中国；津巴布韦；投资；和平与安全

【作者简介】劳伦斯·曼达拉（Lawrence Mhandara），津巴布韦大学政治与公共管理研究院学者；罗纳尔多·奇帕卡（Ronald Chipaike），津巴布韦杜拉科技大学学者。

---

* 本文根据作者原文翻译，不代表本编辑部观点。

冷战终结后，世界开始了一个以全球化迅速发展为特征的新纪元。中国经济也在一个西方资本占主导地位的世界体系内获得了显著的发展。当代中国在国际政治经济领域中的显著地位已经引起了非洲学者，尤其是津巴布韦政治层面的广泛关注。基于这种现实，中津关系政策层面上的讨论变得更加引人注目。有关中津关系的讨论目前主要集中于中国对津政策是否会对津巴布韦产生积极影响，但是本文探讨的是中津经济合作对津和平与安全方面的影响。因此，本文试图分析与中国在津投资最相关的几个问题：中国投资对津巴布韦的和平与安全状况有哪些影响？这些投资为和平与安全带来什么样的机遇和挑战？中国和津巴布韦如何利用这种关系来促进津巴布韦民主政治的发展？

一 概念界定

关于和平与安全的概念，人们有着不同的见解，人们总是有着一定的价值取向，有时甚至是强烈的感情色彩，因此它们总是被赋予不同的定义和特征。一般而言，"和平"被用来描述一种无战争状态，尽管它不仅仅意味着没有战争。它也可以用来描述一个有序和正义的社会。在这里，有序和正义意味着保护人们免受结构性暴力和原生型暴力的伤害。按照 Gultung[①] 的说法，"结构性暴力"指的是为追求和平而产生暴力和不公正的结果的状态，而 Boff[②] 提出的"原生型暴力"则是描述一种激进的社会状况，其中政治精英把他们的利益置于其他人的利益之上。言下之意，和平的社会应该没有战争、贫穷、人权侵犯、政治压迫等情况。这种理解指引着人们对津巴布韦的分析，特别是中国的投资和不干涉政策对这个国家的影响。

---

① J. Gultung， "Violence, peace and peace research"， *Journal of Peace Research*， Vol. 6， No. 3， 1960， pp. 167 – 197.

② L. Boff， "Active non-violence：The political and moral power of the poor"， Retrieved August 25， 2012， from www. assets. cambridge. org/97805218/excerpt. pdf.

说到安全的概念，一批学者，如巴赞①、鲍德温②以及克劳斯和威廉姆斯等，认为关于安全的本质和内涵的讨论已经成为冷战后的主要议题。这就必然要求我们对研究背景下的概念有清晰的了解。因此这里简要讨论这些概念的含义，为本文寻求一种合适的定义。一般来说，对安全内涵的争论往往集中于两个主要问题：首先，一种有别于传统的安全观鼓舞了那些受到克劳塞维茨学校影响的人们，这所学校主张把安全视为通过使用军事手段来保证国家的安全。因此，安全就被视为与国家防卫是不可分割的。③ 其次，学术和政策层面的挑战要求扩展这个概念的内涵，以使它能更好地应对变化的国际环境，其中对安全的威胁和挑战明显地增加了。尽管关于安全概念存在着激烈的讨论，但是依然没有形成具有代表性的定义。本文对安全的分析采用了更广泛更深层次的概念，即安全不仅仅包括现实主义的安全观，既存在广泛的潜在威胁，也包括经济和环境问题以及个人和团体的安全。对安全概念的这种理解受到 1994 年由联合国开发计划署发布的人类发展报告的影响，该报告主要普及人类安全的概念及其对国家中心论的巨大挑战。这个包含传统安全和人类安全的概念主要用来说明中国经济行为对津巴布韦社会的特殊影响。对安全的这种理解表示两国的国家安全和个人安全或人类安全都被包含在考虑范围之内了。

二　中津关系的发展历程

中非政治联系源远流长，可以追溯到汉朝时期。尽管当时中国是帝制国家，但是中国从没像欧洲殖民者那样占领非洲。这种情况也使得双边关系更加牢固。同时，中国与非洲国家经济关系的发展可以回溯到 1955 年

---

①　B. Buzan, *States, people and fear* (2nd ed.). Hemel Hempstead: Harvester Wheatsheaf, 1991; R. Callick, "The China model", *The Journal of American Enterprise Institute*. November/December 2007 Issue.

②　D. Baldwin, "Security studies and the end of the Cold War", *World politics*, Vol. 48, No. 1, 1995, pp. 17 – 141.

③　J. Baylis, S. Smith, P. Owens, *The Globalisation of World Politics: An introduction to international relations*. Oxford: Oxford University Press, 2008; D. Baldwin, . "Security studies and the end of the Cold War", *World politics*, Vol. 48, No. 1, 1995, pp. 17 – 141. B. Buzan, . *States, people and fear* (2nd ed.). Hemel Hempstead: Harvester Wheatsheaf, 1991.

亚非万隆会议，这次会议被视为现代中非关系发展的基石。

　　根据 Manyeruke 和 Mhandara① 的说法，中津关系可以回溯到"六百年前的明清时期，当时中国同穆胡姆塔巴帝国在贸易和文化方面展开了丰富多彩的交流"。然而，在冷战时期两国政党之间的交流主要是政治方面的，中国为了扩大在非洲的支持和影响力，因此向津巴布韦主要解放政党——为了争取脱离西方殖民国家实现政治上的独立进行斗争的津巴布韦非洲民族联盟爱国阵线（ZANU-PF）——提供了大量的无条件军事援助，并与苏联支持的津巴布韦非洲人民联盟（ZAPU）进行合作。这些军事援助对于津巴布韦国防军力有着重要的战术和战略上的影响。这些援助同样深刻影响了津巴布韦的领导者们，他们仍深受津巴布韦政治文化的战争思维和中国原则的影响。津巴布韦在 1980 年 4 月 18 日独立后，中国即与其建立正式的外交关系。接下来双边的高层互访以及在国际舞台上的相互支持进一步加强了两国的联系。例如，1989 年天安门事件发生后，在西方国家大力指责中国人权状况的时候，津巴布韦总统穆加贝则基于对主权国家内政事务的不干涉政策，向中国表示了支持。穆加贝支持态度的本质在于坚持了传统的主权概念，它赋予了中国无可争议的权力，即为了维护法律和秩序，对于其管辖范围内的事务它可以采取任何措施。② 中津双方通过严格遵守互相尊重即后来的不干涉政策而紧密地联系在一起。需要强调的是，中国与津巴布韦的关系，以及与其他非洲国家的关系，并不是后冷战时代才出现的新事件；只是冷战的结束使这种互动关系得到加强，这种关系的加强可以归因于冷战结束带来的战略环境的改变。国际社会从东西方意识形态的对抗转变为西方资产阶级意识形态占统治地位的形势。迅速的全球化促使了新时代的到来，而中国必然会在其中扮演更重要的角色。

　　迅速全球化的结果，是产生了赫林眼中的"密切联系的世界"，这作为冷战后国际政治经济环境中的新现象，被认为对津巴布韦有很大的负面影响，因为它作为发展中国家在这一进程中面临着巨大的内在冲突。这种矛盾进而造就了赢家和输家，发展中国家大多是输家，而赢家往往是发达

---

　　① 　C. Manyeruke, and L. Mhandara, Zimbabwe's Views on Current Transformation of the International System. *Global Review*, 2011, pp. 85 – 91

　　② 　I. Taylor, *China and Africa*: *Engagement and compromise*, London: Routledge and Francis, 2006.

国家，正因为如此，人们认为全球化导致发展中国家逐渐被边缘化。津巴布韦被逐渐边缘化的例子可以归因于西方国家对其直接投资、经济和技术援助的减少，而这种情况的出现是由于津巴布韦同其传统伙伴外交关系的破裂。我们可以通过以下数据来证明西方世界逐渐在发展事务上抛弃津巴布韦的事实。来自西方的外国直接投资从 1998 年的 44.43 亿美元降到 2006 年的不足 5 千万美元。① 至此我们可以得出结论，发展中的中津关系应该被视为"在全球化时代，应对非洲边缘化境况的一种明智选择"。② 中津关系随着中非合作论坛（FOCAC）的召开而得到进一步发展，论坛有助于推动中国与津巴布韦之间的经济合作。在这样的背景下，为了填补冷战后西方世界留下的巨大的经济空缺，津巴布韦转向了中国，更重要的是，20 世纪 90 年代这种经济转变也开始在土地改革领域展开。"向东看"政策的实施恰恰证明了津巴布韦力图吸引中国的投资以抵消西方资本撤出的战略。③ "向东看"政策的理论基础显然是津巴布韦考虑到西方国家及其金融机构（特别是国际货币基金组织（IMF）和世界银行）对其援助日渐消极的背景下，积极寻求多元化投资和支持的战略。

此外，中国和津巴布韦密切的经济联系也是冷战后中国推行新经济政策的结果。冷战的结束深深地影响了中国的外交政策取向。20 世纪 90 年代中期以来，中国开始施行对外开放政策，④ 这一政策也加大了中国对其在非洲（特别是在津巴布韦）的利益，特别是经济利益的关注。对外开放政策是中国社会广泛改革进程中的一个重要支柱，改革在于将中国从僵化的计划经济体制中拯救出来，使之融入到全球经济之中。⑤ 正是这种经济改革推动了中国经济的快速发展。毫无疑问，中国经济确实得到了飞速

---

① G. Gono, "How sanctions are ruining Zimbabwe", Retrieved August 25, 2012. from www. newzimbabwe. com/pages/sanctions62. 16705. html.

② F. M. Edoho, "Globalisation and marginalisation of Africa: Contextualisation of China-Africa relations", *Africa Today*, Vol. 58, No, 1, 2007, pp. 102 – 119.

③ S. Scheversensky, "Harare's. 'Look East' policy now focuses on China", In G. L. Pere Ed., *China in Africa*, *A mercantilist predator or partner in development*. Midrand: Institute of global dialogue, 2007; Frederick-Ebert Stiftung *The 'Look East policy' now focuses on China*. Policy briefing, Harare, 2004.

④ Shang-Jin Wei, "The Open Door Policy and China's rapid growth: Evidence from city level data", Retrieved on August 21, 2012, from http: //www. nber. org/chapters/c8545. html.

⑤ Ibid.

发展：在 2009 年和 2010 年中国经济保持了创纪录的 10% 的年增长率，而 2011 年 9.1% 的经济增长率同样是十分显著的，尽管这一数字低于前两年，但这一比率相对于西方来说还是很高的：美国在 2009、2010、2011 三年的年增长率分别是 -0.5%、2.9% 和 1.6%。同样，F. M. doho① 记录显示，中国的外汇储备在 2008 年超过 1.5 万亿美元，到 2011 年，这一数字已经飙升到了 3.197 5 万亿美元。这种迅速的发展使得中国可以运用其庞大的金融资源参与对津巴布韦的投资。2000 年首次举行的中非合作论坛（FOCAC）提议通过加大中国对非洲国家的政策支持来促进中非之间经济关系的进一步发展。建立 FOCAC 的理论基础在于通过强调中非经济发展的必要性来促进中非的政治关系。中非合作论坛的这一倡议对津巴布韦是至关重要的，特别是当时津巴布韦的政治和经济十分低迷，这种不好的局面是由于西方世界对南部非洲国家的禁运导致的。中津双边贸易额显示出不断上升的趋势：Frederick-Ebert Stiftung② 指出，两国间的贸易额从 1997 年的 7.6 亿津巴布韦元涨到了 2000 年的 69 亿津巴布韦元，而到了 2010 年 5 月份，贸易额已经达到了 8 亿美元。

三　中国在津巴布韦重点投资简介

津巴布韦独立后，中国很快在哈拉雷建立了大使馆，这对于发展两国长期友好关系是必需的，这种友好关系可以追溯到穆胡姆塔巴统治时期。然而，中津经济关系长期以来主要包括中国向津巴布韦提供援助和优惠贷款等方面的合作。津巴布韦的"向东看"政策和中国"对外开放"的政策直接影响着中国对津巴布韦的直接投资总量，主要表现在对津重要经济领域的投资。中国的经济活动引起人们的关注。例如，有报道称"中国国有企业已经对一些津巴布韦的重要资产进行了资产重组"。③ 中国已经

① F. M. doho, "Globalisation and marginalisation of Africa：Contextualisation of China-Africa relations", *Africa Today*, Vol. 58, No, 1, 2007, pp. 102 – 119.

② Frederick-Ebert Stiftung, *The "Look East policy" now focuses on China*. Policy briefing, Harare, 2004.

③ C. Melville, O. Owen, "China and Africa：A new era of South-South cooperation", Retrieved August 21, 2012 from http：//www. opendemocracy. net.

参与到津巴布韦的矿业中，特别是在具有丰富矿藏的大岩脉地区。Sachikonye 写道："津巴布韦的铂储量居世界第二位，并且拥有数量可观的煤炭储量。"[1] 丰富的矿产资源自然吸引了外国的直接投资，中国有效地利用津巴布韦与西方关系动荡的局面，接管了陷入困境的矿业公司，或直接建立新的企业。因此许多中国企业纷纷投资到矿产企业，以获取铬、铂和钻石等矿产资源，这些企业包括中国北方工业公司（NORINCO）、万宝矿业有限公司和安徽省对外经济建设集团（AFECC）等。作为第二大钢铁企业的中钢集团在 2007 年使津巴布韦最大的铬冶炼公司——中钢津巴布韦铬业控股有限公司（ZIMASCO）重现繁荣。据未公开的消息称，正是来自中国的投资救活了这家陷入严重经营困境的企业。近年来在津巴布韦广泛的黄金和煤炭采掘领域，都存在类似的重要投资。Schwersensky 声称，重要的勘探权也被授予中国专家，允许他们研究津巴布韦的矿产资源。

不仅仅在矿产领域，中国在能源、基础设施建设和农业领域都有着数量巨大的投资。在能源领域，中国航空技术进出口总公司（CATIC）投资数百万美元对津巴布韦的电力企业进行了重组，成立了津巴布韦供电局（ZESA）。中国机械制造国际集团正在旺吉建造一个投资达 13 亿美元的火力发电厂，同时中国阳光公司在中部省份戈奎（GOKWE）投资的一个发电量达 600 兆瓦的项目正处于收尾阶段。中国的投资同样遍布农业和电信行业等其他经济领域。此外，津巴布韦财政部和中国国家开发银行与中国进出口银行即将于近期达成总额 100 亿美元的贷款协议，这批贷款将主要用于基础设施建设、能源和农业领域。尽管中国的投资对于这些需要巨额投资的行业是必要的，但我们注意到出口产品更多的是初级产品而不是工业制成品。这似乎延续了西方资本主义意识形态中典型的依赖症。

四　中国投资对津巴布韦和平与安全的影响

近年来，主权虽然在实践中有了有限让渡，但它仍然是国际关系领域

---

[1]　L. Sachikonye, "Crouching tiger, hidden, agenda, Zimbabwe-China relations", In K. Ampiah and S. Naidu, eds., *Crouching tiger, hidden dragon*. University of Kwazulu-Natal press, South Africa, 2008, p.128.

最基本的组织原则，因为国际体系是由假定平等的国家构成，这就表示体系是无政府状态的和不确定的，而理性的国家为了维持生存只能自助。[①]传统现实主义的观点认为，军事实力是维持国家生存最有效的手段。而由于西方的制裁，津巴布韦在缺乏外部援助的情况下，难以建立一支有效的常备军。这种外部的军事援助只能从"朋友"处获得，因此中国通过向现任政府提供军事装备来维持津巴布韦的安全，这些装备包括 K－8 飞机、军事车辆和向津巴布韦派遣军事教官等。中国对津巴布韦在外交上的支持也是至关重要的，包括中国 2008 年 7 月 12 日在联合国决议中行使否决权，否决了美国提出的有关津巴布韦的制裁提案。

国家安全是个人安全的基础，没有国家的安全，个人的安全也就很难实现，而中国在这方面为津巴布韦提供了机遇。因此，针对现实世界中中津军事联系的怀疑也就不攻自破了。津巴布韦安全部队的西方装备需要逐渐被替换。西方支持和合作的撤离使得津巴布韦的安全机构面临着严重的运转危机。中国的投资被用于采购安全部队的装备。例如，在 2004 年，中国提供了价值 100 万美元的军事援助以换取采矿权和象牙，[②] 在 2006 年，津巴布韦国防部队的名字出现在国会关于内政和国防事务的预算案中，其中显示其从中国采购了一批军用飞机。津巴布韦使用投资向安全部队提供军事装备对于保证国家的安全是至关重要的，这是任何主权国家都不能否认的。

尽管中国的"不干涉政策"帮助这个孤立的国家得以应对西方国家的攻击，它却使这个国家的民主化进程面临巨大的挑战。正是中国的投资公司帮助维持执政政府的运转。假如没有中国在津巴布韦的投资，津政府可能早已推行西方要求的政治经济改革，但是在中国的支持下，津巴布韦的政治体系没有发生根本性的变化。中国支持并允许这个国家权威主义的存在，因为中国本身并不关注"良政"和"人权"问题。但是因为政府权威的混乱，政府不能保证民众的个人安全。对于中国来说，人权和政治安全总是服从于主权（即政体稳定），而这也在津巴布韦得到了充分体

---

① J. S. Nye（JR），"Review：Neorealism and Neoliberalism"，*World politics*，Vol. 40，No. 2，1998，pp. 243 - 259；H. Morgenthau，*Politics among nations：the struggle for power and peace*，New York：Alfred Knopf，1985.

② J. Manthorpe，"China trade guns for market access in Zimbabwe"，Retrieved August 21，2012，from www. humanrightsfirst. Info/... /080428 - CAH-china-zimbabwe-arms-fs. pdf.

现。因为安全部队在津巴布韦的政治生活中占据重要的地位，中国的援助由于对津巴布韦民主政治的影响而被广为诟病。事实上，像 Masunung-ure① 等学者已经提到，中国的军事援助在这个不稳定的环境中加剧了政治冲突的可能性。中国通过使用投资向安全部队提供军事装备，意味着中国以此干涉津巴布韦的内政，通过调整机构设置从而使执政党，即津巴布韦非洲民族联盟爱国阵线（ZANU-PF）成为政府的重心。② 安全部队对于 ZANU-PF 的忠诚和效忠是毫无疑问的，部队指挥官都曾在公开场合宣称对 ZANU-PF 的支持。经济上的兼并和对安全部队的支持被视为是深思熟虑的战略，通过这些战略使执政党为 2013 年 3 月份的和平选举做好准备。这一举动被视为津巴布韦民主转型尝试的障碍。③

人们普遍怀疑，中国在全球层面上对津巴布韦的外交支持，只是为了最大限度地保护自己在津巴布韦的经济利益。在津巴布韦的主要中国企业都有国营背景，这似乎也进一步证实了人们的怀疑。ZANU-PF 是联合政府的主要党派，对它的支持正是中国想避免津政府发生更迭，因为在后 ZANU-PF 时代围绕其投资也许存在种种不确定性。如此来看待中国在 2008 年 7 月 12 日在安理会采取行动决议的否决就变得不奇怪了。此次支持对于执政党及其政府的存续是至关重要的，甚至是决定性的，也使得它们在处理国家事务时更加采取强硬的立场。这次事件后，我们可以发现，津巴布韦政府变得更加专制，而且经常强调中国和俄罗斯的外交支持。④总之，中国投资和不干涉政策对津巴布韦复杂的影响构成了对民主和民主转型的挑战。中国已经向津巴布韦表示两国之间的协议是基于相互尊重的

①　E. V. Masunungure，"Zimbabwe's militarized electoral authoritarianism"．*Journal of international-al affairs*，Vol. 65，No，1，2011，pp. 47 – 68.

②　S. Naidu，I. Mbazima，*China-Africa relations*：*A new impulse in a new continental land-scape*. Cape Town：Centre for Chinese Studies，2008.

③　M. Bratt，E. Masunungure，"The anatomy of political predation：leaders，elites and coalitions in Zimbabwe（1980 – 2010）"．Retrieved April 21，2012，from http：//www. dlprog. org/. . . /The%20AnatomyPolitical%20Predation；E. V. Masunungure，Ed. ，*Defying the winds of change*，Harare：Weaver Press，2009；J. Makumbe，"Theft by numbers：ZEC's role in the 2008 elections"．Retrieved August 25，2012 from http：//www. kas. de/upload/documente//2010/05/Defying – 7. pdf. ；Media In-stitute of Southern Africa. "Graves for victims of political violence"．Retrieved August 21，2012，from http：//www. thezimbabwean. co. uk/new/36118/graves-for-victims-of-political-violence. html.

④　Squidoo News，"China bails out Zimbabwe：Making of another Sudan"，Retrieved October 24，2012，from http：//www. squidoo. com/china-zimbabwe.

共识，受到主权概念和独立自主价值观的影响，而这些价值观同样是津巴布韦珍视的，但是对于那些希望中国利用其强大的经济实力向 ZANU-PF 施压，以使它接受西方自由民主观念的人来说，这就成为了真正的挑战。按照西方的观点，中国投资的必然结果是对民主持续的侵蚀，因此中国被控向津巴布韦进行制度输出，即经济发展和政治压迫,[①] 而这将带来持久的原生型暴力。

　　经济上，由于为亚洲投资者除去了民主方面的限制，已经有大量的中国资本流入津巴布韦。[②] 中国的经济投资已经成为许多国家重要的经济来源，特别是那些缺乏西方直接投资的国家。中国的投资不仅仅局限在采掘业，也存在于零售行业。通过投资零售业，中国为其工业制成品找到了一个巨大的市场。与其他国家一样，津巴布韦也充斥了大量的中国商品，比如食物、衣服、纺织品和电子产品。对津巴布韦工业能力最大的挑战在于这些产品相对于当地生产的产品具有更低的价格，这也成为了当地人批评的焦点所在。顾客们往往抱怨商品的质量，而商业团体则抱怨被排挤出市场。人们有着共同的观念，即中国产品的质量不如西方和当地的产品。虽然这种抱怨有一定的道理，但津巴布韦的具体国情是它需要大量来自中国的便宜产品。津巴布韦正在经历一次多元危机，因而不能没有经济的发展：缺乏监管的土地改革，向解放战争中的老兵提供的补偿金远超出预算，与英国的外交僵局，欧盟和美国实施的单边制裁等都加剧了这个国家对中国产品的需求。尽管实施多元货币政策后，经济的稳定得到恢复，但是津巴布韦制造业的发展仍需要从其他国家进口商品来填补本地市场的空缺。在这方面，中国商人由于其定价模式而在许多产品上相对具有优势，因此他们得以在津巴布韦找到巨大的市场，同时这对于那些低收入人群也是有利的，相对于本地和来自邻国的商品，中国商品才是他们负担得起的，对于那些能负担得起大部分中国商品的工人来说，廉价的中国商品已经成为一种慰藉。对津巴布韦和平与安全构成威胁的大多数暴力活动都是源于食物的短缺和购买力的丧失。而现在市场上有充足的商品，部分人又

---

①　R. Callick, The China model. *The Journal of American Enterprise Institute*, November/December 2007 Issue.

②　S. Naidu, I. Mbazima, *China-Africa relations: A new impulse in a new continental landscape.* Cape Town: Centre for Chinese Studies, 2008.

可以从中国人的商店获得一定收入，也就抑制了结构性暴力。但另一方面，考虑到中国商人们正逐渐取代当地人在商店和市场中的位置，以及他们向业主提供的比当地人更高的租金，因此这种情况对和平也是一种潜在的威胁，构成了中国人与当地人的矛盾，因此又恰恰为结构性暴力奠定了基础，如果政府不能妥善解决这种矛盾的话，那就可能会发生暴力冲突。

尽管在良政、人权和法治方面存在消极影响，但中国的投资确实提高了津巴布韦的经济安全。津巴布韦投资中心（ZIC）的数据显示，中国是津巴布韦的主要投资方，2012 年中国已经在津巴布韦投资了 35 个重要项目。[①] 以安徽外国经济建设公司和中国葛洲坝集团为代表的中国企业，广泛参与到津巴布韦基础设施建设中，包括修建道路、酒店和铁路设施的建设与修复等。AFECC 同当地人联合组建了安津投资集团，并参与对马兰吉地区钻石的开采，北方工业集团（NORINCO）参与了铂金的开采。在由于缺乏投资导致的多层次危机的高峰时期，津巴布韦的失业率曾将近 90%，中国向其经济扔出了救生索，使得它的就业率稳步上升。例如，仅安津投资集团就雇用了超过 4 000 名当地人在其采矿厂工作。这些对国家财政的影响也是十分明显的，我们可以通过数据看出津巴布韦经济的良好表现，到 2012 年年底，其经济增长率达 5.9%。因此中国的投资对津巴布韦个人安全的促进表现在两个层面上：首先，为其脆弱的经济注入了生机；其次，通过雇用当地人，为他们提供收入以维持生计。就业机会的增加对于缓和结构性暴力是非常重要的，而津巴布韦面临的高失业率困境加剧了社会的不稳定，这对于国家安全和个人安全都是潜在的威胁。津巴布韦曾经是南部非洲重要的产粮国，但是土地改革以后一切都发生了改变，这种情况进一步导致了津巴布韦的不稳定。然而，中国正在改变津巴布韦农业的状况，致力于维护粮食安全，而维护粮食安全恰是维护人类安全的本质。中外合资的万金农业公司和安徽国有农场在 2011—2012 年是玉米谷物和小麦的主要生产商。

五　建议与结论

前面的论述充分说明了中国对津巴布韦维护政权安全的贡献是毋庸置

---

① Zimbabwe Investor. www.zimbabweinvestor.com.

疑的，对结构性冲突的抑制也有利于保障津巴布韦人们人身的安全，这主要是通过提供人们可以承担得起的商品，以及在采矿业等经济领域创造就业机会。当然，在和平与安全领域依然存在广泛的合作空间。因此建议如下：首先，中国和津巴布韦应该提高初级产品的价值来加强经济安全和消除结构性暴力。其次，中国应该更加灵活地在津巴布韦运用其不干涉政策，运用它的经济实力促使津政府作出让步，从而使得公民可以享有最低限度的公民权利和政治自由。这对于转化暴力是至关重要的。最后，双方应该签订关于从中国进口货物数量最低值的协议，这样既可以促进当地制造业的复兴，同时也可以避免国家受到他国的商品倾销，这有助于抑制种族仇恨和种族冲突的发生。

中国是一个新兴国家，凭借全球化的契机已经发展为国际体系的中心力量。中国与津巴布韦的关系源远流长；冷战后，随着中国实行"对外开放"政策，21世纪中非合作论坛的创立，以及津巴布韦"向东看"政策的实施，两国关系得到了进一步发展。由于这些政策的影响，中国已经从援助者转变为津巴布韦的外国直接投资主要来源国。中国企业已经投资到许多重点的经济领域，但主要集中在采掘行业。迄今为止，中国投资的影响还主要是以和平和安全状况方面为代价从津巴布韦获得相关经济利益。因此，致力于解开中国投资在这一领域的影响，本文认为，中国的投资为人类的安全作出了突出的贡献，特别是经济安全层面，从而为津巴布韦提供了一个在社会中消除结构性暴力的机会。然而，政治方面最大的挑战还是中国使用不干涉政策来保护它的投资，通过扩大对政府的支持，这同样也是导致暴力发生的原因。中国未能有效地利用它的经济杠杆向津巴布韦政府施压，以保证最低限度的公民和政治自由。这方面的挑战也可归因为两个政府之间共享的价值观和原则，它们在国内外政策方面有着更多的相似而非相同。因此中国是津巴布韦治理问题的一部分，正如它在其他地区一样。这就要求我们进一步研究，作为全球重要力量崛起的中国对西方民主政治的影响，以及它的不干涉政策在何时作出何种改变。

（霍龙译，周海金校）

（责任编辑：周海金）

（译者简介：霍龙，浙江师范大学非洲研究院国际关系专业硕士研究生）

南非与南部非洲发展问题

南非成为非洲区域发展领导者的优势与困境[*]

胡　美　刘鸿武

【内容提要】作为发展中国家密度最高的大陆，非洲的发展需要一个地区性的主导性力量。经过多年探索，南非逐渐形成了自己的对非援助与发展合作理念与政策体系，并在预防和解决非洲地区冲突、促进和平与发展以及非洲的区域和次区域组织建设中扮演着重要角色，这一切为南非引领或主导非洲大陆发展进程提供了优势条件。但南非本身的国家实力与政治意愿、它与非洲其他国家的历史与现实纠葛，又使其在扮演非洲发展领导角色、实现非洲地区大国政治抱负方面备受内外因素限制和部分非洲国家的质疑。长远来看，南非要真正成为非洲发展的领头羊或发挥地区发展的主导作用，其自身的实力与能力、其内政外交的理念与政策，尚需在不断调整和完善的过程中持续累积与提升。

【关键词】南非；主导力量；发展援助；非洲发展

【作者简介】胡美，浙江师范大学非洲研究院副研究员，博士，南非斯坦陵布什大学中国研究中心访问学者；刘鸿武，浙江师范大学非洲研究院院长，教授，博士生导师，钱江学者。

2013 年 3 月，第五届金砖国家领导人会议在南非德班召开，作为会

*　本文为国家社科基金青年项目"中国援非五十年与中国特色国际援助之理论总结与实践创新"(11CGJ022)、教育部区域与国别研究培育基地浙江师范大学非洲研究中心、浙江省人文社会科学重点研究基地非洲研究中心、浙江省高校创新团队建设的阶段性成果。

议主办方的南非，也一时成为世人关注的焦点。作为非洲大陆重要的地区性大国，南非有许多引起世人关注的地方，它不仅是非洲大陆唯一跨入"金砖国家"这一新兴国家俱乐部的国家，也是"20 国成员"中唯一的非洲国家。因而人们对南非在非洲大陆发展中的地位和作用一直有种种的猜想与期待，南非自己也有许多志向和抱负。

长期以来，非洲大陆发展的一个制约因素就是这块大陆缺乏一个或几个具有区域发展引领性的大国。与世界其他大陆和地区都有南北关系不同，整个非洲大陆没有一个发达国家，54 个非洲国家全是发展中国家或南方国家，大多数国家极穷且弱。那么，南非能否成功胜任来自非洲内部的发展动力角色？能否在非洲的发展中发挥主导性的作用？关于南非能否在非洲发展中发挥主导性作用，国外学者如卡里斯·艾登（C. Alden）、D. 弗莱明（D. Flemes）、彼得·卡格凡加（Peter Kagwanja）等探讨过，[①]但国内学术界对此问题的探讨还不多。本文试图从南非主导非洲发展所具有的优势和挑战两方面出发，探讨南非在未来非洲发展中可能扮演的角色，以期将此问题的研究引向深入。

一　非洲的发展困局与南非的使命

非洲的发展问题作为一个日益急切而紧迫的问题受到国际社会越来越多的关注和重视。坐拥丰富的自然资源，非洲却不得不接受世界上最大份额的国际援助。在国际援助的支助下，非洲的农业、教育和医疗卫生等领域有了长足的进展，而这些进展却因激增的人口、频繁的自然灾害和动荡的政治环境而抵消。很显然，除了外部援助，非洲的发展还需要来自内部的驱动和引擎。

从世界近现代发展进程来看，一个地区的发展都有一个或若干个实力较强的核心国家，当这些核心国家或地区获得发展后，其发展的"溢出

---

① C. Alden and Garth Le Pere, "South Africa in Africa：Bound to Lead？", *Politikon*, Vol. 36, No. 1, 2009, pp. 145 – 169；D. Flemes, "Regional Power South Africa：Co-operative Hegemony Constrained by Historical Legacy", *Journal of Contemporary African Studies*, 2009；Peter Kagwanja, *An Encumbered Regional Power？The Capacity Gap in South Africa's Peace Diplomacy in Africa*, HSRC Press, 2009.

效应"将带动周边国家甚至整个地区的整体性发展和崛起。我们可以从世界历史中找到很多的例证：在欧洲，西班牙和葡萄牙的崛起带动了西欧资本主义经济的萌芽与大发展；在北美，美国的发展带动了北美经济的快速推进；在亚洲，崛起后的日本带动了亚洲四小龙经济的腾飞，继而很多国家经济面貌大为改观。

对于一个自然资源极为富庶、自然禀赋极高的大陆来说，非洲的发展潜质毋庸置疑。然而，历史上，殖民者这一外力因素破坏了非洲发展的步履节奏和内在逻辑。在殖民时代，殖民者人为地根据自己的经济利益在非洲划定了各自的势力范围，这在一定程度上导致了非洲历史、民族、宗教和语言等因素的人为断裂。这些非洲国家在摆脱殖民统治后，在殖民者人为边界的基础上成立了国家。每个国家国小民穷，而且邻国之间因为民族、宗教等历史问题而矛盾重重，冲突不断。因此，非洲虽然陆续完成了国家建构，但非洲内部的力量没有较好地完成早期的整合，非洲尚缺乏一个有效的、富于凝聚力的核心，也没有一个在非洲经济发展中发挥灵魂作用的结构性力量来有序重构非洲的发展信心和实力。就南非而言，其总体实力原本可以发挥这样的整合和示范作用，但长时间的种族矛盾让南非不得不长期聚焦国内斗争。而今，在新南非成立十多年后，南非已从种族隔离时期的经济萧条和政治动荡中走出来，2011 年加盟"金砖国家"行列，并于 2013 年成功举办了第五届"金砖国家峰会"。在这样的大背景下，是否可以认为当前的南非已经具备了成为非洲发展的主导性力量的条件呢？

实际上，自新南非成立，南非就力图在非洲发展中扮演更为重要的角色。从"泛非主义"到"非洲复兴"再到"非洲发展新伙伴计划"（NE-PAD），南非都是非洲发展的积极倡导者和推动者。作为一个依托非洲发展的国家，南非也迫切地盼望非洲迅速摆脱欠发达状态。因而，南非一直试图在发展中为非洲伙伴提供"兄弟般的帮助"。①

一个国家的发展离不开周边国家所创造的发展氛围，非洲的发展成为南非实现发展的一个重要变量。多年来，由于非洲连年的战事和长期的欠发达状态，南非不得不承受邻国战乱和经济低靡发展所带来的隐忧。每年

① Sven Grimm, "*South Africa as a Development Partner in Africa*", EDC2020, No. 11, March 2011, p. 2.

数百万的北方难民抵达南非，给南非的社会治安和社会保障都带来了不可估量的压力。如津巴布韦的动荡，每年都有数以万计的津巴布韦难民进入南非，目前南非至少拥有 300 万来自津巴布韦的难民，致使南非国内连续爆发针对外国难民的暴乱。[①] 而诸如此类的问题，只要非洲的发展问题没有得到解决就很难彻底根治。

一个国家的发展也有赖于这一地区合理的产业结构的形成。非洲是南非最现实、最具地缘优势的发展伙伴。随着全球化进程的推进，南非的发展与非洲发展的紧密度在进一步增强。非洲是一个大洲，南非如能全面调动全球化的发展动力，在非洲范围内优化配置资源结构，南非就能够迅速实现产业结构的升级。这样，非洲地区各国按照产业结构层次的高低，就可以发展适合自身比较有优势的产业，形成以南非为首、其他国家和地区紧随其后的产业梯队。随着各国产业升级，产业由先进国家向后进国家依次转移。这种模式不仅促进整个非洲地区产业结构的升级和新型国际分工的形成，而且可以给南非和非洲其他国家带来双赢的经济收益。

由此可见，非洲的发展不仅是非洲国家的愿望，也是南非实现自身发展、扮演更重要国际角色的催化剂。正如非洲经济委员会最新一份报告所指出的那样，"非洲最大的市场来自于非洲内部"。出于非洲国家发展和自身发展的需要，南非希望在非洲发展中塑造更为积极的形象、肩负更为艰巨的使命。祖玛总统上台后，他将对非洲国家的外交与对内工作的重视放在同样重要的位置上，着力于非洲发展中的主导角色与自身快速发展相结合。祖玛曾明确表示，他将用行动证实自己"不单单是一个南非的总统"，而决心对整个非洲的发展作出贡献。[②]

二 南非控驭非洲发展的优势条件

作为非洲大陆上经济发展能力较强的国家，南非在带动非洲发展上有

---

① Nicolas Brulliard, "Zimbabwean refugees flood into South Africa", *Global Post*, November 27, 2009.

② "Zuma is proving to be more than just a 'domestic president'", 17 June, 2010, http://www.saiia.org.za/diplomatic-pouch/zuma-is-proving-to-be-more-than-just-a-domestic-president.html

着得天独厚的优势，这些都将帮助南非在非洲发展的舞台上扮演更为主导的角色。

（一）南非在众多领域是引领非洲经济发展的推进器

作为非洲大陆上最具经济优势的国家，南非在非洲的农业发展、基础设施建设、对非投资和贸易等方面发挥着重要的推动作用，被称为非洲经济"增长的引擎"。[①] 南非的增长不仅将给非洲其他地区的投资和贸易带来信心，而且还将对其他国家的经济增长产生积极的影响。有研究表明，南非经济每获得1%的增长，都将给非洲其他地区带来0.5%—0.75%的增长。[②]

作为一个农业大陆，农业是绝大部分非洲国家的支柱产业，也是其寻求经济增长和消除贫困的希望所在。南非是非洲大陆上农业科技最发达的国家，为尽力改善其他国家的农业状况，它为非洲各国积极提供农业资金和技术方面的支持。2004年，南非的农业与国土事务部提供农业援助5 000万兰特。[③] 到2010年，南非已经在包括纳米比亚、马拉维、刚果等22个非洲国家发展农业，逾1 000名南非农民在非洲其他国家从事农业活动，由南非标准银行、渣打银行等向这些国家提供农业方面的资金支持。

南非大力倡导和协助非洲的基础设施建设，特别是在一些投资巨大、耗时较长的大型基础工程建设上贡献突出。在NEPAD的推动下，南非积极参与一些跨地区的大型基础设施项目建设，如南部非洲、西非和东非地区的电力网络、西非四国天然气管道系统等。为改善非洲内部的基础设施现状，南非电力公司（Eskom）和南非交通公司（Transnet）瞄准非洲欠发达地区，在能源开发和交通网络建设上提供大规模资金，建设环非海底光纤通信电缆，推广信息通信技术，缩小非洲与世界的沟通障碍。Eskom向刚果投资60亿美元建设鹰噶（Inga）大坝工程，建成后所提供的电力不仅将弥补南非的电力短缺，而且也有望为西非和摩洛哥、埃及提供电力

① Vivek Arora and Athanasios Vamvakidis, "South Africa in the African Economy: Growth Spillovers", *Global Journal of Emerging Market Economies*, 2010 2: 153, p. 154.

② Vivek Arora, Athanasios Vamvakidis, "South Africa in the African Economy: Growth Spillovers", *Global Journal of Emerging Market Economies*, Vol. 2, No. 2, 2010, p. 155.

③ The South African Institute of International Affairs, *Emerging Donors in International Development Assistance: The South Africa Case*, 2008, p. 15.

供应。

南非也是非洲投资和贸易最为积极的参与者。2006—2008 年，南非对非洲的直接投资达到 26 亿美元，在新兴市场国家中，位列非洲所吸收外国直接投资的主要来源国之首。① 在南部非洲地区，南非总的经济输出约为 1 600 亿美元，远超南部非洲共同体其他成员国的 330 亿美元。② 南非投资的主要领域除传统的优势产业，如矿业、土木工程建设、农业、旅游业、制造业和服务业外，非洲国家的能源产业、新兴信息通信技术、银行业和金融业成为南非投资的新热点，这些都是非洲发展至关重要的产业和领域。

南非为非洲国家的劳动力提供了大量的就业机会，来自南非的侨汇成为非洲经济发展的重要因素。在矿业兴盛的 20 世纪 80 年代，25%的莱索托劳动力就业于南非的矿业部门，3/4 的 GDP 来自侨汇，现在，这一比例仍为 1/4。而今，来自南非的正式侨汇大约为每年 10 亿美元（占非洲 GDP 总量的 0.2%），而非正式侨汇的规模还将超过这一数字。③ 此外，南非也是非洲其他地区游客的重要来源，这些都将有效地带动非洲国家经济的改观。

南非越来越成为了非洲发展的中心，与其他非洲国家共享发展机遇。2010 年在南非举行的世界杯足球赛，拉动了南非经济的发展，也刺激了非洲其他国家的发展。莫桑比克投资 5 100 万美元修复从马普托到南非的铁路，升级了两国间的道路交通。为了迎接世界杯，莫桑比克也花费 6 亿美元建设新宾馆、娱乐场和其他休闲设施。NEPAD 的"信息和通信技术宽频基础设施网络"（Uhurunet）投入 20 亿美元于海底光缆，在世界杯期间已经投入使用，它将非洲与印度、中东、欧洲和巴西等国直接联系起来。④

---

① 南非成为非洲最大的对外发展援助国，2010 年 11 月 02 日，http：//finance. sina. com. cn/roll/20101102/15158887295. shtml

② Chris Alden，Garth Le Pere，"South Africa in Africa：Bound To Lead？"，*Politikon*，Vol. 36，NO. 1，2009，p. 9.

③ John C. Anyanwu，Andrew E. O. Erhijakpor，"Do International Remittances Affect Poverty in Africa？" *African Development Review*，Vol. 22，NO. 1，March/Mars 2010，p. 54.

④ http：//www. ticad. net/documents/Overview% 20of% 20Tourism% 20to% 20Africa% 20with% 20reference% 20to% 20the% 20Asian% 20and% 20Japanese% 20outbound% 20markets. pdf

(二) 南非在预防和解决非洲地区冲突中发挥重要作用

地区冲突是影响和制约非洲发展的主要障碍。南非一直致力于在非洲的和平努力,支持联合国和非盟结束冲突和动荡、谋求持久和平和民主化转变的计划。自1994年开始,南非已在非洲执行了40项外交使命;协助在安哥拉和莫桑比克的扫雷活动;在禁止销售"血钻"的"金伯利进程"中扮演主导角色等。[①]

南非已经与许多非洲国家进入了双边战略框架内的和平进程,南非努力参与了布隆迪的维和进程,在帮助布隆迪新政府与其他党派对话、协助其安全部门的改革、实现政府改革以及进行经济重建等方面扮演了重要角色。在DRC的和平进程中,南非联合其他国际援助者,让卢旺达和安哥拉通过和谈实现在DRC的撤军。在科特迪瓦,南非成功地实现了政府与北方叛乱分子在法国促成的《里纳斯—马克西斯协定》基础上实现双方和谈。在津巴布韦,在SADC的主持下,南非努力实现了津巴布韦非洲国家联盟——爱国阵线 (ZANU-PF) 与反对党"民主改变运动"之间的对话,促成双方在修订宪法的基础上达成了和平协定。

除了促成和平谈判,南非还努力通过国家建设和政权重组等方式促进和平进程,为塑造可持续的和平与稳定奠定基础。南非主要通过三种途径实现:第一,运用自己在全球的存在对新兴政权给予政治支持;第二,吸引和鼓励自己的投资者进入后冲突政权来重建经济,带来必要的投资以资助稳定和发展;第三,给予培训和发展支持。[②] DRC、苏丹、布隆迪和科摩罗等国都受益于南非的战后重建措施。

能力建设也是南非推进非洲和平进程的有力手段。围绕着国家建设、宏观经济管理、反腐以及外交政策和外交培训等提高非洲国家的政权治理能力。为协助苏丹南方2011年的全民公投,南非外交部委托比勒陀利亚大学向苏丹地方政府官员提供国际关系和外交能力的发展培训援助。此外,南非还通过非盟和SADC,筹建非洲预备役部队、南部非洲地区部

---

① Sch A. Adebajo, A. Adedeji and C. Landsberg, eds, *South Africa in Africa: The Post-Apartheid Era*, Scottsville: University of KwaZulu-Natal Press, 2007, pp. 98 – 99.

② *Climate Change Resources Migration*, *Securing Africa in an Uncertain Climate*, Heinrich Boll Stiftung, 2010, p. 36.

队、南部非洲国家早期预警中心，建立起非洲的军事体系。

（三）南非在非洲地区组织中发挥了重要作用

非洲是一个地区组织较为发达的社会，在缺乏一个强有力的地区领袖的前提下，地区组织在地区事务的处理上肩负着商讨地区重要事务的重任。南非是非洲地区组织的积极参与者，在非盟（AU）、南部非洲共同体（SADC）、南部非洲关税联盟（SACU）等地区组织中扮演重要角色，有着通过非洲地区组织成功促进非洲国家发展的经验。

以 SACU 为例，南非在促进南部非洲经济发展中效果显著。在 SACU 五个成员国中，南非是经济发展程度最高的国家，也是进出口贸易额度最高的国家，其进口有效提升了南部非洲国家内部的贸易水平。为了鼓励其他成员国的进出口贸易，平衡其他非洲国家在对南非贸易中所带来的贸易逆差，SACU 以税收的方式平衡这种逆差。为通过同盟内部的贸易协调促进同盟区域的经济发展，"南部非洲关税联盟条约"规定，较穷的国家自关税联盟中获得更大的份额。因而，通过 SACU，博茨瓦纳、莱索托、纳米比亚和斯威士兰享受到来自南非的关税优惠。

南非是 SACU 最大的经济体，占据其消费税总额的 80%。[①] 虽然南非在 SACU 中对关税的贡献率最大，但关税在各盟国间根据其 GDP 在 SACU 内的份额比例、每个盟国在 SACU 之间进口的份额等标准予以分配。据统计，南非每年为该基金贡献大约 20 亿兰特。[②] 近年来，莱索托每年财政收入的 60%、斯威士兰每年财政收入的 70%、博茨瓦纳和纳米比亚每年财政收入的 40% 均来自关税分成。在 2010 年 7 月举行的南部非洲关税同盟会议这样评价：SACU 作为一个"平等和可持续发展的经济同盟，致力于非洲人民未来的共同幸福"。[③]

---

① The South African Institute of International Affairs, *Emerging Donors in International Development Assistance: The South Africa Case*, 2008, p. 15.

② F. Flatter, M. Stern, Implementing the SACU Revenue-Sharing Formula: Customs Revenues. USAID: SEGA II, 2006, p. 16. http://qud.econ.queensu.ca/facult/flatters/writings/ff&ms_nt_sacu_rsf.pdf,

③ Talitha Bertelamann-Scott, *SACU-One Hundred Not Out: What future for the Customs Union*, Occasional Paper, No. 68, SAIIA, Sept. 2010, p. 20.

（四）南非正在建立和完善对非的发展援助理念和体系

在过去的数十年里，非洲的发展离不开外部援助，围绕着非洲发展，南非逐渐建立和完善了其新兴的援助理念和体系，在非洲发展体系中成效显著。前南非种族隔离政权便开始开展对一些非洲种族隔离国家的支持，新南非诞生后，南非试图通过其发展基础，在非洲国家的和平稳定、经济增长、政治自由等问题上扮演更为核心的角色。2000 年底，南非成立官方发展援助基金"非洲复兴基金"（ARF），为非洲的复兴提供资助。2009 年，为了更有效地加强和协调对外援助工作，南非政府批准成立"南非发展合作局"（SADPA），将原本分散在各个部门的发展援助整合起来，更有效地协调南非的对外发展援助。

南非并不试图成为一个传统的援助国家，建立传统的援助关系，而是主张发展平等的"伙伴关系"，建立起一种更适合非洲发展的新兴发展体系。它尽力"通过与非洲伙伴国合作的方式，避免传统的南北援助中出现的等级制度"。① 南非主张摆脱援助中的传统思维，不再将非洲视为"永久的援助接受者"，而应成为新的"全球经济增长节点"，试图通过共同发展重建非洲的发展体系。② 在非洲的其他国家看来，南非的这种新兴的发展主张与其他一些发展中国家援助者具有某些相似的特点，因而，南非与这些国家一道被归入"新兴援助者"一类。

南非逐渐形成了以军事和教育为核心，农业、科技、卫生和人道主义援助为重点的援非体系。伴随着南非新兴援非理念的成型和援助体系的建立，援非额度逐年增加，非洲是南非最重要的受援对象，接受了南非援助的95%。根据 2006 年南非国家财政部的统计，从 2002 年开始，南非所提供的援助以每年 26%的速度递增，2007 年达到 190 亿兰特。2007 年 6 月的政策会议准备的一份文件主张，南非的发展援助增加到其 GDP 的 0.2% —0.5%。③ 如果这一比例付诸实现，南非有望成为非洲最大的新兴援助者。

---

① The South African Institute of International Affairs, *Emerging Donors in International Development Assistance: The South Africa Case*, 2008, p. 13.

② 亚历克·罗素：《世界杯留给非洲什么?》，载《金融时报》，http://www.ftchinese.com/story/001033525

③ The South African Institute of International Affairs, *Emerging Donors in International Development Assistance: The South Africa Case*, 2008, p. 15.

南非的发展援助主要围绕着非洲的发展问题而展开。南非每年为非洲国家提供大量的学术交流、合作和访问机会，主要集中在与非洲发展关系密切的生物科技、能源、水资源、沙漠化、材料科学、制造、信息与交流科技以及数学等领域。合作研究计划也是南非提供教育援助的重要路径。在南非的科技发展计划中，南非与大学或非政府组织合作，通过提供办公场地、交流设备和人力支持推动该计划的实施。科技与工业研究委员会（CSIR）和 NEPAD/AU 科技计划一起，在非洲的研究和科技组织中协调合作，传递知识、发展非洲的人力资源，为非洲发展提供人才储备。

人道主义援助和艾滋病援助也是南非重要的援助计划。2008—2009年，南非的人道主义援助超过了 1 400 万兰特，非洲国家是其最重要的受援对象。[1] 南非还在南部非洲国家间重要的商务枢纽地带建立 4 个移动艾滋病诊所，为艾滋病患者提供医疗救助。[2]

三　南非引领非洲发展所面临的困境

南非在非洲的发展中扮演着重要的角色，但当南非在释放它的角色能量时，也不断地受到来自下列因素的困扰。

（一）南非难以跨越与非洲国家间进行更有效经济沟通的结构性障碍

南非和非洲国家都曾被殖民，殖民遗产成为非洲各国相对不发达的根源和实现现代化的障碍之一。受到殖民经济的影响，非洲国家经济构成较为单一、总体经济水平相似，经济结构互补不足而相似有余。至今，和大多数非洲国家一样，南非也是一个以初级产品为经济优势部门的经济体，仍未从根本上摆脱出口贵金属的单一农矿业经济结构。

由于殖民地时期殖民地与宗主国间的"纵向"管理和联系，在独立后并没有成功实现制度变迁，发展的"路径依赖"较严重，非洲各国间

---

① The South African Institute of International Affairs, *Emerging Donors in International Development Assistance: The South Africa Case*, 2008, p. 16.

② SADC plans mobile HIV clinics, 2010—11—17, http://www.news24.com/SouthAfrica/AidsFocus/SADC-plans-mobile-HIV-clinics-20101116.

的横向交往路径无法自我强化，非洲内部的横向联系大受影响。虽然南非尽力在非洲发展中发挥更为重要的作用，但由于基础设施等限制，南非与非洲国家之间、非洲国家内部之间的横向沟通障碍重重。目前在产业分工方面，由于南非与非洲其他国家之间的技术并没有实质意义上的差距，产业的垂直分工无法完成。

　　非洲国家没有摆脱与发达国家形成的垂直分工格局，洲内的垂直分工格局又未能形成，相似的"出口导向型"经济经常使非洲国家间内部处于不同程度的过度竞争之中。由于技术落差仍未明显形成，因此非洲内部的供给和需求结构均无法得到合理和优化，这种情况导致了地区间经济和政治结构的分裂，非洲国家内部无法实现社会生产的现代分工，也无法形成产品技术的上下游关系，在经济结构和水平上难以实现互补。而国内市场的开放程度又相对较低，自身经济发展的落后与外向型经济的先进形成比较鲜明的二元结构，反差很大，使各国之间未能找到各具特色的经济优势领域。

（二）政治上的不安定，在稳定地区局势和发展经济方面困难重重

　　对于发展中国家来说，稳定的政治环境是发展的基本条件。20 世纪90 年代，非洲 30 多个国家出现了不同程度的战争、冲突或骚乱。东非之角索马里持续数年的军事冲突，刚果（金）、布隆迪、卢旺达、苏丹等国常年持续的内战，当前北非地区依然持续的动乱，构成了非洲最深刻的政治动荡印象。政治动荡破坏了非洲地区的交通网络、通信系统和地区之间的基础设施的基本功能，其邻国被迫也承受因冲突外溢效应而带来的额外经济损失、先发制人的防御支出以及为战争难民提供的避难场所。

　　持续的政治冲突耗费了非洲大量的社会财富和资源。自1990 年开始，非洲的武装冲突已耗费了非洲 3 000 亿美元的资金，这一数字与同期非洲接受外援的数字大致相当。据统计，1990—2007 年，武装冲突给非洲发展所带来的损失为 2 480 亿美元，平均每年 180 亿美元。这个数字意味着，每年武装冲突使每个非洲国家经济缩水 15%。以布隆迪为例，13 年的冲突导致 57 亿美元的损失，相当于 GDP 的 37%。[①] 利比亚总统伊伦

---

① IANSA，Oxfam & Saferworld，*Africa's Missing Billions：International arms flows and the cost of armed conflict*，Briefing Paper 107，2007，p. 10.

(Ellen Johnson-Shirleaf) 强调："作为一个经济学家，我清楚地知道由于武装冲突给非洲经济带来的损害……数百万的人民在武装冲突中受伤，这些冲突每年都要导致非洲数十亿美元的损失。"[1] 南非试图在南部非洲的冲突解决中扮演更为积极的角色，但由于 SADC 国家对南非努力的抵制，它并没有产生理想的结果。

（三）非洲区域一体化水平比较低，阻碍经济体系的升级与优化

由于受到各方面条件的限制，虽然非洲拥有各种类型的区域或者次区域一体化组织数十个，但是区域内的市场并没能成功实现一体化，这阻碍了更大市场和规模经济投资的增长。这些方面的障碍阻碍了贸易的增长和扩张，特别是非洲内部贸易的增长，从而造成了非洲的贸易仍严重地向非洲之外的贸易伙伴倾斜。[2] 这种情况导致了非洲无法在南非的主导下形成统一市场，一方面促进市场的繁荣，另一方面促进双方的贸易增长。

各一体化的地区合作组织之间缺乏通约联系，东非国家经济共同体、西非国家经济共同体（COMESA）、SADC 和 SACU 等难以实现直接对话。如将近一半的 COMESA 成员是 SADC 的成员国，两者之间的联合却因各种障碍而搁置，这些障碍可能直接影响和弱化一体化组织内部的内在功能。一体化组织内部的无序竞争、冲突、政策规划和实施中的意见分歧、组织功用的不必要重复、市场难以统一、次地区的增长潜力受限等，制约了区域组织建构的能动性。2009 年，莱索托、斯威士兰和博茨瓦纳在未获得 SACU 一致同意的前提下，率先与欧盟签署过渡经济伙伴协定，引起了南非和纳米比亚的不满，南非表示将降低对三国的税收分成。[3]

虽然区域一体化组织内部出台了诸多的条文规定，促进成员国间的联系和合作，但各成员国在执行这些条文规定时缺乏协调和保障，各自为政，不遵循条文规定的情况时有发生。各个区域组织内部的交通基础设施严重不足，或者根本不存在。布隆迪、科摩罗、莱索托和索马里等国，至

---

[1] Ellen Johnson-Shirleaf, 'Foreword' in IANSA, *Africa's Missing Billions: International arms flows and the cost of armed conflict*, Oxfam & Saferworld, 2007, p. 2.

[2] Economic Commission for Africa, *Assessing regional integration in Africa*, ECA Policy Report Paper, 2004, p. 57.

[3] 《南部非洲关税同盟内部产生分歧》，2009 年 7 月 24 日，http://finance.sina.com.cn/roll/20090724/01522968666.shtml

今没有铁路系统。而现有的交通系统，却因为战争等原因而遭到严重的破坏。交通的阻隔和信息的匮乏严重地阻碍了一体化组织间的经济往来和人员交流。

一些一体化组织也受到来自外部世界的挑战。以 SADC 为例，结构的定位和与 SACU 成员身份的重合成为地区一体化更快更深入发展的一个障碍。随着欧盟和非加太国家之间的 "经济伙伴协定" 谈判的顺利进行，SADC 的一体化功能将为该协定所削弱甚至取代。因此，南非能否在非洲的一体化组织中扮演好联络员与协调者的角色，是非洲地区组织发挥更有效作用的重要契机。

（四）其他非洲国家的怀疑和不信任，消解着南非在非洲发展中的角色参与

虽然南非在努力地建构自己的非洲身份，但非洲国家对其商业利益和理想主义外交政策极为警惕。非洲国家对南非角色参与问题上的认同困境给南非带来了严重的身份危机。在一些非洲国家的政客看来，比起帮助它们建立起促使经济繁荣和市场进步、在有些部门更具竞争力并形成比较优势相比，南非对于在政治上和经济上主导该洲更感兴趣。[①] 南非的发展政策经常被解释为是 "带有政治权术" 的倾向。因此，南非的发展政策服务于其自身的发展战略，用以撬动非洲国家开放其市场，以便南非实现对这些国家的经济部门的强大渗透。[②]

过去十年间，在南非发展政策的主导下，南非的经济迅速而深入地向非洲各国扩展。这一扩展主要经由两种形式：非洲成为南非产品的重要市场；南非的资金通过合并、并购、合资和直接投资等方式间接地卷入。[③]因此，很多非洲国家担心被 "南非化"，甚至产生 "南非集团"。因此，南非经常被贴上帝国主义和重商主义的标签，前政府企业部长本人承认，南非公司经常被控诉为 "对当地的商业团体、求职者甚至政府都是傲慢

---

① A. Adebajo, A. Adedeji, C. Landsberg, eds., *South Africa in Africa：The Post-Apartheid Era*, Scottsville：University of KwaZulu-Natal Press, 2007, pp. 58 – 62.

② Chris Alden, Garth Le Pere, *South Africa in Africa：Bound To Lead*？ Politikon, Vol. 36, NO. 1, 2009, p. 15.

③ J. Daniel, A. Habib, R. Southall, eds., *State of the Nation：South Africa* 2003 – 2004, Cape Town：Human Sciences Research Council, 2004, p. 366.

的、无礼的、冷漠的、漫不经心的"。① 实际上，这些担心影响到了南非在非洲发展中的角色扮演。正如南非学者所言，这种怀疑和不信任严重地阻碍了南非在非洲发展中发挥更重要的作用，在一定程度上影响着非洲未来的发展。②

余　论

自新南非一成立，新政权便清楚地意识到，非洲发展对南非重要而基础性的作用，因此，它积极谋求在非洲发展中的建设性角色。作为一个发展中国家，南非自身也面临着复杂的经济社会挑战。世界银行 2008 年的数据显示，南非经济增长率为 3.1%，失业率高达 41.8%，40% 的穷人仅占社会总收入的 6.1%，而 20% 的富人则分享了 64.9% 的社会财富。③ 高失业率和贫富差距严重给南非社会经济协调发展带来沉重压力。2009 年南非经济出现了 17 年来经济的首轮下滑，给南非的收入、就业和投资带来了严重的负面效应。南非财长特雷弗·曼纽尔日前表示，全球金融危机将使南非至少面临长达两年的经济困境。④

要在非洲发展中发挥更为主导的角色，南非仍有待进一步的努力。具体说来，对于有着殖民历史的非洲大陆而言，找寻和建构起属于非洲国家自己的经济发展体系和结构成为后殖民时代的非洲发展之要务。南非能否凭借独立后重构自身经济结构的经验，从非洲国家中脱颖而出，再造和重构非洲经济生态结构，成为南非能否确立起主导性地位的关键。常年的战乱是制约非洲发展的另一个重要变量。南非当前的非洲维和构想和实践是否合乎非洲自身逻辑，能否有效地维护和保持非洲的和平，是给非洲创造

---

① P. Bond, T. Kapuya," Arrogant, Disrespectful, Aloof and Careless: South African Corporations in Africa", *OSISA OPENSPACE*, Vol. 1, NO. 4, 2006, pp. 32.

② Habib Adam and Nthakeng Selinyane," South Africa's foreign policy and a realistic vision of an African century", in E. Sidiropoulos, ed. , *Apartheid Past*, *Renaissance Future*. Johannesburg: SAIIA, 2004, p. 54.

③ 根据世界银行网站 2008 年的数据给出，参见 http://ddp-ext. worldbank. org/ext/ddpreports/ ViewSharedReport? REPORT_ ID = 9147&REQUEST_ TYPE = VIEWADVANCED&DIMENSIONS = 191

④ 新兴国家经济危机众生相：前景仍可期待，2009 年 1 月 23 日，http://www. motorlink. cn/html/marketInfo/1000011f00cb0a5b2009012314453937_ 6. html

和平发展环境的关键。一体化在非洲发展中的地位极为特殊。一体化本身并不是实现发展的途径，但却是一种提升发展质量、实现更广阔经济目标的途径。[①] 地区一体化既能增强成员国防止冲突的冲动，又能在成员国中起到充分的润滑作用，因而被视为"促进和平和安全"的重要手段。[②] 南非参与的 SACU 是非洲众多地区组织中较为成功的组织，南非吸收和借鉴 SACU 的成功经验，充分发挥南非的角色优势，在非洲一体化建设中提出更具前瞻性和战略性的地区组织建设方案，仍是考验南非的一大挑战。非洲国家对南非的种种猜疑和不信任恰恰折射了它彻底结束殖民的心理期待。借助新兴的援助体系，南非能否找准属于非洲发展的坐标系，是南非获得非洲认同、建构非洲身份的要义所在。

如果南非能够非常好地应对以上挑战，南非在非洲未来的发展中至少将发挥更为主导性的作用；如果南非不能应对以上绝大多数的挑战，南非将难以在非洲未来的发展中发挥比当前更为主导的作用。当然，未来非洲的发展之途将面临更多动态变化的挑战，这些不断变化的实际情况也将对南非主导作用的发挥产生影响。

（责任编辑：王学军）

---

① Vivek Arora, Athanasios Vamvakidis, "South Africa in the African Economy: Growth Spillovers", *Global Journal of Emerging Market Economies*, Vol. 2, NO. 2, 2010, p. 167.

② World Bank, *African Development Report: Conflict Resolution, Peace and Reconstruction in Africa*, 2008 - 2009, Oxford University Press, 2008, p. 27.

中国与南非工业制品出口的竞争性：
基于引力模型的研究

孙志娜

【内容提要】近年来，随着中国与南非经济和政治关系的不断升温，中南双边贸易规模迅速扩大。中南贸易关系呈现了较强的互补性，但同时也存在一定程度的竞争性，而后者往往被忽视。基于此，本文试图采用引力模型考察中国与南非工业制品出口在第三方市场上的竞争性，结论显示在第三方市场上中国与南非的工业制品出口存在显著的竞争性，尤其是在劳动密集型制品上的竞争性更大，而在资本密集型制品上的竞争性较弱。本文的实证结论对中南两国的经贸合作具有重要的政策启示。

【关键词】中国；南非；工业制品出口；竞争性

【作者简介】孙志娜，经济学博士，浙江师范大学中非国际商学院讲师。

引　言

中国与南非自 1998 年建交以来，双边贸易发展迅速。2001 年中南双边贸易额仅为 22.2 亿美元，2012 年达到 599.5 亿美元，贸易规模扩大了 28 倍。目前，中国已经成为南非的第一大贸易伙伴，南非则是中国在非洲的第一大出口国和第二大进口国。2013 年中国国家主席习近平就任后首次出访选择了南非等三个非洲国家，更凸显了南非在中国对外关系的优先方向，可以预见未来中南贸易发展潜力巨大，贸易关系将不断加强。

毋庸置疑，中南双边贸易发展迅速在很大程度上得益于双方贸易较强的互补性。中国和南非分别在工业制品和矿产品上具有比较优势，中国从南非进口矿产品满足了国内高速经济增长对资源的需求，南非从中国进口廉价的工业制品满足了国内消费者的需求。但是由于中国和南非同属于发展中国家，在工业上两国都建立起以劳动密集型产业和资本密集型产业为主的产业结构，趋同的产业结构必然导致中南贸易关系呈现一定的竞争性，[1] 这在一定程度上影响了中南双边贸易的正常开展。根据中国商务部发布的《国别贸易投资环境报告2013》数据显示，为了保护本国的产业和就业，截至2012年底，南非共对中国产品发起46起反倾销调查，力图阻止中国产品的进入。因此，考察中南贸易的竞争性有助于促使双边贸易的稳健、可持续发展。

一 文献综述

两国双边贸易的竞争性包括直接竞争和间接竞争两个方面：直接竞争是指一国出口对另一国当地同类产业形成的竞争，间接竞争是指一国出口在全球市场或第三方市场对另一国出口形成的竞争，[2] 两类竞争的最终结果都会对另一国的本土产业或生产商产生不利的影响。参考现有文献，有关中国与南非双边贸易竞争性的研究很少或者常常被忽视。在这有限的研究中，主要结论可以归纳为中南双边贸易的直接竞争较强，而间接竞争的结论尚未统一。有关直接竞争方面：Taylor（2008）指出中国廉价的产品出口对南非的产业尤其是纺织和服装业产生严重的压力。最显著的例子是，2005年WTO成员纺织品和服装配额的取消给南非造成巨大的损失，当年南非的纺织品和服装出口下降了34%，而中国出口上升了65%。

---

① 舒运国：《中非经贸关系：挑战与对策》，载《上海师范大学学报》（哲学社会科学版）2008年第9期。

② G. Giovannettia, M. Sanfilippo, "Do Chinese Exports Crowd-out African Goods? An Econometric Analysis by Country and Sector", *European Journal of Development Research*, Vol. 21, No. 4, 2009, pp. 506 – 530.

2005 年，南非大约 86% 的服装是从中国进口的。[①] Burke 等（2008）指出 1995—2006 年从中国进口的服装导致南非减少了 23 000 到 85 000 个工作岗位。并且中国对南非邻国如斯威士兰、莱索托、纳米比亚和莫桑比克的出口降低了这些国家对南非出口的需求，这对南非当地的生产商产生不利的影响。[②]

有关中南贸易间接竞争的研究主要利用实证分析进行考察，所采用的方法包括贸易指标的测度和引力模型。Jenkins 和 Edwards（2006）计算了18 个非洲国家与中国的出口相似度指数（ESI），结果显示 2003 年中国与南非的 ESI 仅为 27.7，表明中国与南非的出口相似度较低，竞争性不大。[③] 武敬云（2011）运用分工系数（CS）、一致系数（CC）衡量了中国和南非在全球市场上的总体贸易关系。结果显示中国和南非的出口贸易结构相似程度很低，中国和南非在国际市场上并不存在激烈的竞争。作者还利用 ESI 揭示中南两国在第三方市场上的竞争并不激烈，且以互补性为主。[④] 李自若（2012）利用 ESI 和产业内贸易指数（GL）研究了中南两国贸易竞争性和互补性，结果显示中南贸易整体上互补性大于竞争性。[⑤] 不过，Jenkins 和 Edwards（2006）指出当中国（大国）与非洲国家相比时，基于传统的出口相似度指数得到的结论可能会产生误导。[⑥] 这是因为多数非洲国家的出口集中在少数产品，出口商品结构相对单一，而中国的出口商品结构更具多样化。在非洲出口中占有较大份额的同类产品在中国的出口结构中可能占有较小份额，因此出口相似指数不会很高。不过，当集中考察特定一个部门时，结果显示非洲国家的很多部门会受到中国的影

① I. Taylor, *China's New Role in Africa*, Boulder: Lynne Rienner Publishers, 2008, pp. 63 – 88.

② C. Burke, S. Naidu, A. "Nepgen, Scoping Study on China's Relations with South Africa", *Prepared For the African Economic Research Consortium*, 2008.

③ R. Jenkins, C. Edwards. "The economic impacts of China and India on sub-Saharan Africa: Trends and prospects", *Journal of Asian Economics*, Vol. 17, NO. 2, 2006, pp. 207 – 225.

④ 武敬云：《中国与南非的经贸关系及发展前景——基于贸易互补性和竞争性的实证分析》，载《国际经济合作》2011 年第 10 期。

⑤ 李自若：《中国与南非贸易竞争性与互补性评价分析》，载《中国市场》2012 年第 19 期。

⑥ R. Jenkins, C. Edwards. "The economic impacts of China and India on sub-Saharan Africa: Trends and prospects", *Journal of Asian Economics*, Vol. 17, No. 2, 2006, pp. 207 – 225.

响。为了弥补这一不足，Geda 和 Meskel（2007）利用引力模型以服装和服饰为例考察了中国和印度对包括南非在内的 13 个非洲国家出口的影响，结果显示中国对非洲的出口具有显著的替代效应，而印度对非洲的出口具有显著的互补效应。[①] Giovannetti 和 Sanfilippo（2009）利用相同的方法从部门和地区两个层面考察了中国对包括南非在内的 48 个非洲国家出口的影响，研究结果发现中国对非洲的出口尤其是制造业产品的出口具有明显的替代效应。[②]

　　基于此，本文利用引力模型考察中国与南非的出口产品在第三方市场上的竞争性，产品集中在工业制品及其细分部门产品。以下的内容框架为：第二部分对比分析中国与南非的出口产品和市场结构；第三部分为引力模型构建和数据来源；第四部分为实证结果分析；第五部分是结论与政策启示。

二　中国与南非的出口结构对比

　　由于中国和南非均实行的是出口导向型战略，出口对两国的经济均起着非常重要的作用，出口依存度平均都在 20% 以上。2001—2012 年，中国和南非的出口额呈现明显的增长态势，但是比较而言，中国在出口额的上升幅度和增长速度方面都显著高于南非。中国的出口额从 2 492 亿美元上升到 20 487 亿美元，扩大了 7 倍，年均增长速度为 20%，南非的出口额从 263 亿美元上升到 867 亿美元，扩大了 2 倍，年均增长速度为 12%。随着中南两国出口规模的扩大以及市场的拓展，两国在主要的出口产品和市场方面出现重合区域，这使得两国在贸易领域中面临着一定程度的竞争。

（一）出口产品结构
表 1 显示了按国际贸易标准分类第 3 版（SITC，Rev3）的 2001—

　　① A. Geda, A. G. Meskel. "China and India's Growth Surge: Is it a curse or blessing for Africa? The Case of Manufactured Exports", *African Development Review*, Vol. 20, No. 2, 2008, pp. 247 – 272.

　　② G. Giovannettia, M. Sanfilippo. "Do Chinese Exports Crowd-out African Goods? An Econometric Analysis by Country and Sector", *European Journal of Development Research*, Vol. 21, No. 4, 2009, pp. 506 – 530.

2012 年中国与南非出口产品结构（平均值）。从表中数据可以看出，工业制品在中国与南非两国的出口产品结构中都占有较大的份额，中国达到94.26%，南非也达到 67.53%。在工业制品细分部门中，中国出口的前三大工业制品为第 7 类"机械及运输设备"、第 8 类"杂项制品"和第 6 类"轻纺、橡胶、矿质产品及其制品"，这三类产品占中国总出口的比重分别为 46.70%、25.30% 和 16.82%，合计 88.82%；南非出口的前三大工业制品为第 6 类"轻纺、橡胶、矿质产品及其制品"、第 7 类"机械及运输设备"和第 5 类"化学成品及有关产品"，它们占南非总出口的比重分别为 34.24%、19.75% 和 7.42%，合计 61.41%。由此可见，中国与南非在工业制品出口方面存在某种程度上的竞争关系，尤其是在第 6 类和第7 类产品上。

表 1 　　　　　　2001—2012 年中国与南非出口产品结构 　　（单位：亿美元）

SITC，Rev3	中国出口产品结构		南非出口产品结构	
	出口额	占总出口比重（%）	出口额	占总出口比重（%）
初级产品	572.4	5.74	172.3	32.47
0. 食品及活动物	280.1	2.81	33.2	6.26
1. 饮料及烟类	14.3	0.14	8.6	1.62
2. 非食用原料（燃料除外）	83.7	0.84	74.5	14.04
3. 矿物燃料、润滑油及原料	191.3	1.92	55.2	10.40
4. 动植物油、脂及蜡	3.1	0.03	0.8	0.15
工业制品	9 412.7	94.26	358.4	67.53
5. 化学成品及有关产品	526.5	5.30	39.4	7.42
6. 轻纺、橡胶、矿质产品及其制品	1 679.4	16.82	181.7	34.24
7. 机械及运输设备	4 662.4	46.70	104.8	19.75
8. 杂项制品	2 530.3	25.30	15.2	2.86
9. 未分类的产品	14.2	0.14	17.3	3.26
总　　计	9 985.1	100	530.7	100

（二）出口市场结构

表 2 显示了 2012 年中国与南非的十大出口市场。从表中数据可以看出，中国与十大出口市场的出口合计占中国总出口的比重为 59.8%，出

口市场主要集中在美国、欧盟以及亚洲邻国（地区）；南非与十大出口市场的出口合计占南非总出口的比重为51.7%，出口市场主要集中在美国、欧盟、亚洲部分国家和非洲邻国。因此，中南两国在发展周边市场的同时，都注重对美国、欧盟以及亚洲市场的争夺，这些市场成为中南两国贸易竞争的主要第三方市场。具体来看，中国与南非的十大出口市场中有六个为重合市场，它们分别为美国、三个欧盟国家（德国、荷兰、英国）、日本和印度。

表2　　　　　　　　2012年中国与南非十大出口市场　　　（单位：亿美元）

国家（地区）	中国出口市场结构		国家（地区）	南非出口市场结构	
	出口额	占总出口比重（%）		出口额	占总出口比重（%）
美国	3 524.4	17.2	中国	101.4	11.7
中国香港	3 234.5	15.8	美国	75.9	8.7
日本	1 516.3	7.4	日本	54.1	6.2
韩国	876.7	4.3	德国	41.7	4.8
德国	692.1	3.4	印度	36.7	4.2
荷兰	589.0	2.9	英国	33.6	3.9
印度	476.8	2.3	荷兰	30.4	3.5
英国	463.0	2.3	赞比亚	26.9	3.1
俄罗斯	440.6	2.2	津巴布韦	24.4	2.8
新加坡	407.5	2.0	莫桑比克	24.0	2.8
总　计	12 220.9	59.8	总　计	449.1	51.7

三　引力模型的构建与数据来源

（一）引力模型的构建

引力模型（Trade Gravity Model）起源于牛顿物理学中的"引力法则"，即两个物体之间的引力与它们各自的质量成正比，且与它们之间的

距离成反比。最早将引力模型应用到国际贸易领域的是 Taylor（1962）[①]
和 Poyhonen（1963）[②]，他们指出两国双边贸易流量的规模与它们各自的
经济总量成正比，而与它们之间的距离呈反比。随后，经济学家为了检验
政策、历史、文化等因素对贸易流量的影响，又逐步将优惠贸易协定、贸
易限制措施、殖民关系、共同语言等指标加入到引力模型中（IMF，
2002）。目前，国内利用引力模型主要研究影响中国对外贸易的因素以及
贸易潜力。[③] 参考已有文献，本文构建了考察影响南非向第三方市场出口
因素的引力模型，构建的模型如下：

$$\text{Ln}X_{sj} = \alpha + \beta_1 \text{Ln}CH_{EXcj} + \beta_2 \text{Ln}SGDP + \beta_3 \text{Ln}SGDPP + \beta_4 \text{Ln}TGDP$$

因变量代表南非向第三方市场 j 的出口额（美元），解释变量的含义
及对因变量的理论预测影响（预期符号）说明见表 3。各变量（不包括虚
拟变量）取自然对数的目的主要是消除模型的异方差性。

表 3　　　　　　　　**解释变量的含义、预期符号与理论说明**

解释变量	含义	预期符号	理论说明
CH_{EXcj}	中国向第三方市场 j 的出口额（美元）	+ / -	代表中国与南非在第三方市场的出口的关系，正号存在互补性，负号存在竞争性
$SGDP$	南非的名义 GDP（美元）	+	代表南非出口供给能力，经济规模总量越大，潜在的出口能力越大
$GDPP$	南非的人均 GDP（美元）	+	代表南非的经济发展水平，也反映了该国的出口能力
$TGDP$	第三方市场的名义 GDP（美元）	+	代表第三方市场的进口需求能力，经济规模总量越大，其潜在的进口能力越大

① I. Taylor, *China's New Role in Africa*, Boulder: Lynne Rienner Publishers, 2008, pp. 63 -
88.

② P. Poyhonen, "A tentative model for the volume of trade between countries". *Weltwirts-
chatjhiches Archiv* Vol. 90, No. 1, 1963.

③ 盛斌、廖明中：《中国的贸易流量与出口潜力：引力模型的研究》，载《世界经济》
2004 年第 2 期。

续表

解释变量	含义	预期符号	理论说明
$TGDPP$	第三方市场的人均 GDP（美元）	+	代表第三方市场的经济发展水平,随着人均收入的增加,其对进口需求的数量也增多
D_{sj}	南非与第三方市场的绝对距离（公里）	—	代表运输成本的高低,是阻碍双边贸易的重要因素
RTA_{sj}	虚拟变量,当南非与第三方市场属于相同的贸易集团时取 1,否则取 0	+	当两国属于同一贸易集团时,优惠贸易安排的贸易创造和转移效应会促使双边贸易的上升
A_{sj}	虚拟变量,当南非与第三方市场拥有相同边界时取 1,否则取 0	+	当两国拥有相同边界时,贸易成本将大幅度下降,双边贸易流增加
$COLONY_{sj}$	虚拟变量,当南非与第三方市场存在历史上的殖民关系时取 1,否则取 0	+	当两国存在历史上的殖民关系时,他们在法律和语言等方面存在某种程度的共同特征,降低贸易成本,增加双边贸易流

（二）数据来源

本文选择十个国家作为中国和南非出口的共同第三方市场,除了上文中提到的包括美国、日本、德国、英国、印度和荷兰等中国与南非十大出口国家中重合的地区外,本文还选择了津巴布韦、莫桑比克、赞比亚和瑞士等南非另外四个主要的出口市场。考虑到数据的局限性,本文的研究时期为 2001—2011 年。

南非与中国向第三方市场的出口额来自 UNCOMTRADE 商品贸易数据库按 SITC 第 3 版分类的数据;各样本国家的国内生产总值和人均国内生产总值数据来自 World Bank 数据库;南非与第三方市场的绝对距离根据传统的做法选择两国首都之间的距离进行衡量,距离数据来自网站 www. indo. com 中的"距离计算器"（Distance Calculator）;南非与第三方市场的优惠贸易安排这里着重考察了南非与美国签订的非洲增长与机会法案（AGOA）、南非与欧盟国家签订的科托努协定（Cotonou Agreement）以及南非与周边国家加入的南部非洲发展共同体（SADC）;南非与第三方市场是否具有相同的边界根据世界地图确定;南非与第三方市场的殖民关系参考历史事实确定，根据历史资料英国和荷兰与南非存在历史上的殖民关系。

为了集中考察中国与南非工业制品及其细分部门产品出口在第三市场的竞争性，必须对部门进行调整和合并。根据 SITC 第 3 版 1 位数分类，共有 10 个部门，即 0~9 类，一般将第 5~9 类产品划归为工业制品。按照要素密集度又可以将工业制品进一步细分为劳动密集型产品（第 6 类和第 8 类）和资本密集型产品（第 5 类和第 7 类），第 9 类暂不考虑。因此，根据不同的研究对象引力模型（1）转换为 7 个方程，分别为工业制品整体、劳动密集型产品整体及其两个细分部门（第 6 类和第 8 类）、资本密集型产品整体及其两个细分部门（第 5 类和第 7 类）。

四　实证结果分析

本文采用面板数据的混合估计模型对引力模型（1）的 7 个方程依次进行回归估计，借助于 Eviews6.0 软件，实证结果如表 4 和表 5。因为在影响南非向第三方市场出口因素中的自变量即中国向第三方市场的出口是本文分析的重点，因此，本文仅以工业制品整体方程（1）为例简单分析其他因素对南非出口的影响。如表 4 第 2 列，第三方市场的名义 GDP $LnTGDP$ 和人均 GDP $LnTGDPP$，南非与第三方市场的绝对距离 D 的回归系数符号均与预期相同，并且达到 1% 的显著水平。虚拟变量优惠贸易协定 RTA 与历史上的殖民关系 $COLONY$ 达到了 1% 的显著水平，但是其回归系数符号与预期符号相反，具体原因有待进一步分析。其他变量如南非的名义 GDP $LnSGDP$ 和人均 GDP $LnSGDPP$ 以及虚拟变量共同边界 A，均未达到显著水平，说明这些因素对南非出口的影响不显著。下面着重分析中国和南非工业制品及其细分部门出口在第三方市场的竞争性情况。

（一）工业制品整体

从表 4 的工业制品方程（1）可以看出，自变量的回归系数为 -0.26，且达到了 1% 的显著水平。这说明在第三方市场中国和南非的工业制品出口形成较显著的竞争性关系，在其他条件不变的情况下，当中国向第三方市场出口的工业制品增长 1% 时，南非向第三方市场出口的工业制品将下降0.26%。

（二）劳动密集型制品

从表4的劳动密集型制品方程（2）可以看出，自变量的回归系数为 -0.32，且达到了1%的显著水平。这说明在第三方市场中国和南非的劳动密集型制品出口形成较显著的竞争关系，在其他条件不变的情况下，当中国向第三方市场出口的劳动密集型制品增长1%时，南非向第三方市场出口的劳动密集型制品将下降0.32%。不过，进一步将劳动密集型制品细分为第6类"轻纺、橡胶、矿质产品及其制品"和第8类"杂项制品"后，所得结论有所不同。如"轻纺、橡胶、矿质产品及其制品"方程（3）显示，自变量 CH_{EXcj} 的回归系数为 -0.23，且达到了5%的显著水平，说明在第三方市场中国和南非该产品的出口形成较显著的竞争关系。相反，如"杂项制品"方程（4）显示，自变量 CH_{EXcj} 的回归系数为0.49，且达到了1%的显著水平，说明在第三方市场中国和南非该产品的出口形成较显著的互补关系，在其他条件不变的情况下，当中国向第三方市场出口的"杂项制品"增长1%，南非向第三方市场出口的"杂项制品"增长0.49%。

（三）资本密集型制品

从表5的资本密集型制品方程（5）可以看出，自变量 CH_{EXcj} 的回归系数很小，为0.004，且未达到显著水平，这说明在第三方市场中国和南非的资本密集型制品出口呈现互补性但不显著。不过，进一步将资本密集型制品细分为第5类"化学成品及有关产品"和第7类"机械及运输设备"后，情况有很大差别。如"化学成品及有关产品"方程（6），自变量 CH_{EXcj} 的回归系数为0.54，且达到了1%的显著水平，这说明在第三方市场上中国与南非该产品的出口存在显著的互补关系。相反，如"机械及运输设备"方程（7），自变量 CH_{EXcj} 的回归系数为 -0.03，且达到10%的显著水平，说明在第三方市场上中国与南非该产品的出口存在微弱的竞争关系。

综上所述，在第三方市场中国与南非的工业制品出口整体上呈显著的竞争性，但在其细分部门产品上有所差异。其中，中南两国的出口在劳动密集型制品上呈显著的竞争性，而在资本密集型制品上呈不显著的互补性。进一步细分，在劳动密集型制品中，中南两国出口在"轻纺、橡胶、矿质产品及其制品"上呈显著的竞争性，而在杂项制品上呈显著的互补性；在资本密集型制品中，中南两国出口在"化学成品及其有关产品"上呈显著的互补性，而在"机械及运输设备"上呈微弱的竞争性。

表4	实证结果（1）			
lnX	工业制品（1）	劳动密集型制品		
		总体（2）	轻纺、橡胶、矿质产品及其制品（3）	杂项制品（4）
C	35.45	84.99	107.74	203.28
	(0.75)	(1.44)	(1.71) *	(1.27)
$LnCH\_EX$	-0.26	-0.32	-0.23	0.49
	(-3.65) * * *	(-2.99) * * *	(-2.11) * *	(9.73) * * *
$LnSGDP$	-1.20	-3.92	-5.42	-11.24
	(-0.43)	(-1.13)	(-1.47)	(-1.19)
$LnSGDPP$	2.30	5.13	6.87	12.41
	(0.77)	(1.37)	(1.72) *	(1.21)
$LnTGDP$	0.59	0.73	0.55	-0.69
	(6.73) * * *	(5.36) * * *	(4.83) * * *	(-5.12) * * *
$LnTGDPP$	0.58	0.97	0.87	0.07
	(10.80) * * *	(13.37) * * *	(12.30) * * *	(0.36)
D	-1.93	-2.90	-2.33	0.96
	(-6.50) * * *	(-7.34) * * *	(-6.00) * * *	(0.94)
RTA	-0.50	-1.41	-1.39	3.15
	(-2.57) * * *	(-5.59) * * *	(-5.31) * * *	(4.65) * * *
A	-0.10	0.15	0.26	-0.24
	(-0.48)	(0.86)	(1.32)	(-0.47)
$COLONY$	-0.55	-0.33	-0.27	-1.25
	(-4.82) * * *	(-2.36) * *	(1.80) *	(-3.34) * * *
调整后的 R^2	0.86	0.87	0.86	0.67
F 统计量	68.31	73.33	68.09	22.53

注：括号内为 t 统计值；＊＊＊表示符合1%的显著性水平，＊＊表示符合5%的显著性水平，＊表示符合10%的显著性水平；下同。

表5　　　　　　　　　　　　实证结果（2）

	资本密集型制品		
	总体（5）	化学成品及有关产品（6）	机械及运输设备（7）
C	34.90	− 39.15	90.80
	(0.64)	(− 0.28)	(1.12)
$LnCH\_EX$	0.004	0.54	− 0.03
	(0.13)	(12.32) ＊＊＊	(− 0.65) ＊
$LnSGDP$	− 1.05	2.60	− 3.80
	(− 0.33)	(0.31)	(− 0.85)
$LnSGDPP$	1.60	− 2.29	4.34
	(0.45)	(− 0.25)	(0.89)
$LnTGDP$	0.55	− 0.68	0.76
	(8.67) ＊＊＊	(− 5.90) ＊＊＊	(8.80) ＊＊＊
$LnTGDPP$	0.12	− 0.41	0.62
	(1.96) ＊＊	(− 2.39) ＊＊	(7.01) ＊＊＊
D	− 1.90	2.18	− 3.78
	(− 5.39) ＊＊＊	(2.41) ＊＊＊	(− 7.69) ＊＊＊
RTA	0.48	2.43	− 0.10
	(2.12) ＊＊	(4.06) ＊＊＊	(− 0.30)
A	− 0.44	− 0.37	− 0.51
	(− 2.55) ＊＊＊	(− 0.41)	(− 2.20) ＊＊
$COLONY$	− 0.60	− 0.86	− 0.78
	(− 4.59) ＊＊＊	(− 2.60) ＊＊＊	(− 4.29) ＊＊＊
调整后的 R^2	0.90	0.74	0.82
F 统计量	97.28	31.53	51.10

五　结论与政策启示

　　本文采用引力模型考察了2001—2011年中国与南非工业制品及其细分部门产品出口在第三方市场上的竞争关系，结论显示：在第三方市场上中国与南非的工业制品出口存在显著的竞争性，尤其是在劳动密集型制品

"轻纺、橡胶、矿质产品及其制品"上的竞争性更大，而在资本密集型制品上的竞争性较弱，在"化学成品及有关产品"上两国出口存在显著的互补性。以上结论对于中南两国的经贸发展有重要的政策启示。

（一）对于中国

要正视中南贸易在工业制品尤其是劳动密集型部门的竞争性，不能轻视更不能忽视。在南非，劳动密集型部门尤其是纺织和服装部门由于吸收了大量的就业，缓解了南非的就业压力，一直是南非重点支持和保护的产业。日前，南非政府推出了为期三年（2013—2015年）的工业政策行动计划（IPAP），旨在支持该国的纺织服装制造业。可以预测，未来南非政府将对纺织服装制造业的进口施加更多的限制措施。因此，如果中国出口企业在劳动密集型部门与南非继续保持竞争性关系，必然会导致南非的进一步抵制，增加贸易摩擦。为了缓解对南非劳动密集型产业的正面冲击，中国可以采用产业转移或增加产业内贸易的形式增强经贸合作。例如中国可以将国内纺织服装产业的部分生产环节转移到南非，在南非建立工厂，使南非生产企业成为中国参与的全球价值链的上游环节。这对中国和南非是互利互惠的。一方面，通过向南非转移传统的劳动密集型产业，中国可以加快实现国内的产业结构调整和升级，而且还可以利用南非与欧美国家签订的优惠贸易协定，绕开贸易壁垒，扩大对这些发达国家的出口；另一方面，通过承接中国的产业转移，南非可以通过这个过程产生的技术外溢提高本国的生产技术，增加工业制品的附加值，扩大就业。此外，在资本密集型制品方面，考虑到中南两国较弱的竞争性，双方可以继续扩大这些产品如化学品及机械与运输设备产品的贸易规模，加强贸易合作。

（二）对于南非

促进工业化一直是南非重要的经济发展战略，但是从现实情况来看，南非的工业化进程并不尽如人意。根据 UNCOMTRADE 的数据计算得出，在 2001—2012 年南非工业制品出口份额出现了较大幅度的下降，从 70% 下降到 63%，下降了 7%，其中"轻纺、橡胶、矿质产品及其制品"的出口份额下降更为明显，从 38% 下降到 25%，下降了 13%，这不得不引起南非有关政府部门的警觉。除了中国廉价产品竞争的影响外，较弱的国际竞争力是导致南非工业制品出口份额下降的主要原因。以 2012 年为例，南非工业制品出口在全球出口中的份额仅为 0.54%,而中国达到 19.40%。因此,提高工业制品的国际竞争力是南非扩大工业制品出口、实现工业化的重要途径。除此以外,如本文得到的结论,第三方市场与南非签订的优惠贸易协定的实际效应以及历史上的殖民关系也在一定程度上阻碍了南非工业制品的出口,这些原因有待进一步研究。

（责任编辑：王学军）

南部非洲发展共同体经济一体化
的成就与问题

赵长峰　　赵积旭

【内容提要】南部非洲发展共同体自成立以来，在推动南部非洲自由贸易区和关税联盟的建立以及加强金融合作方面取得了显著成就，已发展成为当前非洲规模最大、最具有发展潜力的地区性组织。然而，由于历史和现实原因，该地区各成员国经济发展水平相差悬殊、成员国身份重叠、经济一体化发展深度不够、交通基础设施薄弱、整体吸引外资能力弱等问题较为突出，这些问题如不解决将阻碍南部非洲地区经济一体化的深入发展。

【关键词】南部非洲发展共同体；南非；经济一体化

【作者简介】赵长峰，华中师范大学政治学研究院副教授；赵积旭，华中师范大学政治学研究院 2010 级硕士研究生。

经济全球化和区域经济一体化已成为当今世界经济发展的两大特征。作为处理区域问题的有力手段，加强区域合作，推进区域经济一体化能够使国家集中力量从积极的外部效应中获取最佳利益，并能使国家减轻外部效应的负面影响。"二战"以来，欧洲、美洲和亚洲先后出现了不同程度的地区经济合作形式，比如欧洲联盟、北美自由贸易区和中国—东盟自由贸易区。随着全球化的逐步深化，在非洲这块被遗忘的大陆上，除了 2002 年成立的非洲联盟外，还有其他一些次区域合作组织，如西非国家经济共同体（ECOWAS）、南部非洲发展共同体（SADC，以下简称南共体）①、东南非共同市场（COMESA）和东非共同体（EAC）等。其中南共体由于 1994 年新南非的加入，犹如注入了一股强力兴奋剂，获得迅猛发展，成为非洲最具活力也最有发展潜力的一个次区域经济合作组织。自南部非洲发展协调会议（南共体前身）成立以来，南共体在过去四十余载的历程中，取得了一些骄人成就，然而，也不可避免地存在一些问题，而且这些问题如不解决将阻碍南共体的深入发展。

一　南共体经济一体化发展历程

1960 年，因非洲 17 个国家在这一年同时获得独立而被称为"非洲独立年"，但是非洲南部的许多国家却仍处于欧美帝国主义的殖民统治之下。1974 年，以赞比亚和坦桑尼亚为核心的几个南部非洲国家自发组成"前线国家组织"（Front States Organization）。该组织以各成员首脑私人关系为纽带，不定期举行"峰会"，旨在推动罗得西亚（1980 年独立后改为津巴布韦）反对殖民主义统治运动和取消南非的"种族隔离制度"运动。后来，随着越来越多的南部非洲国家的加入，"前线国家组织"的政治愿望最终得到了实现。但同时，由于长期的民族独立斗争，南部非洲国家的经济状况极度恶化。为解决各国独立后的经济恢复和发展问题，1980 年 4 月，南部非洲 9 个获得独立的国家②在赞比亚首都卢萨卡召开首脑会议，决定为促进各国经济共同发展，成立南部非洲发展协调会议，并签署了卢萨卡宣言——《南部非洲：迈向经济自由》。20 世纪 80 年代末 90 年代初，南部非洲地区因国际形势的迅速变化而迎来了和平与发展的机遇期。1990 年，纳米比亚获得独立后立即加入南部非洲发展协调会议，成为其第 10 个成员国。此时，该组织先前旨在反对白人对南部非洲国家（尤其是南非）的种族隔离统治运动也出现曙光。但是，南共体各国由于受到

---

①　截至 2012 年，南共体有 15 个成员国：南非、安哥拉、博茨瓦纳、纳米比亚、津巴布韦、莱索托、马拉维、莫桑比克、斯威士兰、坦桑尼亚、赞比亚、毛里求斯、刚果（金）、马达加斯加（2005 年 8 月加入，2009 年 3 月被中止成员国资格，同年 4 月马达加斯加宣布退出南共体，目前它已恢复成员国资格）和塞舌尔（2008 年 8 月加入）。

②　这 9 个国家包括安哥拉、博茨瓦纳、莱索托、马拉维、莫桑比克、斯威士兰、坦桑尼亚、赞比亚和津巴布韦。

自身条件的限制，各国经济发展均呈现出停滞状态，地区合作步伐也极为缓慢。所以，为了寻求更快、更大、更深的发展，1992 年 8 月 17 日，南部非洲发展协调会议成员国首脑在纳米比亚首都温得和克举行会议，签署了有关建立南共体的条约、宣言和议定书，决定改"南部非洲发展协调会议"为"南部非洲发展共同体"，旨在"通过建立高效的制度体系，共同促进各成员国经济合作，加深该地区经济一体化发展，并利用本身资源优势，加强国际竞争力"。[①] 1994 年，经过漫长的反"种族隔离制度"斗争，南非终于在种族平等的基础上建立了新的国家，并随后加入了南共体。从此，这个经济总量占非洲四分之一的国家成为南共体整体经济发展和一体化进程中最主要的推动力量。

二　南共体经济一体化成就

2003 年，南共体各成员国正式通过了"地区指示战略发展计划（RISDP）"。该计划第一次详细制定了南共体在未来十五年内的经济一体化发展目标：2008 年实现自由贸易区，2010 年实现地区关税联盟，2015 年建立共同市场，2016 年实现货币联盟，2018 年实行单一货币。事实上，在此之前，南共体已于 1996 年提出，并于 2000 年签订了旨在推动建立自由贸易区的《南共体自由贸易议定书》（FTP），规定各国要在削减关税、制定商品和服务贸易规则以及解决贸易争端机制等方面做出共同努力。此外，"地区指示战略发展计划"还确定了南共体在三个阶段（2008 年、2012 年和 2018 年）的经济发展衡量指标，这充分体现了南共体各成员国在加强商品、服务和投资等方面自由流动的强烈愿望。南共体区域经济合作及其经济一体化进程又向前迈出了重要一步。

（一）自由贸易区的建立

冷战结束以后，南部非洲地区获得了难得的发展机遇，同时经济全球化也日益影响着该地区的发展。为了发展各国经济，增加地区经济实力，

---

① *Consulting Services for the Mid Term Review of the Regional Indicative Strategy Development Plan* （RISDP），April 2012，参见 SADC 网站：http://www.sadc.int.

南共体各成员国于 1996 年 8 月在莱索托首都马塞卢达成了旨在八年之内建立自由贸易区的《马塞卢自由贸易协议》①。根据协议，各成员国承诺在此后八年之内逐步排除关税壁垒，减免 85% 商品的进口关税。此外，考虑到各成员国经济发展水平不一的实际情况，南共体在建立自由贸易区问题上采取了务实灵活的政策，如将削减关税的时间表标准分为比较发达国家、中等收入国家、最不发达国家三个层次。根据这个标准，南非、博茨瓦纳、莱索托和纳米比亚早在 2000 年就取消了大多数商品的进口关税。毛里求斯等国家从 2000 年开始逐年下调关税，到 2008 年基本完成预定目标。莫桑比克、赞比亚等国家从 2004 年开始逐渐下调关税直至达标。刚果（金）和安哥拉因本国特殊情况暂缓关税下调。刚果（金）虽然赞成自由贸易，但目前实施有困难。如将大多数商品实施进口零关税，其国家财政收入将出现较大缺口，要弥补这个缺口，估计需要几年的调整时间。此外，零关税的实施也有一定的范围。各成员国一致同意对所有非敏感的商品（如肉类、蔬菜、棉花和烟草等初级产品）实施零关税，但对敏感的战略性商品（如小麦、日用品、皮革和汽车等），各国仍可征收关税。为保障自由贸易协议的执行，南共体正在建立一个监察机制，以鉴别和消除非关税贸易壁垒。经过八年的不懈努力，南共体终于在预期的时间内完成了建立自由贸易区的目标。2008 年，第 28 届南共体首脑会议 8 月 17 日在南非约翰内斯堡杉藤国际会议中心闭幕。此次会议的主题是"南共体自由贸易区：经济增长、社会发展和财富创造"。来自当时南共体 14 个成员国的国家领导人和代表出席了会议。大会闭幕前，会议轮值主席、南非总统姆贝基宣布：从即日起南部非洲自由贸易区正式启动。南共体中的 12 个成员国决定加入自由贸易区，除马拉维因等待国会通过财政预算案而推迟到年底执行外，其余的 11 国开始执行零关税贸易。刚果（金）和安哥拉将在缓冲期满后正式加入。此外，南共体将协助新成员国塞舌尔加入自贸区。这是南共体在成立十六周年之际，在推动一体化进程中取得的一个里程碑式的重大成果。总体来看，自由贸易区的启动将使南共体能够集中有限的资源，加快经济增长和社会发展，同时将使南共体能够克服以往的市场局限性，扩大经济规模，增强参与国际经济的竞争力。

---

① 由于各地区部分成员国如马拉维、安哥拉和刚果（金）等受国内政局影响，并未在此次会议上签订协议。

(二) 关税联盟的成立

作为地区指示战略发展计划（RISDP）的第二步，南共体早应在 2010 年就启动其关税联盟计划。然而，我们看到的却是该计划的无限期推延。究其原因，最根本的是南共体部分成员国（如安哥拉、津巴布韦和马拉维等）担心地区关税联盟建立后对其财政税收造成较大影响，进而影响国内统治。事实上，南共体在提出建立关税联盟的计划之前，该地区已经存在一个关税同盟体，即南部非洲关税同盟（SACU）。该同盟体成立于 1969 年 12 月，其前身为博茨瓦纳、莱索托、斯威士兰和南非四国签署的关税同盟协定，后增加了纳米比亚为第五个成员国。南部非洲关税同盟成员国总人口 5 500 万，GDP 总值超过 22 000 亿兰特（3 000 多亿美元）。长期以来，南部非洲关税同盟各成员国采取统一关税标准、统一收取、统一分成、统一对外协调贸易事务的政策。所以说，南共体在建立关税联盟方面具有一定的历史和现实基础。此外，近两年，南共体在建立关税联盟方面也相继制定了一些实质性的措施，包括成立关税、贸易、金融和经济专家组；为各成员国之间的经济协调与合作提供指导意见，并研究该地区成立关税联盟的可行性方案；建立共同税收制度；制定地区相关关税法。[①] 2009 年，欧盟与南共体部分成员国（博茨瓦纳、莱索托、斯威士兰和莫桑比克等国）签订了临时经济伙伴协议（IEPA），旨在推动两地区的经贸交往。当前，南共体其他成员国也正在与欧盟就经济伙伴协议（EPA）进行谈判，试图进一步扩大和推动双方在经贸领域的合作。但是，欧盟要求南共体在 2014 年初步实现关税统一，否则将退出先前签订的临时伙伴协议。可以预期，在内部和外部发展要求下，南共体在未来几年将正式启动关税联盟计划，将地区经济合作推向更深层次。

(三) 金融领域合作的加强

南共体自成立以来，始终将金融领域的合作放在首位，因为各国意识到，只有加强了金融领域的合作，才有能力应对突发性全球金融危机，并吸引外资。因此，南共体各成员国签订了金融与投资协议，并在 2003 年

---

① Keith R. Jefferis, "The Process of Monetary Integration in the SADC Region", *Journal of Southern African Studies*, Vol. 33, No. 1, 2007, p. 85.

建立了发展金融资源中心。此外，为了便利贸易与投资，促进南共体成员国金融业、保险业的对外开放，南共体还成立了由各成员国中央银行行长组成的中央银行行长委员会。该委员会就南共体成员银行间支付、结算便利化、放宽外汇管制、防范金融风险、杜绝银行非法交易及"洗黑钱"等问题进行了深入交流。为使私人投资更加便捷，博茨瓦纳、赞比亚、毛里求斯等国已进一步开放外汇市场。

三　南共体经济一体化面临的问题

自 20 世纪 90 年代以来，南共体因南非的正式加入而在经济发展方面取得了显著成就，各国借助南非独特的资源优势加强了相互之间的经济合作与交往，在地区内实现了资源优势互补。但是，南共体先前制定的地区一体化进程表并没有如愿按期实现。2010 年，在纳米比亚首都温得和克召开的南共体成立三十周年庆典和首脑会议上，南共体执行秘书萨洛芒（Salomao）明确指出：2010 年实现南部非洲关税联盟的目标很难达成，并且之后一系列目标将无限期推迟。[①] 作为南共体经济一体化中的重要环节，关税不统一，接下来的其他环节将无法打通，南共体经济一体化目标最终也可能会化为泡影。那么，究竟是什么因素在阻碍着南共体地区经济一体化进程呢？事实上，南共体不论从政治层面、经济层面还是文化层面都存在着各种亟待解决的问题，但各成员国经济发展水平不对称，部分成员国身份重叠、经济一体化深度不够以及吸引外资能力弱是最显著、最急需要解决的问题。

（一）各成员国经济发展处于不对称相互依赖状态

相互依赖理论是美国经济学家库珀（Copper）首先提出的，他在其著作《相互依赖经济学》中给相互依赖下的定义是：一国经济发展与国际经济发展之间的敏感反应关系。[②] 1977 年，新自由制度主义学派的杰出代

---

① 毛营：《南共体"经济一体化"进程遇阻》，载《国际商报》2010 年 8 月 26 日第 3 版。

② Richard N. Cooper, "Economic Interdependence and Foreign Policy in the Seventies", *World Politics*, Vol. 24, No. 2, 1972, pp: 159 – 181.

表罗伯特·基欧汉（Robert O. Keohane）和约瑟夫·奈（Joseph S. Nye）出版了《权力与相互依赖》一书，正式将相互依赖理论发展成为一种学说，并提出了"敏感性"和"脆弱性"两个概念。他们按照各行为主体在彼此依赖关系中所付出代价的大小将相互依赖分为三种类型：对等依赖、绝对依赖和不对称依赖。他们认为在现实国际关系中，最常见并且对国际行为影响最大的是不对称相互依赖关系，而不对称相互依赖并不一定导致国际合作的结果。①

因南共体各成员国在历史上受到西方资本主义国家残酷的殖民统治和当前不公正的国际政治经济秩序的影响，各国经济发展水平长期存在巨大差异。其中以农业为主的马拉维、莫桑比克和坦桑尼亚处于世界上最不发达国家之列，而作为近年来兴起的"金砖国家"之一的南非则在南共体内部独占鳌头，其 GDP 占南共体全体成员国 GDP 总和的 70%—80%。此外，博茨瓦纳、莱索托、马拉维、斯威士兰、赞比亚和津巴布韦等内陆成员国在铁路、公路、航空、海运等交通设施方面严重依赖于南非，其 90% 的对外贸易都要借助南非的交通设施来完成。② 另一方面，南非每年向南共体其他成员国出口大量产品，而作为南共体成员国经济支柱的农产品和矿产品则很难进入到南非市场，从而常常引发南非与各成员国之间的贸易摩擦。例如，南非的莱特（Shoprite）连锁超市在安哥拉、坦桑尼亚、马拉维、莫桑比克和赞比亚等国均设有分店，但这些国外分店的货源则全部来自南非，而非本国，甚至上述国家的水果产品都全部从南非进口，这进而引起莫桑比克等国的严重不满。③ 因此，各成员国经济水平相差悬殊，不但会造成弱者更弱的局面，而且会增加相互间的摩擦风险，阻碍整个地区经济一体化的进程。

---

① ［美国］罗伯特·基欧汉、约瑟夫·奈：《权力与相互依赖》，门洪华译，北京大学出版社 2002 年版，第 12—19 页。

② Mpata, ed., *Improving Transportation of Logistics for Competitiveness of Lesotho, Namibia and Swaziland*, Regional Center for Southern Africa and United States Agency for International Development (USAID), 2005.

③ Saurombe Amos, "The role of South Africa in SADC regional integration: the making or braking of the organization", *Journal of International Commercial Law and Technology*, Vol. 5, No. 3, 2010, p. 127.

(二) 部分成员国身份重叠，阻碍南共体一体化发展

随着经济全球化的发展，各国之间的交往日益加深，地区一体化组织不断涌现，并共同推动着地区和全球的经济发展。但是，在各地区组织之间，并非都是相互促进的。正如前文所述，当前非洲地区除了有南共体之外，还有东南非共同市场（COMESA）和东非共同体（EAC）。由于地理因素，南共体的一部分成员国加入了东南非共同市场（COMESA），一部分成员国加入了东非共同体（EAC）。[①] 由于三个次地区组织经济发展水平不一、议程进度不一，导致身份重叠成员国在执行地区组织政策方面陷入两难境地。例如，南共体试图推动其成员在非敏感产品方面实现零关税，但东南非共同市场则只降低到 20%。所以，这又反过来促使那些身份重叠成员国对南共体具体政策执行不力，甚至失去兴趣，最终导致南共体一体化进程速度放缓。

(三) 经济一体化速度与质量不协调

非洲发展银行曾经这样形容非洲的地区性组织："规模大，速度快，效率低"。[②] 南共体同样也存在类似状况。南共体在没有明确其实现经济一体化目标战略的情况下就盲目地将成员国数量在短期内迅速扩大。相反，只有 5 个成员国的共同关税区（CMA）[③] 的发展效率则明显高于囊括了 15 个国家的南共体。到目前为止，刚果（金）仍未加入南共体自由贸易区，其他大部分成员国也只停留在双边优惠贸易协定的基础上，甚至故意逃避南共体先前制定的统一的地区贸易规则，实行关税保护政策。[④] 在这种情况下，若依然按照原计划在南共体内启动关税同盟，无疑会使其经济一体化徒有虚表。此外，南共体为了扩大成员国规模，在刚果（金）

---

① 既是南共体成员国，又是东南非共同市场的成员国有安哥拉、马达加斯加、刚果（金）、马拉维、毛里求斯、赞比亚和津巴布韦等；既是南共体成员国，又是东非共同体成员国有坦桑尼亚。

② African Development Bank：*Annual Report*（2004），p. 43. 具体请参见非洲发展银行网站：www. afdb. org.

③ 其成员国包括博茨瓦纳、莱索托、纳米比亚、斯威士兰和南非。

④ Robert Burgess，*The Southern African Development Community's Macroeconomic Convergence Program：Initial Performance*，IMF，2009，p. 9.

还面临内战的情况下就将其纳入进来，进而引发了一系列的问题。例如，在如何对待刚果（金）内战问题上，南共体内部出现很大分歧。一方面，津巴布韦、纳米比亚和安哥拉等国假借南共体的名义对刚果（金）的内战进行大肆干预，另一方面，南非、毛里求斯和塞舌尔等则反对南共体介入刚果（金）内战，否则南共体将不得不花费大量的时间和资源去解决刚果（金）的内战问题。①

（四）吸引外商直接投资能力较弱

按照传统的经济理论，一个地区若要实现贸易自由化和经济一体化首先必须具备强大的外资吸引能力。当前，南共体内部的外商投资主要集中在某些少数产业上，尤其是矿产业。虽然，南共体吸引外商直接投资从2001年的100亿美元增加到2011年的250多亿美元，平均占GDP的比例为21%，但这远远低于南共体30%的目标。此外，南非一国的外商直接投资就占到了整个南共体外资总额的30%左右，而其他成员国在这方面则显得力不从心。由于南共体自身市场规模较小，与欧洲、北美和亚洲等世界发达经济区域的距离较远、地区内基础设施建设落后，政治腐败以及缺乏对教育的投资而无法满足跨国公司对娴熟技术人才的需求等一系列问题，导致外国企业在该地区投资成本过大，从而降低了其吸引外资的能力。

四 结 语

综上所述，南部非洲各国经济一体化目标是在"前线国家"实现其地区政治愿望之后逐步形成的，并先后经历了南部非洲发展协调会议、南共体成立、地区贸易自由化和关税同盟的筹建等阶段。在当今经济全球化浪潮下，尽管南共体各国制定了详细的未来经济发展目标和指标，但由于各成员国在历史进程中所形成的经济发展水平不一、自身又盲目追求发展速度而忽视经济质量以及吸引外资能力弱等软肋的存在，导致其经济一体

---

① Mmatlou Kalaba and Owen Willcox, *Deepening Integration in SADC Macroeconomic Policies and Impact*, a SADC-wide study supported by the Friedrich Ebert Foundation, 2004, p. 47.

化进程一再受阻。而解决这些问题，并使其在短期内见效，则需要各国之间的协调和合作，甚至需要那些经济发展水平较好的国家作出一定的牺牲来帮助那些经济落后的国家获得较快的发展。2012 年，南共体因受全球经济危机尤其是欧债危机的影响，其整体经济发展速度有所放缓，甚至有所下降。这表明南共体经济一体化道路依然不平坦，需要各成员国携手努力，共同克服其所面临的问题和困难。只要南共体各成员国努力做到优势互补，加强相互合作，其地区一体化进程的前景还是比较乐观的。

（责任编辑：王学军）

中国与南部非洲发展共同体合作历程及前景[*]

张　瑾

【内容提要】新中国与非洲的经济合作由来已久，与南部非洲发展共同体（SADC，以下简称为南共体）国家已有良好的双边合作基础，但与南共体这一非洲区域经济组织的合作还相对滞后。在当前"后危机"的时代背景下，加强中国与南共体的合作可以更好地促进中非合作与互鉴。本文从中国与南共体经济合作的历程出发，分析双方深化合作的可行性，探讨可合作的主要领域及其带来的影响，并认为双方既可以巩固传统的合作，又可以促进多边合作的开展。

【关键词】中非合作；次区域；区域经济合作；南共体

【作者简介】张瑾，博士，浙江师范大学非洲研究院助理研究员。

中国与非洲的合作传统上一直以双边模式为基础，2000年的中非合作论坛搭建了中国与非洲的第一个多边磋商与集体对话机制，中非双边贸易额进一步提升。近年来，非洲区域经济组织不仅作为有效提升非洲经济影响力的手段，得到越来越多国际经济体的关注，其本身的发展也呈现出很大活力。南部非洲发展共同体作为其中经济发展条件和前景较好的非洲区域经济组织，更是得到多方关注。本文从中国与南共体合作的历程出

---

[*] 基金项目：本文是张瑾主持的教育部人文社科青年基金项目《非洲区域经济一体化探索：南共体三十年》（项目编号：12YJC770069）的阶段性成果，以及浙江师范大学校级重点研究项目（项目编号：SKZD201101）《非洲经济史的理论范式流变及建构研究》的阶段性成果。

发，分析双方深化合作的可行性，探讨可合作的主要领域及其带来的影响，以期在巩固传统合作的同时，更好地促进中非多边合作的开展。

一　中国与南共体经济合作的时代契机

（一）从"一国对一国"到"一国对一洲"的中非经济合作

传统国际关系领域，民族国家的政府往往是一国对外行为的主体。中非经济合作最初也是在这个前提和背景下开展的。1949 年 9 月 29 日中国人民政治协商会议第一届全体会议通过的《共同纲领》第五十七条就明确规定："中华人民共和国可在平等和互利的基础上，与各外国的政府和人民恢复并发展通商贸易关系。"[1] 中非的经济合作最初主要表现为中国提供单向的经济援助或签订经济技术合作协定。这些双边协定由于涉及面广又兼有很强的针对性，使非洲不少国家获益，尤其是工矿业和石油工业的带动，使其经济水平得到了提高；中国生产的一些农机产品、小五金、小型家电和文体用品等，由于性价比高，逐渐获得非洲市场的青睐。中非双边贸易开始大幅增长，1970 年双边贸易总额为 17 721 万美元，1982 年达到 119 099 万美元，同比增长 672%。[2] 20 世纪 80 年代中后期，由于非洲经济调整，对外贸易萎缩，中非双边贸易额下滑，直到 90 年代后，双方的经贸合作再一次勃发。1990 年时，与中国贸易总额占国内生产总值 5% 以上的非洲国家基本为零，而至 2008 年，24 个国家已达到这一标准。过去十五年，中非贸易额每三年翻一番，2008 年超过 1 000 亿美元。[3]

2000 年 10 月，中非合作论坛作为中非第一个多边磋商与集体对话机制，标志着中国成功地将多边外交引入对非工作。[4] 自此中非关系开始进入到一个新的层面，即"一国对一洲"（中国对非洲）的机制。从 2000 年到 2010 年"中非合作论坛"成立的十年来看，中非双边的经贸额从

---

① 《中国人民政治协商会议第一届全体会议重要文献》，新华书店 1949 年版，第 41 页。

② 相关数据参考：吴兆契主编：《中国和非洲：经济合作的理论与实践》，经济科学出版社，1993 年版，第 42、47 页。

③ 南非标准银行的统计。参见 http：//www.toafrica.net/Item.aspx? id = 2323。

④ 罗建波：《如何推进中国对非多边外交》，载《现代国际关系》2006 年第 11 期，第 25 页。

2000 年的 106 亿美元，达到 2010 年的 1 269 亿美元。2009 年中国已成为非洲第一大贸易伙伴，2010 年中国在非洲的投资总额达 10 亿美元，非洲由此成为中国第四大投资目的地。① 不过值得注意的是，由于历史经验等因素，2011 年前，中国在与非洲国家和非洲一体化组织（非盟）合作之外，对其中间衔接组织——非洲次区域组织的合作关注较少。2011 年 11 月 17 日，中国与东非共同体（EAC）正式建立经贸合作机制，开创了中国与非洲次区域组织建立经贸合作机制的先河。但从非洲整体次区域组织来看，未来还有很多的合作机会值得把握。比如，南部非洲发展共同体（Southern African Development Community，即 SADC，以下简称南共体）就是一个较为成功和有影响力的非洲次区域组织。

（二）中国与南共体成员国的双边经济合作

由于中国一直支持南部非洲地区国家的民族解放事业，这些国家建国后对中国的态度也十分友好。20 世纪 70 年代前后，中国与南共体成员间的经济合作主要表现为签署经济协定、提供财政贷款等。20 世纪 80—90 年代，南部非洲局势处于剧烈变动调整时期，不过，中国与南部非洲各国的经济合作却在继续发展，并逐步拓展到基础设施建设之上，进一步加强了农业和技术的合作。这个阶段的经济合作项目主要涉及经济技术协定、贸易协定、财政贷款、无息贷款、医疗队及援赠药品、道路和基础设施建设、煤矿运营、天然气合作、机车贷款、农业技术合作、劳务合作、教育合作等。

20 世纪 90 年代，随着纳米比亚独立和新南非成立，南部非洲的经济发展基础得到了巩固，而区域和平与稳定又大大推进了南部非洲经济合作的发展。1995 年 7 月，朱镕基副总理访问了南共体成员国坦桑尼亚、毛里求斯、津巴布韦、博茨瓦纳、纳米比亚、赞比亚，并提出了进一步发展中非关系的三点主张。② 为扩大中国同非洲国家间的经济合作规模，提高援助项目的经济和社会效益，中国希望今后把援助重点放在受援国有需要又有资源的中小型生产项目和社会福利项目上；政府积极鼓励和推动双方

---

① 《非洲青年》总 383 期，2011 年 4—5 月。

② 三点主张为：扩大相互支持，创造和平与稳定的国际大气候；加强友好磋商，促进国际经贸环境的改善；推动互利合作，谋求共同发展和繁荣。

企业通过合资、合作经营，在两国经贸合作中发挥更大的作用；采取由政府贷款、银行提供优惠贷款等方式，尽可能调动和利用多种渠道的资金发展经贸合作；以承包、劳务等多种办法，进一步扩大合作领域的合作，以期谋求共同发展。1996 年 5 月，江泽民主席非洲一行[1]访问了纳米比亚、津巴布韦，提出发展面向 21 世纪长期稳定、全面合作中非关系的五点建议。[2] 期间，中国同两国签署多个经济、技术、贸易及文化合作协定，并在后期得到长足进展。1998 年 8 月，中国外经贸部和外交部联合举办首期中国非洲经济管理官员研修班，莫桑比克、坦桑尼亚、赞比亚的学员参与了本次研修。1999 年，胡锦涛副主席非洲一行和李鹏委员长再次访非，表明中国愿意加强与非洲进一步合作的希望。次年 10 月，中非合作论坛——北京 2000 年部长级会议在北京隆重举行，包括南共体国家成员在内的 40 多个非洲国家的 80 余名部长、近 20 个国际机构和非洲地区组织的代表，以及非洲企业界人士应邀与会。中国作出四项承诺，[3] 进一步推高中非经济合作。

随着双方合作领域的不断拓展，中国与南共体国家进出口贸易额不断攀升。1998 年，进出口贸易额为 21.8 亿美元，占当年我国与全非洲贸易总额的 39.3%，其中我国出口 12.8 亿美元，进口 9 亿美元；2009 年这一贸易总额达 396.7 亿美元，占中非贸易额的 43.5%。2010 年又跃升至 614.52 亿美元，同比增长 55%，占中非贸易额 48.4%。[4] 累计来看，中国对南共体国家投资超过 99 亿美元，已成为其重要的投资来源国和最大

---

[1]　访问肯尼亚、埃及、埃塞俄比亚、马里、纳米比亚、津巴布韦。

[2]　五点建议为：真诚友好，彼此成为可以信赖的"全天候朋友"；平等相待，相互尊重主权，互不干涉内政；互利互惠，谋求共同发展；加强磋商，在国际事务中密切合作；面向未来，创造一个更加美好的世界。

[3]　四项承诺为：第一，根据非洲国家的不同经济情况，继续在力所能及的范围内提供各种援助；随着中国经济发展水平的提高和综合国力的增强，逐步扩大援助规模；第二，愿为减轻非洲国家的债务作出自己的贡献，在未来两年内减免非洲重债贫穷国和最不发达国家 100 亿元人民币债务；第三，提供专项资金，支持和鼓励有实力、有信誉的中国企业到非洲投资，促进当地经济发展；第四，设立"非洲人力资源开发基金"，逐步扩大基金规模，帮助非洲国家培训各类专业人才。

[4]　2011 年 11 月、6 月中国外交部数据，后者参见：http：//www.gov.cn/xwfb/2011 - 06/02/content_ 1875966.htm，2012 年 5 月 28 日。

的贸易伙伴。① 其中，安哥拉和莫桑比克是中国投资商的主要投资目的地。② 中国在南部非洲开展经济合作的主要领域仍是中国传统优势项目——交通设施建设，其中公路、铁路及机场设施建设规模都比较大。随着南共体乃至整个非洲将基础设施拓展作为未来发展的关键领域，中国未来在这一区域的优势可望继续保留。

中国曾多次派团参加南共体部长级磋商会议，同时也邀请南共体以观察员身份出席中非合作论坛部长会议，邀请南共体秘书处官员来华参加各种培训项目。不过，尽管中国与南部非洲国家关系良好，与其地区组织南共体的经济合作却远滞后于政治合作。在笔者对南共体进行实地调研时发现，在布置、实施具体的与南共体合作项目的问题上，中国还有一些保留态度，这让南共体各国合作部门颇有微词，也充满了期待。

（三）"后危机"时代的合作契机

"后危机"常指随着危机缓和进入相对的平稳期。但是由于固有的危机并没有或是不可能完全解决，世界经济还存在诸多的不确定性和不稳定性。因此，"后危机时代"是缓和与未知的动荡并存的状态。从当前的经济发展形势来看，虽然部分非洲国家开始实现经济的正增长，但是经济危机的根源并没有消除，尤其是从中长期的发展来看，由于非洲大部分国家的外汇储备以美元形式存在，欧元和美元贬值给多数经济体带来负面影响。一旦欧元和美元下跌，非洲的通胀压力将进一步增加，效应传导后，可能使全球经济复苏步伐进一步放缓。

不过，"后危机"时代，从中国与南共体经济合作的角度来看，却是"机"大于"危"。近三十年以来，OECD 对外援助的数额与其成员国总国内生产总值的比例，都不超过 0.25%，这与联合国在 1997 年设定的对外援助 0.70% 的目标相距甚远。③ 从南共体三十年发展的项目进展来看，407 个项目需要 8.09 亿美元的费用，而这些费用大约 90% 需要外援。④ 尤其在当前"后危机"时代的经济背景下，欧美等传统的经济发展国家对

①　《人民日版》（海外版），2011 年 6 月 7 日。

②　"Acceleration of political and economic integration in Southern Africa makes region more attractive to foreign investors", *Macauhub News*, March 14th, 2011.

③　世界银行 1997 年年报，第 140 页。

④　SADC Files：SPA.

南共体国家产品的需求下滑，对本区域的资金投入削减，南共体就更需要得到来自新兴经济体，尤其是中国的支持。中国产业结构的梯度转移也恰逢其时，此时加强双方的投资合作，扩大与自身利益相关的行业投资，将有更多的中标机会。目前，中国开展的项目包括：在纳米比亚铀矿开采；莫桑比克煤炭开采和新建电机车辆装配厂；津巴布韦的钻石开采、水电业和农业；赞比亚镍开采，以及刚果（金）和安哥拉的铁路和公路交通等。中国还与南非的一些公司签署了多个协议，涵盖在铁路、电力传输、建筑、采矿、保险、电信和核电等方面的投资。2009 年，南共体对外出口自触底后，对中国的出口明显快于对传统对象国 OECD 国家的出口，且双方的合作还有更长远的优势。首先，中非区域经济可以有效地弥补双方在资源和投资上的两难处境，通过长期的供货合同和资源项目投资，有望降低国际期货市场对冲价格风险，并使大宗商品的价格逐步从金融市场独立。其次，中非双方可以逐步调整在资源型项目上的归属，增加更多的国内就业和税收，继而降低西方金融机构在大宗商品定价上的影响力，最终提升中非在经济市场的要价能力，促使未来全球经济资源配置更趋分散和有效。

二　中国与南共体经济合作的可行性分析

（一）南共体在区域经济合作中的优势

SADC 的前身是 1980 年成立的南部非洲发展协调会议（SADCC）。1992 年 8 月 17 日，南部非洲发展协调会议的 10 个成员国首脑在纳米比亚首都温得和克举行会议，签署了关于建立南共体的条约、宣言和议定书三个文件，决定改南部非洲发展协调会议为南共体，以促进地区经济一体化。从南共体发展的三十年来看，尽管 20 世纪 80 年代南部非洲地区充满了此起彼伏的灾祸和战乱，但总体上 GDP 在 80 年代末开始快速增长，1988 年达到 4.5%，1989 年达到 3.5%。[①] 进入 90 年代后，南共体一直保持了积极增长的趋势，90 年代中期，南共体区域都保持了 2.7% 以上的增长率。21 世纪后实际 GDP 增长则在 5.0% 左右。考虑到区域内还有不稳

---

① SADC Files：SADCC Tenth Anniversary（Official Souvenir Brochure）

定的事件，区域制造业基础薄弱和产业结构脆弱，这个增速还是值得肯定的。2009 年，南共体国内生产总值之和为 4650 亿美元，占全非洲的31.8%。① 此外，截至 2011 年 9 月，南共体已经实施了 400 余项合作计划，其中涉及的资金总量合计达到了 80 亿美元。为了能尽快实现一体化进程，南共体成员国间合作完成了大量的基础设施建设工程，并签署了许多具有重要意义的协定书。南部非洲通过南共体的自由贸易区，已经为该地区减免了将近 85% 的内部关税，总贸易额也较 2000 年翻了一番。②

南共体在基础设施上的条件和发展上也位于非洲前列。由于矿藏的发现和开采，这一区域在殖民时期就有较为完善的铁路、公路、航空、通信等基础设施。南共体又一直将基础设施改善作为其发展的一个重要领域。近年来，南共体号召各国加大对区域电网的支持，各成员国积极响应，纷纷将改善供电网络列入国家规划。南非拟投资 65 亿美元将全国的电网相连，并在 2012 年之前实现户户通电的目标；安哥拉批准了一项拟投资 60 亿美元的西部电力走廊工程计划。③

另外，南共体对整个非洲的经济辐射效应也值得圈点。南共体拥有15 个成员国，自然条件优越，政局相对稳定，经济发展前景较好，总面积 926 万平方千米，约占非洲的 28%；总人口 2 亿 3 千万，约占非洲的24.7%；国内生产总值 2 000 亿美元，约占全非的 32%。④ 南共体经济对外开放和资源自由流动方面较高，经济实力较强。与其他的非洲区域经济共同体相比，仅总出口量一项，南共体就是 ECOWAS 和 COMESA 的两倍以上。在资本、人才、技术、市场等要素中，南部非洲也占有重要地位。其中，南非对非洲的投资是非洲国家最大的投资来源，据联合国贸发会议《2004 年度世界投资报告》的统计，南非占非洲对外直接投资流出总量的

---

① 2011 年 11 月中国外交部数据，参见：http：//www. fmprc. gov. cn/chn/pds/gjhdq/gjhdqzz/lhg_ 42/，2012 年 3 月 5 日。

② 南非 Sapa 通讯社 2011 年 9 月 10 日报道。转引自《SADC：推进区域经济一体化进程 任重道远》，参见：http：//intl. ce. cn/specials/zxgjzh/201109/16/t20110916_ 22700985. shtml，2012年 9 月 20 日。

③ 《非洲国家大力加强基础设施建设》，参见：http：//news. xinhuanet. com/newscenter/2007 -12/10/content_ 7223811. htm，2012 年 12 月 8 日。

④ 中国外交部 2011 年 11 月数据。参见：http：//www. fmprc. gov. cn/chn/pds/gjhdq/gjhdqzz/lhg_ 42/，2012 年 12 月 17 日。

60%。① 同时，南共体还保持了良好的政治经济发展态势，为外部投资提供了较为可靠的预期，虽然关于经济一体化的计划②落实的时间点有所滞后，不过自 2009 年 6 月与东部和南部非洲共同市场正式成立关税同盟以来，南共体的区域一体化进程比较顺利，并于 2011 年准备好实施地区基础设施整体规划。中国企业拥有在非洲进行基础建设的丰富经验，国家政策又从资金等方面给予企业优惠，这使中国与南共体的合作可以起到事半功倍的辐射效应。

（二）中国—南共体经济合作可以开展的领域

1. 矿产开发领域

南共体区域最引人注意的是丰富和高品位的资源，这无疑是未来中国与其合作的一个侧重点之一。南部非洲被誉为世界矿产的"聚宝盆"，这一区域矿产极为丰富，且锰、铂、铬、黄金的储量居世界第一，其他如金、金刚石、铜、钒、锂、铍、石棉等矿产的储量占世界重要地位。南部非洲还是非洲重要的蔗糖、羊毛、烟草产地，有烟叶、咖啡、甘蔗、腰果、香料等经济作物和较为初级的钢铁、化工、食品、纺织等加工工业体系；大西洋沿岸渔业发达。这些可望成为中国经济平稳发展的战略资源保障库，解决中国在资源供给中的刚性制约。中国在这些领域的合理投资与开发、不断提升矿产资源开采回采率、选矿回收率和综合利用率，也可以促进这些国家增加财政收入和可持续发展。

2. 基础设施建设领域

这是南共体乃至整个非洲区域经济发展的重点、基础领域，也是中国参与非洲建设的传统优势领域。根据南非标准银行的一份统计报告，非洲基础设施建设 2/3 的资金来自中国。③ 中国企业在电力、通信、交通、能源等各领域建设了大批有影响的项目，帮助非洲国家完善了基础设施，提升了当地产业水平，扩大了当地的就业，培训了当地的人才，在推动当地经济发展的同时，也改善了当地人民的生活。当前，这些基础设施合作项

① 杨立华主编：《列国志南非》，中国社会科学出版社 2010 年版，第 525 页。

② 2008 年创立自由贸易区，2010 年实现关税同盟，2015 年建立共同市场，2016 年成立中央银行和实现货币联盟，2018 年实行统一货币。

③ 《商务部官员：非洲基础设施建设 2/3 资金来自中国》，2011 年 10 月 21 日，http：//www.china.com.cn/economic/txt/2011－10/21/content_ 23688099. htm。

目向国际投资者呈现出巨大的商机。例如，赞比亚全国道路基金会已经制订了十年扩展规划，对道路进行升级和维护，包括通过公司合营建造收费调整公路等，总造价约 16 亿美元。在南共体牵头下，非洲多个区域组织和国家决定用五至十年的时间全面规划"非洲南北经济发展走廊"（NSC），力争打造出一条全面联通非洲经济、运输成本低、经济效益高的大动脉。而中国在这个阶段的参与，可以起到事半功倍的作用。

3. 农业合作

农业是南共体传统的主要经济来源，占其国内生产总值的 35%。约 70% 的人依赖于它的食物、收入和就业。此外，农业平均贡献约为 13%，出口总收入约 66%，对经济增长率的就业水平、经济稳定、粮食安全、消除贫困等整体需求，都具有强大的影响力。① 20 世纪 50 年代末以来的中非农业合作走过了光辉的历程，2006 年 11 月，八项援非举措中又增加了对非洲农业的援助，并以在非洲援建多个农业技术试验站和推广站以及实施一批高产示范农田项目为方式逐步推进。不过对南共体区域而言，可以考虑的是不止在南非建立农业技术基地，也要与南共体机构合作，加大对其"食品、农业和自然资源部门"（FANR）的投入与合作，在原有已经实施的项目基础上，拓展对其他国家的辐射力度，同时增加中国粮食保障来源。

4. 教育、药品研究合作

人力资源素质是未来经济发展的根本动力。南共体于 1997 年 9 月签署、2000 年 7 月生效的南共体教育和培训的协议，涉及七个主要领域的合作：政策的教育和培训、基础教育、中级教育和培训、高等教育、研究和发展、终身教育和培训、出版和图书馆资源。但南共体在区域教育和培训方面面临的挑战，在很大程度上是所有非洲国家共同的，包括教育和培训政策的准入、公平、质量、效率，艾滋病的负面影响等。值得注意的是，世界各国、组织对此都非常重视，尤其在提供教育培训师资、设备、学习材料等方面，以及研究和深化如艾滋病等传染性疾病的研究上投入不菲。中国与南共体在这些领域的合作，能较个别国家合作提高效率，并有效地扩大中国的公信力和影响力，提升中国文化的感召力。

---

① SADC Files：RISDP.

　5. 旅游、信息技术等未来经济发展的新兴带动产业

　南共体区域有着非常丰富的旅游资源,包括为数众多的国家公园,不少国家都拥有著名的世界旅游景观,如津巴布韦维罗利亚瀑布、纳米比亚沙海奇观、毛里求斯的白沙滩和七色土等。随着中国旅游品位的增加,拓展在这一区域的旅游合作,与南共体协同规划,可望取得双赢效果,推高双方的经济合作。信息技术是未来非洲经济发展的希望,除了正在兴建的基础设施外,南共体还于 2010 年通过了在电信、邮政和信息通信技术部(Telecommunications, Postal and ICT)的战略框架:"e-SADC"。这个战略旨在利用信息和通信技术促进社会经济发展和区域一体化,为在南共体区域内建立一个可行的资讯及通信、科技业奠定基础。中国在信息产业和电子商务应用(电子政务,电子商务)以及信息技术服务贸易上的优势,将迎来新的经济合作契机。

(三) 需要注意的问题

　1. 中国—南共体产业结构调整与非洲可持续发展协调

　非洲可持续发展的核心是发展,在提高人口素质和保护环境、资源永续利用等前提下进行经济和社会的发展。对中国和南共体而言,由于双方的经济基础和发展程度差异,产业结构调整的诉求也有所不同。中国原有的增长模式,依靠资源投入维持的粗放式增长。这样的增长模式一方面使中国对矿石等原材料的需求大,受制于世界原料市场;另一方面,中国提供的产品附加值低,且容易与发展中国家形成劳动密集型产业的竞争,受到诟病和排挤。随着近年来中国贸易顺差不断加大,对国外的需求也日趋依赖,中国经济发展已经处于需要从全球角度来布局资源配置的阶段,而其前提则是完成内部经济结构调整,借鉴提高。所以对中国而言,最为紧迫的就是采取集约增长的模式,提高产品的技术知识含量,采用高新技术改造传统工业,转移过剩产能,使得资源的使用更有效率。从南共体来看,虽然本区域有着重要的战略物资,但由于基础设施不能完全满足贸易需求,技术和行政能力又不足,所以区域内的跨境交易成本成倍增加。因此,南共体仅努力推动贸易自由化并不足以使贸易进一步扩大,而当务之急是促进贸易便利化。中国过剩产能的转移正好可以弥补南共体在基础设施和初级加工产业的缺失,得以用低成本达成产业转型的目标。

　经济学理论和经济发展的历史已经证明,通过资本流动和国际贸易,

可以充分发挥资金的作用和各国的相对比较优势。对于中国和南共体而言，双方作为新兴经济体，面对既定的世界经济格局，都希望通过贸易和资本重组，获得经济全球化带来的红利。在这点上来说，双方的战略利益是一致的。加之，中国对生产资料的大量刚性需求，与南共体拓展外汇的需求一致；中国产能转移的需求，又与南共体促进基础设施建设、发展初级加工产业的需求一致，因此双方的合作恰好可以满足彼此产业转型的需求，而且空间非常巨大。

2. 充分调研，创新经济合作的新典型

中国有与多个南共体国家合作的经验，在能源、基础设施、制造业、农业、金融业、旅游业和服务业等多个领域，中国都有所涉及。尽管中国与南共体之前没有直接的合作项目，但种种新举措的出台，尤其是中非合作论坛（2010—2012）正式提出了"区域合作"后，南共体对中国参与本区域事务的态度更加积极。中国已在南共体区域内建立了两个经贸合作区：赞比亚中国经贸合作区及毛里求斯晋非经贸合作区。2011 年 9 月，南非约翰内斯堡中国商贸城第二期小商品城开业，2012 年，有望重建友谊棉纺厂，并在坦桑尼亚建立新的经贸合作区。不过，值得注意的是，尽管中国与南共体国家间的合作范围广泛，但在项目实施上还多采取直接移植中国经验，国家牵头、企业参与的方式，这样的方式由于实地调研不够，往往在初期声势浩大，后期捉襟见肘，经济合作的辐射效应还没有最好体现。经济合作最重要的是"想人所想"，中国与南共体合作可以借助次区域组织熟悉本地情况的优势，并与非洲区域发展的整体战略结合，提升经济安全保障，并扩大在区域内的分量。利用南共体在非洲区域经济中的良好辐射力，参与到非洲的区域经济一体化进程中，同时提升中国"负责任大国"的形象。

3. 加强沟通，规避可能风险

对南共体这样的区域经济组织而言，中国是市场经济的"后来者"。但在南共体发展进入到各方关注的当下，利用中国在基础设施上的投入，收获高回报的贸易条件改善，是其核心利益所在。南共体在法规体系、明确界定的行政管理程序上，与世界经济体系标准结合得更好。在产品进出口和透明度方面，南共体的制度已经相对健全（虽然不一定能贯彻到每个成员国政策中）。中国参与南共体区域的经济合作不仅可以改变出口市场过于集中、产品过于单一的情况，而且可以与国际市场接轨，推进对国内企业层次提升，从根本上增强整体经济的实力，提升产品的竞争力。中国还可以通过过剩产能的转移过程，学习借鉴南共体及西方国家如何利用FTA的优势方法，形成对南部非洲乃至整个非洲的"梯度"市场，增强中国在区域经济中的操作能力，实现出口市场多元化，减少对主要贸易伙伴的依赖，降低贸易摩擦集中爆发的风险。因此，中国与南共体如何形成较为紧密的互惠互利机制，建立稳定、多元、开放的经济体系，对于双方的发展都至关重要。

不过，南共体区域也有自身发展的诸多问题。比如，由于发展水平尚低，（数据）抵御外部冲击能力不强，再加之南共体拥有众多发展程度不同的国家，南共体在制定发展战略后，必须兼顾到各个成员国的诉求。中国与南共体的区域经济合作会面临不少问题，加强沟通，可以有效减少贸易、投资等经济往来的交易成本，节约交易时间，既规避了风险，又有效地改善了与西方国家的出口依赖关系，提升了话语权，为创建有利于发展中国家/组织的国际规则制定奠定了良好的基础。

三　拓展中非区域经济合作的战略路径

综上所述，尽管中国与南共体一直保持着良好的合作关系，但中国与其直接交往的时间不及中国与南共体成员国友好交往的时间长。这一方面是由于特殊的历史条件和经验积累，使中国长期将"双边关系"置于区域经济合作之前；另一方面则是由于中国参与区域经济合作战略上的"模糊性"和"内敛性"。① 直到2010—2012年的中国政府对非政策文件中，才将对非区域合作视为发展的重要领域之一。

近年来，尽管中国的经济继续高速增长，② 但许多不确定因素和结构性矛盾已经有所显露。供需缺口不断加大、对外依存度上升、海外收购遭

---

① 参见肖长培：《中国参与区域经济合作的历史进程及战略深化》，载《特区经济》2007年第03期。

② 2000年至2010年十年间，中国出口增长了4.9倍，进口增长了4.7倍。2010年成为全球第一大出口国和第二大进口国，是美国、欧盟的第二大贸易伙伴，是日本、韩国、东盟、澳大利亚等国家和地区的第一大贸易伙伴，并成为最不发达国家最大的出口目的地。转引自《中国入世十年进出口规模增近五倍》，《证券时报》2011年9月17日。

遇阻力、大宗商品定价权近乎崩溃，我国面临的形势不容乐观。近年来，中国的贸易利益空间却持续遭到挤压。单就反倾销的案例来看，自 1995年以来，中国连续多年成为全球反倾销最大受害国，金融危机爆发后，中国出口更是成为众矢之的。2009 年，共有 22 个国家和地区对我国发起116 起贸易救济调查，总案值约 127 亿美元。当年我国 GDP 占全球 8%，出口占全球 9.6%，而遭受的反倾销却占全球的 40% 左右，反补贴占全球的 75%。[1] 2010 年第一季度，全球共发起 19 项反倾销调查，针对我国的有 9 项，占总数的 47%，为全球最高；新启动的 15 项贸易保护政策中，针对我国的有 10 项，比例高达 67%。[2] 不仅欧美国家发起贸易救济措施叠加，中国与发展中国家的贸易摩擦也不断增多。2008—2009 年，拉美国家发起的反倾销调查中有 60% 针对中国。[3] 这种严峻的对外贸易摩擦形势与全球趋势并不相符。[4] 加入区域经济组织成为世界上多数国家的一项重要经济政策选择，对日益扩大的中非经济合作来看，与非洲的区域经济组织进行合作，不仅可以有效地规避歧视性待遇，还可以更好地与非洲结盟，获取规模经济和竞争的福利效应。对中国而言，积极参与区域经济合作是其适应经济全球化发展的一项战略选择，而绝非权宜之计。

从现实层面来看，中国经济在不断融入全球经济，尤其是加入 WTO之后，面临了更大的外部冲击，而区域经济合作在一定程度上为回避全球化的风险提供了一个避风港。中国参与区域经济合作，不仅较双边协议扩大了合作对象，而且区域经济组织能有效减少区域内的贸易壁垒，扩大传统区域的市场准入和市场规模，增加参与国的经贸往来，使局部出口市场实现稳定、可预见的长期增长。同时，中国与南共体的区域经济合作，除

---

① 商务部公平贸易局：《积极妥善应对反补贴调查，为外贸发展营造良好环境——钟山副部长在全国反补贴应对工作会议上的讲话》，www. mofcom. gov. cn，2010 年 6 月 2 日。

② Chad P. Bown, *First Quarter 2010 Protectionism Data*: *Requests for New Trade Barriers Fall for Second Consecutive Quarter*; *Newly Imposed Barriers Also Fall*, Trade & International Integration (DEC-TI), The World Bank, May25, 2010.

③ 杨舒：《拉美反倾销剑指中国》，《国际商报》2010 年 5 月 25 日。

④ 世界银行贸易和国际一体化小组的报告显示，2009 年世界各国共启动 127 项反倾销调查，当年第三、第四季度分别高达 38 起和 24 起，而 2010 年第一季度仅有 19 起。2009 年全球针对单项商品共实行 92 项贸易保护措施，当年第四季度高达 31 起，而 2010 年第一季度下降到 12起。转引自孟夏《中国参与区域经济合作的政治经济分析》，《南开学报》（哲学社会科学版）2010 年第 4 期。

了有与贸易相关的静态经济收益，还有更多的比如企业成长、机制健全等动态经济收益及非经济收益。

从宏观层面来看，中国需要真正确定自己在非洲乃至世界的区域经济合作战略，弥补双边外交的不足，通过健全次区域合作的多边平台，达成整个区域合作战略的连贯。在多方利益博弈的背景下，战略选择不仅决定了利益主体集体行动的内在逻辑和路径选择，而且对博弈的结果有着至关重要的影响。中国对外经济合作只有与外交战略配套，才可以起到事半功倍的作用，成功的经济合作就是扩大外交发言权的重要砝码。

从中观层面来看，中国需要建立全球范围的资源供应体系，确保重要原材料、能源的稳定供给，保障国家资源安全。这只有通过深化及扩大与世界各国、区域集团在各个领域的合作，有效实现改善和优化中国总体的贸易结构和经济增长方式，才可以实现出口市场多元化的目标，让对外贸易继续带动中国经济社会的发展。

（责任编辑：周海金）

非洲政治与国际关系

埃及穆斯林兄弟会的民主化转型问题[*]

王恋恋　王　泰

【内容提要】从萨达特时期推行多党制到穆巴拉克时期实行宗教宽容政策，埃及政治氛围日渐宽松，穆斯林兄弟会的政治立场也逐渐转向了温和，出现了非暴力倾向，在意识形态上出现了转变，接受了现行宪政制度和法律，并在宪法体制内寻求合法途径来参与埃及政治。在当前埃及变动的政治局势之下，兄弟会乘势而为，完成了从一个非法的伊斯兰政治组织到当前埃及政坛上极具竞争力的合法政党力量的转变。兄弟会的转型之路经历了漫长的磨炼和自我反思，其得以成功转型的原因，一是内部思想的嬗变，二是源于政治生活的多元化和公民社会的发展，三是兄弟会的年轻一代寻求新的发展路径，四是中东民主化事业整体的不断推进。作为埃及党派和宗教政治势力中最具社会影响力的温和组织，在未来埃及政治重建的道路上，兄弟会将发挥特殊作用，但也面临诸多挑战。

【关键词】埃及；穆斯林兄弟会；民主化

【作者简介】王恋恋，南开大学历史学院 2013 级博士研究生；王泰，历史学博士、内蒙古民族大学马克思主义学院教授，世界史研究所副所长。

＊ 本文为国家社科基金项目"埃及的威权主义与政治民主化进程研究"（项目号：08BSS008）最终成果的一部分，也是教育部人文社科重点研究基地重大项目"中东政治现代化进程研究"（项目号：2009JJD770023）和国家社科基金重大招标项目"非洲阿拉伯国家通史研究"（项目号：10&ZD115）的阶段性成果，并得到内蒙古民族大学世界史研究学术创新团队建设项目支持。

从 1928 年成立至今，穆斯林兄弟会（以下简称兄弟会）已经走过 84 年的发展历史。兄弟会的发展从其诞生之日起就同埃及世俗政权的政策紧密相连。政治气氛宽松，兄弟会运动便风起云涌；世俗政权打压制约，运动随即转入低潮。在所谓的"阿拉伯之春"波及埃及、穆巴拉克下台、埃及政局处于变动的形势下，兄弟会成功地完成了从一个非法组织向合法政党的转型，多年来从事基层性工作以及由此积攒的人气为它在新的人民议会选举中的胜利奠定了基础。在接下来的总统选举中，继续占据了明显的优势。穆斯林兄弟会作为埃及政坛不可忽视的力量对埃及内政外交等治国方略将产生巨大影响已经成为共识。① 本文旨在通过历史角度考察和回答兄弟会是怎样实现转型以及促使其转型的因素是什么，并由此思考它未来的发展趋势及其面临的挑战。

一　穆斯林兄弟会艰难的转型之路

2010 年年末从突尼斯开始的"阿拉伯之春"迅速席卷了整个阿拉伯世界，对中东国家政局造成了极大的震荡和影响。作为中东的地区大国，埃及也未能幸免。2011 年 1 月 25 日，由于不满政府腐败、物价上涨和失业率高等问题，开罗、亚历山大和苏伊士等地发生大规模的反政府抗议活动，要求总统穆巴拉克下台。当晚，在开罗市中心的解放广场上抗议的民众达数万人。之后埃及局势每一天的发展都瞬息万变，牵动着所有人的神经。最终，在 2 月 11 日，穆巴拉克宣布辞职，将权力交由埃及军方组成的最高权力机关——武装部队最高委员会及其组建的临时政府，议会被解散。12 日，最高委员会宣布保证从军管政权到民选政府的和平过渡。

而长期以来在夹缝中求生存的兄弟会，面对埃及当前复杂的形势，通过多年与世俗政权的博弈和自我发展，抓住历史机遇，正式成为埃及政坛一支合法的力量，完成了其具有历史意义的转型。从 2011 年年初埃及发生游行示威开始，兄弟会一直在时刻关注并从中寻求机会，希望能够参与到变动的政权中来，在重新洗牌的埃及政坛中获得合法地位。2011 年 2 月 6 日，兄弟会加入埃及政府与反对派之间的政治对话，这是兄弟会多年

---

① 蔡伟良：《埃及与穆斯林兄弟会》，载《阿拉伯世界研究》2012 年第 1 期。

来首次以组织的身份，而不是以个人的形式与政府进行公开对话。当天，埃及政府与反对派代表同意建立一个专门委员会，研究宪法和立法改革的事项。这是兄弟会参与到转变中的埃及政局的第一步。

在随后的人民议会和协商会议的选举中，兄弟会组建的自由与正义党以绝对的优势获得了上下议院中的近半数席位。2012 年 1 月，人民议会选举结束，自由与正义党领导的民主联盟赢得 235 席，占议会总席位的47.2%，成为议席最多的联盟，自由与正义党总书记卡塔特尼在 1 月 23日的人民议会首次会议上当选为议长。2012 年 2 月 25 日，埃及最高选举委员会公布了协商会议的最终选举结果，自由与正义党和萨拉菲派的光明党成为人民协商会议的两大政党，自由与正义党共赢得 106 个席位，占全部 180 个参选席位的 59%，远远高出了原来兄弟会将赢得选票三成的预期，光明党在上院选举中获得 43 席，占参选议席的 23.9%，这样，自由与正义党和光明党在两院共赢得约 70% 的席位。2012 年 3 月 24 日，埃及人民议会和协商会议举行联席会议，按照议员和非议员各占 50 名的比例选出了制宪委员会，结果穆斯林兄弟会的自由与正义党和萨拉菲派光明党的成员在委员会中拥有超过半数的席位。

此外，兄弟会还积极为参加埃及总统选举作准备，提名海特拉·沙特尔和穆哈迈德·穆尔西作为总统候选人，成为 5 月下旬总统选举的热门候选人。在 2012 年 5 月 23 日和 24 日举行的总统选举中，出身兄弟会的穆哈迈德·穆尔西成为总统候选人，并在第一轮选举中与军方背景深厚的世俗派候选人沙菲克一同胜出。尽管兄弟会的参选决定可能会引起军政府的强烈敌意，因为掌管临时政府的武装部队最高委员会不希望单一组织掌控所有权力。针对这一疑虑，自由与正义党主席穆尔西表明了立场："出现对抗以致影响国家发展的道路，是我们所不愿意看到的。"① 而原本和兄弟会持有不同理念的自由派以及世俗政党，也因为兄弟会参与总统选举而扩大了彼此之间的分歧，自由派担心兄弟会巩固了政治地位之后，会采取强硬路线推行国家的伊斯兰化。

兄弟会的转型之路，反映了埃及世俗政权与宗教政治相互对抗和利用

① http://news.sina.com.cn/o/2012－04－02/143724214662.shtml

合作关系①的新发展。在埃及现代民族国家建构以及现代化的进程中，国家始终作为强势的一方，对兄弟会采取打压、限制或是拉拢、利用的策略，目的都是为了维护世俗政权的稳定。20 世纪 70 年代之后，兄弟会彻底成为政府打击世俗反对派和伊斯兰激进主义可资利用的工具，尽管如此，穆巴拉克政府在一定程度上还是允许一些反对政党存在的，只是这些政党扮演的角色显然不同于西方民主制系统的多党制，"他们的权限仅仅被限制在议政但不参政的范围内，除非现任政权失去了其合法性。"② 采取这样的宗教宽容和政治"民主化"政策对埃及的反对党派来说在一定程度上是非常有利的，因为"以穆斯林兄弟会为代表的温和的伊斯兰主义得以天时、地利、人和，有了极大的发展，开始以新的姿态向世俗政治发出挑战。"③ 从整体来看，1984 年到 1987 年间，兄弟会有限地参与到了议会中，而 1987 年之后到 1990 年，兄弟会开始越来越积极地参与到议会选举中。2000 年议会大选之后，兄弟会在议会中赢得了 17 个席位，重新回到了政治领域。兄弟会在各种公开场合提出改革的倡议："从古兰经的经文出发，'除了改革别无他求'，我们坚信我们的追求是真实的，我们必须合力进行整体的改革……去建立一个真主的律法王国，那是一个充满幸福和宗教的世界。"④ 兄弟会就埃及的政治改革和选举发布了几个重要的文件，例如在 2005 年年底的协商大会上，兄弟会候选人提出的竞选口号中表明了自己在改革和竞争选举中的态度和立场，保证要维持民主化和议会制的政治系统，承诺要通过合法的议会渠道来进行活动，承认人民是权力的来源，要通过直接、自由的选举来实现权力交接和转变，并主张改革经济体制、转变国家在经济生产中扮演的角色，通过具体的途径去解决失业、健康、教育、青年、妇女、儿童、科普特人、文化等社会经济问题。从这些论述中，我们看见这种倡议既肯定了兄弟会倡导改革的伊斯兰方向，又表明了其在现行宪政体制和法律的框架内进行改革的决心，兄弟

---

① 详见王泰：《埃及现代化进程中的世俗政权与宗教政治》，载《世界历史》2011 年第 6 期。

② Brynjar Lia, *The society of the Muslim Brothers in Egypt：The Rise of an Islamic Mass Movement 1928 - 1942*, Berkshire：Ithaca Press, 1998.

③ 王泰：《埃及现代化进程中的世俗政权与宗教政治》，载《世界历史》2011 年第 6 期。

④ Mohamed Fayez Farahat, "Liberalizing the Muslim Brotherhood, Can it be done?", *Arab Insight*, vol. 2, No. 6, 2009.

会的文件中所讨论的话题揭示了兄弟会的改革主张正朝着综合性、多元趋势发展，从社会的宏观角度来解决问题。①

其次，作为一支新型的民主化力量，兄弟会的转型还在于它的主流走向温和，并承诺放弃暴力。哈桑·班纳于 1928 年在伊斯梅利亚建立兄弟会，倡导建立埃及人自己的政权，以恢复伊斯兰的神权国家为宗旨，兄弟会由此成为现代伊斯兰主义运动复兴滥觞的标志。可以说从兄弟会成立之初，就积极致力于参与政权，无奈无论是埃及自由主义时代的世俗政治和议会框架内的政党政治居于统治地位，还是纳赛尔之后的自由军官组织的世俗政权，对这样一个影响巨大的宗教政治力量都是完全排斥的，使得兄弟会始终游离在埃及政坛之外。但这并不妨碍兄弟会对埃及社会、民众的影响。在兄弟会建立初始，鉴于当时埃及特殊的国内外环境，兄弟会主要进行反对帝国主义的斗争，并成为"民众政治挑战贵族政治的主要政治力量。"②

若只是用伊斯兰、安拉来吸引民众的赞同，那么兄弟会在同世俗政权的博弈中，也得不到如此众多的民众的支持。面对埃及特殊的国内外环境，哈桑·胡代比为兄弟会制定了一系列规定，来处理面对新理念时出现的问题。他在阐释兄弟会理念时说："对这个运动最贴切的描述就是其'伊斯兰化'……（这）是一个完整的语义，它和生命中的万物相连，并详尽地规定了生活中的每一件事物。当人们在面对新出现的问题时，它也是非常有用的，它的必要的机构可以对它进行改革。"③ 可见兄弟会的首位训导师对兄弟会思想的定位非常灵活，它并不像萨拉菲圣战组织在政治理念方面表现出的僵化。

在判定其他意识形态方面，哈桑·胡代比指出："根据我们的使命，我们来评判这个时代盛行的和引起精神苦难的意识形态。这些意识形态中哪些思想可以被接受，哪些是必须被拒绝的。我们相信我们的运动是集大成者，因为它包含了所有意识形态中的改革的一面。"④ 任何观念的价值都必须通过伊斯兰来衡量，与伊斯兰符合的就接受，并作为伊斯兰的行为

---

① 参见王泰：《埃及伊斯兰中间主义思潮的理论与实践》，载《西亚非洲》2012 年第 2 期。

② 哈全安：《埃及穆斯林兄弟会的演变》，载《西亚非洲》2011 年第 4 期。

③ *Muslim brotherhood and democracy in Egypt*, Ikhwan Web, June 13, 2007, http：//www.ikhwanweb. com.

④ Ibid.

看待，而与伊斯兰教法和逊奈相违背的意识形态就要抛弃。在对待民主化的问题上，哈桑·胡代比认为民主化作为一种意识形态有其复杂的理论系统，世界之所以会出现性质不同的国家和社会，是因为人们从不同的角度和途径来看待民主化。兄弟会也正是从这一角度对待民主化，它有自己独特的看法，既不同于共产主义，更不同于西方式的民主模式，伊斯兰就是一种完备的宗教和统治系统，而埃及作为阿拉伯国家的领袖之一，在如何处理民主、自由理念挑战的问题上，是非常有导向性和象征意义的——如何将创造力和现代性结合，在伊斯兰的基础上实现国家的复兴。

为了实现兄弟会恢复哈里发制度和伊斯兰统治的目标，班纳也将"圣战作为实现社会、经济和政治生活目标的基本手段"，[①] 在 20 世纪 40 年代，兄弟会就建立了一系列秘密军事部门，进行兵役、军训，为圣战作准备，并进行了大规模恐怖暴力活动。兄弟会另一位思想家赛义德·库特布提出的"伊斯兰国家论"、"真主主权论"等，强化了兄弟会的激进化趋势。激进思想在兄弟会的抬头，虽然使兄弟会在世俗政权的严厉打压下坚挺过来，但是随着国内外局势的变化，这种激进化趋势的延续不利于兄弟会的发展，因此哈桑·胡代比作为新一代总训导师提出了回归古兰经、重新审视哈桑·班纳的政治思想，主张走温和的伊斯兰路线。

此后，随着国内外形势和国家政策的转变，特别是在穆巴拉克上台后，致力于在更大程度上推动埃及政治民主化，政治环境相对宽松，兄弟会也转变自身的政治立场，日渐温和，并承诺放弃使用暴力，加入了非暴力运动。兄弟会也在组织和思想内部不断实现自我更新，"以适应和利用威权主义世俗国家机制的方式来改变自己，进而谋求改变国家"，[②] 政治观念上也趋向民主，倡导伊斯兰宪政主义，将其伊斯兰诉求同民主理念相结合，在新的政治环境中推进兄弟会的影响。此外，在埃及的现代化进程中，兄弟会不断地汲取"外部营养"，在自由、民主、爱国主义、民族主义、现代化等理念上，兄弟会的领导人经过深入的思考，有着独到的看法，因此在局势瞬息万变的埃及政坛，兄弟会总是能以最快的速度，作出灵活适当的反应。

第三，兄弟会的转型也体现在它对埃及公民社会的全面渗透。"从上

---

① 毕健康：《埃及现代化与政治稳定》，社会科学文献出版社 2005 年版，第 166 页。

② 王泰：《埃及现代化进程中的世俗政权与宗教政治》，载《世界历史》2011 年第 6 期。

世纪 30 年代兴起的兄弟会组织的成员包含了伊斯兰为导向的民主阶层，他们参与到政治领域，并用伊斯兰的教法来衡量生活中一切事物。此外，兄弟会致力于在政治、文化和实践等各个层面推进民主化，致力于改善同其他政治团体的关系。"[①] 哈桑·胡代比为了实现恢复哈里发制度和伊斯兰统治的目标，采取双管齐下的两手策略，除了圣战手段，还不断地进行宣传、教育。倡导兄弟会成员要有效地借鉴西方物质文明中的某些成果，武装兄弟会自身，并以此为途径，扩大兄弟会的影响，宣传伊斯兰思想。"哈桑·胡代比在'社会和宗教'间架起了一座桥梁，此外，兄弟会坚定的反帝立场和拒绝政党政治也是其成功的重要因素"。[②]

兄弟会建立初始的教义吸引了一大批埃及民众，包括农民、工人、学生、商人等各个阶层，另外，兄弟会大力普及教育、从事慈善事业、投资公共服务领域、发展伊斯兰经济等都为其积攒了很高的人气，"影响力和民意基础不断扩大，成为一个阶级属性模糊的民粹主义组织。"[③] 各个阶层对兄弟会的支持，构成了兄弟会发展的广泛社会基础，也是兄弟会在新国会中取得绝对优势的重要原因。从 90 年代开始，兄弟会就将其主要目标集中在对行业协会、联合会、慈善组织的控制上，并利用组织的领导权去从事公共服务和慈善事业，为社会下层民众在就业、医疗、教育、食品、卫生各个方面提供帮助，"兄弟会在公民社会方面发展壮大并取得明显成效，一时被称为'虽遭到国家拒绝，却得到社会承认'，其'合法性来自于社会而不是国家'。[④] 兄弟会还在国家控制的新闻媒体方面，不断地加强其影响，在 2005 年 9 月的埃及总统大选中，穆巴拉克政府虽然通过限制反对党、加强对选民投票的干预等手段，获得了总统连任，"利用大量政府控制的新闻媒体来进行自我宣传，但是，在 1952 年之后，埃及反对派也不断地在政府控制的新闻媒体事业中渗透势力扩大影

①　*Muslim brotherhood and democracy in Egypt*, Ikhwan Web, June 13, 2007, http：//www. ikhwanweb. com.

②　Brynjar Lia, *The society of the Muslim Brothers in Egypt：The Rise of an Islamic Mass Movement 1928 - 1942*, Berkshire：Ithaca Press, 1998.

③　丁隆：《后穆巴拉克时代的埃及穆斯林兄弟会》，载《阿拉伯世界研究》2012 年第 1 期。

④　参见王泰《埃及现代化进程中的世俗政权与宗教政治》，载《世界历史》2011 年第 6 期。

响，并取得了空前的地位"，① 不断地争取机会，使得在近半个世纪以来，埃及反对派领袖首次在最宽广的平台上，自由地向埃及民众宣传自己的主张。

二 穆斯林兄弟会转型的多重因素

首先，兄弟会在民主、自由、宪政等方面的思想转变，是其能在埃及变动局势中得以转型的重要思想原因。哈桑·班纳所处的时代是在英国殖民统治和自由主义时代，因此，班纳十分痛恨外国势力对埃及内政的干预，对西方文明及其社会、经济和政治思想一概持否定态度，包括民主制度、世俗教育、社会制度和妇女的解放。② 然而，随着埃及国内外政治局势的变化，兄弟会的宗教政治理念也遇到了挑战，内部思想发生嬗变。

在兄弟会看待民主的问题上，"宪政体制是建立在个人自由、咨询公民、统治者的责任、各个权威机构的权力制约基础上的，这清楚地表明了这些原则都来自于伊斯兰的经文。这就是为什么穆斯林兄弟会接受这种统治系统，并无限地靠近伊斯兰，他们看不到其他任何的统治模式能与伊斯兰等同。"③ 根据这条包含创造性和现代性的指导原则，班纳接受民主成为统治政权宪法和议会运行的原则，结束了围绕民主无休的争论。兄弟会还提出伊斯兰教的天性决定了它不会建立宗教权威，"因为伊斯兰国家本身就是一个公民国家，乌玛会将公民社会的一些系统和制度都建立起来，而乌玛就代表着权威的来源之一"，在永恒的伊斯兰沙里亚法的建构中的人类的伊智提哈德（创制）并没有被禁止。④ 也就是说兄弟会承认埃及的政府及宪政制度，认为其宪政制度的原理同古兰经创制的思想精髓在某些原则还有相通之处，因此，在创制和现代化的角度来看，兄弟会承认现行制度和法律。

---

① Khairi Abaza, "Political Islam and regime survival in Egypt", *Policy Focus* #51, January 2006.

② 毕健康：《埃及现代化与政治稳定》，社会科学文献出版社 2005 年版，第 166 页。

③ "Muslim brotherhood and democracy in Egypt", Ikhwan Web, June 13, 2007, http：// www. ikhwanweb. com.

④ Mohamed Fayez Farahat, Liberalizing the Muslim Brotherhood, Can it be done? *Arab Insight*, vol. 2, No. 6, 2009.

　　在进行了二十多年的实践之后，重新思考了民主的一些基本原则，表明了兄弟会对在穆斯林社会中的共同协商和政治多元化的立场，整体上承认宪法和议会政权，强调民族是一切权力的源泉；强调公正选举的重要性，它是权力和平交接最好的方式，甚至提出埃及的妇女地位问题。

　　此外，埃及最大的两个暴力激进组织——伊斯兰社团和伊斯兰圣战组织也出现了转变，这种暴力极端主义运动已经开始出现一种反省式的自我批判，开始重新思考他们的圣战主义思维和长期激进暴力的行动。1997年7月，伊斯兰社团的领袖发起了非暴力的倡议，并开始评估过去的行动和思想意识。[①] 一方面对自身之前的思想意识和实践进行批判，另一方面，深入分析新的思想意识模式的建构。这两种平行进行的"自我批判"思想运动，不仅是对过去圣战思维的一种突破，而且由埃及现代宗教暴力运动历史上最大的两个伊斯兰团体发起推动综合多层面的自我反省，其重大的意义不言而喻，对埃及社会和伊斯兰团体的未来发展也是有重大影响的。随着伊斯兰社团宣布放弃使用暴力和伊斯兰圣战组织自我评估的进行，这两个组织都加入了和平温和的社会政治伊斯兰团体的行列，一方面增强了以穆斯林兄弟会为代表的温和伊斯兰主义运动的力量，另一方面，在1997年宣布非暴力倡议之后，埃及的政治氛围已经有了很大的转变，当美国和西方的情报部门投入精力来应对伊斯兰组织成员，将数以百计的人送进监狱和秘密拘留所，埃及政府开始逐年释放了近两万名伊斯兰组织的成员，[②] 这种政治氛围对兄弟会宣传主张扩张势力是个绝好的机会。

　　其次，埃及政治生活日益多元化和宗教公民社会的发展是兄弟会转型的第二个重要原因。穆巴拉克上台后，在保持政治稳定的前提下，稳步推进有限的民主化进程。"穆巴拉克执政伊始，便与反对党派握手言和，缓和反对党派和民主人士的关系，释放1981年9月大逮捕中下狱的反对党派领袖人物和思想家，并在总统府接见他们。"[③] 在穆巴拉克时代，多党制从萨达特时代的有名无实状态进入了正式运行状态，尽管是"有限的"，但毕竟迈出了埃及政治民主化进程中的重要一步。政治环境的宽

---

　　① Diaa Rashwan, Egyptian Islamists and nonviolence views from the prison cell, *Arab Insight*, vol. 2, No. 2, 2008.

　　② Ibid.

　　③ 毕健康：《埃及现代化与政治稳定》，社会科学文献出版社2005年版，第116页。

松，使兄弟会的主流派别也日益温和，兄弟会承认现行宪法、选举制度、议会政治和一些基本原则，同时也保留了一些自己的看法。

"从三十多年埃及社会发展来看，公民社会组织由少到多、由弱到强，特别是同业公会、工会、商会等社会组织的作用日益突出，构成自下而上推动民主化进程的重要力量。"[①] 在 2001 年律师协会的选举中，兄弟会赢得了多数选票，控制了协会理事会，这从侧面反映了伊斯兰主义对世俗公民社会的渗透，出现了宗教公民社会，呈现出一种伊斯兰属性，这当然引起了政府的不满和恐慌，他们颁布法律限制甚至取缔协会，兄弟会领导的协会则不断批判政府违背民主原则。尽管公民社会主体之间分歧和矛盾是客观存在的，但是在与政府的对抗中，一方面，扩大自由推进民主的要求，无疑将推动整个埃及社会的民主化，另一方面，是民主自由化理念渐渐在兄弟会和各种公民社会组织中生根发芽。

兄弟会认识到，要独自承担起领导埃及或者操纵政治改革进程重担是非常困难的，兄弟会在实践中进一步认识到要有效地治理整个国家就要和"所有的政治派别组成联盟"，[②] 因此必须采取同其他政党合作的战略。与此同时，穆斯林兄弟会的社会基础亦发生变化，民间资产阶级和知识分子逐渐成为穆斯林兄弟会内部崭新的社会力量。[③] 兄弟会明确地提出："现代的宪法制度提供了一种通过选举来获得权威的道路。只要宪法制度可以选举出负有责任感的人，并能防止他们转入威权统治，那么伊斯兰就不会与它对抗。"[④] 兄弟会反对的是威权统治，不是宪政制度，尊重在宪法和法律框架内的政治领域的多党制，并提出在维护宪法的尊严下，限制总统的任期。

再次，兄弟会的年轻一代寻求新的发展路径是内部组织在时代影响下的客观而重要的因素。从组织内部的代际交替来看，穆斯林兄弟会成立至今八十多年的历史横跨了几代人。兄弟会在这个成长的过程中，也遇到了很多新的难题和困境。在应对这些难题和困境时，兄弟会内部年老的一代

---

① 王林聪：《埃及公民社会刍议》，载《西亚非洲》2010 年第 10 期。

② Mohamed Fayez Farahat, Liberalizing the Muslim Brotherhood, can it be done? *Arab Insight*, vol. 2, No. 6, Winter, 2009.

③ 哈全安：《埃及穆斯林兄弟会的演变》，载《西亚非洲》2011 年第 4 期。

④ "Muslim brotherhood and democracy in Egypt", Ikhwan Web, June 13, 2007, http://www.ikhwanweb.com.

与年轻的一代在思想观念和制定策略方面出现了分歧。毫无疑问，从兄弟会的未来发展趋势来看，掌握兄弟会组织大权的年轻一代在新兴理念和雄心抱负等方面影响兄弟会未来的走向是必然的。在兄弟会内部，"很多年轻的兄弟会成员也开始要求兄弟会组织结构更为民主和透明，他们倡导权力应该有规律地在成员之间循环，威权思想应该从兄弟会的思想中剔除"，"很多人还希望修改兄弟会的内部章程，允许更多的年轻的兄弟会成员参加组织领袖的竞选"。①

从埃及社会发展和人口增长来看，据统计，近年来埃及的青年人口比例猛增，15～28 岁年龄段的年轻人占到了埃及全部人口的 28%，换句话说，埃及八千万人口中近三分之一的人口年龄都在 30 岁以下。② 加入非政府组织，举行游行示威，年轻人的诉求已经不仅局限于就业和教育，他们在公众场合中越来越多地提出了更为明确的政治诉求，要求扩大政治参与、尊重人权、实现更大的个人自由，同时，全球信息技术的革命也给了埃及青年人更为直接的机会去接近政治，并加入到关于自由、人权和民主化的讨论。年轻的穆斯林兄弟会成员也不例外，在过去的三年中，兄弟会的年轻人已经成为了埃及最富活力的主体力量，他们有高效的组织，并能采取有计划的政治行动。在 2005 年的议会大选中，兄弟会中年轻的积极分子就发挥了重要的作用，使得兄弟会得以在其创建历史上赢得了议会 20% 的席位。③ 毫无疑问，兄弟会的年轻成员已经开始对兄弟会高层制定决策产生影响，尽管在整个兄弟会运作的过程中，它可能起到的是一个小齿轮的作用，但是小齿轮往往能带动大机械运作，而且这种趋势还在加强。

最后，从外部环境来讲，中东民主化进程在坎坷中的不断推进，也影响了兄弟会在民主化问题上思想和策略的转变。围绕中东地区是否要进行民主的争论由来已久，1967 年阿拉伯世界的战败在阿拉伯知识分子中引起了激烈的讨论，包括关于是否需要民主、公民权利、议会的合法性、民

---

① Khalil Al-Anani, "The Young Brotherhood in Search of a New Path", Current Trends in Islamist Ideology, vol. 9, 2009. http：//www.currenttrends.org/research/detail/the-young-brotherhood-in-search-of-a-new-path

② Ibid.

③ Ibid.

众参与、政府的责任和民主价值观等等。① 这些讨论最初只限于知识精英的小范围内，但是随着中东各国进行的民主化改革（无论是出于怎样的意愿），以及西方欧美国家推动的"大中东民主计划"，民主化的观念开始深入到了社会各个阶层，虽然这是一个渐进的过程，但中东的穆斯林可以得出这样一个结论：民主正在逐步扎根，该地区的社会也正在慢慢接受民主实践的经验和制度。

作为推动中东民主化的外部因素，美国起了很大的作用。从某种程度上说，在中东推动民主化是"二战"后美国在战败国建立民主系统政策的一种延续。致力于推动市场改革、法律条款、尊重人权和民主化，很多阿拉伯国家的领导人都与美国结成亲密的盟友关系，为美国在这一地区推动民主化和保护政治、经济与安全利益提供了支持；相反，美国利用对这一地区的经济援助来发展经济、推进政治改革。对于美国来说，从地缘政治、解决巴以冲突、中东利益等方面来说，埃及战略地位的重要性不言而喻，在这个传统的地区大国，美国通过各种方式，如经济援助、投资、公共建设等手段来加强对埃及的影响，推动埃及的民主化进程。但是很显然，"美国在巴以谈判的问题上越是需要埃及的帮助，他们就越是需要穆巴拉克在此间承担重要的角色，而能够推动穆巴拉克政权走向民主的进程也就越是困难"，"奥巴马也认识到，对埃政策若是将经济援助同政治改革挂钩，穆巴拉克很有可能拒绝"，他们的伙伴关系也会受到影响，因此，美国不能直接敦促埃及政府进行改革，只有将重点放在引导埃及政府制定政策措施，而不是"帮助埃及政府削弱非政府组织的力量"，② 从推动民主化的角度来看，美国希望看到的是一个百花齐放的局面。不可否认的是，尽管中东地区在推动民主化的过程中面临着顽固的国内和国外的障碍，民主化毕竟在中东渐渐扎根了，即使是政府的反对派伊斯兰组织在同世俗政府对抗时，也是举着"民主化"、自由化的旗帜，借此在与政府的博弈中宣传自己的伊斯兰主张，兄弟会也不例外，也在付诸行动来加强民主，提出废除军事管制法，释放一切政治犯，接受自由主义的实践，尤其

① Nathan J. Brown, Emad EL-Din Shahin, *the struggle over democracy in the Middle East: regional politics and external policies*. New York: Routledge, 2009.

② Shadi Hamid, "The Cairo Conundrum: Egypt and the New U. S. Middle East Policy", *Democracy Journal*, Winter 2010.

是自由的言论和结社，倡导不受政府干预的公正的选举，给独立司法以最高的权威，并通过相关法律来保证它的独立。

三　转型后穆斯林兄弟会面临的挑战

纵观兄弟会的发展历程，从 1928 年创立至今，兄弟会始终坚守着入会誓词："我们都是为伊斯兰效命的兄弟，故我们是穆斯林兄弟会"，[①] 致力于恢复哈里发统治和伊斯兰教法。20 世纪 40 年代也曾徘徊在暴力激进组织的边缘，在同世俗政权的对抗中，也采取了大量的政治暴力行动，并在纳赛尔时期分化出一种伊斯兰极端组织。但是兄弟会主流派基本上还是放弃了暴力政策，在萨达特时期完成了从政治暴力到和平合法斗争的转折，就政治暴力而言，兄弟会已经不是埃及政治暴力的主要因素。在兄弟会的创始人哈桑·班纳看来，哈里发制度和伊斯兰的统治是穆斯林社会的根基，是穆斯林团结的平台和象征，必须恢复哈里发制度和伊斯兰统治。他排斥西方精神文明，但是又提出可以借鉴西方物质文明的某些成果，班纳虽然完全否定西方的社会、经济和政治思想与制度，但是他又未能完全提出构建完善全面的政治制度和机构的理论，如前所述，兄弟会在应对出现的一些新理念时，"必要时可以对它进行改革"，因为"它和生命中的万物相连，并详尽地规定了生活中的每一件事物。当人们在面对新出现的问题时，它也是非常有用的"，[②] "当然，兄弟会只是在斗争策略上而不是在斗争目标上接受政治多元化和议会民主化。"[③] 兄弟会也阐明了愿意同基督教徒和平共处的态度，认为科普特人是埃及社会结构中不可缺少的一部分，他们信仰和崇拜自由，强调埃及民族整体的重要性。这种态度进一步表明，在同一个国家生活的人们，无论其宗教、种族或意识形态如何不同，都可以达成公民共识。

尽管兄弟会出现了这样的一些转变，但"在关于穆斯林兄弟会是否

---

① 《埃及穆斯林兄弟会前高官：埃及准备迎接民主自由》，2011 年 8 月 12 日，http://news. sina. com. cn/w/sd/2011 - 08 - 12/143322980919. shtml

② *Muslim brotherhood and democracy in Egypt*, Ikhwan Web, June 13, 2007, http://www.ikhwanweb. com.

③ 毕健康：《埃及现代化与政治稳定》，社会科学文献出版社 2005 年版，第 170 页。

将转变成一种自由的力量的问题上，不少人都持反对的态度……他们认为，对这些组织作出公正的评价，应当建立在思考这些组织的特征及其运行的文化结构的特征的基础上。"① 从本质上说，埃及广大的世俗主义者并不相信兄弟会会接受世俗主义，并将接受世俗主义作为其转变为一种自由运动的一个先决条件。他们还怀疑伊斯兰主义与世俗主义携手究竟可以走多远，所以他们对兄弟会是否可以完全转变为一个西方式的自由主义政党并不抱太大期望。因为宗教组织不会放弃他们的宗教天性，这种天性将他们和非宗教政治势力完全区分开。穆斯林兄弟会从未宣布要放弃自身的伊斯兰属性，衡量生活中一切事物的唯一标准就是伊斯兰教法。此外，兄弟会内部并没有很好地运用公平自由民主的原则，在选拔自己的训导师时，其选举过程与 2005 年宪法第 76 条修改之前埃及人选举他们的总统候选人如出一辙，完全是兄弟会中的决策者根据自己的利益来选择候选人，或许对于兄弟会来说更明智的做法是从自身开始民主化的实践。

总之，兄弟会近些年的表现给我们总体的感觉是稳中有变，积蓄并不断地扩展它的势力，长期以来，兄弟会作为埃及最大的反对派和宗教政治势力中最具社会基础、最具影响力的温和组织，在埃及政治生活中具有举足轻重的地位，对政治稳定产生直接影响。而始于 2011 年的"阿拉伯之春"对埃及造成的政治大地震，无疑给了兄弟会参与政治、发挥影响的一个绝佳机会，使其通过参与议会大选赢得话语权，并赢得领导权。在 2012 年 2 月份的新议会选举中，自由与正义党赢得了绝对的优势地位，这是近二十年来兄弟会建设取得的最大成果。随着穆斯林兄弟会出身的穆尔西出任埃及首任民选总统，其对于埃及内政外交的影响无疑会起越来越大的影响和作用。然而，兄弟会倡导的伊斯兰宪政主义思想能否成为埃及政治伊斯兰发展的最佳选择仍有待实践检验，而且兄弟会在埃及政坛并非一家独大，在议会席位中虽然名列第一，但尚未过半，无法以一己之力控制议会，必须同萨拉菲派和其他自由民主派进行政治合作，"阿拉伯国家世俗政党还有相当的影响，多数民众也不接受极端思潮，伊斯兰势力要想

---

① Mohamed Fayez Farahat, Liberalizing the Muslim Brotherhood, Can it be done? *Arab Insight*, vol. 2, No. 6, Winter, 2009.

发展，必须采取温和路线并与世俗政党联合执政。"① 其执政的前途和面临的挑战十分巨大。

就在本文即将付梓之际，恰逢穆尔西总统执政一周年，其本人遭遇巨大反对浪潮而被军方解职，瞬息万变的埃及局势何去何从，穆斯林兄弟会发展路线何去何从，会否被倒逼再次走上武装暴力之路，都还需要观察。

（责任编辑：周海金）

---

① 安惠侯：《阿拉伯国家政治和社会动荡的前因及后果》，载《阿拉伯世界研究》2012 年第 1 期。

英国工党政府的非洲政策浅析(1997—2010)

李鹏涛　翟　珣

【内容提要】1997—2010 年执政的英国工党对于非洲事务表示出高度的关注，这是英国自 20 世纪 60 年代非殖民化时代以来前所未有的。工党政府在对非战略中奉行"第三条道路"外交理念，突出强调英国对非洲的道德责任。工党政府的对非战略取得一定成效，有助于提升工党政府的国际形象，但由于诸多限制性因素，调整范围有限。

【关键词】英国；工党；非洲；第三条道路外交

【作者简介】李鹏涛，历史学博士，浙江师范大学非洲研究院副研究员；翟珣，浙江师范大学非洲研究院国际关系专业硕士研究生。

1997 至 2010 年的工党执政时期，英国政府对于非洲事务给予极高关注，布莱尔明确表示将非洲作为其外交重点，这是英国自非殖民化时代以来从未有过的。工党政府将其奉行的"道德标准"理念融入其对非洲外交战略之中，强调英国对非洲的"道德责任"，"9·11"事件后布莱尔将非洲形容为"世界良心上的伤疤"，这与此前保守党政府的外交理念和非洲政策形成了鲜明对比。① 本文试图从考察工党政府的"第三条道路外交"思想入手，阐述工党政府对非洲政策的基本内容及具体表现，分析工党政府这一政策所面临的困境，以期有助于我们理解英国对非政策演进

---

① 关于英国工党的"第三条道路外交"问题，参见刘成《道德还是利益：布莱尔政府的外交思想与实践》，载《世界历史》2006 年第 1 期。

的基本趋势。

一 "第三条道路外交"理念

自第二次世界大战以来，工党一直坚持全球责任的立场。在哈罗德·威尔逊接任工党领袖并成为英国首相后，其大英帝国思想表现得更加淋漓尽致，但由于经济恶化，威尔逊政府不得不在非洲殖民地独立问题上作出让步。在保守党执政的 20 世纪八九十年代，非洲在英国外交政策中基本上处于边缘地位。随着冷战的终结，非洲的战略地位进一步下降，英国对这一地区的兴趣趋于减弱，因此到 90 年代的梅杰政府时期，英国政府虽然意识到非洲的冲突、贫穷和"脆弱国家"（weak states）等问题以及由此产生的移民、跨国犯罪和恐怖主义对英国利益造成的威胁，但仍强调要用非洲方式解决非洲问题，不愿过多介入非洲事务。①

工党上台后明确宣布奉行"第三条道路"的政治理念，在外交领域主张多边主义、各国利益相互依存，拒斥"狭隘的现实政治"，强调对于落后民族的道德责任，倡导用新自由主义、自由市场来促进世界经济的繁荣。② 1997 年 5 月，工党政府新任外交大臣库克发表了以"道德"为核心的外交声明，该声明宣称："在外交政策上不讲政治价值是不能接受的，工党的外交政策必须符合道德标准，国家利益不能被狭隘的现实政治所约束。"③ 对工党来说，将"道德标准"作为执政时期的外交指导思想还是首次，这预示着英国将奉行一种全新的外交理念。此后，包括布莱尔在内的工党政府领导人反复强调"道德"、"人权"和"国际责任"在英国外交政策中的作用。1999 年 1 月 8 日，布莱尔在南非开普敦发表演讲，正

---

① Gordon D. Cumming, "UK African Policy in the Post-Cold War Era: From Realpolitik to Moralpolitik?" *Commonwealth &Comparative Politics*, Vol. 42, No. 1, 2004, p. 116.

② R. Dixon & P. Williams, "Tough on debt, tough on the causes of debt? New Labour's Third Way foreign policy", *British Journal of Politics and International Relations*, Vol. 3, No. 2, 2001, pp. 150 – 172.

③ Robin Cook, "Mission Statement for the British Foreign and Commonwealth, 12 May, 1997", http://www.fco.gov.uk

式将道德内容纳入他"第三条道路"的政治理念之中。①

在"第三条道路外交"理念下，工党政府强调对贫穷落后国家的责任，而非洲大陆由于贫穷国家较为集中，且大多与英国有着密切的历史、文化和经济联系，因此工党政府对于非洲事务表示出了高度的关注。而且，曼德拉领导下的新南非的兴起，姆贝基和奥巴桑乔等非洲领导人提出的"非洲复兴思想"和"非洲发展新伙伴计划"，更使得英国对非洲发展充满期待。

特别是在"9·11"事件后，英国强调非洲地区动荡、落后将导致恐怖主义的滋生，并会对英国和国际社会造成严重威胁。近年来，因为追随美国发动伊拉克战争，英国的国际形象已经严重受损，布莱尔政府尤其希望在非洲事务上能够有所作为，以重塑工党政府的国际形象。

二　工党政府对非政策的主要内容

自 2001 年"9·11"事件以来，工党政府对非洲的"第三条道路"政策，其特征开始日益显现，即通过相互尊重、平等关系来促进非洲发展，强调对非政策中的多边主义和国际合作。工党的"第三条道路"政策认为和平、繁荣和民主是非洲所面临的重大问题，同时也应该是英国对非洲政策的核心。为此，英国支持非盟和非洲次地区性组织的发展，鼓励非洲国内改革，促进非洲公民社会、司法和新闻独立以及反腐败机制的发展，并且积极协调各援助国在非洲事务上的立场和态度。

（一）非洲发展问题

工党政府认为国际社会是个相互影响的整体，落后国家的赤贫状态令人难以接受。英国对落后国家的道德责任同英国自身利益是一致的，因为非洲国家的繁荣不仅有利于非洲人民，也对英国乃至世界有益。英国国际发展大臣克莱尔·肖特（Clare Short）指出，贫穷是"当前世界面临的最

---

① Tony Blair, "Facing the Modern Challenge: The Third Way in Britain and South Africa", http://www.fco.gov.uk.

为严重的道德挑战。"① "9·11"事件之后，英国工党更是从反恐角度出发，强调非洲的不发达与恐怖主义威胁的联系。英国鼓励非洲经济发展的途径主要包括三方面内容，即促进自由贸易、削减债务、扩大调整援助项目，其中尤以削减债务方面的努力最为引人关注。

第一，削减债务。1996 年，英国政府制订计划减轻"重债穷国"（Heavily Indebted Poor Countries）的债务负担，时任财政大臣的戈登·布朗为此做了大量工作。英国政府还大力推动了千年减债基金（Millennium Fund for Debt Relief）的成立，并帮它从欧盟获得 7 亿美元资金。② 在 1999 年科隆七国峰会上，戈登·布朗促成了减债一揽子计划，并且率先将援助金额增加到 2.21 亿美元，从而大大推动了其他成员国增加对非洲的援助力度。2004 年，非洲委员会在布莱尔倡议下宣告成立，该委员会认为非洲的贫困和发展停滞是当代最大的悲剧，为促进非洲社会整体发展、增强减贫成效，非洲委员会提出了一揽子行动计划。2005 年英国同时担任欧盟和八国集团的轮值主席国，工党政府将非洲问题作为其任期内关注的主要问题之一，布莱尔将 2005 年称作"非洲年"，布朗也宣布 2005 年"是实现联合国千年发展中消除贫困、文盲和疾病目标进程具有里程碑意义的一年。"③ 布朗还提出了自诩为"新马歇尔计划"的非洲贫困问题解决方案，该计划主要是希望将八国集团的发展援助翻一番，每年增加 260 亿美元的援助，布朗还计划使得发达国家用于发展援助的开支达到联合国所设定的目标，即国民生产总值的 0.7%。布朗制定了运用国际货币基金组织的黄金储备减免各国所拖欠债务的详细方案，并且要求世界银行各成员国取消 70 个穷国所欠债务。④

第二，促进发展。1997 年成立国际发展部是工党政府在这方面的一项重要举措。实际上，国际发展部的前身海外发展管理局已经将帮助非洲国家消除贫困作为目标，但由于海外发展管理局隶属于英国外交部，而外交部并不太关注非洲事务，所以并未取得很大成效。国际发展部则是一个

---

① Clare Short, "Speech to the Labour Party Conference", Bournemouth, 30 September 1999.

② Dixon and Williams, "Tough on debt, tough on the causes of debt?" pp. 150 – 172.

③ Gordon Brown, "The Challenges of 2005: Forging a New Compact for Africa", *New Economy*, Vol. 11, No. 3, 2004, p. 127.

④ Ian Taylor, "'Advice is Judged by Results, not by Intentions': why Gordon Brown is wrong about Africa", *International Affairs*, Vol. 81, No. 2, 2005, p. 300.

独立机构，其主要任务是通过与贫穷国家政府平等合作来实现消除贫困的目标。国际发展部在 1997 年发布了近二十年来首个关于国际发展的英国政府白皮书，工党政府大大提升了对非援助的力度。1998 年，国际发展大臣克莱尔·肖特访问卢旺达时承诺提供援助，她表示包括英国在内的西方国家在 1994 年卢旺达大屠杀时，有能力制止大屠杀，但却袖手旁观，目前卢旺达正在实现复兴，但由于经济衰败，无法吸引到国际投资，除非英国为其提供援助，否则它将毫无发展的希望。[①] 与此同时，新工党政府也承认国际货币基金组织和世界银行是推动非洲发展的主导力量，并支持国际货币基金组织在推动发展中国家确立"正确的宏观经济和财政政策"方面的努力。[②] 值得注意的是，工党政府基本上是照搬世界银行的模式，奉行经济自由主义，主张政治和经济自由化是相互加强的，因此非洲国家一方面要推行制度、民主改革，另一方面要推行结构调整政策。工党政府强调"有道德"的政府和"有利于穷人"的增长，试图克服资本主义和社会主义的意识形态对立。[③]

第三，自由贸易。生产和出口经济作物是许多非洲国家外汇收入的重要来源。仅可可和咖啡的出口收入在 90 年代中期时就占到非洲农产品出口总收入的一半以上。但是，西方国家的贸易保护主义政策对于非洲农业造成极大破坏。西方国家在低价购入非洲原料的同时，还通过贸易壁垒阻止了非洲农业制成品进入其国内市场，从而导致非洲经济不仅依赖于原材料出口，随时面临价格波动的风险，也使得非洲处于世界产业链的价值底端。在农业补贴方面，如果美国不补贴国内棉花生产，那么 2002 年全球棉花价格将上涨 25%，这将使得许多非洲国家受益。据估计美国和欧盟的棉花补贴使得非洲国家税收减少了 3 亿美元，这远远多于世界银行和国际货币基金组织根据"重债穷国减贫计划"减免西非和中非的 9 个棉花出口国的 2.3 亿美元债务。

英国承诺将为非洲国家争取在国际贸易中的公平地位。在西雅图回合

---

① Clare Short, *An honorable deception? New Labour, Iraq and the misuse of power*, London: Free Press, 2004, pp. 85 – 88.

② DFID, *Eliminating World Poverty: a Challenge for the 21st Century*. DFID: White Paper on International Development, 1997.

③ World Bank, *Adjustment in Africa: Reforms, Results and the Road Ahead*, Washington DC: World Bank Policy Research Unit, 1994, p. 15.

谈判正在进行的时候，肖特呼吁将这次谈判变成"为了世界贫苦大众"的利益而进行的"发展回合"谈判。非洲委员会建议 2005 年 12 月举行的多哈回合贸易谈判应优先考虑发展问题，各国应在 2010 年前取消农业出口补贴，到 2015 年实现零关税，但是这一目标很难实现。工党政府还在 2005 年承诺推动欧洲共同农业政策改革，从而为发展中国家的农产品进入欧洲市场创造条件。

(二) 非洲和平问题

维和是工党政府对非政策的重点，其目标是改善遭受战争破坏国家的民生，维护国际社会稳定。1999 年 9 月，外交大臣罗宾·库克在联合国大会的演讲中阐明了英国在化解冲突问题上的基本立场，并且提出了英国的行动重点：第一，帮助根除冲突的根源，即努力消除贫困，促进可持续发展；第二，鼓励良治和人权，从而确保民选政府的建立；第三，限制军火供应（包括轻型武器）；第四，阻止以钻石和其他稀有资源换取轻型武器和雇佣兵的非法交易；第五，反对正在形成的"不受惩罚文化"（culture of impunity），库克表示："那些违反国际人道法的人必须明白要对自己的行为负责。"[1] 尽管如此，库克明白暴力冲突仍很难避免，因而英国同联合国签署备用协议（Standby Agreement），为紧急维和任务提供兵力，并且在遣散军队、裁军和重建方面提供援助。

当 2000 年 5 月塞拉利昂内战再度爆发后，英国立即派兵执行维和任务。英国出兵塞拉利昂"并不完全是出于经济利益的考虑，尽管塞拉利昂拥有丰富的自然资源，但英国投资额非常小"，英国很大程度上是为了兑现自己的"道德"承诺，维护民主、人权的价值观念。[2] 出兵塞拉利昂是工党政府唯一一次对非洲的军事干预，也是英国自马岛战争以来单独采取的最大规模的军事行动，凸显了英国运用军事力量维护人道主义和政治目标的理念，同时也显示出布莱尔对非洲事务的高度关注。

工党政府还改变了对安哥拉内战的态度。安哥拉在冷战期间饱受战乱

---

① R. Cook, "Conflict Prevention in the Modern World", speech to the 54th Session of the UN General Assembly, New York, 21 September 1999.

② Rita Abrahamsen and Paul Williams, "Ethics and Foreign Policy: the Antinomies of New Labour's 'Third Way' in Sub-Saharan Africa", *Political Studies*, Vol. 49, 2001, p. 252.

之苦，工党积极推动安哥拉的和平进程，不同于以往保守党的中立立场，工党政府支持多斯桑托斯而反对以萨文比为首的分裂派"安盟"，将"安盟"代表逐出英国，并要求国际社会对其实施经济制裁。① 为切断安盟的资金来源，英国设法阻止安盟的非法钻石交易，在英国推动下，钻石生产国开会讨论建立国际毛坯钻石认证制度，最后达成了《金伯利进程》（the Kimberley Process），这在制止"冲突钻石"（conflict diamond）的国际贸易方面取得巨大成功，有利于结束安哥拉、塞拉利昂和刚果（金）的暴力冲突。②

削减在非洲的武器销售是检验英国推行"第三条道路外交"诚意的试金石。1998 年 5 月，国际发展部推出了南部非洲行动计划（the Action Programme for Southern Africa），该计划主旨是遏制南部非洲的"暴力冲突文化"。③ 英国也认可了 1998 年欧盟—南部非洲发展共同体峰会上签署的禁止常规武器非法交易计划（programme on Illicit Trafficking in Conventional Arms）和西非暂停出售轻型武器声明（the West African Small Arms Moratorium）。

"9·11"事件后，英国工党政府更是从"反恐"的角度强调非洲局势动荡对英国和国际社会的威胁，将非洲的"安全化"（securitization）作为对非政策的重要目标，并且认为非洲的安全稳定是实现发展的前提。④ 工党政府成立了"非洲预防冲突委员会"（UK Conflict Prevention Initiative for Africa），负责与欧盟、联合国和"非洲发展新伙伴计划"的协调合作，以促进轻型武器控制、安全领域改革和地区和平发展，工党政府还整合了国际发展部、外交部、国防部和财政部的资源，设立了非洲冲突预防基金（UK's Conflict Prevention Pool）。英国还积极参与斡旋苏丹内战，促成停火协议的签订，并且出资帮助加纳、肯尼亚、南非和尼日利亚

---

① P. Hain, "Angola Needs Our Help", speech to the Action for Southern Africa（ACTSA）Annual Conference, London, 20 November 1999.

② P. Hain, "Afro-Realism", speech at the "Challenges for Governance in Africa" Conference, Wilton Park, 24 July 2000.

③ N. Cooper, "New Labour and the Arms Trade", paper presented to the British International Studies Association [BISA]"Ethics and Foreign Policy" workshop, Bristol, 8 – 9 June 1999, p. 14.

④ Rita Abrahamsen, "A Breeding Ground for Terrorists? Africa & Britain's 'war on terrorism'", *Review of African Political Economy*, Vol. 31, No. 102, 2004, pp. 677 – 684.

训练国家安全部队。①

（三）非洲民主问题

在世界银行 1989 年发布《撒哈拉以南非洲：从危机到可持续增长》报告之后，"民主"和"良治"成为了非洲发展的关键词，不到一年时间，大多数援助国和国际组织逐步开始将民主改革作为发展援助的条件。英国政府从 20 世纪 90 年代中期开始采取这一立场，明显表现是 1991 年削减对苏丹和肯尼亚的援助，1992 年削减对马拉维的援助。1994 年冈比亚发生军事政变后，英国通过欧盟削减了对它的援助。不过，梅杰政府的这一立场是有选择性的。加纳的罗林斯和乌干达的穆塞韦尼一直拒绝推行西式自由民主改革，但是由于这两国都推行"结构调整政策"，所以英国并未对其采取制裁措施。

工党基本延续了梅杰政府的促进非洲政治改革政策，承诺要做非洲大陆的"民主之友"，只是在侧重点和手段上有所不同。工党政府继续支持多党选举，同时强调贫穷群体更大程度的政治参与；在强调公民政治权和良治的同时，也强调公民的教育、医疗和生存权。它总体上尽量避免以前的对抗性方式，主张采取建设性接触，"这是'争吵'和'屈服'之外的第三种方法"，尊重人权的国家将会得到更多援助，而不符合良治和负责精神的政府将得不到援助。"②

然而，布莱尔与保守党政府一样，其制裁多是针对弱国的，例如英国与德国以 1998 年多哥大选舞弊为由，共同推动欧盟取消对多哥的援助。而对于与英国有政治、经济利益关系的国家，英国往往采取默认态度。尽管英国指责肯尼亚执政党肯尼亚民族联盟腐败无能、操纵选举，但却并未停止对其援助或者军火交易。包括英国在内的西方国家指责尼日利亚存在严重的人权、腐败、专制问题，西方的非政府组织和媒体普遍要求对阿巴查政府施加压力，但是由于英国在尼日利亚拥有巨大的石油利益和其他商业利益，所以，工党政府并未对尼日利亚实施石油禁运，而且鼓励阿巴查参与塞拉利昂的维和行动。在津巴布韦问题上，尽管穆加贝总统拒绝对

① Comfort Ero, "A Critical Assessment of Britain's Africa Policy", *Conflict, Security and Development*, Vol. 1, No. 2, 2001, pp. 51 – 71.

② Africa Research Bulletin (Economical Series), October 10, 2002, p. 15323.

话，而且介入了刚果（金）内战，但是直到 2000 年初英国也并未像美国一样停止对穆加贝政府的发展援助。只是在 2000 年 6 月总统选举前夕，穆加贝总统鼓励武装占领白人农场后，布莱尔政府才最终停止了对津巴布韦的武器销售和军事援助。

三　工党政府对非政策评价

尽管工党政府强调外交中的道德标准，将自己塑造成了与往届不同的有道德感的政府，但是英国外交政策能否发生实质转变仍值得怀疑，英国前外交大臣赫德（Douglas Hurd）批评说，工党改变的只是言辞，实质性调整有限，"但却将两三度的调整说成是一百八十度的转变。"[①] 工党政府在很多方面实际上仍然是沿袭保守党的政策，并没有太大的新颖性。例如，在非洲危机管理方面，实际上梅杰时期的保守党政府已经提出建立非洲维和部队的计划。[②] 同时在非洲民主方面，冷战结束后，促进自由民主成为大多数西方国家对外援助政策的重要组成部分，保守党政府曾明确宣布支持尊重法治、公共责任、人权和市场原则的国家。[③]

总体上看，工党政府所鼓吹的"第三条道路外交"理念面临着诸多的限制因素：

第一，工党政府的对非政策与英国国家利益的内在矛盾，工党政府公开声称的消除贫困与保护促进英国在非洲经济利益之间的矛盾。对于非洲经济资源的过度开采和滥用，尤其是矿产、石油和私营部门的掠夺是加剧非洲国家贫困、动乱的重要原因。包括英国在内的西方企业直接或间接地卷入其中，但是英国政府未能有效地约束英国企业。2002 年联合国的一份报告中提到，多家英国公司参与了对刚果（金）经济资源的掠夺，但

---

① 　D. Hurd, Foreign Policy and Human Rights, Foreign Affairs Committee, minutes of evidence HC 369 - ii, 16 December 1997, p. 25.

② 　G. Rye Olsen, "Western Europe's Relations with Africa since the End of the Cold War", *Journal of Modern African Studies*, Vol. 35, No. 2, 1997, p. 314.

③ 　ODI, *Aid and Political Reform*, Briefing Paper, London: Overseas Development Institute, January 1992, p. 1.

英国有意回避调查此事。① 在对外贸易方面，工党政府所倡导的消除贸易保护主义的政策必然触及包括英国在内的西方国家各国企业的利益，因此也面临着巨大阻力。

而且，英国在军火工业上的立场显示出它推行"第三条道路外交"的困难。英国是世界上最大的军火商之一，就业人数约 40 万，工党促进和平和人权的新目标必然与英国所推行的出口导向型的国防工业发展战略相矛盾，"桑德莱恩丑闻"充分说明了这一点。1998 年，总部设在伦敦的桑德莱恩国际公司（Sandline International）向塞拉利昂卡巴政府提供了 30 吨的武器弹药，此事经披露后引起英国朝野轰动，经调查发现这批军火是由英国外交部提供的。英国政府不仅严重违反了联合国关于塞拉利昂武器禁运的安理会决议，而且违背了英国政府反对非洲国家使用雇佣军的官方立场。

第二，工党所提倡的经济自由主义与社会正义之间的矛盾。工党政府强调市场经济与社会正义相结合，但在许多动荡的非洲国家，经济自由化并不能保证其结果有利于弱势群体，反而可能导致贫富差距的扩大，进而引发政治动荡。工党赞扬南非非洲人国民大会（现为南非执政党）实现由解放斗争时期奉行的社会主义向新自由主义的转变，赞扬南非政府的"增长、就业和再分配战略"（GEAR）是"南非的第三条道路"，认为它不仅能实现社会正义，同样能维持投资者的信心。然而，结构调整政策的消极后果是显而易见的，南非出现了严重的失业和民众收入的降低。同样情况也出现在赞比亚。在英国等西方援助国的支持下，奇卢巴政府采取了极为激进的私有化政策，实现了 90% 国有企业的私有化。但是贸易自由化政策使得本国小企业无法与外国大公司竞争，本国工业严重衰退，造成数万人失业，政府在卫生、教育等方面投资下降，有研究表明，赞比亚 70% 的人口生活在贫困之中。② 同样的，工党推动削减非洲债务的目标是消除非洲贫困，但是削减债务的前提是，这些国家接受世界银行和国际货币基金组织的新经济政策。由于国际金融机构经济条款的限制，政府无法扩大对医疗、教育和基本设施方面的开支，因而很难实现消除贫困的基本

---

① UN *expert panel on the illegal exploitation of the natural resources of the Democratic Republic of Congo*, Oct. 2002.

② A. Mukwita, "Zambia: more pain than gain", *Inter-Press Services*, 22 June 2000.

目标。

第三，工党理念与非洲现实状况的差异。非洲国家当前面临的问题更多的是内部发展问题，包括英国在内的国际社会的支持和援助有助于非洲状况的改善，但并不能解决问题。所有这些改革都要靠非洲国家的内部动力来推行，而不能由西方强加。例如，国际危机组织的报告显示，英国对塞拉利昂的军事行动，非但未能解决塞拉利昂问题，使其走上独立自强道路，反而是重建起了一个脆弱的政府。[1] 正如英国皇家非洲学会会长道登（Richard Dowden）所说，非洲在过去五十年里所得到的援助有 1 万多亿美元，相当于今天的非洲人每人 5 000 美元。如果援助能解决非洲问题，那它早就是一个富饶的大陆了。[2] 单纯的援助，而没有非洲内部的政治、经济改革，不仅不能促进非洲经济的持续性增长，反而可能导致形势恶化，英国工党政府"有着一个危险性的假设，即非洲问题是由于过去错误政策造成的，如果采取正确的政策，所有的问题都会得到解决。但是它忽视了非洲的历史、文化以及非洲人的处事方式。"[3]

四　结　语

从上述分析可以看出，自"9·11"事件以来，工党政府日益强调外交政策中的道德因素，强调与非洲发展伙伴关系，而不是以往单纯的援助国与受援国的关系，促使非洲问题在英国外交政策中取得了自 20 世纪 60 年代以来前所未有的重要地位，这也在一定程度上提升了工党政府的形象。布朗就任首相后继续对非洲事务表示高度关注，承诺增加对非洲援助的额度，向国际发展部增派熟悉非洲情况的官员，并任命前联合国副秘书长、联合国千年发展目标的主要设计者马洛克·布朗（Mark Malloch Brown）为负责非洲事务的国务大臣。但是这一政策理念的推行也面临着诸多挑战与困难，其中尤为重要的是，工党政府必须考虑非洲国家的现实

---

① International Crisis Group, *Liberia and Sierra Leone: rebuilding failed states*, Brussels and Dakar: ICG, 2004.

② Richard Dowden, "Can Gordon save Africa?" *Observer*, 9 Jan. 2005.

③ Richard Dowden, "The state of the African state: the past, present and future of the nation state in Africa", *New Economy*, Vol. 11, No. 3, 2004, p. 142.

状况，只有这样，工党政府的外交道德理念才能真正取得成效。2010年，保守党击败工党后再次执政，在非洲政策上仍然面临着相似的结构问题。

（责任编辑：周玉渊）

非洲区域一体化与中非合作的机遇和挑战

唐 晓

【内容提要】非洲区域一体化是非洲联合自强、求和平谋发展的必经之路，至今已在政治和平与安全、经济贸易、对外文化交流等方面取得了显著的成就和进步。然而，由于战乱、内部冲突等政治不稳定、经济产业结构相似、内部贸易不足等各种因素的阻碍，以及国际金融危机等外部因素的干扰，非洲一体化进程至今任重而道远。中非可以在中非合作论坛框架内在政治、经济和文化等方面，在双边合作的基础上培育和促进中非合作与非洲区域一体化的结合，实现两者相互促进，使中非合作在规模和效益上更上一个台阶，产生更加丰硕的成果。

【关键词】非洲区域一体化；中非合作；中非合作论坛

【作者简介】唐晓，外交学院非洲研究中心主任，教授。

非洲区域一体化与中非合作既是非洲国家实现和平与发展可以借助的区域内部和外部的两个重要手段和平台，也是中国实现中非合作规模增益和规范增效的重要合作领域，两者是同时发展的不可逆转的历史进程。实现两者的结合，既将对非洲和中国带来互利共赢的机遇，也给以国与国双边关系为主的传统中非合作模式带来挑战。这就需要参与合作者建构多边合作模式，克服各自内部以及外部环境不利因素的影响。2012 年 7 月《中非合作论坛第五次部长级会议北京宣言》指出："加强中国与非盟及非洲次区域组织合作，共同采取措施促进非洲团结和睦和联合自强，支持非盟和'非洲发展新伙伴计划'框架内非洲地区一体化和可持续发展的努力。"① 由此为非洲区域一体化与中非合作结合奠定了坚实的基础。然而，如何将上述指导原则转化为切实可行的具体政策，仍有待进一步研究和探索。

一　非洲区域一体化与中非合作是互利互助关系

(一) 区域一体化是非洲谋和平求发展的必经之路

非洲区域一体化是非洲国家基于共同的地域和理想，依靠集体力量独立、复兴与联合的历史进程，是"泛非主义"（Pan-Africanism）思想即"团结、自信、自强的非洲"的具体表现。2002 年非洲联盟（African Union）正式取代非洲统一组织（Organization of African Unity）是"泛非主义"复兴的重要标志，自此非洲各国从政治合作走向全面合作，从"求独立，求解放"转变为"求和平，谋发展"，非洲国家的向心力得到迅速提升。2001 年出台的"非洲发展新伙伴计划"（NEPAD）被纳入非盟框架，成为非洲第一个自主制定的指导全非全面发展的战略蓝图。此外，西非国家经济共同体、南部非洲发展共同体等 8 个次区域组织亦与非盟积极展开配合，整合所在地区国家力量，成为一体化进程的基石。② 此次国际金融危机给非洲国家的区域合作和一体化进程带来了巨大压力，同时也带来了机遇。许多非洲国家已经认识到，加强区域政治协商和加快区域经济整合，有利于帮助各国最大限度地抵御外部经济冲击，减轻国际金融危机造成的负面影响。正如非盟委员会主席科纳雷指出："非洲如果不实现一体化，就难以实现快速发展，我们就没有未来。"③

① 中非合作论坛第五届部长级会议北京宣言（全文），中国政府网，2012 年 7 月 21 日，http：//www. gov. cn/jrzg/2012 –07/21/content_ 2188621. htm，2012 年 10 月 20 日登录。

② 2006 年 7 月非盟第七届首脑会议发表了《对地区经济共同体进行延期承认的决议》，声称除了 8 个经济共同体（西非国家经济共同体 ECOWAS、中非国家经济共同体 ECCAS、南部非洲发展共同体 SADC、东南非共同市场 COMESA、东非共同体 EAC、阿拉伯马格里布联盟 AMU、撒赫勒—撒哈拉国家共同体 CEN-SAD、政府间发展组织 IGAD）外，非盟将暂时中止对其他经济共同体的承认。由此将非洲各次区域组织的发展从属于非盟的一体化框架之下，使其在发展目标上与非盟的整体发展保持一致。

③ 张崇防、陈顺：非盟致力于加快地区一体化进程，http：//news. xinhuanet. com/news-center/2006 –06/29/content_ 4763798. htm，2011—12—17。

（二）中非合作是中非谋和平求发展的重要平台

中非都属于发展中世界，处于工业化、城市化和现代化进程的不同阶段，都面临发展的共同任务。中国与非洲国家经济贸易结构互补，中国的资金、技术、产业结构和产品比较适合非洲经济发展和市场的需求，非洲丰富的能源和原材料资源能够满足中国快速增长的经济发展需求。中非深厚的历史传统友谊、坚固的政治合作基础以及广阔的经贸合作需求，使中非合作对中非双方发展及可持续发展具有巨大的潜力和空间，并具有十分重要的战略意义和价值。加强中非合作是非洲实现工业化和现代化可以借助的强有力的臂膀，也是中国在工业化、城市化和现代化获得迅速发展后保持可持续发展、实现国民经济再上一个台阶的重要手段。

（三）非洲区域一体化与中非合作互利互助

非洲区域一体化是非洲联合自强实现求和平谋发展的重要路径，中非合作是非洲与国际合作伙伴致力于非洲和平建设和经济发展的重要平台之一，也是中国实现可持续发展的重要手段。因此，非洲区域一体化与中非合作两者具有共同的利益，具有相互补充和相互促进的利益关系，实现两者结合，将有助于非洲的和平与发展，有助于中国的现代化建设。中国与非洲国家在非洲区域一体化领域展开合作是进一步拓展和巩固中非合作的重要领域，也是未来中非通过规模增益和规范增效使双方合作最有可能取得显著成果的重要领域。非洲区域一体化给中非合作创造了新的机遇和契合点，同时也带来了新的挑战和难题。

二　非洲区域一体化给中非合作带来的机遇

（一）政治上带来的合作机遇

非洲区域一体化所促进的非洲国家团结和联合有利于奠定中非合作良好的政治基础与和平环境。其一，非洲联盟自成立以来，大力倡导用非洲自身力量、自有资源解决非洲自身问题，提出了强制干预成员国国内重大危机（如战争罪、种族罪和反人道罪）或成员国间侵略情势的"非漠视原则"（The principle of non-indifference），建立和平与安全理事会、筹组非洲常备军，为非盟实施自主维和使命提供组织保障与制度基础。其二，非盟通过对一些国家内部冲突的介入和干涉，促进了非洲和平与稳定。从2003年起，非盟先后对布隆迪内战、苏丹达尔富尔冲突、多哥政治危机、科特迪瓦内乱、索马里内战等多起冲突与战争进行了一定程度的介入和干预，对防止这些冲突的失控、促成冲突的解决起到了积极的作用，使非洲大陆出现了"摒弃暴力，寻求和平"的良好势头。其三，提出了通过政治调解的和平手段解决冲突的非盟方式。针对2011年初科特迪瓦选举后危机，以及随后发生在突尼斯、埃及、利比亚等北非国家的国内冲突，非盟提出了运用政治调解的和平手段解决冲突的非盟方式。长期困扰利比里亚、塞拉利昂、布隆迪、民主刚果和南部苏丹的冲突已接近尾声。和平公决后，一个新的南部苏丹国家初露端倪。20世纪60年代到90年代，非洲只有四个平民领袖愿意交出权力，没有一个执政党失去政权。冷战结束后，加纳、塞内加尔、肯尼亚、赞比亚的执政党在选举中下台，2011年非洲十几个国家顺利举行大选，来自多哥、毛里塔尼亚、马达加斯加和尼日尔的军事政权都受到了非盟的制裁。①

　　非洲区域一体化促进非洲用一个声音说话，有利于中国与非洲作为发展中国家在国际事务中采取共同立场，在国际政治舞台开展广泛的合作和相互支持。非洲大陆共有54个国家，在联合国拥有54个席位，占到联合国成员国总数的28%，是联合国最大的投票集团。2002年非盟成立后，非洲国家日益注重协调在重大国际问题上的立场，力争在国际舞台上"用一个声音说话"。如在联合国改革问题上，非盟积极推动联合国安理会改革进程并提出自己的改革方案，受到联合国及各主要国家的积极关注。在世界贸易组织谈判和国际金融体系改革等国际政治经济议题中，非盟也发挥了重要作用。此外，在非洲暂停适用"普遍管辖权"原则，反对国际刑事法院以战争罪和危害人类罪指控苏丹总统奥马尔·巴希尔，非盟成员国不遵循《罗马规约》有关逮捕并移交被起诉的苏丹总统巴希尔的条款规定，由此彰显了非洲在重大国际问题上独立自主、用一个声音说话的意志。总之，与世界其他地区相比，非洲国家"用一个声音说话"

---

① Adekeye Adebajo, "Look at how Africa is changing"，英国《卫报》网站：http://www.guardian.co.uk/commentisfree/2011/feb/27/adekeye-adebajo-africa-economic-growth，2011年11月20日。

的意志和努力日益受到国际社会的重视和关注。

非洲区域一体化过程中区域和次区域制度化建设为中非经济合作创造了更加有利的制度环境。截至 2009 年 1 月，非盟委员会通过了 33 个包括民主、治理、人权、国防、自然资源、文化、恐怖主义、贸易、卫生、环境、经济发展问题在内的协议、公约、宪章、条约。① 非盟在其组织法、NEPAD、非洲民主宪章中已表示致力于推进民主、善政、人权和发展权，以及宪政、权力和平顺利转移、透明度、问责性和参与性的民主等规范和原则的制度化。在善治与法治方面，2003 年非洲领导人发明了非洲同行审议机制（African Peer Review Mechanism），旨在通过签署国彼此相互督促实施善治与法治的实际进展以实现各国领导人为他们的公民治理负责任，由此也获得增加外国援助和贸易的回报。到目前为止，26 个国家已经加入，8 个国家接受了评审。② 非盟还通过了预防和打击腐败公约，谴责和反对违宪更换政府的行为，制定了非洲大陆共同的农业发展规划，以及在基础设施、能源、贸易、投资等领域的地区发展计划。③

非洲国家区域一体化程度越高，非洲国家的执行能力将得到进一步加强，这有助于中非合作各项政策的执行和落实，提高中非合作的效率和质量。非盟和非洲次区域组织通过协商制定各种公约和协定，统一区域内各成员国发展目标和发展优先次序，有助于提高非洲国家和区域组织的执行能力。如"非洲商法协调组织"是非洲大陆一个重要的地区性国际组织，该组织在协调各成员国国内商法尤其是在推动各成员国采用统一法方面成效显著。该组织自成立以来已通过大量的统一法，对于确保该地区商法的确定性、可预见性，实现该地区贸易和投资的发展，推动该地区的经济一体化发挥了举足轻重的作用。④

① Okumu, Wafula, "The African Union: Pitfalls and Prospects for Uniting Africa", *Journal of International Affairs*, Vol. 62, No. 2, 2009.

② Ibid.

③ 如非洲农业综合发展计划（CAADP, 2003），非洲基础设施发展计划（PIDA, 2010），最低程度一体化计划（MIP, 2008），非洲教育第二个十年发展计划（SDEA, 2006），非洲科技行动计划（CSTPA, 2005），非洲和平与安全构架（APSA）等。

④ 朱伟东：《非洲商法协调组织述评》，载《西亚非洲》2009 年第 1 期。参见：政治学论文网 http://politics.csscipaper.com/countries/africa/7546.html，2011—11—20。

(二) 经济上给中非合作带来的机遇

非洲经济一体化为中非经贸合作在广度和深度上提供了机遇和空间。非洲一体化提出了非洲经济增长的目标和明确的发展战略，提出了非洲大陆国家之间在能源、交通、卫生健康、通信以及农业等领域的发展项目，由此为中非在基础设施发展、能源、农业等领域合作带来很多机遇。事实上，近年来非洲经济一体化取得的实质性进展，不仅成为非洲联合自强的重要标志，更成为非洲实现经济腾飞的重要内生动力。中国政府赞赏并支持非盟及非洲区域组织为推动非洲一体化进程所付出的努力，愿意为非洲区域经济一体化提供更多的支持。中国商务部部长陈德铭 2012 年 7 月在中非合作论坛第五次部长级理事会上指出："未来三年，中方将重点围绕促进非洲区内贸易发展和互联互通与非方开展合作，帮助非洲提高整体发展能力，更好地防范外部形势变化的风险和抵御全球经济危机的冲击。中方将积极参与非洲跨国跨区域基础设施建设合作，选择成熟度较高的重点项目，帮助非方进行项目规划、可行性研究和工程设计，并鼓励有实力的中国金融机构和企业参与项目建设。中方还将为非洲国家建设和改造海关、商检基础设施，并通过提供设备、开展人员交流和培训等形式，进一步促进非洲区内贸易便利化。"①

非洲经济一体化可为中国提供巨大而尚未开发的市场。非洲区域一体化致力于开拓更大的商品市场，将有利于中国产品进入非洲。任何区域集团中的自由贸易区和共同市场的有效运行将会为中国提供现成的合作平台。非洲区域一体化与中非合作结合不仅使非洲国家受益，还将使整个非洲近十亿人口受益。2010 年 7 月，东非共同体成员国肯尼亚、坦桑尼亚、乌干达、卢旺达和布隆迪正式启动共同市场，东非五国从此形成了一个拥有人口过亿的统一市场。这是继 2008 年 8 月南部非洲发展共同体成立自由贸易区后，非洲经济一体化进程中又一重要的历史性事件。在共同市场下，成员国将采取一系列措施整合市场，包括继续完善关税同盟，逐步取消关税壁垒、非关税贸易壁垒及技术性贸易壁垒，允许商品、服务、资本和人员的跨境自由流动，实行统一对外关税，采用统一商品质量标准，协

---

① 陈德铭部长在中非合作论坛第五届部长级会议上的发言，商务部网站：http://www.mofcom.gov.cn/aarticle/i/jyjl/k/201208/20120808290942.html，2012—09—10.

调金融、贸易、货币、教育、就业和劳务政策等。共同市场的建立将使东非地区进入新的发展阶段，进一步促进区域贸易，提升整体投资吸引力和经济竞争力，有利于该地区参与全球经济事务。

非洲经济一体化有利于促进中国对非投资和贸易的便利化。共同市场将意味着中国参与合作时面临统一的法律和规制，这将是省时有效的。非洲经济共同体签署的共同市场协议（如西共体、东南非共同市场），以及采取的自由贸易区政策（如东非共同体），为中国商品更加自由地进入非洲市场提供了机会。此外，经济一体化创造的更大的市场对投资者更加有吸引力，中国公司可以在非洲更加有保证的市场中投资，在一个自贸区或关税同盟的成员国投资，就意味着拥有了进入该区域或同盟所有成员国的通行证。

非洲经济一体化为中国经济及产业结构调整和转型提供了机会。在推动一体化发展的过程中，非洲国家的重点之一就是基础设施的建设和制造业的发展。而中国在这两方面都有丰富的经验，尤其是基础设施建设方面中国已在非洲积累了比较丰富的经验。要提高非洲的内部贸易，发展制造业或原材料深加工是一个重要的驱动力，中国恰巧面临经济结构的调整，中国的制造业和加工业技术又适合非洲工业化的发展需要和技术要求，因此可以将部分国内市场狭小的制造业和加工业向非洲转移，实现中非互利双赢。①

（三）文化领域给中非合作带来的机遇

非洲区域一体化让中国有机会理解非洲区域一体化的精神动力——泛

---

① 根据世界银行和非洲开发银行有关分析，最近全球性金融危机使西方国家对非洲的直接投资和援助减少，发达国家迫于国内经济不景气的形势从新兴市场抽离部分资金。因此金融危机给中国国内企业投资非洲既带来机遇又带来挑战。从机遇的角度来看，金融危机背景下全球矿业将进入新一轮衰退期，矿产品价格进入低位，使以出口矿产品为主要外汇来源的国家外汇资金更加紧缺，非洲对外资、外援的需求更迫切。这就为中国国内企业投资非洲提供了机会。另外，目前我国国内部分产业生产加工能力过剩，增加了我国企业走向国际市场的动力和压力。从目前看，非洲是我国比较理想的投资地。从风险的角度来看，金融危机和发达国家抽离资金可能导致非洲经济增长速度放缓，进而导致非洲国家缩减或推迟一些项目的建设，如基础设施投资。同时，近期石油、矿产以及各种原材料价格大幅下跌可能给投资于石油、矿产等相关领域的企业带来一定程度的风险。如果相关产品的价格在长时期内没有回升到合理水平，部分企业甚至可能蒙受重大损失。当然，从长期看，能源、原材料的价格仍是上涨趋势，这方面的风险是可以规避和控制的。

非主义，即倡导团结、自信、自强的精神，以及一体化过程中培育和不断强化的国家之间及地区之间相互协调与合作的精神，使中非可以寻求共同的价值观，分享和总结彼此合作的经验以取得更大更实在的合作成果。

扩大中非合作论坛框架内的中非文化交流合作项目有助于加深彼此之间的相互了解，消除中非之间的隔阂，营造平等、互利、共赢的文化价值观。这些项目包括中非学者联合交流计划，中国在一些非洲国家建立的孔子学院，以及文化体育交流项目。

随着中非合作在区域和次区域一体化层面上的推进和深入，非洲将逐步加深对中国文化价值观的认识和理解，如对中国发展道路、相互尊重与合作共赢、独立自主与改革开放、艰苦奋斗搞建设、一心一意谋发展，把握和处理好改革、稳定与发展的关系等的理解和认识，将有助于非洲国家在借鉴中国发展道路经验的基础上，探索出一条适合本国国情的发展道路。

三　非洲区域一体化给中非合作带来的挑战

（一）政治安全领域面临的挑战

对中国来讲，首先需要处理好中国不干涉内政和非盟非漠视原则的关系。近几年来，非盟和非洲次区域组织基本上接受了国际上现行的比较主导性的国际治理理念，比如人道主义干预、保护的责任等，他们认为在遇到成员国出现武力或无意保卫本国人民的时候，地区组织或次区域组织可以出面进行干预，奉行"非漠视原则"。2010 年非盟通过决议要求联合国安理会对其成员国厄立特里亚进行制裁，理由是厄立特里亚支持索马里的青年圣战组织（恐怖组织），安理会通过了这个决议，中国投了弃权票。另外，2010 年底开始的科特迪瓦大选危机，西方国家迫不及待地表态支持当选总统瓦塔纳，而且介入了内战。西共体和非盟，特别是西共体高调介入，并明确表态如果时任总统巴博不下台就将对其动武。另外利比亚问题，阿盟通过了决议，要求设禁飞区。这些都与中国一向主张不干涉内政的原则有明显的差别。因此，中国如何在新的形势下，为了非洲的利益，同时也为了自身的利益，在非洲的和平和安全领域与非洲区域和次区域组织打交道，既发挥我们的作用，彰显我们的责任，又坚持我们的原则，是我们面临的挑战。

其次，中国在对非合作中如何加强中国国内有关部门的协调。现在中国的援外、对非经贸关系和对外关系出现了行为主体多样化，除了政府还有企业，企业中有国企、民企和私企、合资企业等。这种主体的多样化及其利益诉求的差别，必然派生出一些问题。如果不加强国内涉非机构的协作与协调，加强与非洲区域和次区域层面的合作与协调，将出现一种无序的状态。我们国内至今没有一个统领对非合作各部门的强有力的协调机构。① 现在外国传媒和学者在研究中国对非合作时开始拿中国内部的体制说事，提出中国政策部门之间的协调效果有限，主要指商务部、财政部、外交部三者协调有限，甚至协调不了大型的国际活动。此外，他们提出不要过高估计中国企业（尤其是非国营企业）在增进中国政府利益方面能起到的作用，企业主要是赢利的，他们的行为不要解释为是政府的，他们的行为并不代表政府。因此，一边加强中央涉非决策领导机构之间的统一部署和协调一致，一边加强中央政府对涉非国企、民企和私企等企业的领导和协调，对中方来讲是一个重要的挑战。

再次，要求中国处理好中非与美非、欧非、印非等多边对非关系。2011 年 9 月，来华参加培训的非盟外交官们在与作者所在的外交学院非洲研究中心成员座谈时指出，中国在非洲获取资源的同时，仅考虑中非双方平等互利是不够的，还应该考虑中国在非洲的利益与西方国家和其他新兴国家在非洲的利益之间的关系，尤其是中国与美国各自在非洲的利益之间的关系。他们认为，若两者能够协调与合作，则对非洲有利，若两者相互冲突，则对非洲国家不利。因为非洲一体化的目标之一就是与世界主要国家开展合作，为非洲和平与发展赢得更多的外部支持，非洲国际合作伙

---

① 2000 年 11 月，中非合作论坛中方后续行动委员会成立。目前共有 27 家成员单位，分别是：外交部、商务部、财政部、中联部、国家发改委、教育部、科学技术部、工业和信息化部、国土资源部、环境保护部、交通运输部（含国家民用航空局）、农业部、文化部、卫生部、中国人民银行、海关总署、国家税务总局、国家质检总局、国家广电总局、国家旅游局、国务院新闻办公室、共青团中央、中国国际贸易促进委员会、国家开发银行、中国进出口银行、中国银行、北京市人民政府。外交部长和商务部长为委员会两名誉主席，两部主管部领导为两主席。委员会下设秘书处，由外交部、商务部、财政部、文化部有关司局组成，外交部非洲司长任秘书长。秘书处办公室设在外交部非洲司。目前，论坛的外部形象与内部定位之间存在着一定差距，需适当提升论坛的地位，并强化后续行动委员会的协调能力，使其可真正发挥国内资源整合平台和国际信息沟通渠道的作用。

伴之间对非政策和做法的竞争或对抗关系，直接影响到非洲的利益。他们指出，非洲希望看到国际合作伙伴竞争中的合作关系，这对非洲有利，但若是竞争中的对抗关系，则对非洲不利。也有学者指出："非洲国家的领导人，都为西方人有个竞争者而高兴。大家都看到了，过去十年的基础设施建设，比过去一百年的还要多。如果非洲国家可以在竞争者之间挑选，就能获得比一家独大时更大的利益。现在和冷战时代不同，大多数非洲国家都没有在站队，你会发现和美国有军事合作的国家，也在经济上接纳中国，它们希望形势能容许它们两边得益，而不用选择阵营。"①

从非洲方面讲，也有一些问题需要予以重视和解决。

首先，非洲国家需要解决其内部政治稳定和有效治理问题。非洲尽管政局大体上走向稳定，但北非地区发生动乱、（黑）非洲地区存在的国家边界冲突、内部种族和政治冲突、官僚腐败、大面积贫困、内部需求严重不足等问题依然严重。因此，要通过地区经济一体化和中非合作实现发展，首先需要创造一个和平稳定和有秩序的政治环境。

其次，非洲国家的政治领袖需要建立和表达他们更强更真诚的政治意愿。有非洲学者指出，一些非洲国家的政府部长对 NEPAD 计划都不了解，说明非洲一些国家尤其是小国根本就不拿它当回事，一些大国如南非表现很积极因为它得益最多，其他一些弱小国家得益少就没有那么积极。区域一体化既缺乏客观上内部贸易需求的经济动力，也缺乏主观上国家政治领袖推进一体化的政治动力。一些非洲国家政治领导人在区域和次区域一体化问题上，过分担忧国家主权和国土边界将受到伤害，十分在意巩固与强化自己的政治地位和政治权力，虽然表面上和形式上参加了区域和次区域组织并签署了若干协议，但在履行承诺和责任时则消极无为。因此，如何超越狭小的民族国家利益，克服一体化带来的各国受益不对称的问题，使大小国家一律受益，这些仍然是非洲国家面临的问题。

再次，在区域和次区域组织层面，也有不少问题需要解决。首先是制定规划多，执行规划少。像 NEPAD 本世纪初出台，本身是个很好的计划，但至今成效如何确实值得怀疑。自 2002 年 7 月成立以来，作为最高权力机构和最高决策机构的非盟大会，开了 17 次大会，作了 209 个决定

①　马哈默德·马姆达尼（Mahmood Mamdani）：《在中国与西方之间，非洲没有站队》，http://www.dfdaily.com/html/150/2011/11/3/690496.shtml，2011—11—29.

和 36 项声明。相比之下，其他主要决策机构如执行理事会，同期内作了469 项决定，提出 3 项声明。由于一些原因，这些决定没有得到较好的执行或根本没有执行。[①] 非洲国家需要切实提高计划和规划的执行能力，不能制订一个就将其束之高阁。此外，作为区域一体化基石的各区域经济委员会（RECs）的技术能力有限，责任大而财政和人力资源小，对成员国的区域项目和工程给予技术和财政上的支持能力十分有限。成员国给予区域组织的资金援助不足，区域组织严重依赖捐助资金。再者，从区域组织的结构上看，一些国家同时是好几个区域组织的成员，这种身份重叠情况会妨碍区域一体化计划的执行。

（二）经济上对中非经济合作带来的挑战

对中方讲，首先需要在合作方式上转变观念。中国在过去几十年中与非洲的投资与贸易合作基本上都是国与国之间的双边方式。面对非洲区域经济共同体成员的多重性或重叠性、非洲各国在区域一体化过程中受益的差别性、非洲各次区域一体化进程的参差不齐性，如何处理这些矛盾和差异，都给擅长双边合作方式的中国在对非合作战略规划和实际操作层面上带来许多难以把握的挑战和难度。中国对非合作迄今为止是重双边、轻多边，熟悉的是双边的国与国合作，生疏的是多边区域合作。中国政府主管部门、国有企业基本上对区域多边合作带来的权责划分关系等技术操作层面上的难度忧虑层层。如果不转变观念，探讨新的与区域和次区域组织合作的多边合作方式，就无法适应和面对非洲区域一体化这一不可逆转的历史进程与中非合作不断拓展和深入的客观现实。

其次，实现非洲区域一体化与中非合作相结合，要求中国加大对非投入。非洲的基础设施建设、农业粮食安全、能源开发建设等都是非洲经济一体化优先发展项目，都需要大规模的投入，与国际合作伙伴展开合作。中国参与非洲区域一体化建设，实现规模增益和便利化提效，就需要增加对非洲的投入。如果没有投入，不论是区域合作的层面还是发展的层面，都会有问题。比如说基础设施和农业，如果没有国家的扶植，我们对非基础设施和农业合作很难大规模地发展起来，而大规模开展对非基础设施和

---

① Okumu, Wafula, "The African Union: Pitfalls and Prospects for Uniting Africa", *Journal of International Affairs*, Vol. 62, No. 2, 2009.

农业合作，就离不开非洲区域和次区域组织，否则，中非其他领域的合作就会受到影响，加强非洲国家的能力建设更像是一种响亮的口号。此外，非洲国家对中非合作的发展有着更大更多的期待，而中国的国情和实际能力有限，如何在有限的实力基础上，进一步扩大、推进和发展中非合作，中国有压力。还有，欧洲和美国开始重新关注非洲，企图从中谋求更大更多的贸易和资源利益，以印度、土耳其、巴西等为代表的新兴工业化国家也从自身发展的利益需求出发，加大对非洲的投入，这些多元竞争的国际环境也促使中国必须加大对非洲的投入。令人欣慰的是，2012 年 7 月在北京举行的中非合作论坛第五届部长级理事会上，中国国家主席胡锦涛宣布，为了扩大投资和融资领域合作，为非洲可持续发展提供动力，中国将向非洲国家提供 200 亿美元贷款额度，重点支持非洲基础设施、农业、制造业和中小企业发展。① 然而，如何使用和分配这笔贷款，促进中非合作与非洲区域一体化相结合，仍然是中国需要认真面对和解决的问题。

对非洲来说，其一，需要处理好依靠外力与自力更生的关系。非洲国家制订的 NEPAD 计划，当时都把计划实施的资金来源寄托在外援上，特别是来自西方国家的援助。中国的援助不附加条件但数量有限，来自西方的援助是有条件的，但它不一定符合非洲国家发展的优先领域。因此，非洲应该主要依靠自己的力量，通过出口初级产品进行资金积累，通过积累发展制造业和加工业，优化其经济结构。此外，非洲国家包括区域组织也应该抓住中国重视非洲和拓展对非经贸合作的大好机遇，借助中国劳动力价格上升时机，充分利用非洲廉价劳动力的优势，大力发展制造业和加工工业，增加出口商品的附加值，以此带动国家经济的发展。

其二，需要处理好经济结构转型和扩大区域间内部贸易的问题。多数非洲国家的生产和外贸都是初级产品，如矿产品、木材、咖啡、可可及其他原材料，对这些东西的需求主要来自非洲大陆以外的国家。很多国家缺乏生产多样化的工业品的能力，因此无法支持非洲区域内部贸易的发展。不少研究表明，非洲经济结构的"非互补性"使非洲大陆的内部贸易在

---

① 《中非合作论坛第五届部长级会议隆重开幕》，新华网：http://news.xinhuanet.com/world/2012 - 07/19/c_ 112481778. htm，2012—9—10.

短期内难有较大发展，而内部贸易是带动区域一体化的重要引擎。①

（三）文化上对中非合作带来的挑战

对中国来讲，随着中非合作与交往日趋广泛而紧密，中国在非洲的形象越来越复杂。由于中国对非合作主体的多元化，在中国国企之外，越来越多的民营企业、私人企业加入了对非合作之中，其中有些企业对经济利益的考虑远远超过其对非洲当地法律、文化和习俗的了解能力，有时候造成企业管理与当地工人的矛盾和冲突。由于各种合作主体利益的差异和管理水平的良莠不齐，使得原有的以政府和国企为主体的对非合作形象越来越复杂，这种紧密的规模越来越大的合作与中国在非洲多样的复杂的形象形成了一个类似悖论的东西，如何破解这种悖论，并在合作不断拓展和深化的同时改善中国在非洲的国家形象，将是中国面临的一大挑战。此外，冷战后非洲大多数国家政治体制向西方多党制民主过渡，非洲国家在内部治理上对区域内成员国实行人道主义干涉的非漠视原则，使得中非在民主、人权、善治等方面存在一些价值观和观念的差异，如何通过文化交流和沟通，尊重各自基于不同历史和发展实践基础上形成的政治制度和价值观念，尊重各自选择的不同的发展道路，相互尊重，互相借鉴，共同发展，是中国在巩固对非经贸合作基础上，加强中非文化交流与互鉴的重要内容。

对非洲来讲，语言和文化差异仍然是非洲区域一体化面临的挑战。非洲有多种语言，西非和包括中部非洲的刚果（金）等国家都以法语为官方语言或通用语。东非、南非大都以英语为官方语言或通用语。北非基本上都用阿拉伯语。语言差异背后是文化历史的不同，以及经济利益的不同，西共体内部出现西非法郎和艾科两种区域货币便是这种矛盾的产物。此外，非洲是由54个国家组成的区域，非洲国家在冷战结束后面向欧美

---

① 联合国贸易和发展会议发布的2009年非洲年度报告指出，非洲国家之间的内部贸易占非洲出口总值的9%，而美洲发展中国家出口到本区域国家的产品占其出口总值的18.5%。非洲国家之间的投资占其外国直接投资流入总量的13%。而东南亚国家联盟成员之间的投资占其外国直接投资流入总量的30%。即使考虑到非洲国家之间的实际贸易流量很可能高于记录在册的统计数据，但与其他区域相比，与非洲的贸易潜力相比，也还是很低。参见：联合国贸发会议报告建议非洲深化区域一体化，联合国网站：http：//www.un.org/chinese/News/fullstorynews.asp? newsID = 11843，2011—11—20.

政治体制的政治转型和政治发展过程中，有些国家实现了政权的和平转移和多党制的有序运行，实现了国家和社会经济发展的基本稳定，有些国家则出现了政局动荡和社会经济发展的持续衰退，彼此对欧美民主制的评价存在分歧和差异。因此，未来非洲的政治、经济发展究竟走一条什么样的道路或发展模式，非洲各国也需要彼此进一步的思考、沟通和交流。

总之，非洲区域一体化是非洲联合自强、求和平谋发展的必经之路，至今已在政治和平与安全、经济贸易、对外文化交流等方面取得了显著的成就和进步。但由于非洲一直遭受战乱、内部冲突等政治不稳定环境的困扰，加上经济产业结构相似、内部贸易不足等不利于经济一体化的各种因素的阻碍，以及国际金融危机等外部势力的干扰，非洲一体化进程至今任重而道远，非洲一体化将是一个漫长的过程。但是，非洲区域一体化是非洲发展不可逆转的历史进程，中非合作与非洲一体化是非洲发展和复兴可以借助的两大臂膀，也是中国实现工业化、城市化和现代化可持续发展及走向世界舞台的重要战略机遇和战略合作平台。实现两者结合和相互促进对中非双方都十分重要。目前中非合作虽然在政治、经济和文化方面全面发展和推进，但在非洲区域和次区域层面上与非洲一体化直接结合尚不多见。因此，中非双方需要精心培育实现两者结合和相互促进的基础和环境。中非合作论坛是中国面向几乎所有非洲国家的双边与多边的合作框架和平台，中非可以在此框架内在对外援助和经贸投资领域，在政治、经济和文化的各个方面，在双边合作的基础上培育和促进中非合作与非洲区域一体化的结合，实现两者相互促进，双边合作与多边合作相得益彰，使中非合作在规模和效益上更上一个台阶，结出更加丰硕的成果。

（责任编辑：王学军）

论非洲华侨华人与中国对非公共外交[*]

赵　俊

【内容提要】公共外交是新时期中国外交工作的重要开拓方向，鼓励华侨华人积极参与公共外交是中国公共外交的一个重要渠道和途径。随着中非关系的发展，非洲华侨华人在中国对非公共外交中起到了日益重要的作用，但也面临着诸多制约因素。非洲华侨华人"因地制宜"、切合非洲人的需求，积极探索参与公共外交的途径，不但有利于中国对非公共外交的开展、有利于促进中非民众彼此间认知的加深，也有利于非洲华侨华人自身权益的保护。

【关键词】非洲；华侨华人；中非关系；公共外交

【作者简介】赵俊，法学博士，浙江师范大学非洲研究院副研究员。

公共外交是新时期中国外交工作的重要开拓方向。在世界越来越"平"、国家间互相依存日益密切的大背景下，相对于传统政府外交而言的公共外交，已成为各国政府提升软实力、扩大影响力的"主战场"。① 2011年9月，国务院侨办颁发《国家侨务工作发展纲要（2011—2015）》，提出要拓展公共外交。作为公共外交的重要组成部分，侨务公共外交也于

＊　本文系作者主持的浙江省哲学社会科学重点研究基地规划课题"新时期中国对非公共外交战略与机制研究"（项目编号：11JDFZ01YB），浙江师范大学校级课题"新时期中国对非公共外交研究"（项目编号：SKYB201004）的阶段性成果。

①　杨士龙：《开拓公共外交新局面》，载《瞭望新闻周刊》2010年第22期。

2011 年全国侨务工作会议中被首次提出。①

　　严格说来，侨务公共外交是一种政策术语，而非严谨的学术概念；②甚至公共外交也是一个充满争议的概念。本文并不想纠缠于概念辨析，只是在界定相关概念的应用范围基础上，以非洲华侨华人为研究对象，聚焦于非洲华侨华人在中国对非公共外交中的作用与制约因素的分析，进而为整体性的中国公共外交政策路径提供一种参照。

一　概念厘定：公共外交与侨务公共外交

　　按照塔奇（H. N. Tuch）的定义，公共外交指的是"政府与外国公众之间的交流"。③ 此定义是在爱德华·R. 默罗（Edward R. Murrow）于 1963 年对公共外交所下的定义基础上做出的。默罗认为，公共外交不仅仅是一国对外国政府的外交，还包括一国与他国非政府性质的个人与组织的交流。④ 塔奇排除了默罗的定义中的政府间外交，将公共外交限定在政府与外国公众之间的交流。这样做的目的似乎是为了将政府间外交、政府对非政府性质的公众与组织之间的外交加以区分，侧重于政府与公众间的互动。国内学术界对公共外交的理解基本上沿用国外学者的观点，⑤ 但也有例外，如赵启正的观点认为，跨国交流中的两个主体只要有一个主体是

---

　　① 2011 年 9 月，国务院侨办颁发《国家侨务工作发展纲要（2011—2015）》，充分发挥海外华侨华人的作用来开展公共外交是纲要中的一项重要内容。"侨务公共外交"于 2011 年 10 月全国侨务工作会议上首次被提出。

　　② 王伟男：《侨务公共外交：理论建构的尝试》，载《国际展望》2012 年第 5 期。

　　③ H. N. Tuch, *Communicating with the world：U. S. public diplomacy overseas*, New York：St. Martin's, 1990, p. 3.

　　④ Mark Leonard, *Public diplomacy*, London：Foreign Policy Centre, 2002, p. 23.

　　⑤ 参见赵可金：《公共外交的理论与实践》，上海辞书出版社 2007 年版；高飞：《公共外交的界定、形成条件及其作用》，载《外交评论》2005 年第 6 期；唐小松：《论中国公共外交的两条战线》，载《现代国际关系》2007 年第 8 期；李志永：《公共外交相关概念辨析》，载《外交评论》2009 年第 2 期；曲星：《公共外交的经典含义与中国特色》，载《国际问题研究》2010 年第 6 期；等等。

民众方就算是公共外交。① 按照这个定义，"民间外交"② 也被纳入到公共外交中来。

我们认为，与其纠缠于公共外交概念本身的探讨，倒不如从中国公共外交的机构设置、活动领域与目标设定来界定中国外交话语体系中的公共外交，即中国语境下的公共外交：公共外交是由政府主导、社会各界普遍参与，借助传播和交流等手段，向国外公众介绍中国国情和政策理念，向国内公众接受中国外交方针政策和相关举措，旨在促进国内外公众的理解和认同，展现国家和政府的良好形象，提升国家软权力，维护和促进国家根本利益。③

第一，中国公共外交机构设置。就外交部系统而言，现在专职负责中国公共外交的机构为外交部新闻司下设的公共外交办公室。公共外交办公室的前身最早可以追溯到 1999 年 6 月外交部新闻司所设立的互联网主页管理处。2004 年，外交部在互联网主页管理处的基础上成立了公众外交处。2008 年，公众外交处更名为公共外交处。2009 年，公共外交处升格为公共外交办公室。涉及公共外交的其他国家职能部门还有：全国人大外事委员会、全国政协外事委员会、国务院新闻办公室、国务院侨务办公室、中联部、文化部、教育部、国家新闻出版总署、国家广电总局以及学术机构等。

第二，中国公共外交的活动领域。就外交部关于公共外交的界定及活动领域而言，中国公共外交的对象包括两方面：一是国外公众，而非他国政府；二是国内公众。公共外交的行为主体为政府，主要体现在外交部和各驻外使馆。参与者则是多元的。具体活动领域包括：外交部举办蓝厅论坛、中外记者背景吹风会、公众开放日，开通"外交小灵通"、外交服务站等；各驻外使领馆举办展览、与学界及智库研讨交流、媒体座谈会、进入驻在国校园与青年交流等。其他国家职能部门的涉外活动，如开设孔子

---

① 赵启正：《由民间外交到公共外交》，载《外交评论》2009 年第 5 期。

② 笔者认为中国常用的"民间外交"可以称之为公共外交，其主体主要是非政府的民间组织或个人，但还是带有很强烈的官方性质。而不带官方色彩的互动，称之为民间交流则更为恰当。当然，民间交流与外交有着紧密的关系，但就外交特质而言，民间交流只不过是外交信息的输入方式之一而已。

③ 公共外交办公室：《中国公共外交》，参见 http://news.sohu.com/20120711/n34790901 6.shtml.

学院、文化交流等都可以纳入公共外交的范畴内。

第三，中国公共外交的目标设定。中国公共外交的总目标为四方面：（1）促进国内外公众的理解和认同；（2）展现国家和政府的良好形象；（3）提升国家软权力；（4）维护和促进国家根本利益。如果从中国公共外交的目标设定来判断，我们可以认为中国公共外交更多的是一种合作型而非竞争型公共外交。[1]

随着中国公共外交的开展和深化，侨务公共外交也被提上政策议程。2011 年全国侨务工作会议后，侨务公共外交也随即进入学术研究领域，且国内学者就侨务公共外交的内涵已经作出了初步的探讨。[2] 所谓的侨务公共外交，就是一个国家的（中央或地方）政府通过有效利用自身的侨务资源，把侨务工作与公共外交有机结合起来，使两者相互借鉴、相互促进，共同服务于政府的官方外交，共同致力于维护和增进自身认知的国家利益。[3] 作为概念，此定义有同义反复之处。与公共外交的概念一样，我们无须纠缠于概念上的辨析，就目前侨务公共外交的实践内容而言，侨务公共外交是中国公共外交的重要构成部分或是一种渠道，即 "以侨为桥"，发挥中国的侨务资源服务于国家的公共外交事业。需要指出的是，侨务公共外交的主体为政府，海外华侨华人是侨务公共外交的重要依托者和参与者。侨务公共外交的客体与公共外交的客体一样，即华人华侨所在国公众和中国国内公众，并不包含他国政府。

就公共外交、侨务公共外交而言，从其具体实践内容来理解比照搬西方概念或纯粹的学术推演更为可取，也能避免目前业已存在的公共外交指涉泛化和滥用倾向。本文中公共外交和侨务公共外交就是在上述理解基础上加以使用的。

---

① 唐小松：《论中国公共外交的两条战线》，载《现代国际关系》2007 年第 8 期。

② 学术界对侨务公共外交的研究刚刚起步，相关研究侧重于整体性、概念性的评述，而区域/国别性的侨务公共外交研究并不多见。参见金正昆、臧红岩：《当代中国侨务公共外交探析》，载《广西社会科学》2012 年第 5 期；王伟男：《侨务公共外交：理论建构的尝试》，载《国际展望》2012 年第 5 期；孙霞：《中国海外利益的政治风险与侨务公共外交》，载《华侨华人历史研究》2012 年第 1 期；徐文永、谢林森：《华侨华人社团与中国侨务公共外交——以巴西华人文化交流协会为例》，载《八桂侨刊》2012 年第 3 期。

③ 王伟男：《侨务公共外交：理论建构的尝试》，载《国际展望》2012 年第 5 期。

二　非洲华侨华人在对非公共外交中的作用

目前，非洲华侨华人总数在 100 万左右。其中，华侨华人超过 10 万以上的非洲国家为南非、安哥拉和尼日利亚，分别为 28 万、26 万和 18 万左右。安哥拉与尼日利亚是近几年来华侨华人增长速度最快的两个非洲国家。华侨华人人数超过 5 万的非洲国家有苏丹、津巴布韦和马达加斯加，人数均在 5 万之上。华侨华人人数超过 1 万的有：毛里求斯（4 万）、阿尔及利亚（4 万）、肯尼亚（3 万）、留尼汪（3 万）、刚果（金）（2 万）、坦桑尼亚（2 万）、埃及（1 万）和莱索托（1 万）。非洲华侨华人人数在 5 000 ~ 10 000 之间的非洲国家有：埃塞俄比亚（7 000）、乌干达（6 000）、赞比亚（8 000）、莫桑比克（5 000）、马里（6 000）、喀麦隆（7 000）等。加纳、科特迪瓦、贝宁、多哥的华侨华人估计均超过 5 000 人，但具体人数无法估算。纳米比亚、刚果（布）、利比里亚、几内亚、塞内加尔、加蓬等国的华侨华人不到 5 000 人，其他非洲国家的华侨华人人数在数百到一两千人不等。①

非洲华侨华人在非洲国家主要从事经贸活动，其中不乏大的商业家族，例如尼日利亚的查济民家族、董纪勋家族、李关弟家族和陈兆民家族，毛里求斯的阙玉生家族、黎子达家族、谢锡环家族和朱梅麟家族等。这些家族均属于新中国成立前后前往非洲创业的老华侨。20 世纪七八十年代来到非洲的华侨华人主要从事矿业、纺织、电子、电脑、餐饮等产业，总体生活富裕。20 世纪 90 年代以后来到非洲的华侨华人主要从事日用百货、旅游、餐饮、医疗等产业，这也反映出中国内地民营企业或个体商人在"走出去"战略影响下日益增多的情况。除此之外，近几年来，中国大型国有企业在非洲国家获得的石油、矿业、基建项目不断增加，除了雇用当地非洲工人外，也催生了大量的中国劳工输出，这也是近几年非

---

①　关于目前非洲华侨华人的准确数据是很难收集的。这里所引用的数据是笔者在查阅相关资料，咨询多位中国驻非大使，最后请博茨瓦纳侨领南庚戌先生核对后的大概数值。期间，中国驻马里大使曹忠明曾对笔者指出，在利比亚撤侨行动中，中国政府本来估计有 2 万人，但结果发现有 3 万多人。鉴于利比亚的情况，非洲各国的非洲华侨华人比大使馆估计的数值要多得多。当然，这种情况并不见得适用于所有的非洲国家。

洲华侨华人急剧增长的主要原因之一，也是安哥拉、尼日利亚等国在非洲华侨华人分布国构成中超过传统非洲华侨华人大国如毛里求斯、马达加斯加等国的主要原因。

概括来说，非洲华侨华人在各自所在非洲国家的政治参与度、社会融入度均有所差异。这既有历史根源，也与各个非洲国家的社会、政治环境与政策以及华侨华人赴非目的有关。以毛里求斯为例：毛里求斯是一个多民族国家，独立后政治相对稳定，制度体系与法律环境较好，政府也采取多元文化政策，原来的老华侨几乎全部加入了毛里求斯国籍，并积极参与到毛里求斯政治生活中去，毛里求斯政府的各个部门几乎都有华人任职，甚至还出现了华人部长。1974 年毛里求斯宪法规定，任何年满 21 岁的成年人只要会英语、法语、克里奥语、印地语或汉语，都有选举权。

概括来说，非洲华侨华人在非洲国家的经济与政治生活中占有一定的地位，但其在经济领域内的地位要明显优于政治领域内的地位。不过，与在非洲的印度裔、西方国家（英美法等）移民相比，华侨华人在非洲本土政治上的地位与参与度还是有着明显的落差。当然，这有着深刻的历史根源和制度环境等原因。就 20 世纪 90 年代后的中国新移民来说，他们与非洲本土社会的融入度并不够。新移民在非洲本地生活具有很大的封闭性，在赴非前缺乏对非洲国家法律、文化、宗教的基本了解，也缺乏基本的语言沟通能力，很少与当地人进行交流。一些在非洲多年从事经贸、旅游产业的中国商人由于商业活动的需要，语言（能流利地说非洲本地语言，如斯瓦希里语等）能力较强，但也仅限于经济活动与业务开展，自身的生活圈子还是比较封闭，也很少与非洲本地人有更多深层次的交流。

非洲华侨华人在非洲国家的活动、表现及其与中国所存在的特殊情结、特殊联系会给中国外交带来可能是政府渠道不易控制或是忽视的沟通途径。非洲华侨华人在所在国的经济、政治、文化诸多领域里的参与已经成为中非交往过程中一个不可忽视的力量，不但体现在非洲华侨华人本身在所在国的发展、地位的提升，而且已经影响了中国对非经贸、政治、军事等领域的外交方向。与此同时，需要特别强调的一点是，非洲华侨华人在非洲所在国的形象成为非洲国家民众对中国国家形象认知的主要来源之一。①

我们认为非洲华侨华人在中国对非公共外交中的主要作用有以下几个方面：

第一，非洲华侨华人是中国非洲新移民在非洲国家文化、法律、习俗、宗教等方面的启蒙者与传播者。非洲华侨华人主要来源省份为广东、福建与浙江省，且由来已久。许多率先去往非洲国家的移民成为后来移民的导路人。以温州为例，很多去往非洲国家的新移民都是一个家族、一个村庄式的连带效应所带来的结果。这些新移民对非洲国家的基本认识主要来自于亲戚、朋友、同村人等圈子。在赴非前，他们并没有接受过有关非洲背景知识的起码教育与培训，也没有起码的语言沟通能力训练。这部分的缺陷与不足主要由早先去往非洲的华侨华人来弥补。他们在一些诸如租房、通信、交通工具等具体问题上的指导性作用很具有针对性，也具有实际可操作性。

第二，非洲华侨华人是中国文化、中国国情在非洲的传播者。在非洲国家的实地调研中，我们发现除了少量的非洲精英（如大学生、来过中国的非洲学者和商人等）以外，绝大部分非洲民众对中国文化、现时段的国情缺乏起码的了解。非洲国家有些普通民众甚至还停留在毛泽东、周恩来时期的中国印象。非洲华侨华人，尤其是一些企业家，通过与非洲当地合作伙伴介绍中国对非援助的一些优惠政策，也间接地起到了中国文化、现时段中国国情的传播作用。与此同时，孔子学院、非洲华人商会等组织和机构常常举办展示中国文化的文艺汇演等联谊活动，客观上也推动了中国文化在非洲的传播。

第三，非洲华侨华人主办的报纸等媒体可以发挥信息沟通、展示中国对非援助绩效等方面的功能。以《华侨周报》为例，该媒体是博茨瓦纳境内综合性的华文报纸，涉及华人新闻、中国新闻、国际新闻等内容，并创办了英文版，面向博茨瓦纳和部分非洲国家发行。该媒体关注非洲当地

---

① 笔者 2011 年 10 月曾在肯尼亚外交学院做过简单的随机调查，绝大多数调查对象（内罗毕大学、肯尼亚外交学院的大学生）认为他们对中国的认知来源主要为孔子学院所举办的各种活动以及周边的中国人，且认为他们所接触的中国人代表着中国的国家形象，而不仅仅只是代表个人行为。

社会、维护华人利益，在促进中非友谊以及交流上发挥了重要的作用。针对西方部分媒体与政要所散布的"中国威胁论"、"新殖民主义论"、"资源掠夺论"等，① 光靠中国政府的立场阐释往往并不够，且也难以传达到非洲国家的民众中去。但是，华人主办的外文报纸或网站等媒体可以借助当地的实际案例，展示中国在非洲国家基础设施建设、经贸优惠政策等方面的努力，以及对非洲本地经济发展的积极影响。这些媒体所报道的内容和评论往往更具有说服力与可信度。

第四，非洲华侨华人是培育非洲国家对华友好舆论与民众基础的有力推动者。近年来，随着中非关系的迅猛发展，赴非的中国人越来越多，但中国人在非洲本土社会的融入度又不够，给非洲民众留下了"候鸟"与"过客"的深刻印象。与此同时，中国人与非洲人在社会交往和融合过程中所引起的矛盾越来越多，这种现象既出现于非洲本土社会中，也出现于非洲移民日益聚集的中国城市（如广州和义乌）。这种情况的出现，再加上西方媒体和政要的片面报道或有意挑唆，纳米比亚、南非、赞比亚、尼日利亚等非洲国家都曾出现过反华现象。除了上述原因之外，非洲国家自身处在民主化的进程中，部分非洲国家的在野党为了竞选总统或议会席位，不时会抛出"反华"牌。典型的非洲国家为 2011 年的赞比亚。当然，这种"反华"牌或许只是政党、总统选举过程中的口号和噱头，在选举之后并不见得都会落实到具体的行动中，但还是会造成不良的影响。非洲华侨华人如果在非洲本土社会融入度高，在政治、经济中有着一定的地位，并能有力地解决一些华人与非洲当地人的矛盾，积极展开政治参与，那么华人群体则有可能会成为非洲国家民主选举中的选票争取对象，也会促进华侨华人在非财产、人身安全的保护，同时也会塑造中国与非洲国家间良好的舆论和民众基础。

三　非洲华侨华人参与对非公共外交的制约因素

从中国公共外交现状来看，华侨华人在中国整体公共外交框架中如何

---

① 李安山：《为中国正名：中国的非洲战略与国家形象》，载《世界经济与政治》2008 年第 4 期。

与政府以及其他机构协调配合依然是一个重要的待解决的问题。除此之外，中国公共外交在区域化，即针对不同区域（如非洲或拉美等）的公共外交，无论在战略理念提炼、话语权捕捉和开展方式上都没有具体明确下来。客观的国际、国内政治环境、舆论环境以及公共外交机制等方面的因素，既是中国整体公共外交的制约因素，也是华侨华人参与公共外交时所面临的挑战。下面，我们将结合非洲华侨华人的情况，具体分析他们在参与中国对非公共外交上的制约因素。

第一，国际舆论环境。近年来，中国在非洲的存在引起了国际社会尤其是西方国家的极大关注，"中国—非洲"成为国际舆论的焦点之一。西方国家政要、媒体或误解或歪曲中非间的合作关系。西方媒体对中国的歪曲报道既是中国开展公共外交的动因之一，也是非洲华侨华人参与中国对非公共外交的制约因素之一。非洲国家在历史上曾是西方国家的殖民地。作为过去非洲宗主国的西方国家深刻地影响到非洲国家的政治、经济和文化形态。尤其是20世纪90年代以来，非洲绝大多数国家出现了以多党制、议会政治为主要表现的民主化转型。与此同时，非洲国家内部就在延续西方国家制度和探索自身发展道路上一直存在分歧。更为重要的是，非洲媒体无论是在运作模式还是在新闻信息分享上，都与西方媒体相近、趋同或有着严重的依赖。① 考虑到这一制约因素，再加上西方媒体在国际话语权的主导地位，无论是中国对非公共外交，还是非洲华侨华人参与公共外交，要想彻底消解西方媒体对中国抹黑所带来的负面影响，绝非一朝一夕之事。对西方媒体某些歪曲的报道，虽然中国政府、学者等完全有可能加以驳斥甚或驳倒，但其先前所带来的负面影响还是有可能由于非洲民众没有听到中国方面的声音而得以继续残存下来，非洲华侨华人在参与公共外交上的努力与成效因此而有可能会大打折扣。

第二，国内舆论环境与民众对非认知。这一制约因素通常会被忽视，但它却是一种客观的存在。或许与国内非洲研究薄弱、非洲知识普及率低相关，国内媒体包括电视、网络媒体与纸面媒体在对非报道中，负面形象报道居多。有学者基于对《人民日报》、《新华每日电讯》等媒体的定量分析，认为国内媒体在对非报道中军事报道（主要为战乱、军事政变等）

---

① Bob Wekesa, "An Alternative Approach for African Media"，参见 http：//www. chinadai-ly. com. cn/cndy/2012 – 05/09/content_ 15242923. htm

占有较大比例，在非洲社会、文化等领域的报道明显具有猎奇倾向。① 国内媒体对非洲的负面报道，容易使国内民众对非洲形成误解，不利于国内民众客观、全面地认识和了解非洲。国内民众在对非洲人，尤其是对在华非洲人的印象，呈现出多元化的立场与态度。相关调查显示，在问及对非洲人的印象时，受访者虽然都极力澄清没有种族歧视，但在"黑鬼"、"鬼佬"等称呼上还是能反映出国内民众潜在的"种族歧视倾向"，这一点尤其反映在国内网络论坛上的网民对非洲人的各种言论上。②

这两方面的现实是中国对非公共外交的国内制约因素，原因很明显：一方面，公共外交以客观、真实为主要原则，公共外交的开展也需要国内舆论环境的支持。对非公共外交理所当然地需要国内民众对非认知的深入与全面。另一方面，在华非洲人在中国所体验到的国内民众对非洲人的态度与立场，会通过他们传播到非洲本土。与非洲官员、学者等在中国所受到的尊重与平等对待不同，在华非洲人所接触的国内社会各阶层的民众，立场与态度有很大的不同。值得一提的是，在华非洲人在中国长期生活，与中国人工作、生活在一起，加上文化、语言上的障碍，他们在社会融入的过程中难免会出现与当地人的矛盾。这种矛盾就是在国内民众间也是正常现象，但涉及非洲人，很容易将这种正常的社会矛盾转化成"种族歧视"等问题。相关调研也显示，国内民众对非洲人的偏见减少与国内民众与非洲人接触程度呈正相比关系。③ 我们同时认为，对非洲人的偏见也会随着国内非洲研究的深入，尤其是非洲知识的普及而得到部分纠正。

第三，少数在非华人企业/投资者的不当行为、华人企业间的恶性竞争与在非华人的暴力犯罪行为。正如前文所述，中国在非投资、经贸等领域的主体呈现多元化倾向，尤其是大量的私营企业、个人投资者等进入非洲；从客观上说，企业、个人投资者"走进非洲"的主要目标是为了盈利，也只有在盈利的基础上才谈得上从事经济活动之外其他领域的活动（诸如非洲当地的公益事业、公共外交等）。现实的情况是大量的私营企业、个人投资者融资能力有限，在非洲"投机"倾向明显，企业社会责

---

① 明亮：《国内媒体塑造的非洲形象——基于对《人民日报》等媒体的定量分析》，载《新闻爱好者》2010 年第 9 期。

② 沈旭晖：《中国网络社会的非洲印象》，载《南风窗》2010 年第 22 期。

③ 许涛：《广州地区非洲人社会支持的弱化、断裂与重构》，载《南方人口》2009 年第 4 期。

任意识不强。大量私营资本、个人投资者进入非洲，尤其是在采矿领域，单纯的逐利动机让很多私营资本投资人漠视非洲当地法律，采取"游击战术"。这不但给非洲当地的环境造成破坏而且也触犯到非洲当地的法律。与此同时，非洲华人企业间的恶性竞争也异常激烈。虽然华人企业/投资者所涉及的行业广泛，但在一些领域内还是出现了恶性竞争现象。例如，尼日利亚华人纺织业之间、华人商会等组织之间的竞争。由于部分非洲国家法律缺陷或执行力不够，这种不当竞争关系难以通过法律途径进行遏制。

四 政策建议

非洲研究离不开赴非实地调研，只有实地调研才能为实证研究奠定扎实的基础。传统的赴非实地调研对象主要为：驻非使领馆、非洲国家的科研机构、非洲国家实务部门以及当地非洲社区等。当然，实地调研的对象取决于研究目标。但是，总体说来，我们对非洲华侨华人的调研与研究没有引起充分的重视，这充分反映在中国的非洲华侨华人研究现状上。

侨务公共外交作为中国整体公共外交的一部分，是充分发挥海外华侨华人参与公共外交的一种行为。随着国内公共外交研究的推进，公共外交的区域化、国别化研究势在必行。就对非公共外交而言，非洲各国国情各不相同，华侨华人社团组织方式与侧重领域、华侨华人与所在国的社会融入度也不同，参与公共外交的方式也就会有所区别。例如博茨瓦纳，侨领与华侨华人社团组织的公共外交意识较强，且华侨华人直接从事媒体行业，使得媒体在公共外交参与上的作用较为突出。与此同时，华侨华人对公共外交的参与，也需要有其他途径来协调与配合。例如坦桑尼亚，2011年中国国际广播电台精心译制的国产电视剧《媳妇的美好时代》斯瓦希里语版在坦桑尼亚国家电视台正式播出，风靡整个坦桑尼亚及其周边非洲国家。抛开中非文化交流功能不论，单就促进当地非洲人对中国社会的认知来说，就具有重大的意义。当地非洲人对中国社会、中国人观念的认知，势必会影响他们对本国华侨华人的认识，对华侨华人融入当地社会也会创造积极有利的客观社会环境。

结合目前非洲华侨华人在参与对非公共外交上的自觉意识和现有实

践，我们认为非洲华侨华人在中国对非公共外交上的参与者角色及其所发挥的功能日益明显。侨务公共外交作为中国整体公共外交的重要组成部分，也需要以政府为主导、其他主体参与、多渠道、多形式的对非公共外交实践的配合与协调。①

第一，公共外交的理念。我们必须认识到，在全球化、信息偏平的时代，公共外交以"真实性"为要旨，与传统的对外宣传有着迥然不同的特征。公共外交并不是粉饰，而是建设性应对中非关系中所面临的问题，客观、公正地传播中国的负责任大国形象，更应该警惕与干涉别国内政之间的界限，以避免误解、促进沟通对话为己任，不寻求以狭隘的国家利益为理由干涉别国的政权。

第二，充分发挥侨领在参与公共外交上的带头作用。非洲华侨华人行业分散，公共外交的参与度也各不相同。非洲华侨华人所在国的侨领可以通过华侨华人社团来展开活动，调动非洲华侨华人的积极性，让他们主观或客观上成为中国对非公共外交的参与者、支持者和推动者，这不仅有利于中国国家形象的提升，也有利于非洲华侨华人自身权益的保护。

第三，充分发挥非洲华侨华人创办的报纸等媒体的力量。就非洲而言，基础设施落后，媒体发展所需的客观条件也较为有限。以媒体而论，广播在非洲普通民众中具有较大的影响力，其次为电视、纸面媒体与网络新媒体。目前，非洲华侨华人主要从事纸面媒体行业，随着资本积累与政策支持，电视、网络新媒体在未来会有更大的潜力。媒体在客观、全面介绍中国国情和对非政策上具有四两拨千斤的作用，而且极为有效。媒体的对象不只包括在非华侨华人，也包括当地的非洲民众，对于促进中非民众间的文化交流、宗教隔阂的消解有着巨大的作用。

第四，鼓励非洲华侨华人积极投身于非洲当地的社会公益事业，提升与非洲当地社会的融入度。由于历史上的西方殖民统治影响，非洲国家在政治等方面的价值理念与西方趋同，人权、环保、法律等方面是非洲国家中的重要领域。这是客观的事实，也是需要非洲华侨华人积极投身进去的领域。正所谓"因地制宜"、"到哪个山头唱哪首歌"，必须了解非洲人的关切与需求。

---

① 此部分的内容是笔者 2012 年 10 月对博茨瓦纳侨领南庚戌先生的采访，并充分吸纳了其观点的基础上而加以完成的。

　　第五，做好赴非人员的出国前培训与教育，尤其是要加大对涉非劳务中介公司的监管。近年来，随着中非经贸合作的深化，赴非人员不断增加，其中不乏盲目的投资者与淘金者，他们对非洲当地的语言、文化、宗教等缺乏了解，特别是一些涉非劳务中介公司也存在欺骗行为。政府机构或学术机构可以充分发挥长期生活在非洲的华侨华人的经验与对非洲所在国的切身体验，充实到这类培训中来，他们的经验更具有针对性。

　　第六，政府积极创造条件，切实地采取创新性的手段来保护海外华侨华人的权益。鉴于非洲特殊的社会环境，非洲华侨华人权益保护的重要性尤其突出。侵害华侨华人的非洲国家并不仅仅只是局限在安哥拉等个别国家，赞比亚、南非、尼日利亚等国都较为突出。政府的作为要有重点、有步骤地推进。他们的权益保护对促进他们积极参与到中国对非公共外交来说，也是前提条件之一。

（责任编辑：周玉渊）

在非中国企业对中国对非外交的影响

郭宏宇

【内容提要】 随着驻非企业的增加，驻非企业在中国对非外交中的作用日益重要。本文考察了驻非企业对中国对非外交的推动作用与存在的问题，侧重在公共外交框架之外分析驻非企业对我国海外利益与外交活动效率的影响。本文认为，驻非企业在展示国家形象、扩张国家利益和提高外交活动效率方面起到重要作用，但是文化隔阂、同质竞争和身份模糊带来驻非企业对中非外交的负面影响，外交部门需要引导企业降低这些负面影响，使得驻非企业为中非外交作出更大的贡献。

【关键词】 驻非企业；国家利益；外交活动效率

【作者简介】 郭宏宇，经济学博士，外交学院国际经济学院副教授。

中国企业正在快速走进非洲。截至 2012 年 6 月，中国驻非企业数量已经超过 2 000 家。① 在驻非企业中，既有数量众多的中小民营企业，又有大型国有企业，这些企业沿着中非友好交往的援助之路走进非洲，在获取利润的同时也促进了非洲的经济发展、增加了非洲的就业，并逐步成为中非外交的参与者，在中非外交中扮演越来越重要的角色。本文认为，在企业日益广泛地参与国家外交活动的大趋势下，厘清驻非企业对中国对非

---

① 温家宝：《深化务实合作促进共同发展——在第四届中非企业家大会开幕式上的讲话》，中非合作论坛网站，http://www.focac.org/chn/ltda/dwjbzzjh/zyjh/t952859.htm，2012—10—08。

外交的影响尤其重要，企业行为既会推动中非之间的友好交往，也会给中非交往带来一系列问题，需要外交部门对企业进行引导和协调。

一　驻外企业在一国外交中的地位

（一）企业在非官方外交中的地位

企业参与的非官方外交活动主要在公共外交领域和利益集团的游说过程。不同于传统意义上的外交，公共外交不是处理政府之间的官方关系，而是通过公众舆论为本国的外交争取支持并影响外国政府的外交政策,[①]而且与国家的"软实力"紧密相连。在 Eytan Gilboa（2008）对公共外交工具的分析中，以企业相联系的商务外交（business diplomacy）成为公共外交的重要工具；在 Joseph 等（2008）对公共外交和软实力的分析中，跨国公司对塑造一国的软实力起到重要作用。因此，在对公共外交的分析中，企业一般被作为国家形象的载体，胡浩（2011）、李永辉（2011）、李敏等（2012）分析了我国企业在公共外交中的作用，认为企业主要通过促进当地经济社会发展、参与国际组织、进行公关宣传、塑造企业形象和承担社会责任等方式开展经济外交。利益集团理论则将企业纳入外交目标的制定过程中，认为企业形成的利益集团会通过游说政府来形成有利于这些企业集团的外交目标，按照实证主义的国家利益确定方法，国家是利益的调和者，国家利益要与社会各阶层、各集团的利益相协调。[②] 李欣（2012）对我国国有石油企业的研究支持这一论断，认为我国国有石油企业在"走出去"的过程中形成了"组织化利益"，其企业利益与外交目标之间存在着冲突。

（二）企业在官方外交中的地位

企业参与的官方外交活动主要在狭义的经济外交领域。除在经济外交的一般定义中包含企业参与的贸易和投资活动之外，还细化企业与各级政府的经济外交职能的联系，如崔绍忠等（2012）将中央政府与地方政府

① 高飞：《公共外交的界定形成条件及其作用》，载《外交评论》2005 年第 3 期。
② 李少军：《论国家利益》，载《世界经济与政治》2003 年第 1 期。

改善企业营商环境的经济外交职能进行了细分。具体国家的经济外交研究贯彻了这些观点，如余泳（2010）对中国对海合会（海湾阿拉伯国家合作委员会）国家经济外交、张幼文（2010）对"金砖四国"经济合作，以及邱昌情等（2012）对印度对非经济外交的分析中，贸易与投资领域的合作是经济外交的主要构成部分，而企业正是这些经贸合作的主体。

（三）企业在中国对非外交中的地位

在中国的对非经济外交活动中，企业的作用尤其显著。一方面，外交与经济的关系日益紧密，如 Donna Lee（2004）对新加坡外交的研究表明，商业活动越来越成为外交的核心内容，商业利益越来越成为外交的主要考量。我国经济外交活动也重视企业的参与。在国家召开外交会议时，企业高层会被邀请前往问策，[①] 在国家之间的高层访问中，企业代表团的随访几乎成为常态。另一方面，对于多数非洲国家而言，由于经济结构的单一性，少量行业控制着国民经济的命脉，企业与行业利益在国家利益中更是具有极高的地位，使得中国对非外交被解读为以资源为目的的外交，如 Ian Taylor（2006）认为，中国对非洲的石油外交在短期内致力于保证经济发展所需的石油供给，长期内致力于世界范围的石油市场话语权。因此，在论及中国对非外交时，不能将企业的影响排除在外。

二　在非中国企业对中国对非外交的积极作用

（一）展示与提升国际形象

目前，中国在非洲的形象呈现多元化，既有传统的"援助者"形象，又有在西方舆论宣传之下形成的"新殖民主义者"形象。但是，中国在非洲的主流形象仍是长期友好合作的伙伴，这既是由于广大外交人员努力的结果，又与驻非企业的经营活动密不可分。第一，非洲民众日常面对的中国主体是驻非企业，驻非企业自然而然地承担起展示国家形象的责任。大多数驻非企业在制定企业新型发展战略中都将社会责任、可持续发展等

---

① 李欣：《国有企业如何影响外交政策》，载《中国社会科学报》2012 年 6 月 6 日，第 B03 版。

问题放入重要议程，在经营中遵循国际、所在国及当地政府的法律法规，投身当地社会发展、慈善活动，给非洲民众留下较好的印象。第二，中国驻非企业有着中国特有的企业文化，其包容、奉献、向上等文化精神尤其明显。特别是驻非企业中方员工所表现出的勤奋、热情、节俭、奉献精神，成为中国形象的集中反映。第三，中国驻非企业在国际金融危机期间坚持在非洲国家投资，有力地表明中国企业是真正帮助非洲国家发展的企业，从而进一步提升了中国的国际形象。

值得注意的现象是，国际形象的展示与提升主要通过国有企业来进行。比如同在赞比亚，一方面是国有企业在金融危机期间提出"不撤资、不停产、不裁员"，表明我国企业是真正帮助非洲国家发展，另一方面是小型企业有时采用非正常的办法（如行贿）拓展业务，并且部分企业主素质较差，打骂当地雇员，引发很多冲突。这就造成了中国在非洲的两级形象：一种是很友好，另一种是很市侩，这就使得我国在非洲的公共外交变得更加复杂。

（二）塑造与拓展国家利益

中国企业是中国国家利益的承载者，驻非企业在非洲的辐射与扩张过程，便是中国海外利益的形成与扩张过程。我国驻非企业有较强的辐射与带动作用，对我国海外利益的形成起到更加重要的作用。以中国的对非投资为例：其一，非洲的基础设施缺乏，配套设施不足，对非投资带来非洲国家更高的基础设施援助需求。其二，多数非洲国家呈现单一经济结构，以出口初级产品为主，缺少发展制造业、矿产冶炼和资源加工等产业的配套产业。由于中国的工作语言为汉语，而不是其他国家普遍采用的英语，所以当中国企业需要配套投资时，最有力的竞争者便是中国企业，这便使得中国配套企业投资可以更大规模地跟进。其三，中国先行投资的企业为后续进入的企业搭建平台。先行投资于非洲的企业为后续进入的企业提供了较多的指导，并建立了企业之间共享的非洲政府人脉与其他资源。企业的辐射与扩张，使得中国驻非企业形成较为一致的利益诉求，从而形成并扩张了中国的海外利益。

中国在非洲的海外利益仍在形成的过程之中。在目前的国际分工格局下，海外利益仍主要体现为我国的能源、资源安全。但是，目前的海外利益是在中非贸易的基础上形成的，而我国对非洲的投资正在迅猛增长。根据商务部统计，截至 2010 年底，中国共对非洲 50 多个国家 2 000 多家企业进行了投资，累计投资金额达到 400 亿美元，直接投资 130.4 亿美元，其中 2010 年，中国企业对非洲直接投资达到 21.1 亿美元，较上年增长46.8%。同时，中国对非洲地区的投资覆盖率达 81.4%，仅次于亚洲。①2011 年，非洲跃居中国第四大海外投资目的地，投资领域涉及矿业、制造业、农业等多个领域。随着中国对非投资的增加，非洲局部将逐步形成较为完整的产业链，这将使得中国在非洲的投资安全逐步成为中国在非洲的新海外利益。目前，我国同 29 个非洲国家签署了《双边鼓励和保障投资协定》，与 9 个非洲国家签订了《避免双重征税和防止偷漏税协定》，与其他非洲国家相关协定的商签工作也在稳步推进。

（三）支持和参与外交活动

外交是国家层面的活动，但是并不排斥企业的参与。随着中国对非投资的发展，对非经济外交中来自企业的助力也日益增加，极大地提高了中国对非经济外交的效率。第一，驻非企业为中国的对非经济外交提供人、财、物的支持。任何外交活动都需要人员与资金支持，在经济关系的协调中又需要大量的经济信息与知识，而使馆人员编制相对有限。随着驻非企业实力增强，可以发挥其人员、资金与信息方面的优势，对中国的经济外交活动予以积极的配合与协助。第二，驻非企业增强了中国外交机构的协调能力。企业可以以中立的身份同时与执政党和在野党同时保持较好的关系，当非洲国家政权更迭之时，可以帮助中国外交人员和新的执政党派迅速地建立良好的关系。

三　在非中国企业对中国对非外交的干扰

（一）文化隔阂助长劳方反华情绪

中国企业的劳资冲突极易上升为反华情绪。这不能完全归因于西方的反华宣传，更重要的是由于中国对非投资企业有着自身的特点，尤其是中

---

①　《非洲成为中国对外直接投资的重要市场》，http://news.xinhuanet.com/fortune/2011 -09/10/c_ 122017594. htm，2012—06—20.

国与非洲的文化隔阂。大多数非洲国家的二元经济特征非常明显，并且一直难于消除，以至于形成两个不同的文化圈。一个文化圈是本土化的，另一个文化圈是高度西化的。中国的文化与这两个文化圈都存在一定的隔阂。隔阂之一是语言，中国企业的工作语言一般为中文，而当地高层雇员一般受西式教育，以英语和法语为官方语言，难以熟练地用中文沟通。隔阂之二是企业的治理模式，中国的民营企业一般是家族企业或者由同乡组成，并非是西方的职业经理人模式，这就使得除基层员工按照所在国要求而实现本地化之外，高层管理岗位基本不对当地人开放。国有企业虽然并非家族企业模式，但是其高级员工的人事管理与晋升渠道高度依赖国内的上级部门，当地员工无法纳入这一体系。文化上的隔阂使得双方形成相互独立的空间，对对方的友好程度持高度怀疑，几至老死不相往来。在经营过程中，当地雇员只是机械地执行中方管理层的决定，既不能了解发展规划与动态，也不能参与企业战略规划的制定。其结果是部分非洲民众将中国作为"剥削者"与"掠夺者"来对待，当发生劳资冲突时，对立的双方便成为中国的资方和当地的劳方，在亲西方媒体的煽动下，很容易将劳资矛盾上升为反华浪潮。

（二）恶性竞争削弱中国海外利益

中国在非洲的投资限制在相对狭小的行业范围之内，主要面临中国企业的内部竞争。欧洲、印度、美国等国的对非投资起步较早，适应当地的政治经济环境，在非洲国家的传统支柱行业中占据优势地位。虽然部分非洲国家历经国有化改革，但是一方面许多非洲国家在国有化时采取赎买方式，原殖民国企业的实力没有遭受大的损害，另一方面在随后的私有化浪潮中，这些企业迅速而大规模地进入非洲，重新占领了原有的优势行业。所以，欧、美、印等国家的企业在非洲国家的传统优势行业中仍占据重要地位。相对而言，中国企业的对非投资起步较晚，最早进入非洲进行投资的企业也在非洲国家私有化浪潮的后期，规模远小于西方企业，其竞争力尚不明显，而且中国企业的竞争手段相对单一，主要是同质产品与服务下的价格竞争，这使得中国企业在非洲的经营领域相对狭窄，基本是与本国企业相竞争。价格上的恶性竞争使得利润空间被大幅压缩，中国海外投资的利益也随投资企业之间恶性竞争的加剧而减小。对于中国企业对非投资中的恶性竞争，目前仍缺乏有效的协调机制。从非洲国家方面来看，为维护本国的经济利益，非洲国家鼓励各国企业之间展开竞争，也包括中国企业之间的竞争。从中国政府方面来看，投资协调近于政策真空，国内由于信息有限，在项目审批时并不能完全避免中国企业对非投资项目之间的相互冲突，国外官方机构缺少进行协调的权限，民间自律组织也因缺少足够的权威而无法进行妥善的协调。协调机制缺乏使得中国企业在对非投资中的恶性竞争难以从根本上消除，进而损害中国在非洲的投资利益。

（三）身份模糊制约国企外交定位

中国的对外援助与对外投资高度关联，许多对非投资的国有企业始于在非洲的援助项目，这使得许多驻非国企兼具投资者与援助者的双重身份，难以对经济活动中的外交目标进行准确定位。投资者与援助者身份模糊不清有多方面的原因：第一，中国长期的对非援助使得非洲将中国企业认定为援助者。非洲是中国传统的援助地区，由于中国长期实行计划经济，援非项目由国有企业承办，所以国有企业在非洲被贴上"援助者"的标签，即使是中国企业投资的盈利项目，也被认为应当具有援助色彩。第二，是中国企业将社会责任认定为对非援助，而不是企业本身应尽的义务，从而认为自己具有较强的援助者身份。第三，中国对非援助确实落实在部分企业身上。目前，中国在非洲已经建成7家经贸合作区，分别为：埃及苏伊士经贸合作区、毛里求斯天利经贸合作区（现改名为晋非合作区）、尼日利亚广东经济贸易合作区、尼日利亚莱基自贸区、赞比亚中国经济贸易合作区、埃塞俄比亚东方工业园及阿尔及利亚中国江铃经济贸易合作区。这些合作区均为企业实体，由中国的企业负责日常管理决策，非洲合作方基本不参与具体经营。这些合作区是中国政府承诺的对非援助项目，而承担者却是企业。投资者与援助者的身份存在内在冲突，前者要求企业算"经济账"，在经济活动中注重维护国家的经济利益，后者要求企业算"政治账"，在经济活动中注重社会效益与海外形象。身份的模糊导致企业的经济活动难以与国家的外交活动相互协调，从而制约企业支持并参与外交活动的效率。

四　协调驻非企业经营与外交活动的政策建议

驻非企业已经成为中非外交的重要参与者，而且其积极影响与消极影响并存，这就要求外交部门对驻非企业进行正确的引导，以发挥驻非企业的积极影响，在维护国家与企业正当权益的同时推动中非之间的友好交流。

（一）协助驻非企业打破文化隔阂

企业的海外投资要同时面临劳资双方的矛盾与民族之间的矛盾，文化隔阂使得劳资矛盾很容易带来民族情绪，最终激化为民族之间的冲突。所以，中国外交部门需要重视当地的民族情绪，协助企业加强与当地雇员的沟通与协调。

其一，增加中非员工的流动与交流。对于驻非企业的中方员工，需要避免他们处于相对封闭的小环境，适当安排中方员工与当地员工混合居住并交流，以增进双方员工的友好交往。对于驻非企业的非洲员工，需要给予足够的发展空间，在企业的管理层与技术高层为当地员工留有一定比例的职位，并提供当地雇员的晋升渠道。

其二，协助驻非企业进行文化上的融合。对于企业的管理文件，要打破语言关，尽可能同时采用中文和当地语言，并增加懂得当地语言的中方人员和懂得中文的当地人员比重，同时重视对企业员工的语言培训。

其三，协助驻非企业进行面向非洲民众的宣传。中国在非洲的政府机构和企业应该更具有亲和力，主动与当地民众进行沟通和交流，沟通和交流得越多，非洲民众对中国了解得就越多，也就越能消除非洲民众对中国的误解。这就要求中国驻非外交机构和企业与非洲的交流不能局限在上层，应该更加关注与基层民众的交流和沟通，积极发展与非洲民间社会的关系，包括反对派、非政府组织和媒体等，让基层民众了解中资企业履行社会责任的情况。尤其要强调中国企业来非洲不是与非洲人竞争工作机会，而是一种自然的市场行为，有利于增进非洲的经济发展与就业。

（二）协调中国企业的海外竞争

中国海外投资尚缺乏统一的规划，企业竞争优势趋同，投资项目之间高度重叠。为避免恶性的价格竞争危害我国的海外利益，外交部门需要对驻非企业的经营活动进行主动的协调。

其一，增强与国内项目审批机构的信息交流。驻非洲的外交机构可以利用自己身处非洲当地的信息优势，定期或针对特定项目向国内提供国家与行业的竞争动态，并参与到对非经营项目的审批过程之中。一方面为国内的项目取舍提供依据，另一方面为企业扩展新的竞争优势提供参考。

其二，赋予驻非外交机构协调企业竞争的权限。确保当驻非企业之间的竞争已经影响到国家形象或者国家利益之时，外交机构能够及时介入，而不仅仅是事后的清理与协调。

其三，驻非外交机构需要积极引导企业建立和参与中国企业商会，并通过商会设立机制协调中国企业的日常竞争，避免中国企业在海外的竞争演变为恶性竞争，确保中国海外利益得到维护。

（三）整合对非投资与对非援助

考虑到对非投资与援助之间的密切联系，驻非企业的"援助者"身份很难去除，这就需要将对非投资与对非援助相结合，从目标和机制等方面将两者整合到一起。

其一，整合对非投资与对非援助的目标。在确定对非援助的项目时，一方面考虑是否有利于增强非洲的发展潜力，另一方面考虑是否适应对非投资的需要。如增加促贸援助和促投资援助在对非援助中的比重，将人力资源开发援助与驻非企业的人力资源需求相结合，以及在文化设施援助中侧重消除企业文化隔阂的培训项目。

其二，整合对非投资与对非援助的机制。一方面，推动将企业纳入中国援助非洲的模式，即由政府援助转为政府和企业共同援助，由免费提供变为"免费援助＋投资"，并引导企业选择最适于发展与当地友好关系的社会责任项目。另一方面，综合对非投资与援助的辐射效应，将带动投资发展的程度纳入对非投资项目的考评指标。

（责任编辑：周海金）

东非油气资源新发现及其前景[*]

周术情

【内容摘要】东非地区有着近百年的油气勘探历史，数十年来未能真正进入国际油气工业界的视野，但是现在却成为全球油气勘探的热土。在东非裂谷地带的油气发现，给包括乌干达、肯尼亚、索马里、埃塞俄比亚、坦桑尼亚和莫桑比克等非洲大陆东部的国家带来了振兴经济的希望。西方能源巨头、新兴国家油气公司纷至沓来，展现了东非油气工业的美好蓝图。然而，东非油气资源开发之路并非坦途，巨大的挑战构成阻碍东非油气资源开发进程的重要因素。保持东非油气资源国的政局稳定，改善其基础设施，制定合理的、具有实践可能和可操作性的油气合作政策，是东非国家利用资源发展经济的基本保障。

【关键词】非洲；东非；油气资源

【作者简介】周术情，博士，浙江师范大学非洲研究院助理研究员。

一 东非概览

东非，[②] 指非洲东部地区，通常含厄立特里亚、埃塞俄比亚、吉布

＊ 本文是2010年教育部人文社科一般项目"非洲非政府组织与中国在非利益保护研究"成果，编号为10YJC810064。

② 关于东非的地理范围有不同的理解。通常而言东非并不包括莫桑比克；在联合国的国家与区域划分里面，莫桑比克被划属东非。从油气资源的角度看，莫桑比克与其他东非国家均处于东非裂谷地带，具有相同或相似的地质结果，因此，本文的东非包括莫桑比克。更多内容请参阅：Robert Stock, *Africa South of the Sahara*, *Third Edition*：*A Geographical Interpretation*，（New York：The Guilford Press，2012）.

提、索马里、肯尼亚、乌干达、卢旺达、布隆迪、坦桑尼亚和塞舌尔等国。东非地区总面积超过 367 万平方千米，人口 2.9 亿（2009 年）。①东非北部居民以闪含语系的埃塞俄比亚人、索马里人居多，南部以班图语系的黑人为主。东非人的宗教信仰主要包括伊斯兰教、基督教和原始宗教。

东非地形以高原为主，沿海部分多狭窄低地。东非大部地区海拔在 1 000 米以上，为非洲大陆地势最高的区域。东非高原北部界限为埃塞俄比亚高原，西部界限为刚果盆地，南部界限为赞比西河。东非高原北部为东非湖群高原。世界上最大的断裂带东非大裂谷自北而南，贯穿东非地区。该断裂带全长 6 000 余千米，平均宽度近 50 千米。裂谷断层地带在东非高原分成两支。裂谷带中有众多湖泊。非洲最大的淡水湖维多利亚湖、世界上最深的湖之一坦噶尼喀湖、马拉维湖等即位于裂谷带区。同时，此区域分布着许多高于雪线的山峰，著名的乞力马扎罗山就位于该区域。由于东非断裂带火山活动频繁，熔岩台地、火山锥、阶地等成为这一区域的典型地貌。东非地区的气候主要呈现热带草原气候特征，同时具有明显的垂直地带性。在海拔较高的区域，气候凉爽湿润。

现代考古学证明，东非地区是人类重要的发祥地之一，在人类文化发展史中具有重要的地位。早在西方殖民者侵入东非地区之前，该地区就已经创造了其独特的文明。19 世纪末 20 世纪初，东非大部分地区都已沦为英国、德国、意大利、法国列强的殖民地或者保护地。至第二次世界大战前，东非地区仅有埃塞俄比亚保持独立地位。战后，该区域诸多国家纷纷实现政治独立。一直以来，东非地区的经济发展较为落后。农业是东非诸国最重要的经济部门。咖啡、茶叶、棉花、玉米、高粱生产构成该地区的支柱性产业。东非的畜牧业在其经济生活中具有重要的地位。然后，东非地区的工业发展较为落后。加工工业多为纺织、轻工。采矿业限于少量钻石、黄金、盐、碱生产。

---

① "eastern Africa", *Encyclopædia Britannica*, *Encyclopædia Britannica Online*, （Encyclopædia Britannica Inc., 2013）. Web：http：//www. britannica. com/EBchecked/topic/176937/eastern-Africa, May 28, 2013.

二 东非油气资源的新发现

(一) 肯尼亚

英国石油公司 (BP) 和荷兰皇家壳牌集团 (Royal Dutch Shell) 早在 20 世纪 50 年代即已开始在肯尼亚地区进行油气资源勘探，并于 1960 年在该区域打出第一口油井。半个多世纪以来，埃克森 (Exxon)、道达尔 (Total)、雪佛龙 (Chevron)、伍德塞德 (Woodside) 和中国海洋石油总公司 (CNOOC) 等都试图在此获得油气资源发现。2012 年前，肯尼亚的试验和勘探油井已有 33 口，其中 16 号发现有烃类物质。[①] 在这些油井中，仅有 4 口油井属于离岸油井。其中位于 L5 区块的一口深水井，由伍德塞德公司于 2007 年完成。2012 年 3 月，塔洛石油宣布在肯尼亚北部的图尔卡纳地区 (Turkana) 10BB 区块发现石油，发现井为加米亚 1 号井 (Ngamia－1)。[②] 当时，石油公司还不清楚该油储是否具有商业开发价值。2012 年 11 月，该公司宣布在 13T 区块又发现了石油，发现井为特维加 1 号井 (Twiga South－1)。[③] 然而，肯尼亚具有商业开发价值的油气资源一直是空白。

2013 年 2 月，英国塔洛石油公司宣布，在肯尼亚特维加 1 号 (Twiga－1) 油井发现的油藏具有潜在商业价值。这是首次在肯尼亚发现可能具有商业开发价值的油藏。塔洛石油这一突破性发现增强了工业界对东非地区油气资源勘探与开发的信心。[④] 2013 年 2 月，澳大利亚泛大陆油气 (Pan-

---

① Africa Oil Corp. , "Opening a New Oil Frontier in East Africa", August 10, 2012.

② Tullow Oil plc. , "Ngamia－1 oil discovery in Kenya Rift Basin", *News release*, Mar. 26, 2012, http: //files. the-group. net/library/tullow/pdf/Tullow% 20Oil% 20plc% 20－% 20Ngamia－1% 20well% 20result% 20－% 2026MAR20121. pdf, May 29, 2013.

③ Tullow Oil plc. , "Twiga South－1 Oil Discovery", News release, Nov. 26, 2012, http: // files. the-group. net/library/tullow/pdf/Tullow% 20Oil% 20plc% 20－% 20Twiga% 20result% 20－% 2026% 20Nov% 2012. pdf, May 29, 2013.

④ Tullow Oil plc. , "East Africa Update", *News release*, Feb. 21, 2013, http: //files. the-group. net/library/tullow/pdf/East_ Africa_ Update_ _ _ Twiga_ DST_ and_ Ondyek_ well_ re-sult1. pdf, May 29, 2013.

continental Oil & Gas）宣布肯尼亚拉穆盆地具有 37 亿桶石油蕴藏。[①] 2013 年 4 月，塔洛石油公司宣布其在加米亚 1 号井成功地进行了原油流动实验。[②]

在天然气方面，阿帕奇公司（Apache）于 2012 年 9 月在肯尼亚海上姆巴瓦（Mbawa）深水井获得天然气发现。这证明了肯尼亚海上油气系统存在，对未来开发具有重要意义。[③] 2012 年 9 月，阿帕奇公司宣布首次在肯尼亚近海获得天然气发现。油气发现引起了石油公司对肯尼亚油气勘探的兴趣，道达尔、挪威国油、阿纳达科等众多公司陆续介入该国油气业务。肯尼亚俨然成为 2012 年全球油气勘探的热点地区之一。

（二）乌干达

乌干达的石油勘探始于 20 世纪 20 年代。1938 年钻出第一口油井，并没有实际性的发现。在后来的数十年，乌干达一直没有放弃勘探油气资源的努力。20 世纪 90 年代，乌干达政府出台政策和措施，鼓励外国公司参与乌石油勘探和开发。随后外国石油公司陆续在该国发现石油资源。2004 年，乌干达政府为传统油气公司（Heritage Oil and Gas）和非洲能源公司（Energy Africa，即现在的塔洛石油公司）颁发了勘探许可证。2001 年，哈德曼石油非洲公司（Hardman Petroleum Africa（pty）Ltd.）和塔洛石油公司获得了南部艾伯特盆地的勘探许可证。

近年来，乌干达具有商业开发价值的发现是 2006 年英国塔洛石油公司在艾伯特湖地区勘探到的油藏。之后，艾伯特湖地区接连有新的发现。2007 年，传统石油公司在艾伯特湖盆地 3A 区块发现石油。2008 年，传统石油公司证实 3A 区块的石油日产量可达 13 900 桶。2009 年，传统石油公司在艾伯特湖盆地区发现储量逾 2.5 亿桶的油田。[④] 2011 年，塔洛石油

①　ASX Companies Announcement Office，"Kenya L – 6"，February 27，2013，http：//www. pancon. com. au/investor-centre/asx/2013/reports/270213. pdf，May 29，2013.

②　Tullow Oil plc.，"East Africa Operational Update"，*News release*，Apr. 15，2013，http：//files. the-group. net/library/tullow/pdf/East_ Africa_ Ops_ update_ April_ 20131. pdf.

③　Apache Corp.，"Quarterly Report"，p. 29，http：//files. shareholder. com/downloads/APA/2501589153x0x612883/79d68528 – 89ea – 40bd – 9a1f – 62927ebb80d1/September_ 30_ 2012_ Form_ 10 – Q. pdf，May 29，2013.

④　Heritage Oil plc.，"Annual Report & Accounts 2009"，p. 12，http：//www. heritageoil-plc. com/pdf/Annual_ Report_ 2009. pdf，May 29，2013.

公司表示，其在乌干达探明可开采石油总量达到 11 亿桶，另有 14 亿桶可能储量尚待确认。连续不断的石油发现令乌干达成为非洲潜在的重要石油生产国。最新数据显示，该国未开发石油资源可能高达 35 亿桶。[①] 越来越多的国际石油公司和国家石油公司加入到该国石油勘探与开发的行列。乌干达政府可望在 2013 年进行新一轮的许可证竞标。

（三）坦桑尼亚

坦桑尼亚独立之初就开始关注其石油开发。1969 年即成立坦桑尼亚石油开发公司（TPDC），并通过其邀请外国公司进入坦桑尼亚进行石油勘探与开发。实际上，自 1952 年始，就有不少外国公司在坦桑尼亚进行油气资源勘探。到 2001 年，坦桑尼亚境内已开凿 62 口试验井和开发井。[②] 早期在坦桑尼亚活动的石油公司包括英国石油公司（BP）、壳牌（Shell）、阿吉普（Agip）（埃尼集团前身）。1974 年，阿吉普和阿莫科公司（AMOCO）发现了松戈松戈（Songo Songo）气田。1984 年阿吉普公司在姆纳兹湾（Mnazi Bay）发现天然气。

坦桑尼亚尚未发现具有商业开发价值的石油，但是现在已经有两座小气田，分别位于松戈松戈（Songgo Songo）和姆纳兹湾（Mnazi Bay）。2010 年以来，挪威国家石油公司（Statoil）、欧菲尔能源（Ophir Energy）、英国天然气集团（BG Group）在东非发现了储量巨大的天然气田。2012 年 5 月，英国天然气集团宣布在坦桑尼亚发现的天然气储量足以维持一座液化天然气厂的正常运转。[③] 坦桑尼亚海域与其他发现油气藏的区域具有相似的地质结构，其油气储量应该同样可观。坦桑尼亚天然气储量估值将大大提高。另外，由于在艾贝婷地堑（Albertine Graben）区域已成功发现油气资源，坦噶尼喀湖与艾贝婷地堑具有相似的地质学特征，随着对坦桑尼亚各区块的深入勘探，油气公司还可能陆续发现新的油气储量。

---

① Ministry of Energy and Mineral Development, "Government plans to develop 60, 000 barrels of oil per day refinery", http：//www. petroleum. go. ug/page. php? k = curnews&id = 60；Rodney Zuhu-muza, "Politics, bribery charges swirl around Ugandan oil", Associated Press, May 18, 2013.

② TPDC, "Deep Wells Drilled in Tanzania in the Period 1952 – 2012", http：//www. tpdc-tz. com/deepwellsdrilled. pdf, May 29, 2013.

③ BG, "Fifth consecutive Tanzania gas discovery", *Press release*, http：//www. bg-group. com/MediaCentre/PressArchive/2012/Pages/16May2012. aspx, May 29, 2013.

（四）莫桑比克

莫桑比克油气勘探历史可以追溯至 1948 年。20 世纪 60 年代，能源公司开始在潘达（Pande）和特马内（Temane）勘探。不过，早期勘探并没有发现具有商业开发价值的油藏。由于独立战争和内战的影响，早期的勘探活动一度中止。1998 年，南非萨索尔公司（Sasol）获得莫桑比克政府授权，重新启动在潘达和特马内的勘探活动。2004 年，连接莫桑比克和南非的输气管道铺通。该管道全长 865 千米，直径为 26 英寸，可将天然气从莫桑比克特马内输送至萨索尔南非处理中心斯堪达（Secunda）。此后，莫桑比克开始生产天然气。目前，莫桑比克 3TCF 区的天然气和凝析油生产工程已经完成。由于出口和国内每年 15—20 000 吨液化石油气（LPG）的需求，莫桑比克可望推出一项扩建计划。

最近几年来，莫桑比克相继发现储量可观的气田。2006 年，阿纳达科（Anadarko）公司和埃尼集团（Eni）获得莫桑比克鲁伍马盆地（Rovuma）的勘探与开发许可。2010—2012 年，这两家公司相继在莫桑比克境内发现具有商业开发价值的天然气藏。2012 年 5 月，阿纳达科在莫桑比克发现大型气田，储量估值在 1 982 ~ 5 664 亿立方米；[1] 意大利埃尼集团也发现了储量超过 2 832 亿立方米的气田。[2] 据测算，鲁伍马盆地的天然气储量可能达到 28 320 亿立方米，仅埃尼集团在莫桑比克发现的天然气总量就已经达到 14 726 亿立方米。[3] 挪威国家石油公司和巴西石油公司（Petronas）也持有该盆地部分区块的勘探开发许可。这两家公司已经开始钻试验性油井。据信，这一地区可能会存在有商业价值的石油储量。

新近独立的南苏丹是石油资源丰富的国家，其石油生产一直在进行。

---

[1]　Ministry of Mineral Resources of Republic of Mozambique, "Natural Gas Discovery at Golfinho Well Rovuma Basin", Press release, May 15, 2012, http：//www. inp. gov. mz/content/download/702/4142/file/Golfinho_ English. pdf, May 29, 2013.

[2]　Eni, "New important success in Mozambique, Area 4 potential enhanced further with Mamba North East 1 results", *Press release*, March 26, 2012, http：//www. eni. com/en_ IT/attachments/media/press-release/2012/03/PR_ Eni_ Mozambico_ eng_ LB. pdf, May 29, 2013.

[3]　Eni, "important new discovery in Mozambique", *Press release*, August 1, 2012, http：//www. eni. com/en_ IT/attachments/media/press-release/2012/08/2012 – 08 – 01 – eni-important-new-discovery-mozambique. pdf, May 29, 2013.

实际上在索马里、埃塞俄比亚、马达加斯加、塞舌尔、科摩罗均有石油气资源发现。然而，由于各种条件的限制，具有商业开发价值的油气资源发现还比较少。东非地区这些发现的意义在于，这一地区的潜力得到确认。过去工业界将在非洲的勘探重点放在非洲大陆西岸，而东岸地区没有得到应有的重视。按当前的发展趋势，这种情况有可能得到改变。

三　东非油气资源开发前景

东非油气资源的发现为东非国家带来了巨大的发展希望，使世界对东非油气资源开发充满极大的热情。东非国家基本属于联合国公布的最不发达国家之列，区域内社会经济发展严重滞后。数十年来，非洲大陆的西岸不断有油气资源发现；大陆东岸却一直处于沉寂状态。自 2006 年塔洛石油公司在乌干达发现石油储量以来，东非地区重新燃起希望。至 2012 年，东非地区一系列重大油气资源储量的发现引起世界关注。从目前已经获得证实的油气藏来看，东非地区发现的石油 API 重度多在 30 以上，大多为轻质低硫原油，具有较高的开发价值。[①] 在东非各国政府和研究者的设计中，这些深埋于地下的资源将会给整个东非地区带来巨大的发展机遇。技术、税收、产品分成、工作岗位和油气产品自给等，将极大地改变该地区的经济和社会图景。肯尼亚、乌干达、坦桑尼亚等国都在积极修订或者制定新的符合当前实际情况的油气法律法规，成立相应的管理和执行机构，以适应与外国能源企业合作开发的形势。与此同时，东非诸国自身也在加快勘探步伐，希望能够迅速增加国家财富。肯尼亚甚至宣称该国正在致力于打造一个新的中东。

世界对东部非洲油气资源的发现同样充满热情。东非在油气领域地位的改变或将动摇中东地区作为世界油气中心的传统地位。据测算，东非地

[①]　Africa Oil Corp.，"Opening a New Oil Frontier in East Africa"，http：//www. africaoilcorp. com/i/pdf/Sep2012Final. pdf；http：//www. africaoilcorp. com/i/pdf/2013 - 05 _ AOIP. pdf，May 29，2013.

区油气资源总储量达到 710 亿桶石油当量。[①] 在未来的若干年，东非油气产量将大幅增加。该区域也将成为非洲油气行业的增长动力，东非地区将是非洲的新希望。与此同时，由于中东局势一直处于动荡之中，政治与安全的双重风险促使过去依赖中东油气的国家开始寻求新的供给点，以确保战略能源安全。近年来，引领世界经济增长的中国、印度、巴西和南非等新兴国家，对油气资源的需求不断增长。然而，这些国家缺乏足够的、稳定的能源供给支撑，它们在世界能源格局中的地位仍然无法与传统大国相提并论。传统的能源中心基本上由西方大国控制，致使新兴国家难以涉足。在此背景之下，新兴国家在探寻新的能源供给地方面倾注了更多的努力；在这一方面，它们并没有更多的路径可供选择。

东非地区的油气潜力对中国稳定和保证自身能源安全具有重要的意义。近年来，中国经济发展带动了更为旺盛的能源需求。据统计，2012 年中国已超过美国成为世界最大的石油净进口国。[②] 但是中国在海外缺乏必要的安全供油基地。沙特阿拉伯虽曾为中国最大的石油进口来源地，但沙特阿拉伯一直处于美国的掌控之中；伊朗又是西方制裁的对象之一，中国与伊朗的关系也会受到国际环境的影响，进而可能威胁中国战略资源供给安全。虽然在过去的几年以来中国已经开始重视能源供给点多元化的问题，并将目光转向了非洲地区。但目前，中国在非洲的项目面临着一些难以解决的问题。其一，所在地区政治不稳定，存在动荡的可能。中国在苏丹、安哥拉、尼日利亚等国开展的相关油气项目难以得到真正的保护。一旦相关国家出现严重政局动荡，中国在当地的利益可能遭受重创。其二，能源使用成本增加。从非洲大陆西海岸将油气产品运送到中国距离更远，所需费用更高。而且线路越长，安全环境越复杂，风险也会增加。如果直接从非洲东海岸输送，则在节约运费的同时，还能保证能源输送线路在中国安全力量覆盖范围之内。

---

①　Ian Cooper, "East Africa: The New Oil Frontier", *Wealth Daily*, March 2nd, 2012; USGS, "Assessment of Undiscovered Oil and Gas Resources of Four East Africa Geologic Provinces", http://pubs.usgs.gov/fs/2012/3039/contents/FS12 - 3039. pdf, May 29, 2013.

②　Javier Blas, "China becomes world's top oil importer", *Financial Times*, March 4, 2013.

四　东非油气资源开发面临的挑战

尽管东非油气资源已经引起了世界的瞩目，相关资源国也充满非常高的热情。然而，东非油气资源要真正实现商业化生产尚面临着一系列重大的挑战。如果没有切实有效的应对方案，富集于此的油气资源非但不能改变当地民众的生活境况，反而可能成为恐怖与杀戮之渊薮。当前，东非油气资源可能面临如下挑战。

第一，政局动荡。与地处非洲大陆西部的尼日利亚、安哥拉等国相比。东非国家总体上较为安全。但是，东非国家在政治方面的隐患将限制其油气资源的开发。索马里兰、邦特兰各自为政，摩加迪沙政府基本上无力控制半岛局势；埃塞俄比亚欧加登地区叛乱一直持续；肯尼亚与索马里还存在领土方面的争端；圣灵抵抗军（Lord's Resistance Army）在乌干达、刚果民主共和国和中非共和国边境活动。在东非地区投资的政治风险非常高，比如腐败、脆弱的管理、政治利益争夺、在许多非洲自然资源富集的国家中都存在的"资源诅咒"。这些都对东非国家油气资源的开发产生极为不利的影响。

第二，合作与管理机制不成熟。东非国家虽然一直没有放弃对油气资源的勘探，但是有价值的发现也仅仅是在近几年。因此，在如何与外国能源公司进行合作方面，东非国家政府显然准备不足。大体上，东非国家在与外国合作开发油气资源的管理政策方面存在的倾向，是主张突出资源国的国家利益，尽可能限制国际能源公司的利益份额。坦桑尼亚、乌干达、肯尼亚都有人主张，如无法实现非洲资源服务非洲人民，还不如不去开发这些资源。这些国家或着手修改其油气法，调整产品分成协议，或修改当地含量内容，以更好地服务于资源国的利益。然而，外国投资人之所以愿意投资东非油气部门，是因为有足够的利润预期。如果资源国合作开发条件过于繁苛，外国投资人可能会知难而退，从而影响油气资源的勘探与开发。而且，各相关国家政府还保留了调整政策的权力，给未来的合作方向增加了不确定性。[①]

---

① Scola Kamau, "East Africa's mineral paradox", *The East African*, May 18, 2013.

第三，投资巨大，成本收回具有不确定性。一方面，东非诸国基础设施落后、脆弱，基本无法满足大规模开发油气资源的需要。因此，要实现商业化开发，需要建立完整的能源供给链，包括油气输送管道、炼油设施、液化天然气厂、电力供应，以及供陆上交通工具使用的道路。这些都需要前期巨大的资金投入。投资人的投资最终能否成功回收受制于资源国的各种难以确定的因素，这可能成为阻碍外来投资的绊脚石。另一方面，东非诸国的能源开发合作规定的当地含量要求（Local content requirement）① 将增加合作投资成本，此举可能减少投资人的收益，进而影响投资人的投资热情。

实际上，东非油气开发的挑战还包括环境保护、原油处理、管理人才、工作效率等方面。譬如乌干达的产油区相对偏僻，该油藏含蜡比例较高，若要将原油输送到炼油端，需要将管道温度维持在 40 摄氏度以上，以确保原油保持足够的流能性。这些因素都需要更准确的评估，方可决定投资与否。

五　结　论

自 2006 年塔洛石油公司在乌干达发现可开采石油以来，世界主要石油公司都开始将勘探力量部署在东非各国，甚至包括政治动荡不安的索马里。2012 年，英国天然气集团、埃尼集团、泛大陆油气公司、阿纳达科等国际能源巨头在东非的突破性发现，证明东非像西非一样具有巨大的油气潜力。无论是对外来能源有极强依赖性的大国，还是东非油气资源国本身都对东非油气尽快实现商业化生产寄予厚望。然而，东非地区诸国的贫弱状态、落后的基础设施、缺乏效率的管理机制、严苛的开发政策倾向，将成为加速其油气资源开发的巨大障碍。

根据对当前东非国家各种投资要素的评估，东非各国在其油气资源勘

---

① 也称为当地成分要求或当地产比率要求，意为根据进口国要求，商品的某些规定部分必须在进口国国内生产，衡量方法既可以是具体数目，也可以是价值数目。参阅 WTO, "Technical Information on Trade and Investment", http：//www.wto.org/english/tratop_ e/invest_ e/invest_ info_ e.htm, May 29, 2013.

探与开发进程中，需要解决的首要问题至少包括三个方面：其一，保持国家政局稳定；其二，改善国内基础设施；其三，理顺与外来合作者之间的关系。政局稳定是所有外来投资的最重要保证，如果资源所在国持续动荡，各方都难以从其资源开发中获益。包括电力、道路、港口等在内的基础设施建设是开发项目的关键性条件，对吸引投资具有不可忽视的影响。当前，阻碍东非地区油气开发顺利进行的一个因素，是资源所有国与资源开发方在利益立场上的对立。资源主权国希望尽可能多地占有其油气开发收益，而投资方则试图以最少的投入获取最大的利益。这种立场上的矛盾将加大双方达成协议的难度。

非洲历史、文化与社会

塞西尔·罗得斯的种族主义思想述评

汪津生

【内容提要】塞西尔·罗得斯的种族思想可以分为两个部分，即强调白人至上的种族优越论思想和歧视非洲原住民的种族歧视思想。白人优越论经历了一个发展变化的过程，即从最初的颂扬盎格鲁—撒克逊人是最优秀的民族到中期的英裔荷裔联手共治南非，最后又根据形势变化强调讲英语的白人联合起来。针对黑人的种族歧视思想可细化为歧视黑人的思想和歧视黑人的措施——种族隔离制度。两个部分的思想其实是具有逻辑上的连带关系的，具有维多利亚时代英国白人种族观念的思想特质。

【关键词】罗得斯；南部非洲；殖民思想

【作者简介】汪津生，博士，北方民族大学文史学院副教授。

塞西尔·罗得斯（1853—1902）是19世纪中后期活跃于南部非洲地区的英裔矿业大亨和政治家，1890—1895年他曾担任英国开普殖民地总理。罗得斯是一个狂热的帝国主义者和殖民主义者，他认为以英国为代表的盎格鲁—撒克逊民族是世界上最优秀的民族。他鼓吹大英帝国治下的世界才是"和平与美好"的，叫嚣只有大英帝国才能给落后地区的人民带来文明与希望。他从英国政府获取特许状组建了"英国南非公司"，并以南非公司作为侵略工具，在当时南部非洲和中部非洲地区的一系列重大事件中发挥了举足轻重的影响和作用。其思想和行为对20世纪南部非洲和中部非洲的政治格局、经济发展和社会形态都具有较大影响。

塞西尔·罗得斯在南部非洲短暂而影响深远的殖民经历是以其坚定而

疯狂的种族主义思想为基础的，他的种族主义思想从形成过程来看比较复杂，从内容来看主要包括两个层面的要素，即白人至上的思想和针对土著人的种族隔离思想。

一　"白人至上"思想

罗得斯是一个典型的维多利亚时代的种族主义者，按照英国社会史学家阿萨·勃里格斯的观点，维多利亚时代的英国人大多把职责置于个人爱好之上，行为恪守道德准绳的约束，相当自律。在维多利亚时代的英国社会里，为公共服务（无论是为地方还是国家）的动机，跟为追求利润的动机一样，都是社会的一种活跃的力量。[①] 受到这种时代因素的熏陶，1877 年 24 岁的罗得斯撰写了一份政治性遗嘱《我的信仰的声明》，在其中大谈英国人种的优秀和殖民扩张的道理，文本中洋溢着乐观主义气息，表现出参与政治的极大热情。

另外这个时期的主流社会思潮也对罗得斯和一般普通英国民众形成种族主义的文化心理具有重要影响。约翰·罗斯金是 19 世纪英国著名哲学家和社会改革家，其思想观点对维多利亚时代的英国公众产生了重大影响。[②] 罗斯金在政治思想上相当保守，是一名种族优越论者。1870 年，罗斯金出任牛津大学斯莱德讲座教授，他在牛津大学受到学生的疯狂追捧，授课的教室总是人满为患，水泄不通。罗得斯进入牛津大学后，也立刻成为罗斯金种族优越论的信徒。[③]

此外，维多利亚时代的政治学家赫伯特·斯宾塞提出的社会达尔文主义也对普通民众的政治心理产生了深刻的影响。斯宾塞指出人类民族有优等民族和劣等民族之分，优等民族是最能适应进化规律、最符合适者生存原则的民族，他们应当成为一切低等民族的天然统治者，斯宾塞的社会达尔文主义实际成为了英国殖民主义和种族主义的辩护理论。

---

① 阿萨·勃里格斯：《英国社会史》，中国人民大学出版社 1991 年版，第 290—291 页。

② 关于罗斯金的思想可参阅殷企平：《试论罗斯金的文化观》，载《浙江大学学报》（人文社会科学版）2008 年第 5 期。

③ J. G. Lockhart and The Hon. C. M. Woodhouse, *Cecil Rhodes*, Hodder and Stoughton, London, 1963. p. 50.

基于以上因素的影响，罗得斯从青年阶段开始就逐渐形成了白人至上的种族观念，后来随着其生活阅历的扩展，又形成比较系统的种族主义思想。纵观其生平，可以认为其"白人至上"思想经历了三个不同的发展阶段。

（一）"白人至上"思想的第一阶段："英国人是世界上最优秀的民族理应统治世界"

由于疾病缠身，担心不久于人世，1877 年 6 月 2 日在牛津大学求学的罗得斯写了一份名为《我的信仰的声明》的遗嘱（下文简称《声明》）。《声明》阐述了盎格鲁—撒克逊民族人种优越的思想，以及英国人理应统治世界的观点。①

《声明》中的主要观点如下：

1. 为国效力的人生是最有价值的人生

《声明》开篇指出："一个人常常会突然想到这样的问题：什么才是生命中最有价值的东西？可能有人会想到是幸福美满的婚姻，有人会想到是拥有巨额的财富，还有人会想到畅游世界，如此等等不一而足。"他说："我自己也对这个问题进行过思考，我希望把自己塑造成对祖国有用的人。"这表明此时的罗得斯在人生理想的设定上已与一般青年人不同，而是把注意力更多地投射在国家与民族的利益上面。

2. 英国人是世界上最优秀的民族，理应统治世界

罗得斯说："我认为我们是世界上最优秀的民族。我们在世界上占有的土地面积越大，对人类的贡献就越多。"他认为非洲大陆是英国必须争取的一个重要目标。"非洲仍然静静躺在那里等着我们，我们的职责就是去占领它。抓住每一个机会，尽可能获得更多的领土是我们的任务。我们应该怀有这样的信念，更多的领地意味着可以供更多的盎格鲁人生存，意味着这个世界拥有了更多的最优秀的和最值得尊敬的人种。"

3. 建立秘密社团，推动目标的实现

罗得斯企图仿照中世纪耶稣会的形式建立一个秘密社团，来推动目标

---

① John Flint, "Rhodes' '*Confession of Faith*' of 1877", Appendix to *Cecil Rhodes*, Boston, MA：Little, Brown, and Co. , 1974：pp. 248 – 252. 下文中对于罗得斯《声明》思想的研究观点主要来源于对 John Flint 著作中所收文件原文的解读与梳理。

的实现。在殖民地与英国的关系上，罗得斯认为秘密社团可以发挥建设性的作用。他写道："在每一个殖民地的立法机关里，秘密社团的成员要时刻准备为旨在建立英国与殖民地密切关系的议案投票、发表演说、提供支持；要粉碎一切旨在分离帝国的不忠行为和各种运动。"

（二）"白人至上"思想的第二阶段：英裔白人与荷裔白人建立联盟共治南非

1880 年，罗得斯当选开普议会议员。正是从这个时期开始，他逐渐了解到处理阿非利卡人与英裔白人关系的复杂性和艰巨性，并最终产生了英荷白人建立联盟共治南非的想法，联盟的具体形式就是英国领导下的南非联邦。

法国大革命后，英国从荷兰手中接管开普，便着手把这块殖民地发展成加拿大和澳大利亚式的商业—移民殖民地。英国在这里设置了总督，推行各项服务于宗主国的殖民措施。这些措施加强了对布尔人的管理，在英国人和布尔人之间逐渐产生了尖锐的矛盾。

布尔人认识到摆脱英国人束缚的最好办法就是离开开普殖民地，从1836 年底开始向北迁徙，拉开了布尔人历史上著名的"大迁徙"的序幕。英国政府对布尔人的行动采取了干涉的态度。1876 年殖民大臣卡纳房勋爵提出方案，企图以武力为后盾，吞并德兰士瓦和奥兰治，把开普、纳塔尔、奥兰治和德兰士瓦组成一个"白人南非联邦"。双方矛盾激化，1880年 12 月第一次英布战争爆发，英国政府单方面构筑南非联邦的企图彻底失败。

战争使罗得斯认识到阿非利卡人实力不容小视。他决定采取渐进与审慎的态度，为未来的"白人"联邦作准备。[①] 于是，初涉政坛的罗得斯逐渐修正了 1877 年《声明》中的理想化的主张，开始考虑要通过向阿非利卡人让渡部分权力来换取其对英国殖民南非的支持。

1. 从民族感情入手，拉拢阿非利卡人

开普的"阿非利卡人协会"（Afrikaner Bond）是开普布尔人的第一个民族主义政党组织，领导人是扬·霍夫梅尔。罗得斯积极谋求与霍夫梅尔的合作。双方的一次会面彻底改变了霍夫梅尔对罗得斯的成见，并使两人

---

① Apollon Davidson, *Cecil Rhodes and His Time*, Progress Publishers, 1988, p. 72.

结下了长达 14 年的友谊，直至 1895 年"詹姆逊袭击"事件曝光。[①] 不久之后发生的另一个事件，再次加深了双方的友谊。霍夫梅尔也是开普议会的议员，作为荷兰人后裔，他主张荷兰语应该和英语一样成为议会中的官方语言。1881 年 6 月 21 日，罗得斯在开普议会发表演讲，表示支持荷兰语和英语并列作为议会使用的官方语言。[②] 当年在开普议会中使用荷兰语的法令最终得以通过。通过这些办法，罗得斯赢得了霍夫梅尔和"阿非利加人协会"的信任和支持。

2. 建立英裔白人和荷裔白人共治的南非联邦

取得开普阿非利加人的支持后，罗得斯在 1883 年抛出了他解决英布矛盾的方案，即建立英裔白人和荷裔白人联盟的南非联邦。他设想未来的南非联邦是一个由大英帝国领导的包括开普、德兰士瓦、纳塔尔和奥兰治自由邦在内的南非联邦（合众国）。其中，各殖民地国家彼此平等和独立。南非联邦计划的提出表明在政治原则上他已经转变为一个灵活的现实主义者，改变了自己最初的"英国治下的世界秩序"的乐观与狂热的理想。

（三）"白人至上"思想的第三阶段：全世界讲英语的白人联合起来

1899 年 7 月 1 日，罗得斯立下了他一生之中的最后一个遗嘱，其中罗得斯表明死后将在母校牛津大学设立奖学金，以资助优秀青年完成学业。从这份遗嘱可以看出其白人至上的种族思想再次发生了改变，即以"讲英语的白人联合起来"替代了第二阶段的"英裔白人与荷裔白人联合"的思想。

罗得斯要把讲英语的白人联合起来的思想最早可以追溯到 1891 年。当年 1 月 15 日，他授意他的朋友著名报人斯蒂德在《评论杂志》的创刊号上发表了一篇题为《致所有讲英语的人们》的文章。在文中，明确表达了要把讲英语的人们联合起来的想法。文章指出："……在对人类的未来产生影响方面，迄今为止（以后还会是这样）还没有哪个民族比讲英

---

① 1895 年罗得斯导演的以推翻德兰士瓦总统克鲁格为目的的军事政变，以失败告终。该事件激化了英布矛盾和英德矛盾。

② Vindex, *Cecil Rhodes His Political Life and Speeches* 1881 – 1900, Chapman and Hall, 1900, pp. 36 – 38.

语的民族更有力量。讲英语的民族目前已经统治了世界……为了使英国人
与他们肩负的重大使命相匹配，同时，把讲英语的社群团结起来，加强他
们之间的政治联系，以建立一个可以消除血腥战争的联盟，在当前我们必
须采取各种措施与美利坚合众国建立一种兄弟般的友好的联盟关系。"[1]
后来罗得斯将这一思想进一步引申并落实在他所设立的奖学金上。

二 针对非洲土著人的种族歧视与种族隔离思想

罗得斯针对非洲土著黑人的种族思想散见于他的一些演讲和著名的格
伦格雷法案[2]中。

（一）黑人智力发展落后论

在发展阶段上罗得斯荒谬地认为黑人落后于英国人一千八百至两千年
之久，尚处在与古代不列颠地区的凯尔特人相似的发展阶段上，因此，白
人应该"关爱"他们、"教育"他们。他说："……以欧洲文明为参照系，
我会把这些土著人比作古代不列颠等地的凯尔特人的部落成员。我们可以
想象一下这种情况，自他们存在以来，他们已经沉睡了两千年。现在他们
苏醒了，但白驹过隙两千年已飞逝而过。这就是目前非洲人的情形。……
在我们和土著人之间横亘着两千年的光阴。"[3] 狂妄的语言暴露了罗得斯
对于非洲黑人文明的极端蔑视。基于这种认识，所以在对待欧洲人与非洲
人的关系上，罗得斯才会认为非洲人是"孩子"，白人与黑人双方的关系
是教师与小学生的关系[4]。他说："我认为土著人是孩子，他们目前正在
摆脱未开化的状态。"[5] "土著人尚处在与我们不同的未开化的状态里，这
是我们处理土著人问题的前提。"因此，"我们要做的就是把他们当作从

---

① *To All English-Speaking Fork*，the Review of Reviews，January 15th，1891.

② 格伦格雷法案即 Glen Grey Act，是 1894 年罗得斯任开普总理时通过的解决土著人问题的
法案。

③ Vindex，*Cecil Rhodes His Political Life and Speeches* 1881－1900，p. 379.

④ Ibid.，p. 369.

⑤ Ibid.，p. 383.

属的种族，管束他们的行为。"① 大英帝国的责任就是教育黑人，向黑人输出白人的文明，就像当年罗马帝国教化土著人布立吞人那样。②

（二）黑人与白人不能享有同等权利

罗得斯认为黑人尚处在比较低级和野蛮的状态，因此黑人不应拥有选举权。当时，开普有一些自由主义倾向的传教士和议员提出黑人应该与白人一样享有选举权，罗得斯对此持反对态度。他认为这种想法是一种基于极端博爱和同情的荒唐想法。罗得斯认为处于纯粹的野蛮状态的人是根本不需要参政权和选举权的。③ 他提出不能只从哲学的观点出发，而应从实际的观点出发来看待这个问题。罗得斯强调，实际情况就是土著人对于政治一窍不通。罗得斯说，他们完全不能理解政治。④ 此外，罗得斯还反复申辩土著人不具备现代公民的素质，因而不能给予他们选举权。他说："关于选举权问题，我们说从某种意义上讲土著人是公民，但他们不是完全意义上的公民——他们还是孩子。……到目前为止，我发现90% 的土著人不具备享有选举权的条件。"⑤

（三）黑人、白人分区居住论

1894 年 7 月 30 日，罗得斯在开普议会发表演讲，要求议会通过格伦格雷法案，提出黑白人分治的思想。"关于土著人区域，我认为不应该有白人居住其间。我坚持认为，应该把土著人与白人分离开来，不能允许他们互相混合。"⑥ 罗得斯的理由是，土著人处在较低的发展阶段，与欧洲人来往过密会使他们沾染上欧洲人的恶习。由于心智发育不全、认知能力有限，土著人往往不会去学习欧洲人的优良品质，却较易受到随同欧洲人一起到来的酒吧和小饭馆的吸引，由此沾染上酗酒和好逸恶劳的坏品质。因此，应该让土著人远离白人并且越远越好。他认为土著人应当生活在他

---

① Vindex, *Cecil Rhodes His Political Life and Speeches* 1881 – 1900, pp. 151 – 159.

② Ibid., p. 369.

③ Ibid., pp. 157 – 158.

④ Ibid., p. 374.

⑤ Ibid., p. 380.

⑥ Ibid., p. 376.

们自己的保留地里。① 罗得斯真是为了土著人的利益才提出黑白人分治的吗？在后来的场合他暴露出了真实意图和想法。他说："我的想法是，土著人应该住在他们的保留地里，根本不能让他们和白人混居。你们会批准这种想法吗？即允许这些人与白人杂居，让白人孩子在黑人区域中长大吗？为了保护白人的利益，我们永远也不能让这种情况发生。白人劳工不可能在这里与黑人劳工竞争——我是指体力劳动。"② 因此，罗得斯提出分离的真正原因是他对黑人人口与白人人口相比占有绝对优势的担心。罗得斯的种族隔离思想带有"维护"非洲土著人利益的假象，欺骗性很大。

（四）推行间接统治政策，让黑人自己管理自己的事务

罗得斯针对非洲土著人的种族主义思想中也包含有间接统治的成分。1894 年 7 月 30 日他在议会演讲中，特别是当年通过的针对土著人问题的格伦格雷法中都有明确提到实行间接统治的原因。罗得斯仍然采取欺骗的手段，他说这么做是为了逐渐提高土著人参与政治的能力，让他们从处理涉及自身的、当地的小问题开始，从而不断积累经验。③ 他还说："我们将把他们（土著人）置于当地官员的管辖下，并且我们将允许他们掌握他们自己的地方事务。"罗得斯认为应允许土著人拥有地方性的议事机构，好处是在简单的地方性事务上训练他们的思维和脑力，从而不断提升他们未来的参政能力。④ 当年通过的格伦格雷法案把这些想法变成了现实。在格伦格雷地区，利用土著人管理自己部族事务取代了以往白人的直接统治。法案还允许创设土著人议事机构，在小的地区范围内管理有关事务；从小的议事机构中又选出代表组成权力较大的上一层议事机构，从而构成土著人的议事机构。该系统处于当地的驻节长官的监督之下。此外，殖民政府还把收税权、行政权和向殖民政府建议立法的权力授予了这些议事机构。⑤

---

① Basil Williams, *Cecil Rhodes*, p. 210.

② Vindex, *Cecil Rhodes His Political Life and Speeches* 1881 - 1900, p. 386.

③ Ibid. , p. 374.

④ Ibid. , pp. 388 - 390.

⑤ J. C. Smuts, Native Policy in Africa, *Journal of the Royal African Society*, vol. 29. No. 115, 1930, pp. 248 - 268.

（五）通过征收劳动税迫使黑人参加劳动

罗得斯诬蔑土著人好逸恶劳不事生产，是社会的包袱。他说："在我们的国家有许许多多的小饭馆。土著人无所事事便会去小饭馆找乐子。如果我们不教育他们劳动所具有的光荣，他们便只能生活在懒惰与懈怠之中。他们永远也不会走出家门去工作。……我们的政府有义务把这些可怜的孩子从这种懒惰与懈怠的生活状态中解救出来，我们应该给予他们一些温和的鞭策，让他们的心灵为之一震，从而发现劳动蕴含的光荣与尊严。"他认为年轻土著人不工作的问题比较严重，应该采取罚交劳动税的办法迫使他们工作。"……这些年轻人已成为社会的麻烦。我们要控制他们，让他们外出工作。那么唯一的办法就是迫使他们交纳一定的劳动税。"他还建议利用征收来的劳动税建一些实业学校和培训学校。① 教化土著人尊敬劳动，使他们为社会的繁荣和发展作出应有的贡献，给予"我们英明且实行良治的政府以应有回报"。② 1894 年，《格伦格雷法案》规定，每个成年黑人每年必须在居住地以外劳动三个月，否则必须交纳10 先令的劳动税来代役。

三　罗得斯的种族主义思想与现代南非种族隔离制度的关系

罗得斯针对黑人的种族歧视和种族隔离思想与后来南非联邦成立后白人当局肆意推行的种族主义政策和种族隔离制度之间存在什么关系呢？对于这个问题，一些学者作过研究。例如，学者 M. 兰西就认为罗得斯的种族隔离思想及其具体方案《格伦格雷法案》，实质上就是 20 世纪南非联邦和后来南非共和国推行的臭名昭著的种族隔离制度的"前辈"或"先驱"。她认为两者之间具有传承关系。③ 当然，也有学者对兰西的观点表示质疑，认为她过分夸大了《格伦格雷法案》的历史作用。1988 年，研究罗得斯的学者罗特伯格提出了一个较为折中的观点。他认为理解罗得斯

---

① Vindex, *Cecil Rhodes His Political Life and Speeches* 1881 – 1900, pp. 374 – 382.

② Ibid., p. 390.

③ M. Lacey, *Working for Boroko: The Origins of a Coercive Labour System in South Africa*. Johannesburg: Ravan. 1981, pp. 14 – 15.

的种族隔离思想和《格伦格雷法案》的前提是必须把它们当作一种"媒介工具"或"居中手段"，即罗得斯企图借此以达到更大的政策或政治意图的安排。如果说它们和未来的种族隔离制度有什么关系的话，罗特伯格认为《格伦格雷法案》在一定意义上给予 19 世纪尚不正式的保留地制度提供了一个可靠的并且在未来可以扩张的基础。① 可见，罗特伯格的主要观点是罗得斯的种族隔离思想和《格伦格雷法案》与后来的南非种族隔离制度有关联，但作用不像兰西说的那么大，它只是在保留的制度方面有影响。

笔者倾向于后一种观点，依据主要是：布尔人对黑人的种族歧视始自他们的前辈荷兰东印度公司的第一批人员 1652 年抵达南非之时。② 因此，到 19 世纪 90 年代时布尔人实行针对黑人的种族歧视政策已有两个世纪之久了。其实，种族歧视思想和种族隔离制度的关系是本与末的关系，种族歧视思想是种族隔离制度产生的充分条件。那么为什么在两个多世纪的时间里，布尔人并未产生出后来那种大规模的种族隔离制度呢？其中原委是，在这么一个长时段里布尔人针对非洲土著黑人的策略基本是屠杀与驱逐的政策，他们往往用武力把黑人驱离家园然后夺取他们的土地，因此与布尔人杂居的黑人很少，完全没有必要实行隔离制度。这种情况与英布战争结束后的局面有很大差异。南非联邦建立后，在英国的制约下布尔人不能再像过去那样对黑人采取简单随意的屠杀与驱逐政策了，因此数量很少的白人与数量庞大的黑人杂居的状况就不可避免地出现了。为了维护特权和统治，于是布尔统治阶级开始逐渐在南非全面推行种族主义政策，实施种族隔离制度，并使之制度化、立法化、常态化。因此，在推行种族隔离制度的问题上，布尔统治阶级完全具有自主性和能动性，他们采取这一基本国策是以顽固的孤立主义情绪为基础和出发点的，是对新的形势的判断和因应之举。所以，罗得斯的种族隔离思想和《格伦格雷法案》作为一种中介，只是强化了布尔人原本的孤立主义和歧视黑人的文化与心理，促进了这一畸形思维的发展，但不能据此就说它对后来南非的种族隔离制度具有绝对的影响和作用。

（责任编辑：周海金）

---

① R. Rotberg, *The Founder: Cecil Rhodes and the Pursuit of Power*. 1988, pp. 467－477

② 艾周昌、舒运国、沐涛、张忠祥：《南非现代化研究》，华东师范大学出版社 2000 年版，第 154—155 页。

当代埃塞俄比亚教育发展困境及原因分析

陈明昆　苏　兵

【内容提要】第二次世界大战结束后，海尔·塞拉西皇帝为发展现代教育作了积极努力，取得了一定成效，但由于过度依赖西方，本土化准备不足，导致教育结构失衡，中学毕业生失业问题突出，出现质量危机并危及政权；军政权统治时期，凸显意识形态对教育的统领作用，过度追求教育公平而忽视质量要求，在持续动荡的局势下教育发展也难以为继；1995 年成立的联邦政府对教育进行了大刀阔斧的改革，如下放教育权到地方、鼓励发展私立教育、推行教育成本分担制等，教育规模获得了空前发展，但由于经费投入不足，教育的公平与质量都难以保障。

【关键词】教育体制；教育质量危机；教学环境；教育经费

【作者简介】陈明昆，教育学博士，浙江师范大学非洲研究院副院长、研究员；苏兵，浙江师范大学 2013 级比较教育专业研究生。

20 世纪 70 至 90 年代，埃塞俄比亚发生过两次政变：一是 1974 年海尔·塞拉西皇帝被以门格斯图为首的军政权所取代；二是在 1991 年，当时的"埃塞俄比亚人民革命民主阵线"推翻了军政权统治，并于 1995 年正式成立埃塞俄比亚民主联邦政府。通过对埃塞俄比亚历史上政治危机的考察，可以发现其均与教育事件有着直接的关联——教育事件往往成为政治危机发生的诱因。与此同时，政权更迭又引起教育领域的政策转向，使得教育发展进程中断或变轨。笔者拟通过对 20 世纪下半叶以来埃塞俄比亚所发生教育事件的历史分析，来揭示教育危机发生的历史背景及其所产生的社会影响。

一　帝制时期

帝制时期的主要特征是：教育过度"西化"，本土化准备不足，导致质量危机的发生。

埃塞俄比亚现代教育的真正起步是在第二次世界大战以后。1935 年意大利再次入侵埃塞俄比亚，海尔·塞拉西（Haile Selassie）被迫流亡英国，直到 1941 年 5 月盟军大败意军后才归国复位。塞拉西皇帝深受西方文明的影响，坚信教育是国家发展进步的根本动力，并积极创办各类教育，为促进埃塞俄比亚现代教育体制发展奠定了基础。为了促进教育发展，塞拉西皇帝还出台了一些鼓励政策，如为品学兼优的贫困学生免费提供衣物、食宿及学习用具，实施职业教育免费制度、吸引优秀生源等。到 60 年代末，社会慈善机构举办的各类学校在校生有 5.2 万，初步出现公、私立教育共同发展的局面。[①]　到了 1971 年，公立中小学校从 1952 年的 411 所增加到 1 300 所，在校生从 6 万增加到 60 万。

塞拉西皇帝大力发展教育的初衷无疑与 20 世纪 60 年代流行的人力资本思想不谋而合。这一思想的首倡者是美国经济学家舒尔茨（Theodore Schultz）。他通过对教育和经济领域大量数据的采集分析，发现两者之间存在正相关关系，认为教育花费实际上是一种资本投资，而且比物质投资的回报率更高。在联合国教科文组织和世界银行等国际组织的推波助澜下，到了 60 年代，舒尔茨关于教育是经济发展强大动力的思想已广为流传。教科文组织、世界银行及美国国际开发署借人力资本学说，引导非洲国家大力发展教育，并深刻影响着这些国家的教育政策走向。在教科文组织主持下，1961 年举行了关于非洲教育问题的亚的斯亚贝巴会议，所有非洲国家都参加了此次会议。会议的一项重要议题就是要求非洲国家承诺到 1980 年普及初等教育，但这项宏伟目标最终被证明是不切实际的空想。

塞拉西政府虽致力于国家发展，但却忽视了教育及其人才培养的现代

---

① 陈明昆：《埃塞俄比亚高等教育研究》，中国社会科学出版社 2009 年版，第 14 页。

化、本土化战略。塞拉西本人坚信教育对国家发展的重要作用，认为教育就是要培养忠君、爱国、信教的国民。但随着埃塞俄比亚与西方世界乃至非洲大陆的渐趋融合、民主意识的加强，这种忠君、爱国的价值观念越来越遭到年轻一代的反感。况且在国家贫弱、外力介入的背景下，帝制政府在发展教育过程中多处于"想为而不能为、敢为而无力为"的境地。一方面，由于塞拉西政府在教育发展政策的选择上缺少连贯性，更多是希望依靠西方和国际援助来推进国家发展，而国际援助通常更注重校舍等硬件的建设而忽视本土教师培养、国家课程设计等软件投入。当时的课程多半是由教师自行组织，很难培养出既能继承和发扬国家传统又能适应不断变化时代要求的现代化公民。另一方面，教育布局不尽合理，当时的大多数学校都是在大中城市，农村和小城镇里的学校拥挤不堪、教职员匮乏、教学质量普遍低下，教育危机四伏。

当时有专家认为，埃塞俄比亚教育发展出现危机的直接原因是教育经费不足和教育财政政策不当所致。于是，塞拉西政府进行了一项财税制度改革，主要内容是向农村土地所有者征收农业特别税，规定地方教育委员会负责管理对所征税款的分配和使用，主要用于筹办小学（中央财政只负责中等和高等学校）。这项不合时宜的税收制度导致了较富裕地区小学教育的较快发展，而贫困地区的小学教育仍然发展缓慢，甚至举步维艰。而且这项改革没有涉及城市，市民不用纳税却可以享受到较为优越的教育资源，可以把他们的子女送到较好的学校里去读书，因此遭到了地主和农民的共同反对。后来，塞拉西政府又对这项税收政策进行了调整，规定向城市土地所有者也征收教育税，向城市居民征收 2% 的个人所得税，这项政策又激起了大多数城市居民的反抗。更有甚者，财政部还经常把所征税款挪作他用，国家教育发展愈显步履艰难。

在公众不满情绪渐长和大中学校中激进学生人数不断增多的压力下，塞拉西政府开展了一场关于现行教育体制问题的专家研讨。参加研讨的专家组于 1972 年 7 月提交了一份调查报告。该报告建议：要尽快尽好地普及小学教育；改革农村教育，使之更贴近农村实际；促进教育机会公平等。报告批评现行教育体制过分关注学生的考试成绩而忽视了实际能力的培养，指出正是由于政府忽视了对辍学青年的关注才导致大批青年的失业。报告认为"现存的教育体制不但制约了个人的自我发展，而且对大多数学生来说是一种终结性教育。"该报告大部分内容都向社会公示，目的是希望给予学生、家长、教师等各界充分发表不同意见的空间。但结果却事与愿违，大多数家长对废除精英教育感到不满，甚至愤怒，许多教师则担心由于改革而导致薪水减少。以此为导火索，全国各地引起的罢工和骚乱事件此起彼伏，一场教育质量危机最终导致了帝制统治的覆灭。

二　军政权时期

军政权时期教育的主要特征是：僵化的体制，单一化的价值取向，使教育发展难以为继。

1974 年，以门格斯图为首的军事政权取代了塞拉西皇帝的统治，进行了一场声势浩大的社会变革。军政权摒弃了帝制时期的教育体制，照搬苏联教育模式，确立了教育要为生产服务、为科学服务和为社会形态服务的三大目标。在前苏联、前东德等国教育顾问的指导与帮助下，最能体现教育与生产实践相结合的职业技术教育得到一定发展，一批埃塞俄比亚学生被送往前苏联或其他东方阵营国家接受高等教育，或被派往古巴接受中等教育。

军政权认为教育是拯救国家于水火的一剂良药，被寄予厚望，并开始了教育国有化、教育为农村服务、课程改革、大规模扫盲等教育改革运动，且取得了一定成效。在军政权统治时期，埃塞俄比亚的中小学教育规模有了较大发展。据统计，1975 至 1989 年，7—16 岁青少年入学比例增长了 12%，大约占同龄总人数的 35%。然而，随着教育规模的扩大，教育资源的供给却未能跟上，教师短缺、校舍不足、教室拥挤现象日益严重。不仅农村如此，城市也十分糟糕，学校不得不采取轮班制，学生分批分段进行学习。除此之外，北部地区的战乱还导致了大量教学设施的毁坏和被掠夺，也使得教育资源短缺问题如雪上加霜。

尽管军政权在提高中小学教育及扫盲方面取得了显著成效，但在普及中小学教育的前景上却不容乐观。1985—1986 学年的国家教育统计显示，全国中小学在校生总数达到 310 万，而十年前只有 78.5 万人。但是，1985—1986 学年，600 万小学适龄儿童中只有 250 万入学，入学率只有 42%。初中阶段（7—8 年级）在校生增加到 29.2 万人，而高中阶段

（9—12 年级）在校生仅有 19 万余人，只占 550 万适龄人口的 3.5 ％。[1]
由于从小学到中学的升学比例悬殊（在 1985—1986 学年，小学升初中的
比例是 8:1，初中升高中的比例是 4:1），对大多数小学毕业生来说，继续
学习的希望渺茫，因此也就放弃了升学念头而过早地进入劳动力市场，却
又往往因为缺乏一技之长而难以找到体面的工作。

军政权时期虽对帝制时期的教育体制进行了大刀阔斧的改革，但由于
不能结合本国实际发展教育，而是片面依赖和仿照苏联模式，存在脱离实
际的幻想，最终导致教育发展计划未能有效地贯彻实施，更难达到预期目
标，正所谓欲速则不达。

到了 80 年代中期，公众要求提高教育质量的呼声日益高涨，政府却
无能应对，官僚阶层与普通民众在教育目标、教育质量等问题上的分歧越
来越大。官僚部门坚持教育"培养的学生必须符合国家的实际需要和社
会政治意识形态的要求"，根据"国家人力资源规划，必须进一步扩大职
业教育的规模"。[2] 官方认为教育质量下降是因为师资匮乏和英语授课教
师能力不足所致。但学者克里斯托弗·克莱哈姆（Christopher Clapham）
却认为"过去帝制时期针对少数儿童开展的相当合理的教育已经变换成
社会主义政权下针对大多数儿童的贫瘠教育"。还有学者认为，当时的埃
塞俄比亚政府"由于对教育与社会发展二者关系的错误设想，使教育陷
入了一场危机当中。"[3]

三　联邦政府时期

联邦政府时期的主要特征是：教育经费投入不足，规模发展过快，挑
战质量与公平问题。

1988 年 3 月，埃塞俄比亚爆发大规模内战，许多学校被迫关门。
1991 年 5 月"埃塞俄比亚人民革命民主阵线"（简称"埃革阵"）反政府

①　陈明昆：《埃塞俄比亚高等教育研究》，中国社会科学出版社 2009 年版，第 15 页。

②　Negash, Tekeste, "*The Crisis of Ethiopian Education: Implications for Nation-Building*", Uppsala Reports on Education, 29. Uppsala: Uppsala University, 1990, p. 18.

③　Negash Tekeste, *Education in Ethiopia From Crisis to the Brink of Collapse*. Stockholm: Elanders Gotab AB, 2006, p. 20.

武装占领首都亚的斯亚贝巴，门格斯图政权宣告垮台。同年 8 月，过渡政府成立，教育也从内战的炮火声中平静下来。1995 年 8 月，埃塞俄比亚联邦民主共和国政府及地方政府正式成立。新政府把发展教育提高到国家战略的高度，颁布实施了一系列教育改革发展政策和措施。至此，埃塞俄比亚的各级各类教育进入规模快速发展阶段。

联邦政府教育改革的主要内容包括：将更多教育权限下放到地方，提高地方办学积极性；优先发展小学和初中段教育；小学 1—6 年级使用本土语言教学；高中及以上教育实行成本分担制，家长要承担部分学费等。教育分权化及优先发展初等教育等政策的实施，促进了初等教育和高等教育的齐头并进。但实际上，无论是在入学人数还是经费投入方面，高等教育都是增长最快的部分。从表 1 可以看出：初等教育和中等教育总入学人数的增长并不像世界银行专家和联邦政府所宣称的那样显著。相反，由于生师比的急剧上升和班级规模的大幅增加，一节化学课或历史课聚集了近百名学生的现象并不少见，一位教师同时负责教七八门不同年级的课程的现象也比较普遍。

表1   埃塞俄比亚各级各类教育入学情况统计   （单位：人）

学年	2007/2008	2008/2009	2009/2010	2010/2011	2011/2012	年均增长（%）
小学（1—8）	15 340 786	15 553 142	15 792 103	16 718 111	16 989 784	2.6
中学（9—12）	1 501 363	1 587 585	1 695 930	1 750 134	1 766 011	4.1
职业教育	229 252	308 501	353 420	371 347	320 225	8.7
高等教育	270 356	320 827	434 659	467 843	494 110	22.1

资料来源：Ministry of Education. Education Statistics Annual Abstract（2011/2012）. Addis Ababa. 2012，p. 5.

在教育规模快速发展过程中，由于缺乏合理规划，出现经费投入严重不足、合格师资短缺、课程改革滞后、管理效率低下等问题，致使教育质量明显下降，教学环境恶化。随着距离 2015 年普及初等教育的千年发展目标越来越近，世界银行也不得不表示对目标实现的担忧。世界银行认为，在不加重公共财政负担的前提下，要实现生师比降低和班级规模缩小，必须把教师招募和学校建设标准调整到符合当地的实际情况，以避免教学环境的持续恶化。但不管是用于招募新教师还是建设新学校，如果超过了政府财政的最大承受能力，最后都不得不以牺牲质量为代价。

从前面对帝制时期和军政权时期教育发展的得失分析中得出结论，至少有两方面问题值得引以为戒：一是教育所培养的劳动力超出了经济发展的需求能力。事实上，帝制时期的决策者在后期已意识到了这个问题的严重性，并全力应对，但终因不济而失败。军政权时期，在经济不景气的情况下继续输出大量的毕业生，导致越来越多的大中学毕业生处于失业状态，这些失业的年轻人必然会质疑"社会主义政权"存在的合理性。尽管政府在极力承诺为这些取得学历或学位证书的年轻人提供就业岗位，但成效并不明显。二是教育的本土化准备不足，过分依赖外援，使得教育发展在思想和观念层面缺少继承性，在政策执行力上难以为继。无论是帝制时期的"向西看"还是军政权时期的"向东看"，最终伤害的还是本国的教育及人才培养质量。

到目前为止，联邦政府认为本国教育的发展速度还不够快。在20世纪90年代中期，政府就雄心勃勃地希望在2015年之前实现50%的净入学率。这被视为一个非常高和不切实际的目标，因为1996年埃塞俄比亚的净入学率只有20%。随着联合国千年发展目标的制定，内容之一是要支持发展中国家发展教育，联邦政府积极响应，承诺到2015年普及初等教育，并从2000年开始对先前制定的多项教育发展目标进行了调整。联邦政府认为普及初等教育的目标进展得很顺利，但据世界银行最新调查显示，由于国内物价大幅上涨，教育经费增长幅度又低于物价上涨，教学环境恶化和资源紧张形势并没有得到有效遏制。世界银行认为，在"糟糕环境下的大规模扩张"，能否保障埃塞俄比亚到2015年实现真正意义上的初等教育普及任务值得怀疑。而联邦政府能否遵从世界银行的意见，认同专家研究结论，及时进行教育政策调整，增加投入以保障质量，尚难以预料。

表 2　　　　　埃塞俄比亚小学（1—8 年级）净入学率统计

学年	男生（%）	女生（%）	总（%）
2007/2008	86.0	80.7	83.4
2008/2009	84.6	81.3	83.0
2009/2010	83.7	80.5	82.1

学年	男生（%）	女生（%）	总（%）
2010/2011	87.0	83.5	85.3
2011/2012	86.8	83.9	85.4

资料来源：Ministry of Education. Education Statistics Annual Abstract（2011/2012）. Addis Ababa. 2012，p. 28.

四　结　语

教育质量危机目前存在于世界许多国家，但人们对危机的成因有不同的解释，对危机所表示的担忧也往往因人而异。政治家和企业家关注的是，在教育滑坡的情况下，他们的国家如何在经济上获得竞争力；教师和教育行政人员关注的是诸如课堂教学、学生管理和课程设置等教育内部问题与教育经费不足的问题；而家长担忧的是在日趋复杂、不断变化的职业世界中，他们孩子的个人机会与前途。情况通常是，在教育质量问题的认识上，政府和教育部门的官员很难与普通民众达成共识。笔者认为，问题的焦点应该集中在以下四个方面。

（一）供求关系

教育质量危机总是与供求关系紧密相关，只有解决好毕业生的就业问题，教育才能体现其价值功能，也只有当对教育的投资回报收益不好时，人们才会较多地关注教育质量问题及其与社会历史文化和经济之间的关系。帝制时期的教育质量危机在于对中等学校毕业生就业问题处理不当，实际上军政权时期和联邦政府时期就业问题也比较尖锐地存在，人们自然就会质疑教育质量问题。失业问题的直接原因是市场就业岗位不足，实质是国家的经济总量不足，其所能给社会带来的岗位不够。因此，教育与经济的关系很大程度上影响着教育质量的发展。

（二）经费投入

引起埃塞俄比亚教育质量下滑和出现危机的首要原因是教育经费投入不足。教育在20世纪70年代塞拉西皇帝早期已出现质量危机，当时有多达 25% 的中学毕业生面临一直找不到工作的危险。问题出现后，国家也试图通过控制入学规模来达到平衡，希望把中小学发展控制在经济可承受范围内，努力为农村中小学发展分配更多的资源。但最终这些明智的决策却无法推进，因为缺少经费的支撑。军政权时期的教育一直也处于"广种薄收"的境地，因为其他领域占用了更多的资源，比如北部内战、西部和东部严峻政治形势方面的支出，都要靠紧缩预算和各行业的义务捐资来支撑。国防经费更是超过国家预算的 50%，经济、教育等领域的投入严重不足。经费问题也是长期以来困扰绝大多数发展中国家教育的头痛问题，包括埃塞俄比亚现政府。

（三）教育规模

如果说帝制时期的生师比和班级规模都还控制在合理范围内，危机的主要原因是中学毕业生就业问题，那么军政权时期教育部门对帝制时期的教育问题熟视无睹，盲目扩大教育规模，而用于教育的投入并没有显著增加，则导致了教育质量严重下滑。除了经费投入，如果进一步了解发展中国家的教育问题，就会发现教育中的数量与质量是相互交织在一起的，彼此间的关系十分复杂。例如，教育规模的扩展常常靠使用一些不合格的师资来实现，但这必然会使学校的教学质量下降，而质量下降又会扩大学业失败者的人数，导致辍学或留级人数的上升。这种现象的产生与无视质量、盲目扩大教育规模不无关系。

（四）发展环境

教育发展既需要稳定的政治环境，也需要良好的经济支持，还需要教育家、教师、教育管理者等专门人才的辛勤工作。由于埃塞俄比亚长期以来缺乏一个稳定的政治环境，教育发展一直步履艰难，加上天灾、人祸的不断发生，以农业为主要依靠的埃塞俄比亚政府要想在短期内振兴国民经济、大踏步发展教育，的确是困难重重。除了政治环境外，教育的内部环境也很重要，比如宽松的学习空间、丰富的学习资源、性别上不再歧视、疾病和饥饿不再缠绕等，而残破的教室、女性被骚扰、艾滋病感染等各种原因所造成的辍学现象在目前埃塞俄比亚很多学校中都不同程度地存在。

（责任编辑：王学军）

非洲城市化的现状、特点和发展趋势

李 晶 车效梅

【内容提要】20世纪50—60年代非洲城市化开始启动，城市化速度明显加快，城市首位度升高，城市空间向外扩张并形成城市走廊。非洲城市化在发展过程中深受殖民主义遗留影响，政府政策与城市化速度关系密切、城市人口年轻化显著，城市走廊发展呈现北高南低等特点。住房短缺、失业与贫困、自然灾害频发是制约当前非洲城市发展的主要障碍。根据非洲城市化所呈现出的特点，未来非洲城市化预计将出现中小城市迅速发展，城市走廊跨国化，城市病长期存在等趋向。

【关键词】非洲；城市化；城市走廊

【作者简介】李晶，厦门大学历史系博士研究生；车效梅，博士，山西师范大学历史与旅游文化学院院长，教授，亚非发展中国家研究所所长。

非洲大陆具有悠久的城市文明。近代殖民主义入侵后，西方城市文明开始锲入该地区，由此掀开了非洲城市发展的新纪元。20世纪50—60年代非洲城市化开始迅猛发展，并成为世界范围内城市化发展速度最快的地区之一。当前城市化正改变着非洲社会的方方面面。

一 非洲城市化发展现状

早在五千多年前的非洲各地区便陆续出现了城市文明，北非的孟菲斯、底比斯、迦太基、亚历山大等城市；东非的阿克苏姆、拉普塔（今达累斯萨拉姆附近）等城市；西非的克姆比塞勒姆、伊巴丹、奥绍博格、卡诺诸城；"南部非洲的赞比西河谷、津巴布韦的丘陵高地、林波波河附近的马蓬古不韦等地也都出现了城市定居点"。① 这些城市犹如一颗颗璀璨的明珠点缀在非洲大地上，共同塑造了非洲古代文明。

近代伴随着殖民主义对非洲的渗透，西方殖民城市开始建立。15 世纪西班牙、葡萄牙先后对休达、桑给巴尔、菲斯、基尔瓦、摩加迪沙和丹吉尔等沿海城市强行占领，在西非的拉各斯、阿克拉、维达；中非的罗安达、本格拉；东非的蒙巴萨；南非的开普敦等地建立军事、商业、政治据点。1878 年柏林会议后，西方国家沿主要交通路线、工矿地区又建立大批城市，如雅温得、金沙萨、亚的斯亚贝巴、达喀尔、达累斯萨拉姆、内罗毕、哈拉雷、阿比让、姆班扎、约翰内斯堡等。这些城市后来多成为非洲国家首都、商业、工矿中心。

尽管大批城市纷纷建立，但与世界其他大陆相比，非洲城市经历了缓慢的发展历程。"1856 年非洲 2 万人口以上城市 9 座，6 万人口以上城市仅 3 座。"② 此后，1920—1950 年尽管非洲城市人口由 1 000 万增长至 3 100万，所占总人口百分比由 7% 上升为 14%，增加了 7 个百分点，而同期世界城市人口占总人口百分比却提高了 9 个百分点。③ 截至 20 世纪 50 年代，非洲城市基本格局形成——主要位于沿海、交通枢纽和工矿地区。城市发展为非洲城市化进程的启动奠定了基础。20 世纪 50—60 年代，非洲城市化开始启动，具体表现如下。

（一）城市化速度加快

"1950 年非洲城市人口占总人口的 14.4%，仅为同期世界平均水平的一半（28.4%）"，④ 从 20 世纪 50—60 年代开始，非洲城市化迅猛发展，其中 60—80 年代非洲城市年均人口增长率居世界第一（见表 1）。以热带

① David M. Anderson and Aichard Rathbone, eds. *African Urban past*, London：Villiers Publication Ltd, 2000, p. 3.

② 孙常敏：《全球范围内的城市化与城市发展》，载《上海社会科学院学术季刊》1988 年第 4 期。

③ 张同铸：《非洲经济社会发展战略问题研究》，人民出版社 1992 年版，第 156 页。

④ 同上。

非洲为例，1960 年城市人口为 2 300 万，1970 年则达到 4 000 万，10 年间城市人口增长近 1 倍；1975—1980 年城市人口年增长率达 5.9%，远高于同期亚洲、拉丁美洲等发展中国家和世界城市人口年均增长速度。（见表 2）2009 年非洲城市化率达 39.6%。① 据预计到 2030 年非洲城市人口将达 7.594 0 亿，届时城市化率将达到 50%。②

表 1　　　　　　　　世界各大洲城市人口年均增长比率比较③　　　　（单位:%）

地区	20 世纪 20—30 年代	30—40 年代	40—50 年代	50—60 年代	60—70 年代	70—80 年代	20 世纪 20—50 年代	20 世纪 20—80 年代
非洲	4.1	2.9	4.6	4.7	4.9	5.0	3.9	4.4
亚洲	2.5	3.3	3.0	4.7	3.5	3.6	2.9	3.5
拉丁美洲	4.1	2.9	5.1	4.9	4.2	3.9	4.0	4.2
北美洲	2.2	1.3	2.2	2.3	1.8	1.4	1.9	1.9
欧洲	1.5	1.3	0.8	2.1	1.8	1.5	1.2	1.5
大洋洲	2.2	1.8	2.5	3.0	2.8	2.6	2.2	2.5

表 2　　　　　　　　1960—1980 年世界四地区城市人口状况④　　　　（单位:百万）

地区	1960 年	1970 年	1975 年	1980 年	1975—1980 年均增长（%）
拉丁美洲	107	162	198	241	3.9
东亚	195	265	309	359	3.0
南亚	142	217	266	330	4.3
热带非洲	23	40	53	71	5.9
世界总人口	1 012	1 354	1 561	1 807	2.9

　　在快速发展的城市化过程中，移民扮演着不可或缺的角色。自 20 世

---

① United Nations, "Department of Economic and Social Affairs, Population Division", *Urban and Rural Areas* 2009. http：//esa. un. org/unpd/wup/Documents/WUP2009_ Wallchart_ Urban-Rural_ Final. pdf, ［2010－07］.

② United Nations, *The State of* 2008 *African Cities：A framework for addressing urban challenges in Africa.* Nairobi：United Nations Human Settlements Programme, 2008, p. 4.

③ Anthony O'Connor, *The African City*, New York：Africana Pubishing Company, 1983, p. 59.

④ Ibid., p. 17.

纪50—60年代以来，农村移民成为城市人口增长的主要因素。1969年赞比亚人口普查显示，"在首都卢萨卡，儿童仅有26%的人口出生当地，25—29岁人群中仅有7%出生在该市"[1]，该国220万成年人口中，有70多万人离开农村迁入城市。1962—1969年移民净迁入城市为25万人。1970年加纳人口普查数据显示，阿克拉总人口为63.6万人，其中一半出生于该市，另一半从农村或小城市迁移而来。科特迪瓦首都阿比让1960—1970年的11年间人口净迁入在25万人左右，到70年代净迁入该市人口数量仍在攀升，每年达5万人。[2] 埃及首都开罗，1937—1947年每年移居人口为6万人，70年代每年移居人口增为10万人，到80年代竟达20万人。[3]

（二）大城市超先发展，首位城市形成

在城市化进程中，大城市超先增长是一条不以人的意志为转移的客观规律。[4] 1952年革命后，开罗人口爆炸式增长，1960年335.3万，1976年507.6万，1980年880万，[5] 截至2010年人口达1 100万。[6] 尼日利亚独立后拉各斯迅速成为尼日利亚首位城市，70年代尼日利亚城市人口为13万，其中拉各斯一城便有人口5.8万。1960年加纳首都阿克拉城市人口39万，而第二大城市库马西人口仅21.8万，城市首位度达到1.8；1970年阿克拉人口增为74万，第二大城市库马西人口为34.5万，城市首位度扩大到2.1。[7]

（三）城市走廊兴起，非洲区域城市化加快

随着城市化发展，城市空间开始向外围扩张，区域城市化和城市走廊形成。在主要核心城市的影响下，城市走廊内含城市组织结构、产业工厂

---

① Anthony O'Connor, *The African City*, New York：Africana Pubishing Company，1983，p. 59.

② Ibid. ，p. 61.

③ 车效梅：《当代开罗城市化问题探析》，载《西亚非洲》1997年第5期，第32—36页。

④ 高佩义：《中外城市化比较研究》，南开大学出版社2006年版，第150页。

⑤ Abdulaziz Saqqaf, *The Middle East City*，– *Ancient Tradition Confront a Modern World*，New York：Paragon House，1987，p. 217.

⑥ United Nations, *The State of* 2010 *African Cities：Governance*，*Inequality and Urban Land Markets*，Nairobi：United Nations Human Settlements Programme，2010，p. 244.

⑦ Anthony O'Connor, *The African City*，New York：Africana Pubishing Company，1983，p. 249.

以及农业用地。与此同时，这些远离都市污染、交通拥堵以及昂贵地价但又紧邻市场、服务设施和各种办事机构的走廊迅速吸引了大批企业和定居点聚集在它们周围。这样，城市化就开始沿线状走廊地域不断推进，开始从一个城市中心蔓延到另一个城市中心。

　　非洲城市化加速发展导致非洲城市形态与空间模式发生重大改变，主要表现为城市走廊的出现。埃及北部三角洲地区（The North Delta Region）形成以首都开罗为中心的开罗—苏伊士走廊，开罗—亚历山大走廊，开罗—伊斯梅利亚—塞得港走廊；伊巴丹—拉各斯—阿克拉城市区域的大伊巴丹—拉各斯—阿克拉城市走廊；东非城市走廊；南非豪登（Gauteng）城市区域的比勒陀利亚—约翰内斯堡—威特沃特斯兰德—弗里尼欣城市走廊等。

二　非洲城市化的特点

（一）殖民主义历史遗产影响深远

　　"非洲的发展不会、也不可能离开独立时的基础和条件。"[①] 殖民主义遗产仍制约非洲城市化进程。表现有三：

　　第一，殖民时期建立的城市构成了非洲城市的基本格局。为满足殖民国家经济掠夺和政治统治需要，殖民者在非洲建立诸多殖民城市——巴马科、拉各斯、内罗毕、达喀尔、阿比让、尼亚美、约翰内斯堡、金伯利、哈拉雷、卡萨布兰卡等。"在殖民初期城市的军事功能往往被列为选址的首要因素，因而城市多建在具有战略意义的军事要冲。交通方式和矿业集中地区是殖民城市建立的另一因素，大多殖民城市建在河流沿岸和大河交汇地带，铁路枢纽和铁路沿线地区，公路枢纽和公路沿线地区。"[②] 这种以满足殖民掠夺为目的而形成的城市布局不尽合理，对非洲内陆经济缺乏拉动力，它们仅仅是殖民者原料掠夺和商品输出的中转站，"无论在经济、文化，还是在政治方面，殖民地的大城市根本没有竞争力"。[③]

---

① 陆庭恩：《非洲国家的殖民主义历史遗留》，载《国际政治研究》2002 年第 1 期。
② 潘兴明：《英国殖民城市初探》，载《世界历史》2006 年第 5 期。
③ ［英］安德鲁·韦伯斯：《发展经济学》，陈一筠译，华夏出版社 1987 年版，第 74 页。

第二，殖民时期形成的城乡二元社会经济结构影响城市发展。在西方殖民统治期间，非洲大陆的沿海、沿河、沿铁路和公路等交通枢纽处兴起了众多殖民城市，这些城市成为接受现代新鲜事物的前沿。它们与传统落后的农村社会形成鲜明对照，"一边是财富的集中和文明富有的积累，而另一边却是贫困的加剧和愚昧、饥饿的增长，一个国家两个世界格局出现。"① 非洲国家独立后不仅没有改变城乡二元制经济结构，而且进一步加剧城乡分化。正是城乡差距的扩大促成了非洲农村人口大量迁往城市。

第三，殖民时期形成的经济结构导致非洲城市化与经济发展脱节。从发达国家城市化进程上看，城市化水平高的国家，其经济发展水平也较高，两者之间呈现出十分密切的正相关关系。但是非洲高速增长城市化并未带来经济快速发展，城市化与经济发展长期脱节。20 世纪 60 年代开始，非洲城市化快速发展，1960—1970 年，非洲城市化年增长率为4.9%，1970—1980 年为5.0%。② 非洲经济发展趋势与高速增长城市化率形成反差。非洲国家除 60 年代初至 70 年代中期经济发展较快外，70 年代后大多国家经济出现停滞甚至衰退迹象。热带非洲 1970—1980 年工业增长率为3.8%，1980—1993 年竟降至 0.6%，③ 非洲多国贫困化趋势加剧。全世界 48 个最不发达国家中非洲有 33 个，（黑）非洲地区 50% 的人口生活在贫困线以下。而造成非洲地区经济长期落后的重要因素之一无疑是殖民时期形成的单一经济结构。

（二）政府政策与城市化速度关系密切、人口年轻化显著

20 世纪 60 年代非洲国家全力以赴推行工业化战略，力图以工业化带动经济的全面发展，工业化推动城市化，该期城市人口增长速率一直居世界前列，2005—2010 年非洲城市化年均增长率达 3.31%，同期西非和中非地区高达 4.03%。④ 尽管非洲城市人口仍将持续增长，但是 20 世纪 90 年代后，非洲城市人口增长速率呈现下降趋势。1980—1990 年非洲城市

---

① 高佩义：《中外城市化比较研究》，南开大学出版社 2006 年版，第 37 页。
② 舒运国：《非洲城市化剖析》，载《西亚非洲》1994 年第 1 期。
③ 安春英：《非洲工业发展面临挑战》，载《亚非纵横》1996 年第 4 期。
④ United Nations, *The State of* 2008 *African Cities: A framework for addressing urban challenges in Africa*, p. 4.

增长率为 1.4%，1990—2000 年降为 1.2%，2000—2010 年下降为 1.1%。[①] 非洲各地区的城市增长率均出现下降趋势。（见表3）

表3　　　　　　　1980—2010 年非洲各地地区城市增长率比较[②]　　　　　（%）

地区	1980—1990	1990—2000	2000—2010
非洲	1.4	1.2	1.1
北非	0.9	0.5	0.5
东非	2.1	1.8	1.5
西非	1.2	1.5	1.4
南非	1.5	1.4	1.1

非洲城市增长率下降趋势与以下两个原因密不可分：一是非洲结构调整计划实施和农村地区经济状况改善。"结构调整"是非洲国家自独立以来第一次大规模的经济改革运动，该项改革涉及 3/4 的非洲国家，通过多种政策措施调动农民生产积极性，促进农业发展。"结构调整计划在农村创造了比城市更高的收入，因此削弱了向城市地区移民的动力"。[③] 二是城市生活环境恶化。人口大幅增长与极度贫穷成为非洲城市化的主要现象。大批农民涌入使非洲城市面临崩溃边缘，城市贫困已经成为非洲城市化发展的瓶颈。据统计，2000 年苏丹、中非共和国城市居民生活在贫民窟中的比例分别高达 94.2% 和 94.1%。[④] 较为发达的南非基尼系数从 1995 年的 0.596 上升为 2001 年的 0.635，在一些城市贫富差距更是达到了 0.7。[⑤] 城市基础设施滞后于城市人口增长，在伊巴丹只有 3% 城市居民用自来水，拉各斯只有 9% 城市居民享受市政服务。[⑥] 城市人口畸形膨胀，超越了城市自身承载力，这就造成了严重的"城市病"。城市生活环

---

① United Nations, *The State of 2008 African Cities：A framework for addressing urban challenges in Africa*, p. 5.

② Ibid. , p. 27.

③ ［荷兰］罗尔范德维恩：《非洲怎么了——解读一个富饶而贫困的大陆》，赵自勇、张庆海译，广东人民出版社 2009 年版，第 211 页。

④ United Nations, *The State of 2008 African Cities：A framework for addressing urban challenges in Africa*, p. 8.

⑤ Ibid. , p. 16.

⑥ Ibid. , p. 13.

境恶化减弱了城市吸引力，致使非洲城市增长率有所减缓。

表4　　　　　　　　各地区妇女人均生育孩子数① 　　　（单位：个）

	1960—1965	1965—1970	1970—1975	1975—1980	1980—1985	1985—1990	1990—1995	1995—2000	2000—2005
非洲	6.86	6.81	6.72	6.60	6.45	6.11	5.67	5.26	4.97
亚洲	5.64	5.69	5.08	4.18	3.67	4.40	2.96	2.67	2.47
拉丁美洲	5.97	5.55	5.05	4.50	3.93	3.43	3.03	2.75	2.55

高出生率（见表4）、低寿命为非洲人口特征。2000年到2007年热带非洲人口年均增长率为2.5%，而同期世界平均水平为1.2%，高出世界平均水平1倍多。2006年世界人口平均寿命相比（男性：66岁，女性：70岁），热带非洲男性只有49岁，女性只有52岁。② 这些因素与大量年轻农民涌入相伴，共同导致了非洲城市人口年轻化。在埃及各大城市人口中，中青年人口所占比例在1980—2000年间从41.0%上升至68.5%，开罗2005年0—14岁的男性人口占城市男性总人口的28.7%，女性人口占城市女性总人口的27.4%，整个埃及15岁以下人口占总人口比例高达31.8%；毛里塔尼亚15岁以下人口高达45.3%；拉各斯2003年0—14岁的男性占城市男性总人口33.6%，女性占城市女性总人口36.1%；卡诺同期数据分别显示为40.2%和47%；达累斯萨拉姆2004年分别为34.5%和32.8%；约翰内斯堡1998年为32.4%和29%。③ 2001年非洲15岁以下年轻人口达44.4%。④ 人口年轻化为城市经济发展储备所需劳动资源的同时，也使城市成为失业率主要场所，"2007年突尼斯全国失业率为

---

① United Nations, "World Population Prospects, the 2004 Revision" p.478 – 613. http://www.un.org/esa/population/publications/WPP2004/2004Highlights ＿ finalrevised.pdf. February 12, 2010.

② World Bank, "World development report 2009, Reshaping Economic Ceogaphy" p.353. http://www.sed.manchester.ac.uk/research/andes/publications/papers/TIBG2009Riggetal.pdf. March 19, 2010.

③ United Nations, *The State of* 2008 *African Cities: A framework for addressing urban challenges in Africa*, pp.196 – 198.

④ Ibid., p.79.

15%，首都大突尼斯市失业率却高达35%；摩洛哥1982—2001年城市失业人口从12.3%上升为19.5%，而同期农村失业人口却从10.5%降为4.5%"。① 随着时间的推移，城市低龄人口又将源源不断地汇入城市劳动力大军，这将使本来就很严峻的就业形势变得更加恶化。

（三）城市走廊发展北高南低

就非洲城市走廊发展状况来看，埃及北部三角洲城市区及其内部的三条城市走廊发展最为显著，是整个非洲区域城市化的典型。2007年埃及北部三角洲人口占全埃及人口的76%，集中了埃及几乎全部工业活动。在该经济区内部，经济与人口又高度集聚在以大开罗为核心的大开罗—苏伊士、大开罗—亚历山大、大开罗—伊斯梅利亚—塞得港等三条城市走廊地带，该地带超过50%的工业集中在这三条城市走廊沿线。目前该区域城市走廊具有两大特征。

首先，通达性较强。良好的交通运输网络对城市走廊经济运行十分重要，目前埃及北部三角洲城市走廊已经形成了通达性较强的交通设施网络。便捷的高速公路网：大开罗—伊斯梅利亚—塞得港高速公路；开罗—苏伊士高速公路；开罗—亚历山大高速公路。② 高效的国际机场：开罗国际机场和西吉萨国际机场。2001年开罗国际机场的旅客流量为830万，2007年超过1 250万。繁荣的港口：塞得港、苏伊士港和亚历山大港。其中亚历山大港是埃及最重要的港口，目前埃及外贸出口的60%是通过亚历山大港完成的，2006年该港口承载货物运输量高达74亿吨。完善交通网络，使区域内城市联系与合作进一步加强，促使地区一体化趋势加快发展。

其次，在土地利用方面呈现出由简单向复杂方向发展的特征。最初这些沿高速公路发展的带状土地主要是用于开发荒漠发展农业的，但是随着大开罗地区地价上涨以及商贸服务业发展，土地利用形态开始由农业用地向工业用地和城市建设用地类型转化。目前走廊土地利用分为三类：其一是农业用地。如开罗—亚历山大走廊有4 200公顷的土地，约占全部土地

①　United Nations，*The State of* 2008 *African Cities：A framework for addressing urban challenges in Africa*，，p. 43.

②　Ibid. ，p. 43.

面积的 40% 是用于种植农业出口作物的，据统计，1982—2006 年这里的
农业产量占到了埃及农业出口量的 37% 。其二是工业企业用地。走廊内
部便利的通达性使得那些受交通因素影响重大的公司企业迅速向走廊聚
集。在走廊内部及周边分布着大小不一的工业区，这些工业用地在大开
罗—亚历山大走廊、大开罗—塞得港走廊表现得尤其明显。连接大开罗与
塞得港的这条走廊被埃及政府计划建成埃及与东南亚制造业相联系的纽
带。与此同时，伊斯梅里亚的苏伊士运河地区也拥有重要的自由贸易区。
其三是住宅用地。埃及北部三角洲的城市走廊中除了走廊两端的主要城市
外，走廊内部还存在着许多节点。这些节点以住宅区为主要用地形式。如
开罗—亚历山大城市走廊就横贯萨达特市，该市是 20 世纪 70 年代埃及政
府为缓解开罗人口所建的新型定居点，预计在未来二十年里将居住 100 万
人口。此外在开罗—苏伊士走廊与开罗—伊斯梅利亚走廊间 62 500 公顷
的平行区域中从环形公路向巴德尔市延伸全部是住宅用地。[1] 值得一提的
是，除了这三种主要用地外，近来在开罗—亚历山大走廊间还出现了集商
业、旅店与高科技园区等多种功能于一体的"智能村"（smart village），截
至 2008 年底，这些智能村已容纳 2 万多专业工人，120 多家国际公司。[2]

　　埃及北部三角洲城市走廊是非洲各区域城市走廊的典范。随着城市走
廊的发展，城市的空间布局与发展必将受到重大影响。同时，非洲城市化
也将沿着线性地域不断推进。但是，城市走廊在发挥经济效能与社会效能
的同时，也遭遇许多问题，如对农业用地侵占、交通设施需求提升以及环
境污染扩大等。

三　非洲城市化面临的困境

　　由于城市化与经济发展长期不同步，畸形发展的城市化使得非洲城市
长期处于困境。住房短缺、失业与贫困、自然灾害频发等已经成为制约当
前非洲城市发展的主要障碍。

　　① United Nations，*The State of* 2008 *African Cities*：*A framework for addressing urban challenges in Africa*，pp. 65 – 66.

　　② Ibid.，p. 42.

（一）住房短缺

建筑业滞后于大量移民涌向城市，致使城市住房状况普遍恶化。阿尔及利亚和摩洛哥一套普通住房的市场售价已上升为一个中产阶级家庭年收入8—9倍，埃及和突尼斯为5倍。2005年东非国家生活在贫民窟中的城市人口在50%以上。按照联合国人居署对贫民窟的界定，亚的斯亚贝巴69%的城市家庭生活在贫民窟，达累斯萨拉姆为65%。①

尽管内罗毕由于政府多年来对贫民窟的治理，城市贫民窟人口已经少于50%，但是内罗毕贫民窟的集中程度仍为整个非洲大陆最高水平。② 南部非洲住房危机严重。在罗安达平均每套住房里生活着12到15个人，平均每间住房居住着3人。在利隆瓦平均每套住房里的居住人口也多达14人。③ 20世纪90年代末期，津巴布韦每年仅生产18 000套住房，而城市中实际住房需求量为84 000套，同期津巴布韦城市人口年均增长高达2.92%。1995—2005年，南部非洲各国政府已经向月收入少于580美元的低收入家庭提供补贴累计达290.5亿美元，鼓励更多的民众向低收入家庭提供抵押贷款。④ 遗憾的是目前这项补贴计划已经搁浅。

（二）失业与贫困

2005年非洲失业率保持在10%，南部非洲达到31.6%，东非为11%，中部非洲为9.4%，北非为10.4%，西非最低为6.7%。⑤ 严峻的城市就业形势，使非正规经济成为非洲城市劳动力生存的主要渠道。非正规经济的特点是规模小，技能含量低，游离于国家监管之外，业务绩效不在政府统计之中，等等。在北非，低技能、非正规经济部门的产值占区域国民生产总值的27%。1996年喀土穆74%的劳动力受雇于非正规经济部

---

① United Nations，*The State of* 2008 *African Cities：A framework for addressing urban challenges in Africa*，p. 106.

② Ibid.

③ Ibid.，p. 150.

④ Ibid.，pp. 137 – 148.

⑤ 联合国，《2007年非洲经济社会环境概览》，http：//daccess-dds-ny. un. org/doc/UNDOC/GEN/N07/310/63/PDF/N0731063. pdf？OpenElement，2010年5月9日。

门。在北非最大的港口亚历山大港，17 400 个工厂中仅有 18% 的工厂拥有 10 人以上的雇工,[①] 可见大多数工厂都是规模较小、隐匿于政府监管之外的非正规经济。南部非洲非正规经济同样是当地年轻人的主要生计来源，哈拉雷正规经济部分的就业水平仍在缩减，失业比例已达 80%，而这些失业群体大多从事非正规经济。尽管非正规经济短期内给穷人提供了一条生路，但是也会给城市管理带来诸多问题。

(三) 人与自然矛盾凸显，自然灾害频发

当前非洲城市所面临的自然灾害主要有:

地震灾害：1980—2002 年非洲大陆经历的严重地震超过 50 次，造成的人员伤亡超过 23 000 人，经济损失不计其数。当前非洲众多大城市高度面临地震的风险，其中阿比让、亚的斯亚贝巴、阿克拉、亚历山大、阿尔及尔、班吉、开罗、卡萨布兰卡、达累斯萨拉姆、利伯维尔、内罗毕、拉巴特、的黎波里和突尼斯等。居于东非大裂谷、沿维多利亚湖的城市更面临高风险地震灾害。2003 年阿尔及尔地震造成 538 人死亡，4 600 人受伤；2004 年摩洛哥地震造成 600 人死亡，30 000 人无家可归。由于非洲国家建筑抗震规范不明确，建筑质量低劣及监督措施缺失等，使大城市抵御重大地震能力极为有限，大城市加强城市抗灾能力刻不容缓。

海平面上升：随着全球气候变暖，海平面上升已经成为严重的生态问题。非洲大部分主要城市分布于沿海地带。非洲拥有占世界 15% 的低海拔沿海城市，海平面上升将会使阿比让、亚历山大、阿尔及尔、开普敦、卡萨布兰卡、达喀尔、达累斯萨拉姆、吉布提、德班、弗里敦、拉各斯、洛美、罗安达、马普托、蒙巴萨、路易港等许多城市面临被淹没的危险。目前非洲大部分沿海城市缺乏足够的排水系统、河堤和相应的政策准备，而且当前非洲许多人口密集地分布在低海拔沿海城市中，如果一旦气候迅速变暖以及发生风暴、海啸等自然灾害，其损失不可估量。

[①]　United Nations, *The State of 2008 African Cities: A framework for addressing urban challenges in Africa*, p. 42.

四　非洲城市化发展的趋势

根据发展中国家城市化发展的一般规律与当前非洲城市化所呈现出的特点，未来非洲城市化预计将出现以下发展趋势。

（一）中小城市迅速发展，大城市的相对重要性有所减弱

非洲城市化增长速率已呈下降趋势，但非洲城市化水平仍将继续上升。由于大城市承载能力有限，中小城市的发展成为一种必然趋势。随着非洲城市人口的不断上涨，可以预见在未来二十年里，非洲城市将不得不为越来越多的城市人口提供各种生活和服务设施。因此，对于非洲国家来讲，发展中小城市对于缓解大城市的人口压力是一条可选途径。当前中小城市迅速崛起、大城市相对重要性减弱的趋势在非洲已经显现。目前非洲城市增长人口中的 2/3 都被人口在 50 万以下的中小城镇所吸纳。[1] 这种形势的出现一方面是由于政策的影响，如以埃及为代表的非洲国家为了缓解首都开罗的人口压力，在开罗外围兴建大批卫星城，如十月六日城、萨达特城等。另一方面，农村人口向城市迁移率的下降也是促使中小城市发展的一个原因。近来一些东非中小城市发展的经验表明，中小城市完全有可能成为区域内新的发展核心。如肯尼亚的埃尔多雷特和基西，坦桑尼亚的阿鲁沙和姆万扎，乌干达的恩德培，马达加斯加的塔马塔夫和马任加。这些中小城市的发展显示，如果政府能为中小城市发展创造良好环境，如加强对公共领域进行投资（尤其是基础设施方面），那么这些城市有可能吸引更多私人企业进入。这些中小城市在生产、分配、商贸以及生活服务等方面所承担的职能，在地缘上将有利于国内城市发展的平衡，有利于区域内部经济与社会发展平衡。总之，中小城市迅速发展是未来非洲城市发展的一大趋势。

---

[1]　United Nations, *The State of 2008 African Cities: A framework for addressing urban challenges in Africa*, p. IX.

（二）跨国城市走廊是非洲城市化的必然趋势

目前大多数城市走廊主要集中于一国范围内，如埃及的开罗、亚历山大、塞得港、伊斯梅里亚和苏伊士间的城市走廊；尼日利亚的拉各斯—伊巴丹走廊；摩洛哥的盖尼特拉—卡萨布兰卡走廊；南非的豪登走廊。可以预见在不久的将来，随着非洲区域一体化的加强，城市走廊的发展将跨越国界。这一趋势已初见端倪，最显著的例子是伊巴丹—拉各斯—科都努—洛美—阿克拉城市走廊。该走廊将尼日利亚、贝宁、多哥以及加纳等国重要的沿海城市连接起来。随着城市化水平的提高以及各城市间的协调发展，跨国城市走廊的形成将成为必然。从国家角度看，跨国走廊的形成可能是自发的、偶然的、无序的，此外由于跨国走廊规模巨大，再加上跨境走廊所面临的领土边境、主权等方面的复杂问题，必将给跨境走廊带来诸多管理上的困难。但是跨境走廊的经济潜能巨大。

（三）城市病将继续困扰着非洲国家

非洲畸形的城市化给非洲城市带来了住房拥挤、失业加剧、自然灾害应对性差等方面的城市病。由于非洲各国政府很难在短期克服城市病，城市病将长期存在于非洲各大城市中，并成为制约非洲城市发展的主要障碍。

结　语

20 世纪后半期非洲城市化迅猛发展，不仅大城市超先发展，首位大城市开始形成；而且城市走廊兴起，区域城市化速度加快。非洲城市化在其发展过程中呈现出：殖民主义影响严重，政府政策与城市化速度密不可分，人口年轻化显著，城市走廊发展北高南低等特点。与此同时，住房、失业与贫困、过度开发与自然灾害等城市病凸显。未来非洲城市化的发展趋向为中小城市迅猛发展，大城市的相对重要性减弱，跨国城市走廊趋势愈加明显，但是"城市病"仍将继续困扰非洲国家。

（责任编辑：周海金）

1949—1964 年中国外交部涉非机构的演变*

郑建成　龙向阳

【内容提要】从 1949 年至 1964 年，中国外交部主管非洲事务的机构经历了三次重大变迁，每一次变迁都有不同的复杂背景。1949年新中国成立之初，外交部成立西欧非洲司，非洲大陆和西欧的外交事务由同一个地区司主管，而且前者隶属于后者。1956 年，外交部专门设立西亚非洲司，西亚非洲事务开始分立出来。到 1964 年，西亚非洲司更一分为非洲司和西亚北非司两司。根据相关档案资料，对1949—1964 年中国外交部涉非地区司的变迁及其背景作一初步的历史考察，尽可能厘清这段历史的来龙去脉，并为外交部主管非洲大陆事务机构的可能调整提供某些启示。

【关键词】中非关系；涉非地区司；两极格局；中间地带

【作者简介】郑建成，暨南大学国际关系学院博士研究生；龙向阳，法学博士，华南师范大学政治与行政学院副教授。

过去半个多世纪，中非关系经历了复杂的演进过程，总体上这一关系是日益拓展提升，且已成为中国外交格局中最具中国个性精神的领域之一，为建立有中国特色的外交学理论和国际关系理论提供了特殊的源头，

---

　* 本文为教育部人文社会科学研究规划基金项目"1950 年以来中国台湾与非洲的关系研究"的阶段性成果(项目批准号:11YJAGAT001)。感谢《非洲研究》的匿名评审专家提出的建议。文中错漏由笔者负责。

值得学术界系统总结和深入研究。[①] 但是，与近年来迅速发展的中非关系相比，目前中国的非洲研究还是比较落后。这种落后，一方面表现为缺乏从理论上对中非关系的系统总结与提升，另一方面表现为在许多具体史实领域还少有专深研究。在这当中，一个突出的例子就是 1949—1964 年中国外交部主管非洲事务地区司的变迁及其背景问题。为此，笔者深入查阅了相关档案资料，对 1949—1964 年中国外交部涉非地区司的调整变迁及其背景原因作了初步的历史考察。笔者希望这样的考察不仅能澄清某些基本史实，而且有助于我们更好地认识新中国对非外交的演变过程、动因，并为外交部主管非洲大陆事务机构的可能调整提供某些启示。

一　西欧非洲司（1949—1956）

（一）西欧非洲司的成立

1949—1956 年，中国外交部主管非洲事务的地区司是西欧非洲司。当然，西欧非洲司的成立是与新中国整个国家制度建设，尤其是外交部及其组织机构和人员的筹建分不开的。1949 年 9 月 27 日，中国人民政治协商会议第一届全体会议通过了《中华人民共和国中央人民政府组织法》，其中第十八条规定政务院设立四个大委员会和三十个行政部门，外交部就是其中之一。[②] 10 月 1 日，周恩来被任命为中央人民政府政务院总理兼外交部部长。

不过，由于外交事务的敏感性和重要性，周恩来其实很早就开始重视外事工作。1949 年 5 月初，周恩来召集即将担任宁、沪、汉、穗等大城市的外事处处长开会，对即将解放的江南各大城市的外事工作作出部署。虽然外交部正式成立大会是在 1949 年 11 月 8 日召开，但事实上在新中国成立的前一天，即 9 月 30 日，时任中共中央外事组副主任的王炳南就已经筹建好外交部的组织机构，并于 10 月 5 日外交部开始部分正式办公前

---

① 刘鸿武、罗建波：《中非发展合作：理论、战略与政策研究》，中国社会科学出版社 2011 年版，第 12 页。

② 全国人大常委会法制工作委员会编：《中华人民共和国法律法规全书》（第一卷），中国民主法制出版社 1996 年版，第 32 页。

配备了司、科级工作人员和草拟了组织条例。① 只是外交部在刚成立的时候，配备的人员还没有到位，大多数干部到位开始工作则要等到 1949 年 11 月。② 1949 年 11 月 3 日，周恩来召集王炳南、柯柏年等人到中南海召开外交部自组建以来的第一次工作会议。会议决定了外交部各地区业务司的排列顺序为苏联东欧司、亚洲司、西欧非洲司、美洲澳洲司、国际司、情报司，另有条约委员会和外交政策委员会排列其后。③ 1949 年 12 月 16 日，政务院第十一次政务会议通过决议，正式任命了外交部各部门的负责人，宦乡和温朋久分别被任命为西欧非洲司司长与副司长。④

根据外交部建部之初制定的《中央人民政府外交部试行组织条例》中的规定，西欧非洲司之职责有以下三项：第一，关于英国、埃及和南非联邦事项；第二，关于法国、比利时、意大利、西班牙、葡萄牙、瑞士、土耳其、希腊和非洲各殖民地国家事项；第三，关于德国、奥国、荷兰、卢森堡、挪威、丹麦、芬兰、瑞典事项。⑤ 与西欧非洲司的具体职责相对应，西欧非洲司下面主要设第一科、第二科和第三科，共三个科。⑥ 由此可见，这一时期非洲大陆和西欧的外交事务是由同一个地区司主管，而且很明显前者是隶属于后者的。这是为什么？这样设置的具体背景又是什么？

（二）西欧非洲司成立的背景

中国外交部成立西欧非洲司的具体背景应该从当时西欧与非洲大陆的关系、1928—1949 年南京国民政府外交部组织机构的具体设置和近代以来中国对欧洲与非洲大陆关系的认识这三个方面来理解。

1945 年第二次世界大战结束时，世界上共有 51 个独立国家，而非洲大陆只占 4 个，即埃及、埃塞俄比亚、利比里亚和南非。到 1949 年新中

---

① 程远行：《风云特使：老外交家王炳南》，中国文联出版社 2001 年版，第 127—134、154—155 页；凌青：《从延安到联合国》，福建人民出版社 2008 年版，第 66—67 页。

② 徐京利：《解密中国外交档案》，中国档案出版社 2005 年版，第 78、85—86 页。

③ 程远行：《风云特使：老外交家王炳南》，中国文联出版社 2001 年版，第 156 页。

④ 中华人民共和国外交部档案馆编：《建国初期的外交部》，世界知识出版社 2005 年版，第 20 页。

⑤ 《中央人民政府外交部试行组织条例》（1949 年 10 月 1 日—1949 年 10 月 30 日），外交部档案馆，122—00344—01，第 6 页。

⑥ 《外交部干部人员名册》（1949 年终—1950 年 1 月 5 日），外交部档案馆，122—00345—01，第 16—19 页。

国成立时，非洲大陆也仍然只有这 4 个独立国家。关于这 4 个国家的独立性问题，在学术界一直有不同的观点。不过，大多数学者一般都认为，即使是这 4 个属于联合国早期成员国的非洲独立国家，不论从哪个方面来说都只能算是部分独立。① 所以，在外交部成立西欧非洲司时，当时非洲整个大陆基本上不是英国、法国、比利时、葡萄牙等西欧国家的殖民地，就是其保护国或势力范围。②

我们如果注意到 1928—1949 年南京国民政府外交部组织机构的具体设置，那么就会发现，当时国民政府有关非洲大陆和欧洲的外交事务也是由同一个地区司主管，也同样考虑到两者在政治上的隶属关系。1928 年12 月 8 日，南京国民政府公布了《外交部组织法》，规定外交部设置总务司、国际司、亚洲司、欧美司和情报司等五个地区业务司。其中，欧美司负责中国与欧洲、美洲、澳洲及非洲各国的各种事务。徐谟被任命为欧美司首任司长。③ 1939 年 9 月 7 日，南京国民政府公布了经过修正的《外交部组织法》，外交部组织机构改为总务司、亚东司、亚西司、欧洲司、美洲司、条约司和情报司等七个地区业务司，非洲各国的事务归欧洲司管理。刘师舜被任命为欧洲司首任司长。④ 这个时期欧洲司主要下设四科：第一科管理英国事项，第二科管理法国事项，第三科管理德国事项，第四科管理意大利与欧洲其他各国及非洲各国事项。⑤ 后来，南京国民政府又分别于 1943 年 7 月 10 日和 12 月 8 日对《外交部组织法》进行了两次修正，但非洲大陆各国的事务归欧洲司管理的规定基本上没有改变。⑥

当然，对于非洲大陆基本上是英国、法国、葡萄牙等欧洲国家的殖民

---

① Guy Arnold, *Africa: A Modern History*, London: Atlantic Books, 2005, pp. 8 – 10.

② ［法］海伦·达尔梅达—托波尔：《非洲》，田时纲译，生活·读书·新知三联书店 2005年版，第 13 页。

③ 中国第二历史档案馆编：《中华民国史档案资料汇编》（第五辑·第一编·外交（一）），江苏古籍出版社 1994 年版，第 1—3 页；张朋园、沈怀玉主编：《国民政府职官年表（1925—1949）》（第一册），中研院近代史研究所 1987 年版，第 93—94 页。

④ 中国第二历史档案馆编：《中华民国史档案资料汇编》（第五辑·第二编·外交），江苏古籍出版社 1997 年版，第 1、3 页；张朋园、沈怀玉主编：《国民政府职官年表（1925—1949）》（第一册），第 100—101 页。

⑤ 陈体强：《中国外交行政》，商务印书馆 1943 年版，第 62 页。

⑥ 中国第二历史档案馆编：《中华民国史档案资料汇编》（第五辑·第二编·外交），第16—17 页。

地或势力范围这一事实，中国绝对不是到了 20 世纪才认识到。事实上，至少在魏源编撰《海国图志》时，他对非洲大陆与欧洲在政治上的隶属关系就有非常清醒的认识。这种清醒的认识用魏源的一句话来概括就是："今志小西洋，实所以志大西洋也。"① 这里的"大西洋"指的就是西欧各国和西班牙、葡萄牙的西面海域，"小西洋"指的就是印度洋和大西洋之间的非洲大陆。② 魏源得出这种认识的依据如下：

> 小西洋利末亚洲与欧罗巴隔地中海……今东六部，则布路亚国（"葡萄牙"——引者注，下同）服之；北四部邻地中海，为海贼，则佛兰西（"法国"）服之；西二十四部，濒四海，则布路亚、荷兰、英吉利（"英国"）、佛兰西各国分踞之……（南）为大西洋商舶必绕过之地，亦英吉利、荷兰兵戍守之。皆据海口立炮台，设市埠，而土人供其驱使。③

正因为如此，虽然中非关系源远流长，但是近代以来一直到 1949 年新中国成立之前，中非关系在某种意义上是从属于中欧关系的，而且多与在非洲的华侨或华工事务相关。④ 即使是民国时期的中国对非外交，在地域上比清代有所扩展，除与埃及、利比里亚建立外交关系之外，还在阿尔及利亚、毛里求斯和马达加斯加建立了领事馆，但也仍然有限。而且，其性质与清代相同，基本上都是同欧洲殖民当局打交道，而不是与非洲人民自己的代表打交道。⑤

如果说上述三个方面的具体背景使得新中国成立初期中国外交部仍然把非洲大陆和西欧的外交事务置于同一个地区司之下，那么，随着亚非各国民族解放运动的不断发展，亚非国家作为两极格局下"第三势力"的地位与影响力的不断提升，以及中国与亚非国家联系的日益频繁，外交部主管非洲事务的地区司也于 1956 年改为西亚非洲司。

---

① （清）魏源：《魏源全集》（第五册），岳麓书社 2004 年版，第 969 页。
② （清）魏源：《魏源全集》（第四册），岳麓书社 2004 年版，第 4 页。
③ （清）魏源：《魏源全集》（第五册），岳麓书社 2004 年版，第 969 页。
④ 艾周昌：《近代时期的中国与非洲》，载《西亚非洲》1984 年第 1 期；马秉乾：《非洲与中国》，海外文库出版社 1957 年版，第 1—6 页。
⑤ 艾周昌：《民国时期的中非关系（1911—1949）》，载《北大史学》1993 年第 1 辑。

二　西亚非洲司(1956—1964)

(一) 西亚非洲司的设立

1956—1964 年，中国外交部主管非洲事务的地区司是西亚非洲司。1956 年 5 月 9 日，外交部部长助理兼人事司司长刘英请外交部副部长张闻天、姬鹏飞批示关于成立西亚非洲司的问题：

> 近来，我们同非洲国家和阿拉伯国家的接触日益频繁，主管这些国家的亚洲司和西欧非洲司的任务也就随着增加。由于这些国家的性质相似，各主管司在处理有关问题时，必须加强彼此的联系，共同研究讨论，不如由同一个司主管，更为方便，也可提高工作效率。为此，我们建议成立西亚非洲司。①

1956 年 6 月 20 日，外交部就成立西亚非洲司和西欧非洲司改名为西欧司的问题呈请国务院备案。② 6 月 26 日，外交部办公厅向外交部各司、室、会发出通知，说为适应工作需要，部内增设的西亚非洲司已筹备成立，根据部领导的指示，自即日起正式办公，待国务院批准后再正式对外。③ 8 月 28 日，国务院全体会议第 36 次会议通过人事任免，正式任命柯华为外交部西亚非洲司司长，何功楷为副司长。④ 1956 年 9 月 20 日，外交部正式通知国务院各部委和新华社，并抄送外交部各单位，说外交部因工作需要经国务院批准成立了西亚非洲司，主管我国同西亚、非洲地区

① 《外交部关于成立西亚非洲司的问题》 (1956 年 5 月 9 日)，外交部档案馆，122—00001—02，第 100 页。

② 《关于外交部成立西亚非洲司和西欧非洲司改名为西欧司问题》 (1956 年 6 月 20 日)，外交部档案馆，102—00026—01，第 1 页。

③ 《外交部关于成立西亚非洲司的通知》 (1956 年 6 月 26 日)，外交部档案馆，122—00010—03，第 10 页。

④ 孙琬钟等主编：《中华人民共和国国务院令》 (上册)，中国民主法制出版社 2001 年版，第 417 页。

各国的外交事务，原西欧非洲司也自即日起改为西欧司。① 西亚非洲司下面主要设置第一科和第二科，共两科。这两科也分别称为非洲科和西亚科。②

其实，外交部在1949年刚成立时就在亚洲司下面设置专门研究中东问题的小组，亚洲司也曾在1955年先分为第一亚洲司和第二亚洲司，但很快又重新合并为亚洲司。③ 因此，西亚非洲司的设立说明西亚非洲事务开始从中国对外事务中凸显出来，也说明中国更加重视西亚非洲事务，尤其是西亚北非地区的阿拉伯国家。这是为什么？西亚非洲司设立的背景又是什么？

（二）西亚非洲司设立的背景

从上面关于外交部设立西亚非洲司经过的考察中，我们知道其中的直接背景是中国与阿拉伯国家和非洲国家的"接触日益频繁"。这是事实，正如外交部副部长张闻天于1956年3月底4月初在驻亚洲使节会议上作总结报告时所提到的那样，当时中国不仅已经与阿富汗建交，而且还同埃及、叙利亚、黎巴嫩、沙特阿拉伯等未建交国家签订了贸易、文化协定。关于中国对亚非国家的工作成绩和缺点问题，张闻天认为成绩是巨大的，主要缺点是在某些问题上，对亚非国家形势估计不足，思想落后于形势，有畏缩、关门主义等保守思想。④ 中国与阿拉伯国家发展经贸文化关系、签订某些官方协定，实际上也是同这些国家建立外交关系的一种灵活的过渡方式。因此，就在西亚非洲司设立前后，中国还相继与埃及、叙利亚和也门建交。⑤ 如果有什么不足的话，那也是中国在发展与西亚非洲国家外交关系上不够积极、开放和迅速。这是外交部设立西亚非洲司的直接背景。

---

① 《中华人民共和国外交部关于成立西亚非洲司的通知》（1956年9月20日），外交部档案馆，102—00026—01，第5页。

② 宗道一等编著：《周南口述：遥想当年羽扇纶巾》，齐鲁书社2007年版，第121、127页。

③ 《外交部干部人员名册》（1949年终—1950年1月5日），第15页；孙琬钟等主编：《中华人民共和国国务院令》（上册），第296、355页。

④ 张培森主编：《张闻天年谱》（下卷），中共党史出版社2000年版，第1017—1019页。

⑤ 宋恩繁、黎家松主编：《中华人民共和国外交大事记》（第一卷），世界知识出版社1997年版，第267、277、286页。

　　但是，我们如果仅注意到这一直接背景，那肯定是不够的。我们只有把外交部设立西亚非洲司这一行为放在以美苏为首的两极格局，以及在此格局下亚非国家作为"第三势力"的地位与影响力的不断提升这一大背景下，才能深刻地认识到其实质。

　　1947 年 9 月，苏联、南斯拉夫、波兰、罗马尼亚、保加利亚、匈牙利、捷克斯洛伐克、法国和意大利等 9 个国家的共产党（工人党）宣布成立了共产党和工人党情报局，这被认为是"二战"后冷战格局在欧洲形成的最主要标志。但 1947 年开始的对抗与抵制仅局限于以美苏为首并有部分欧洲国家参加的两个集团之间，直到 1950 年 2 月 14 日《中苏友好同盟互助条约》的签订，尤其是随着朝鲜战争的进展，国际体系才真正形成了世界性的"社会主义阵营"和"资本主义阵营"两大阵营。① 这对国际格局产生重大的影响。汉斯·摩根索分析指出，随着"大国数量减少"、"左右均衡的力量之消失"和"殖民边疆的消失"等国际均势结构的变化，两个超级大国向两极格局演变的趋势和世界上殖民地与半殖民地国家反对宗主国的革命这两个因素加在一起，必然导致这样一种形势：

　　　　在多极体系的灵活性已经消逝和两个超级大国的盟国都坚守各自轨道的情况下，两个超级大国只有依靠把没有承担义务的国家拉入自己的轨道上来……从而壮大自己的力量……在这里，两个超级大国还能够前进、后退、讨价还价、玩弄伎俩；在这里，还有征服的机会——道义上的、军事上的和政治上的。②

　　因此，在 20 世纪 50 年代，随着美苏两极格局的形成，特别是美苏在欧洲的对抗陷入僵局的时候，世界上非两大阵营的其他国家自然就受到美苏这两个超级大国及其盟国的格外重视，成为它们在全球竞争的"新战场"，尤其是"二战"后刚刚独立的广大亚非国家。③ 换言之，亚非国家

---

　　① 沈志华：《共产党情报局的建立及其目标——兼论冷战格局形成的概念界定》，载章百家、牛军主编：《冷战与中国》，世界知识出版社 2002 年版，第 21—50 页。

　　② ［美］汉斯·摩根索：《国家间的政治：为权力与和平而斗争》，杨岐鸣等译，商务印书馆 1993 年版，第 446 页。

　　③ ［美］孔华润主编：《剑桥美国对外关系史》（下），王琛等译，新华出版社 2004 年版，第 341 页。

在国际政治上的地位与影响力之所以在"二战"后不断提升，从某种意义上来说正是得益于两极格局这一形势，尽管这也意味着它们自身的某种危险性或脆弱性。当时，中苏两国在国际革命运动中有所分工，中国主要负责亚洲和殖民地、半殖民地国家的工作。① 也就是说，作为社会主义阵营重要成员的中国发展与亚非国家的外交关系，不仅是中国自身国家安全战略的需要，同时也是两大阵营相互竞争的要求。1955 年 4 月 18—24 日在印度尼西亚万隆召开的亚非会议（又称万隆会议或第一次亚非会议）是中国发展与亚非国家关系的重要转折点。所以下面我们就通过对亚非会议的分析，使中国外交部设立西亚非洲司的实质更加清楚地显现出来。

缅甸、锡兰（今斯里兰卡）、印度、印度尼西亚和巴基斯坦等 5 国在 1954 年 12 月 29 日发表的《茂物会议联合公报》中明确说明此次亚非会议有四个目的，② 但是正如当时是美国记者的鲍大可所指出的，亚非会议最主要的问题"集中在共产党集团和反共集团之间的冲突，以及亚非国家同这种冲突的关系上"。③ 而亚非会议之所以会成为两大阵营争夺的焦点，就是因为亚非国家作为"第三势力"已明显成为国际格局中的一股重要力量。中国在被正式邀请参加亚非会议之前就已经明确自己的态度，即必须和美国进行尖锐的斗争，并积极对东南亚国家进行工作，以稳固亚非两洲和平中立的国家。④ 美国国务院情报研究所对中国参加亚非会议的目标甚至作出这样的判断："有迹象显示中国将首次形成一个对亚洲以外的'殖民世界'的系统的长期方针。"⑤

对于此次亚非会议，毛泽东十分重视。1955 年 4 月 5 日，他亲自召集中共中央政治局会议，研究我国代表团参加亚非会议的方案。在参加亚非会议的 29 个国家中，有 15 个国家是属于西亚非洲地区。中国代表团在

---

① 师哲回忆、李海文整理：《在历史巨人身边——师哲回忆录》，中央文献出版社 1991 年版，第 412—414 页；中共中央文献研究室、中央档案馆编：《建国以来刘少奇文稿》（第一册），中央文献出版社 2005 年版，第 50—53 页。

② 关于亚非会议四个目的的具体内容，参见中华人民共和国外交部档案馆编：《中华人民共和国外交档案选编》（第二集），世界知识出版社 2007 年版，第 8 页。

③ ［美］鲍大可：《周恩来在万隆》，弓乃文译，中国社会科学出版社 1985 年版，第 2 页。

④ 中华人民共和国外交部档案馆编：《中华人民共和国外交档案选编》（第二集），第 13 页。

⑤ 沈志华、杨奎松主编：《美国对华情报解密档案（1948—1976）》（第六卷），东方出版中心 2009 年版，第 262 页。

亚非会议期间与许多亚非国家进行了直接接触，建立了初步的相互信任，基本实现了"为建立和加强我国同若干亚非国家的事务和外交关系创造条件"这一会前预定目标。① 参加亚非会议的黎巴嫩驻美大使马利克随后在与美国国务卿杜勒斯会谈时指出，亚非会议最重要的结果是"共产党中国变得强大了"，并"赢得了很多朋友和善意"。②

亚非会议结束之后，中国一开始在宣传上还是比较谨慎，主要是批评美国对亚非会议的破坏。③ 随着亚非会议的影响不断扩大，中国也更加积极开展对西亚非洲地区的工作。在外交部 1956—1957 两年外交工作规划中就包括"继续开展对亚、非、拉的工作"和"积极地、主动地争取同更多的国家建立外交关系"这些任务。④ 因此，外交部西亚非洲司的设立既是中国积极争取亚非国家和反对美国的必然结果，同时也是社会主义阵营积极争取亚非国家和反对资本主义阵营的必然结果。

不过，随着中国与西亚非洲国家关系的迅速发展，以及 20 世纪 60 年代初期非洲殖民地的相继独立和中国外交环境的不断孤立与恶化，为了适应形势的新变化，以加强对西亚非洲地区的工作，外交部在 1964 年对主管非洲大陆事务的地区司再次作出调整。

三　非洲司和西亚北非司（1964）

（一）西亚非洲司的分司

1964 年，中国外交部西亚非洲司分为非洲司和西亚北非司。因此，外交部主管非洲事务的地区司也就由西亚非洲司变为非洲司和西亚北非司

---

① 中华人民共和国外交部档案馆编：《中华人民共和国外交档案选编》（第二集），第 42、81—86 页。

② 陶文钊主编：《美国对华政策文件集（1949—1972）》（第二卷·下册），世界知识出版社 2004 年版，第 895 页。

③ 参见《张闻天向周总理请示对亚非会议的评估》（1955 年 4 月 25 日），外交部档案馆，207—00063—08，第 18 页；《周总理致电张闻天并中央关于亚非会议成绩的估计和宣传要点》（1955 年 4 月 25 日），外交部档案馆，207—00063—09，第 19 页；《周总理致电张闻天并中央建议对美国破坏亚非会议之影响应予以驳斥》（1955 年 4 月 25 日），外交部档案馆，207—00063—10，第 20—21 页。

④ 宋恩繁、黎家松主编：《中华人民共和国外交大事记》（第一卷），第 250 页。

两司。1964 年 3 月 9 日，外交部副部长姬鹏飞收到西亚非洲司关于将现西亚非洲司分为两个司的请示报告。① 经外交部部领导同意之后，外交部正式向国家编制委员会呈送关于拟将西亚非洲司分为西亚北非司和非洲司的请示报告：

> 由于我国对西亚非洲地区的工作迅速发展，特别是总理、陈总访问非洲后，我国同西亚非洲地区各国的关系已进入一个新的发展时期……此外，这一地区绝大多数争取民族独立斗争的民族主义政党和团体已和我建立了联系，要求我支持或援助的事项也日益增多。现在的西亚非洲司由于主管国家过多……已不能适应目前工作的要求。为加强对这一地区的工作，拟将现在的西亚非洲司分为"西亚北非司"和"非洲司"两个司。②

1964 年 7 月 20 日，国务院全体会议第 147 次会议通过人事任免，正式任命陈楚为外交部西亚北非司司长，柯华为外交部非洲司司长，但都暂不对外宣布。③ 由于国家编制委员会审批需要一段时间，而国务院又已经通过两司领导干部的任命，西亚非洲司也希望尽早分司以加强领导，适应形势的发展，因此，外交部征得国家编制委员会口头同意，西亚北非司和非洲司于 8 月 1 日起开始分开办公，待正式批准后再对外公开。④ 8 月 19 日，国务院致函外交部，说根据国家编制委员会 1964 年 8 月 18 日的审查报告，同意外交部将西亚非洲司分设为非洲司和西亚北非司两司。⑤ 1964

---

① 《关于将现西亚非洲司分为两个司的请示报告》（1964 年 3 月 9 日），外交部档案馆，122—00331—01，第 9—14 页。

② 《关于拟将西亚非洲司分为西亚北非司和非洲司的请示报告》（（64）部人字第 366 号）（该档案文件的形成时间已模糊不清，故这里以文件编号代替，初步判断可能是 1964 年 4 月 21 日或之后几天），外交部档案馆，122—00331—01，第 15、28 页。

③ 孙琬钟等主编：《中华人民共和国国务院令》（上册），第 815 页；《人事通报》（1964 年 7 月 31 日），外交部档案馆，122—00100—01，第 1—2 页。

④ 《关于内部先将西亚非洲司分为非洲司和西亚北非司的请示报告》（1964 年 7 月 29 日），外交部档案馆，122—00331—01，第 20 页；《关于西亚非洲司分为非洲司和西亚北非司的通知》（1964 年 8 月 5 日），外交部档案馆，122—00331—01，第 27 页。

⑤ 《国务院关于外交部增设机构的批复》（1964 年 8 月 19 日），外交部档案馆，122—00331—01，第 34 页。

年 8 月 28 日，外交部办公厅通知国务院外事办公室、中宣部和中联部等部门，说非洲司和西亚北非司两司从 8 月 27 日起正式分别对外办公。两司正副司长分别为：非洲司司长柯华，副司长谢丰、宫达非；西亚北非司司长陈楚，副司长林兆南。两司下面分别设置一处、二处和三处等三个处。①

　　值得注意的是，美国国务院在 1958 年也把近东、南亚与非洲事务司分为两司，即近东与南亚事务司和非洲事务司。近东与南亚事务司主管的非洲国家有埃及和苏丹，非洲事务司则负责除阿尔及利亚以外的其余非洲国家，阿尔及利亚则继续由欧洲事务司负责。② 苏联外交部也在 1958 年设立了一个专门负责非洲事务的机构，苏共中央国际部则新增了非洲局。③ 这自然会促使我们产生这样的疑问：外交部西亚非洲司为什么要分司？分司的背景又是什么？

（二）西亚非洲司分司的背景

　　从外交部正式向国家编制委员会呈送的关于西亚非洲司分司的请示报告中，我们可以得知，西亚非洲司分为非洲司和西亚北非司有远近两个背景。远的背景是"我国对西亚非洲地区的工作迅速发展"，近的背景是"总理、陈总访问非洲"，这两个背景使得"我国同西亚非洲地区各国的关系已进入一个新的发展时期"。因此，我们考察西亚非洲司分司的背景主要也是分析这两个背景。

　　我们首先分析远的背景。自 1956 年外交部成立西亚非洲司之后，中国与西亚非洲地区各国的关系发展迅速。1957—1964 年，与中国建交的国家一共有 23 个，其中西亚非洲地区就占了 18 个。④ 尤其在被称为"非

---

① 《关于西亚非洲司分为非洲司和西亚北非司的通知》（1964 年 8 月 28 日），外交部档案馆，122—00331—01，第 37、41—42 页。

② 王延庆：《美国与刚果危机（1960—1963）》，华东师范大学博士学位论文，2009 年，第 20、23—24 页。

③ 王延庆：《美国与刚果危机（1960—1963）》，第 22 页；[美] 杰里米·弗赖德曼：《60年代苏联对发展中世界的政策与中国的挑战》，载华东师范大学冷战国际史研究中心编《冷战国际史研究·9》，世界知识出版社 2010 年版，第 114 页。

④ 黎家松主编：《中华人民共和国外交大事记》（第二卷），世界知识出版社 2001 年版，第445—446 页。1964 年 4 月 26 日，坦噶尼喀和桑给巴尔组成联合共和国，同年 10 月 29 日改国名为坦桑尼亚联合共和国，因此文中在统计建交国数目时，这两个国家只算一个。

洲年"的 1960 年之后，中国更加重视并积极地发展与非洲的关系，因为这年共有 16 个非洲新独立的国家成为联合国会员国，非洲在联合国的代表也首次超过拉丁美洲和亚洲。对于 1960 年的联合国大会，美国《时代》周刊这样评论："在历史的长河中，第 15 届联合国大会可能会被认为是非洲人的时刻。"① 而且，更为关键的是，非洲"所有地区不是已经独立，就是正在努力争取独立，以审慎为借口再也不能压制独立多久了"。② 截至 1964 年，非洲大陆共有 36 个独立国家，在联合国中所占的席位也远远超过其他地区。③

　　1960 年 8 月 22 日，中宣部将外交部编写的《非洲基本情况资料》转发给各省、市、自治区党委宣传部，供地方党内领导同志参考。中宣部同时还要求报纸刊物应当组织一些文章，大力宣传非洲民族解放运动的兴起，宣传中国人民坚决支持非洲各国人民的正义斗争。④ 与此同时，刘少奇、周恩来和陈毅也相继与主管非洲事务的外交部领导或驻非大使谈论非洲工作。1960 年 8 月 15 日，陈毅在同柯华、黄华和何英谈话时指出，非洲国家的独立是帝国主义迫于形势而作的让步，是种"假独立"，但我们承认它们独立，让独立"弄假成真"。陈毅同时提醒说："现在帝国主义、修正主义、马列主义、和平中立主义都在争取非洲。"⑤ 9 月 13 日，刘少奇同来访的几内亚总统塞古·杜尔会谈之后，与章汉夫、柯华进行谈话。刘少奇要求中国驻几内亚大使馆可以通过几内亚的帮助，应多了解非洲的情况，外交部对非洲的问题也应好好研究。⑥ 9 月 24 日，周恩来在同柯华、何英谈话时则明确提出："现在艾森豪威尔提出控制非洲的五点建

---

① *Time*, October 3, 1960, p. 20.

② ［英］G. 巴勒克拉夫：《国际事务概览（1959—1960）》，曾稣黎译，上海译文出版社 1986 年版，第 480 页。

③ ［肯尼亚］A. A. 马兹鲁伊主编：《非洲通史》（第八卷），屠尔康等译，中国对外翻译出版公司 2003 年版，第 76—78、602 页。

④ 《中央宣传部关于最近时期宣传非洲民族解放运动的通知》（1960 年 8 月 22 日），广东省档案馆，214—1—476，第 61 页。

⑤ 《陈毅副总理同柯华、黄华、何英的谈话记录》（1960 年 8 月 15 日），外交部档案馆，108—00025—04，第 15—16 页。柯华，时任中国驻几内亚首任大使；黄华，时任中国驻加纳首任大使；何英，时任外交部西亚非洲司司长。

⑥ 《刘少奇主席和章汉夫副部长及柯华大使的谈话纪要》（1960 年 9 月 13 日），外交部档案馆，108—00025—05，第 20 页。章汉夫在 20 世纪 50 年代中后期分管西亚非洲司的工作。

议，我们应提出一套纲领……作为（非洲）彻底独立发展的标准。"① 而事实上，外交部西亚非洲司在"总理、陈总访问非洲"之前就已经有分司的议论。② 不过，关于西亚非洲司分司的议论毕竟最终没有付诸实施。因此，我们还得分析西亚非洲司分司的近的背景，即"总理、陈总访问非洲"。

1963 年 12 月 13 日到 1964 年 3 月 1 日，周恩来和陈毅用两个多月时间出访亚非欧 14 国，其中非洲 10 国是重点。就在周恩来和陈毅访问途中，中国驻阿联大使陈家康根据指示向外交部并转报周恩来和陈毅，提出他对西亚非洲工作的几点想法。陈家康认为，西亚北非地区十多个阿拉伯国家，如果相互支持和团结，可以够得上成为一股新力量。因此，他建议外交部西亚非洲司尽早分为西亚北非司和非洲司，前者主要做阿拉伯国家工作，后者则负责撒哈拉沙漠以南非洲国家。③ 另外，1963 年 12 月 25 日，即 21 日周恩来和陈毅致电中共中央和毛泽东汇报访问阿联情况之后的第四天，外交部向各新闻单位发出关于南非国家性质提法的宣传通知。通知指出，为了支持 1963 年 5 月非洲国家首脑会议关于抵制南非的决议，支持非洲人民和南非人民反对南非白人种族主义者殖民统治的斗争，并鉴于非洲各国都不承认南非是独立国家，中国今后也不把南非称为独立国家，必要时可说明"南非是在白人种族主义者的统治之下"。④ 为什么西亚非洲司分司会在"总理、陈总访问非洲"途中变得更加紧迫？为什么中国会这么重视并顺应非洲国家的意见？或者说，"总理、陈总访问非洲"的目的究竟是什么？这是我们在分析西亚非洲司分司近的背景中必须回答的问题。

关于"总理、陈总访问非洲"的目的一般有这么几种说法：一种是

---

① 《周恩来总理同柯华、何英的谈话记录》（1960 年 9 月 24 日），外交部档案馆，108—00025—03，第 13—14 页。

② 《中国驻阿联大使陈家康对西亚非洲工作的几点想法》（1963 年 12 月 31 日），外交部档案馆，203—00325—02，第 141 页。

③ 《中国驻阿联大使陈家康对西亚非洲工作的几点想法》（1963 年 12 月 31 日），第 141 页。

④ 《关于南非国家性质提法的宣传通知》（1963 年 12 月 25 日），广东省档案馆，214—1—57，第 107 页。

"打破美国、苏联、印度从几面对中国施加压力、企图孤立中国的局面";① 一种是"改善北平的形象——由于反对签署禁止核试验协定以及1962 年中印边境冲突，北平在非洲一些领导人的眼里并不十分光彩";② 另一种是争取非洲国家对第二次亚非会议的支持;③ 还有一种认为是为了与台湾当局和苏联在非洲的竞争。④ 虽然这几种说法在侧重点或立场上有些差别，但有一点是一致的，就是都提到当时中国在国际上已陷入孤立的境地，中国急需支持自己的"朋友"。毛泽东在 1957 年曾指出，中国要在国际上不孤立就必须有两种力量的团结：首先是巩固同苏联的团结，巩固同一切社会主义国家的团结，这是中国的基本方针和基本利益所在，"因为我们就是这么一堆人比较可靠";其次是巩固和发展同亚非国家以及一切爱好和平的国家和人民的团结。⑤ 可是到 1962 年初召开扩大的中央工作会议时，中国就明显感觉到自己在国际上被孤立了，因为"在国外，帝国主义骂我们，反动的民族主义者骂我们，修正主义者骂我们"。只是这时毛泽东自己"不感觉孤立"。⑥ 1963 年 7 月 5～20 日，由邓小平率领的中共代表团与由苏斯洛夫率领的苏共代表团在莫斯科进行了一场聋子对话式的会谈。这次中苏两党会谈不欢而散以后，中苏关系破裂已成定局。到"总理、陈总访问非洲"时，中苏两党关系已经破裂，两国关系也愈益紧张起来。⑦ 中苏关系的破裂自然也影响到中国与其他社会主义国家之间的关系。也就是说，在毛泽东看来"比较可靠"的"这么一堆人"也变得不可靠了。中国与亚非国家的关系也因 1962 年中印边境冲突和

---

① 金冲及主编：《周恩来传（1949—1976）》（下册），中央文献出版社 1998 年版，第 736 页。

② 沈志华、杨奎松主编：《美国对华情报解密档案（1948—1976）》（第六卷），第 403 页。

③ Alaba Ogunsanwo, *China's Policy in Africa*, 1958－71, London：Cambridge University Press, 1974, p. 123.

④ Wei Liang-Tsai, *Peking Versus Taipei in Africa*, 1960－1978, Taipei：The Asia and World Institute, 1982, p. 18.

⑤ 中共中央文献研究室编：《毛泽东文集》（第七卷），人民出版社 1999 年版，第 242—243；《毛泽东思想万岁（1949—1957）》，第 166 页。

⑥ 中共中央文献研究室编：《建国以来毛泽东文稿》（第十册），中央文献出版社 1996 年版，第 38 页。

⑦ 沈志华主编：《中苏关系史纲》（增订本），社会科学文献出版社 2011 年版，第 372—374 页。

1963 年中国反对美苏英三国部分禁止核试验条约而受到影响。①

于是，在 1963 年 9 月至 1964 年 7 月期间，毛泽东多次提出关于中间地带的战略思考。毛泽东指出，中间地带有两个：亚洲、非洲、拉丁美洲是第一个中间地带，欧洲、北美加拿大、大洋洲是第二个中间地带，日本也属于第二个中间地带。这两个中间地带不是对美国不满，就是对苏联不满，有些甚至对美苏都不满。②"敌人的敌人"就是我们的"朋友"。周恩来和陈毅的亚非欧 14 国之行非常清楚地反映了毛泽东的这一战略思考。在欧洲方面，这个时期中国主要同法国进行建交谈判，并与阿尔巴尼亚保持"战斗友谊"。中法之间有共同点，都不许世界上有哪个大国在中国和法国头上"拉屎拉尿"，而中阿双方对国际形势和国际共产主义运动中重大问题的"立场和观点是完全一致的"。③周恩来这次出访不仅访问了阿尔巴尼亚，而且在访问途中还继续指导中法建交谈判。④"总理、陈总访问非洲"更是中国在亚、非、拉这一中间地带"寻求友谊、寻求合作"的重要举措，陈毅在访问途中所写的诗句就清楚地表达了这样的目的："朋友遍世界，不怕人孤立。彼图孤立者，自己陷孤立。"⑤ 1964 年 3 月 26 日，乔冠华把一份关于周恩来和陈毅出访亚非欧 14 国的报告提纲稿呈送周恩来总理审核。在这份报告提纲稿中，认为"这次访问在马克思列宁主义同帝国主义和修正主义争夺中间地带的斗争中，是一个具有重大历史意义的事件"。⑥

那中国是如何争取到非洲国家的支持，以打破外交的被孤立状态？其中，一个很重要的方式就是向非洲国家提供援助。向亚非拉国家提供经济和技术援助是当时所有大国采取的手段，中国也不例外，例外的是中国与

---

① 《关于周总理、陈毅副总理访问非洲国家有关问题的请示》（1963 年 11 月 24 日），外交部档案馆，108—00403—04，第 3 页。

② 中华人民共和国外交部、中共中央文献研究室编：《毛泽东外交文选》，中央文献出版社 1994 年版，第 506—509 页。

③ 中华人民共和国外交部、中共中央文献研究室编：《毛泽东外交文选》，第 520 页；人民出版社编：《中阿战斗友谊万岁》，人民出版社 1964 年版，第 133 页。

④ 黄舍骄主编：《春华秋实四十年：中法建交回忆录》，世界知识出版社 2003 年版，第 55—56 页。

⑤ 陈毅：《陈毅诗词选集》，人民文学出版社 1977 年版，第 312 页。

⑥ 《十四国访问报告提纲（稿）》（1964 年 3 月 26 日），外交部档案馆，203—00494—01，第 2 页。

其他大国不同的援助理念和方式。1964 年 1 月 15 日，周恩来同加纳总统恩克鲁玛最后一次会谈时，提出了中国政府对外经济技术援助的八项原则，并在答加纳记者问时向国际社会宣布。[①] 1 月 21 日，中国和马里政府发表《联合公报》，中国政府对外经济技术援助的八项原则正式写进公报中。这八项原则也成了中国援外工作的基本原则，它的核心是：平等互利，反对一切特权；尊重主权，不附带任何条件；讲究实效，承担相应责任。正如长期主持中国对外经济援助工作的方毅所说的那样："其中每一项，都同帝国主义在对外经济关系中的做法形成鲜明的对照。"[②] 1964 年 7 月 18 日，也就是在外交部西亚非洲司分司的过程中，周恩来主持召开国务院各部委党组成员会议作关于国际形势的报告，说非洲最有希望，要加强对它的援助。为了加强对亚非国家的经济援助，周恩来还提出给已成立的对外经济联络委员会配备人员。[③]

"总理、陈总访问非洲"之后，认为非洲"那里存在着反对帝国主义和殖民主义的大好形势"；非洲是"一个觉醒的非洲，一个革命的非洲，一个前进的非洲"，"黑非今日变红非"了。[④] 因此，为适应形势的发展，加强对西亚非洲地区的工作，外交部西亚非洲司分为非洲司和西亚北非司就成了越来越紧迫的问题了。

四 余 论

1949—1964 年中国外交部涉非地区机构的变迁过程，作为一个特殊的窗口，对我们理解新中国对非外交的变迁及非洲在中国外交战略中的地位的变化，都有特殊的意义。

---

① 关于中国对外经济技术援助八项原则的具体内容，参见中华人民共和国外交部、中共中央文献研究室编：《周恩来外交文选》，中央文献出版社 1990 年版，第 388—389 页。

② 《方毅文集》编辑组编：《方毅文集》，人民出版社 2008 年版，第 68 页。

③ 中共中央文献研究室：《周恩来年谱（1949—1976）》（中卷），中央文献出版社 1997 年版，第 657 页。

④ 中华人民共和国外交部、中共中央文献研究室编：《周恩来外交文选》，第 396 页；《陈毅传》编写组：《陈毅传》，当代中国出版社 1991 年版，第 572 页；陈毅：《陈毅诗词选集》，第 317 页。

非洲位于亚洲的西南面，东濒印度洋，西临大西洋，北隔地中海与欧洲相望，东北角习惯上以苏伊士运河为非洲和亚洲的分界。在古代，居住在非洲之外的人对非洲的了解比较少。希腊人和罗马人对非洲北部地区（North Africa）比较熟悉，但他们对撒哈拉以南非洲地区（Sub-Saharan Africa）的认识就非常有限。[①] 非洲（Africa）这个名称原来也只是指非洲北部沿海地带，后来才成为对整个非洲大陆的称谓。[②] 黑格尔把非洲大陆分成三部分：第一部分在撒哈拉沙漠的南面，这是非洲本部；第二部分在撒哈拉沙漠的北面，这被认为是欧洲的非洲，它是欧洲利害关系之所在，欧洲人始终努力要在这里争取一个立足点；第三部分是尼罗河区域，它与亚洲相毗连。黑格尔认为，非洲北部地区——撒哈拉沙漠的北面和尼罗河区域——应该属于亚洲或者欧洲世界。[③] 英国地缘政治学家哈·麦金德说得更加直接："中非和南非在大部分的历史时期中和美洲及澳大利亚一样，差不多是与欧洲及亚洲完全分隔的。实际上，欧洲的南界过去和现在都是撒哈拉，而不是地中海；因为正是沙漠才把黑人与白人分开的。"[④] 即使是从内部观察非洲并认为非洲大陆从来就是一个历史实体的学者也不得不承认："撒哈拉以北的历史，同地中海沿岸历史的联系，确实比它同撒哈拉以南的非洲历史的联系密切。"[⑤] 因此，非洲大陆一般被划分为撒哈拉以北非洲和撒哈拉以南非洲，亦称阿拉伯非洲和黑非洲。前者与中东阿拉伯国家以及欧洲的联系比后者密切。这是非洲的地缘政治特征。

但是，非洲的这一地缘政治特征并不是随时都表现得那么明显，它的充分显现是需要一定条件的。从某种意义上说，1949—1964 年中国外交部涉非地区司的变迁过程就是非洲的地缘政治特征逐步对中国显现的过程：从西欧非洲司到西亚非洲司，再从西亚非洲司到非洲司和西亚北非司。至于逐步显现的具体条件，我们在前面关于外交部涉非地区司变迁的

---

① John Middleton, ed., *Africa*: *An Encyclopedia for Students*, Vol. 1, New York: Charles Scribner's Sons, 2002, p. 3.

② ［布基纳法索］ J. 基—泽博主编：《非洲通史》（第一卷），关仪等译，中国对外翻译出版公司 1984 年版，第 1 页。

③ ［德］黑格尔：《历史哲学》，王造时译，上海书店出版社 2001 年版，第 94—95、101—102 页。

④ ［英］哈·麦金德：《历史的地理枢纽》，林尔蔚、陈江译，商务印书馆 1985 年版，第 53 页。

⑤ ［布基纳法索］ J. 基—泽博主编：《非洲通史》（第一卷），"序言"，第 xix 页。

背景里已作了详细的分析，这里就不再重复了。我们在这里想指出的是，外交部涉非地区司变迁过程的上述特点给了我们一个启示，就是如果中国外交部主管非洲大陆事务的地区司会实施进一步的可能调整，那其中一个重要的背景很可能是非洲的地缘政治特征发生了重大变化。例如，非洲一体化的进一步发展，使得非洲北部地区与撒哈拉以南非洲地区的相互联系更加密切，非洲大陆成为一个真正的政治实体。否则，目前中国外交部主管非洲大陆事务的机构分为西亚北非司和非洲司两司的现实将可能继续存在下去。① 这也意味着中国在制定对非政策时仍必须考虑非洲的上述地缘政治特征，必须对北非和撒哈拉以南非洲作出必要的区别。

（责任编辑：周海金）

---

① 截至 2002 年 10 月底，外交部西亚北非司下面设置有五个处，非洲司下面设置有六个处，另加一个综合处，参见新华社《中国政府机构名录》编辑部编：《中国政府机构名录：2002 年版》，中央文献出版社 2002 年版，第 3—4 页。

非洲调研报告

喀麦隆雅温得第二大学孔子学院
现状调研

陈连香

【内容提要】喀麦隆雅温得第二大学孔子学院经十多年的发展，成为非洲孔子学院建设的典范，它创立了"一院多点"的办学模式，为喀麦隆及周边 20 多个非洲国家培养了大量的汉语人才，2012 年喀麦隆中等教育部将汉语纳入国民教育体系。目前，喀麦隆孔子学院"一院多点"模式呈现出蓬勃发展趋势，但同时也面临着诸多问题，如：教师水平参差不齐，教师更替过于频繁，缺乏适合本地的教材，教学资源使用率低，管理机制不完善等。

【关键词】喀麦隆；孔子学院；汉语教学；调研与对策

【作者简介】陈连香，浙江师范大学国际教育与文化学院汉语国际传播硕士生，曾在喀麦隆从事汉语教学。

一 喀麦隆雅温得第二大学孔子学院办学历程

喀麦隆雅温得第二大学孔子学院正式成立于 2007 年 11 月，承办单位中方为浙江师范大学，喀方为雅温得第二大学。该孔子学院是非洲大陆成立最早的中国汉语教育机构，其前身是 1995 年在当时中国国家教育委员会支持下在喀麦隆第二大学成立的"喀麦隆汉语培训中心"。孔子学院建在雅温得第二大学国际关系学院（International Relationship Institute of

Cameroon，简称 IRIC）校园内。[①] 2007 年 4 月，胡锦涛主席访问喀麦隆，与喀麦隆总统保罗·比亚签署了共建孔子学院的合作协议，同年 11 月，喀麦隆雅温得第二大学孔子学院成立，在雅温得、杜阿拉、马鲁阿、布埃亚等地区设立了 7 个教学点。2010 年贾庆林主席访喀期间视察了雅温得第二大学孔子学院，称赞其"表现最好"。2011 年 12 月 5 日，国务委员、孔子学院总干事刘延东访喀期间视察了雅温得第二大学孔子学院，为拉盖特国际学校孔子课堂授牌，并提供了 100 个免费去中国夏令营的大中学生奖学金名额。2012 年 3 月，马鲁阿大学汉语言专业首批 14 位学生毕业，他们被分配到喀麦隆各省会城市的中小学教授汉语，这意味着汉语正式纳入喀麦隆国民教育体系。[②] 汉语成为喀麦隆国民教育体系的一部分，这在喀麦隆汉语推广事业上具有里程碑的意义。

十多年来，喀麦隆孔子学院为喀麦隆及周边 20 多个非洲国家培训研究生和外交官进修生 800 多人，同时面向社会组织举办课程培训班，参加汉语学习的人员累计超过 8 000 多人。[③] 截至 2013 年，雅温得第二大学孔子学院已三度被中国国家汉办评为先进孔子学院，在当地产生了巨大的影响，被喀方誉为"体现南南合作精神的典范"。

二 喀麦隆雅温得第二大学孔子学院发展现状

（一）办学模式

雅温得第二大学孔子学院采用"一院多点"的办学模式，即以雅温得第二大学孔子学院为教学中心，逐步在各地学校或面对社会设立教学点，这些教学点连成线，再扩大成面，以点带面。在"一院多点"办学模式的指导下，喀麦隆汉语国际推广事业迅速发展，显示了其强大的生命力。目前孔子学院在雅温得、杜阿拉、马鲁阿等三个重要城市一共开设了13 个汉语教学点，2012 年注册学生人数高达 8 000 多名，成为非洲地区学生人数最多的孔子学院。

---

① IRIC 是喀麦隆国家外交部管辖的培养外交外事人才的专门学院，其校园与喀麦隆第二大学主校区位于不同地区。

② 参见中新网：《首届中西非汉语专业学生毕业，汉语纳入喀麦隆国民教育体系》。http：//www.chinanews.com/hwjy/2012/03 – 19/3755108.shtml

③ 数据来源：喀麦隆雅温得第二大学孔子学院。

1. 雅温得地区

喀麦隆首都雅温得是雅温得第二大学孔子学院本部所在地，一共设有7个教学点和1个孔子课堂。教学点分别为：雅温得第二大学孔子学院本部、雅温得第二大学国际关系学院、雅温得第二大学 SOA 主校区、雅温得第二大学高等商学院、雅温得第一大学高等师范学院、喀麦隆高等翻译学院和喀麦隆钢铁公司。孔子课堂是拉盖特（La Gaieté）国际学校。

雅温得第二大学孔子学院本部是整个喀麦隆汉语推广的总指挥部，主要负责雅温得、杜阿拉和马鲁阿三个地区汉语教学点的师资配备和教学资源分配，以及中国文化推广活动的组织策划等工作。本部还负责孔子学院的宣传和招生工作，开展汉语水平考试（HSK）及考前辅导，举办"汉语桥"比赛等重大赛事，选拔赴中国留学孔子学院奖学金候选人，以及开设一些特色汉语培训等等。

其余6个教学点通过派遣教师的方式开展相关的汉语教学和文化推广活动，根据汉语学习的需求，进行基础汉语、商务汉语、经理人汉语等不同侧重点的教学。孔子课堂拉盖特国际学校则将工作重心放在中小学汉语教学和 YCT（中小学生汉语考试）推广工作上，开设了从幼儿园到初中的儿童初级汉语课。

2. 杜阿拉地区

杜阿拉是喀麦隆最大的港口城市，有"经济之都"之称，握有国家进出口命脉，在喀麦隆经济发展中发挥着关键作用。2009 年，雅温得第二大学孔子学院开始在此设立教学点，截至 2012 年底，发展为 4 个教学点，包括：杜阿拉汉语培训中心、圣安德烈双语学校、中石化喀麦隆 AD-DAX 公司和 IUG 私立大学。

杜阿拉汉语培训中心面向社会开设商务汉语培训班，教授基础汉语及商务汉语，以适应杜阿拉华人众多、商业繁荣的特点。圣安德烈双语学校是喀麦隆第一所进行汉语教学的小学，开设从幼儿园到六年级的儿童初级汉语课，同时进行 YCT 推广。2012 年在中石化喀麦隆 ADDAX 公司设立的汉语教学点则是为了帮助当地员工更好地融入中国企业的工作和文化氛围。而 IUG 大学汉语教学点的设立，不仅满足了该地区大学生对于汉语学习的需求，也是孔子学院更好地融入当地大学和社区的进一步实践。

3. 马鲁阿地区

马鲁阿地处喀麦隆北部，是极北省的首府。2009 年 1 月，马鲁阿大学高等师范学院开设了喀麦隆第一个汉语专业，这也是中西非地区唯一开设汉语专业的大学。马鲁阿大学高等师范学院汉语专业在成立初期采取"3＋2"五年制培养模式，即本科阶段三年，研究生阶段两年，学生毕业后获得汉语硕士学位。2012 年喀麦隆高等教育部把五年制的培养模式改为三年制，学生毕业后获得汉语本科学位。所有毕业生都将成为喀麦隆本土汉语教师，由国家安排分配到全国各大城市的中小学教授汉语，享受国家公务员待遇。目前共招收四届学生，第一届 14 人，第二届 31 人，第三届 39 人，第四届 61 人。2012 年 3 月，首届 14 位学生毕业，被分配到雅温得、杜阿拉、马鲁阿、加鲁阿、恩冈特雷等十个城市的中学任教，成为第一批本土培养的汉语教师。

除了汉语专业，马鲁阿大学教学点还为其他专业的学生提供汉语选修课程，跟西班牙语、德语、意大利语一样，作为外语选修课，学生根据自己的兴趣爱好进行选择。

表 1　　雅温得第二大学孔子学院 2012 年度教学点分布情况统计表①

城市	教学点名称	授课时间	学生数（人）
雅温得	雅温得第二大学孔子学院本部	1—4 月	163
		4—7 月	159
		7—8 月	232
		9 月至今	160
		小计	714
	雅温得第二大学国际关系学院	1—4 月	106
		4—7 月	366
		11 月至今	209
		小计	681
	雅温得第二大学 SOA 主校区	1—4 月	64
		4—7 月	64
		9 月至今	52
		小计	180

---

①　数据来源：雅温得第二大学孔子学院。

续表

城市	教学点名称	授课时间	学生数（人）
雅温得	雅温得第二大学高等商学院	1—3 月	259
		3—7 月	187
		10 月至今	192
		小计	638
	雅温得第一大学高等师范学院	1—3 月	141
		3—6 月	141
		10 月至今	160
		小计	442
	喀麦隆高等翻译学院	1—4 月	18
		4—7 月	15
		10 月至今	45
		小计	78
	拉盖特国际学校	1—4 月	860
		4—7 月	631
		10 月至今	482
		小计	1 973
	喀麦隆钢铁公司	8 月至今	27
	共计		4 733
杜阿拉	杜阿拉汉语培训中心	1—12 月	150
	圣安德烈双语学校	1—6 月	621
		9 月至今	676
		小计	1 297
	中石化喀麦隆 ADDAX 公司	8 月至今	76
	IUG 私立大学	11 月至今	658
	共计		2 181
马鲁阿	马鲁阿高等师范学院汉语专业	2—7 月	578
		10 月至今	628
		小计	1 206
总计			8 120

（二）师资队伍

雅温得第二大学孔子学院的师资队伍主要由两部分构成：一是国家公派教师，人数不多，主要负责孔子学院各个教学点的行政管理工作，同时兼任少量的汉语教学工作；二是汉语志愿者教师，人数比较多，是孔子学院汉语教师的主力军，主要负责各个教学点的汉语教学工作。从 2011 年 3 月至 2012 年 10 月，雅温得第二大学孔子学院先后接收的国家公派教师和汉语志愿者教师一共 43 人。其中公派教师 9 人，包括副教授 4 人，副研究员 1 人，讲师 4 人。汉语志愿者教师共 34 人，主要包括在读研究生和本科刚毕业的社会人员，其中男性教师 9 人，约占 26.5%，女性教师 25 人，约占 73.5%，男女教师性别比例严重不协调。（详见图 2.1）

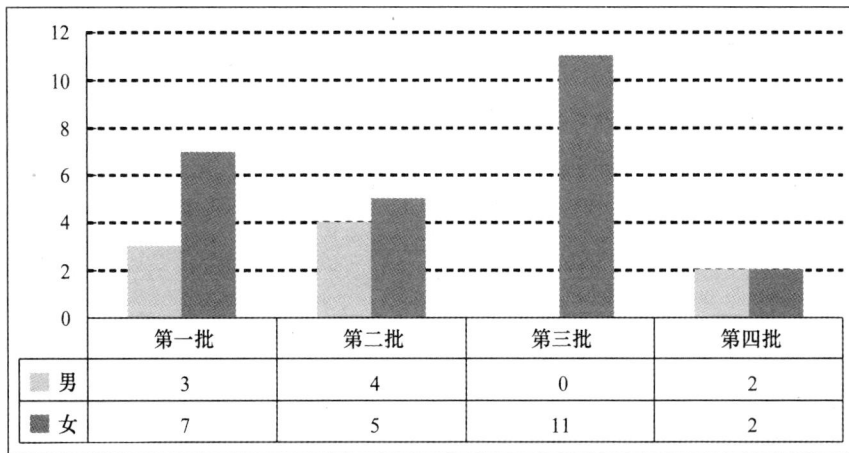

	第一批	第二批	第三批	第四批
男	3	4	0	2
女	7	5	11	2

**图 1　雅温得第二大学孔子学院汉语志愿者教师
情况人数统计（2011.03—2012.10）**

汉语教师没有工资，只领取生活补助，出国前由国家汉办统一下发到个人账户，前期一次性发八个月的补助，剩下的等汉语教师任期结束回国后再补发。补助标准为：国家公派教师每人每月 16 000 元（人民币），汉语志愿者教师每人每月 8 000 元（人民币）。汉语教师在喀麦隆当地的住宿、网络使用、上课交通等均由喀方合作单位提供，个人支出仅限于日常伙食、娱乐、购物等。喀麦隆当地的消费水平不高，尤其是当地的农产品类，价格十分低廉，因此在日常伙食消费方面，汉语教师每人每月的平均支出为 50 000 西非法郎（折合人民币 600 元）。在娱乐方面，喀麦隆没有电影院、KTV 等娱乐场所，汉语教师的娱乐活动仅限于节假日集体聚餐，但次数不多，这方面的消费比较少，一般为每月 20 000—30 000 西非法郎（折合人民币 240—360 元）。因为体型和文化的差异，中国人在喀麦隆基本上买不到合适的衣服、鞋子等穿戴的物品，而且当地四季如夏，也不需要添置衣物，所以汉语教师的购物范围一般锁定在食品（如水果、零食、饮料等）和日用品（如牙膏、香皂、洗发水、纸巾等）两方面。汉语教师每人每月的购物支出一般在 30 000—50 000 西非法郎（折合人民币360—600 元），视各人具体情况有所不同。总而言之，汉语教师在喀麦隆的生活消费人均每月 100 000 西非法郎（折合人民币 1 200 元）左右，相当于当地一个普通家庭（5 口人）三四个月的生活费。所以说，汉语教师在喀麦隆的物质生活是比较丰富充实的，而且生活水准远远高于当地人。

表 2　　喀麦隆雅温得第二大学孔子学院汉语教师收入及支出情况表

汉语教师	收入（元/月）	支出（元/月）			
		日常伙食	娱乐	购物	共计
国家公派教师	16 000	600	240—360	360—600	1 200 左右
汉语志愿者教师	8 000				

（三）教学资源

喀麦隆雅温得第二大学孔子学院所拥有的教学资源主要包括中文图书和投影仪等设备，均为国家汉办所捐赠。截至 2012 年底，一共拥有 2 100多册图书，雅温得教学点 1 500 册左右，杜阿拉教学点 100 册左右，马鲁阿教学点 500 册左右。投影仪一共 11 台，雅温得 6 台，杜阿拉 2 台，马鲁阿 3 台（详见表 3）。只有一台宽屏电脑供教学使用，是 2010 年贾庆林主席访喀时赠送给孔子学院的。教师上课一般自带手提电脑。网络资源的使用情况各个教学点不同。雅温得第二大学孔子学院本部的网络由孔院负责安装，其他教学点的网络分别由喀方合作单位提供。由于喀麦隆通信技术条件落后，网络信号极其不稳定，经常出现断网的情况，因此网络资源的使用率不高。

表 3   喀麦隆雅温得第二大学孔子学院 2012 年度教学资源分布情况表

教学资源	雅温得教学点	杜阿拉教学点	马鲁阿教学点	共计
中文图书	1 500 册左右	100 册左右	500 册左右	2 100 册左右
投影仪等设备	6 台	2 台	3 台	11 台

在教材的使用方面，从表 4 中可以知道，目前在喀麦隆主要使用的汉语教材有《新实用汉语》、《长城汉语》、《世界少儿汉语》、《快乐汉语》和《汉语会话 301 句》五种。其中《新实用汉语》使用的人最多，为4 155人次/数；其次为《世界少儿汉语》和《快乐汉语》，分别为 1 973人次/数和 1 523 人次/数；使用得最少的是《汉语会话 301 句》，只有位于雅温得的喀麦隆钢铁公司教学点使用这一套教材。

表 4   喀麦隆雅温得第二大学各个教学点的教材使用
情况表 (2011—2012 年度)

教学点名称	教材名称	使用人次/数
雅温得教学点		
雅温得第二大学孔子学院本部	《新实用汉语》	714
雅温得第二大学国际关系学院	《新实用汉语》	681
雅温得第二大学 SOA 校区	《新实用汉语》	180
雅温得第一大学高等师范学院	《长城汉语》	442
喀麦隆高等翻译学院	《新实用汉语》	78
拉盖特国际学校	《世界少儿汉语》	1 973
雅温得第二大学高等商学院	《新实用汉语》及自编教材	638
喀麦隆钢铁公司	《汉语会话 301 句》	27
杜阿拉教学点		
安德烈双语学校及成人培训中心	《快乐汉语》	1 447
中石化喀麦隆 ADDAX 公司	《快乐汉语》	76
杜阿拉 IUG 大学	《新实用汉语》	658
马鲁瓦教学点		
马鲁瓦大学汉语专业学生	《新实用汉语》	1 206

（四）中国文化活动开展情况

除了常规的汉语教学外，雅温得第二大学孔子学院还开设太极拳、书法、剪纸、中国结和中国歌曲等文化课程，并举办了丰富多彩的文化活动，培养学生对中国文化的兴趣。2012 年度共举办或参与了 36 场中国文化活动，宣传推广孔子学院的汉语和中国文化项目，通过各种渠道让更多的喀麦隆人了解孔子学院、了解中国。据统计，2012 年度的文化活动现场参加或间接收看的观众达 33 万多人，规模空前，影响力极大。具体活动参见表 5。

表 5　　喀麦隆雅温得第二大学孔子学院 2012 年度文化活动人数统计表

	日期	活动内容	受众人数	影响力
1	1 月 2 日	新学期开学仪式	>200	介绍孔子学院，宣传中国文化
2	1 月 25 日	马鲁瓦"新春游园会"	200	介绍孔子学院，宣传中国文化
3	1 月 28 日	中喀饮食文化交流	>30	品尝中国美食，宣传饮食文化
4	2 月 4 日	中华饮食文化节	>10 000	品尝中国美食，宣传饮食文化
5	2 月 6 日	元宵节游园会	>100	元宵游艺活动，传播中国文化
6	2 月 27 日	杜阿拉文化推广活动	600	介绍孔子学院，宣传中国文化
7	3 月 7—8 日	庆"三八"，送"戏"下乡	>20 000	介绍孔子学院，宣传中国文化
8	3 月 13 日	马鲁瓦学生交流会	150	宣传中国文化，鼓励他们努力学习汉语
9	3 月 14 日	马鲁瓦大学毕业典礼	>50 000	推广孔子学院，融入当地大学
10	3 月 22 日	中国驻喀使馆代办作"志愿者岗前培训"	15	介绍喀麦隆的社会文化，保证志愿者在喀的正常工作生活
11	3—4 月	中国文化才艺培训	>100	教授中国太极、书法、歌曲及中国结等，推广中国文化
12	4 月 27 日	高等商业学院毕业典礼	>50 000	提高孔子学院的知名度和影响力，融入当地大学
13	5 月 16 日	汉语桥比赛喀麦隆赛区决赛	>50 000	推广汉语语言，宣传中国文化
14	5 月 27 日	甘肃地矿喀麦隆公司奠基庆典	>10 000	介绍孔子学院，宣传中国文化
15	6 月 13 日	喀麦隆大学生中文作文比赛颁奖活动	>200	介绍孔子学院，宣传中国文化

	日期	活动内容	受众人数	影响力
16	6月14日	喀麦隆大学生中文歌曲比赛颁奖活动	>200	精彩文艺节目，提高孔子学院的影响力
17	5—6月	HSK考试宣传和培训活动	>200	举办宣传和培训活动，激发学习兴趣
18	7月3日	喀麦隆大中学生赴华夏令营出征仪式	>50 000	介绍孔子学院，宣传中国文化
19	7月9日 8月9日	夏令营一期、二期开班仪式	>200	介绍孔子学院，宣传中国文化
20	7月19日	喀麦隆第五届"大使杯"乒乓球赛	>5 000	介绍孔子学院，宣传中国文化
21	8月26日	喀麦隆"运动假期和农业杯"足球赛闭幕典礼	>10 000	宣传中国文化和孔子学院，融入当地社区
22	9月7日	喀麦隆首届本土汉语教师教材培训开幕式	>50 000	本土汉语教师培养
23	9月10日	新学期开班仪式	>100	介绍孔子学院，宣传中国文化
24	9月17日	喀麦隆钢铁公司汉语教学点创建并开班	>100	介绍孔子学院，宣传中国文化
25	10月5日	中石化喀麦隆公司汉语教学点创建并开班	>200	介绍孔子学院，宣传中国文化
26	10月11日	杜阿拉6家喀麦隆主流媒体专访	>10 000	提高孔子学院的知名度和影响力
27	10月11日	杜阿拉教学点"中国武术推广展示活动"	>200	介绍孔子学院，宣传中国文化
28	10月12日	IUG大学毕业典礼	>20 000	促进孔子学院融入喀当地大学
29	10月15日	与青年电视台、"米拉"基金会联合活动	50	促进孔子学院融入喀麦隆当地主流社会
30	10月28日	首届中医按摩技能培训班开班	20	促进孔子学院融入喀麦隆当地社区
31	10月30日	使馆李昌林参赞为志愿者做岗前培训	20	介绍喀麦隆的社会文化，保证志愿者在喀的正常工作生活

	日期	活动内容	受众人数	影响力
32	11月2日	与杜阿拉 IUG 大学签署协议，创办新的汉语教学点	>20 000	介绍孔子学院，宣传中国文化提高孔子学院的知名度和影响力，促进孔子学院融入喀麦隆当地大学
33	11月6日	喀麦隆中小学生汉字书法比赛颁奖典礼	>5 000	提高孔子学院的知名度，促进孔子学院融入喀麦隆当地学校
34	11月日	HSK/YCT 考试宣传和培训活动	>200	举办宣传和培训活动，激发学习兴趣
35	11月10日	喀麦隆首次 YCT 考试	110	推广汉语及相关考试
36	12月2日	HSK 考试	200	推广汉语及相关考试
总计				大约35万

三　喀麦隆雅温得第二大学孔子学院面临的问题

（一）师资问题

崔希亮指出，教师、教材、教学法这三个问题仍然是对外汉语教学和汉语国际教育的基本问题，在这三个基本问题中，教师的问题是核心。[①]喀麦隆雅温得第二大学孔子学院自 2007 年成立以来，先后多次接受国家汉办派出的公派教师和汉语志愿者教师，在一定程度上缓解了师资短缺的状况。但是师资问题依然是限制雅温得第二大学孔子学院汉语教学发展的瓶颈，主要表现为：教师队伍的专业能力参差不齐；教师队伍的更替过于频繁；教师队伍的生存状况令人堪忧和本土汉语师资严重缺乏等等。

1. 教师水平参差不齐

从 2011 年 3 月至 2012 年 10 月，雅温得第二大学孔子学院先后接收的国家公派教师 9 人，汉语志愿者教师 34 人，一共 43 人。在 9 位国家公派教师中，7 位的专业是英语，1 位是中国古代汉语，还有 1 位是世界史，

---

① 崔希亮：《对外汉语教学与汉语国际教育的发展与展望》，载《语言文字应用》2010 年第 2 期。

没有一人是从事对外汉语教学相关工作的。而在 34 位汉语志愿者教师当中，只有 46% 的人在本科阶段的专业为对外汉语，另外的 54% 则涵盖了英语、汉语言文学、工业设计、旅游管理、生物技术等多种多样的专业类别，专业背景比较复杂。而在研究生阶段，专业背景相对集中，72% 的人学习的是汉语国际教育硕士专业，另外 18% 的人的专业主要为语言学及应用语言学、世界史、比较文学等。（详见图 2 和图 3）

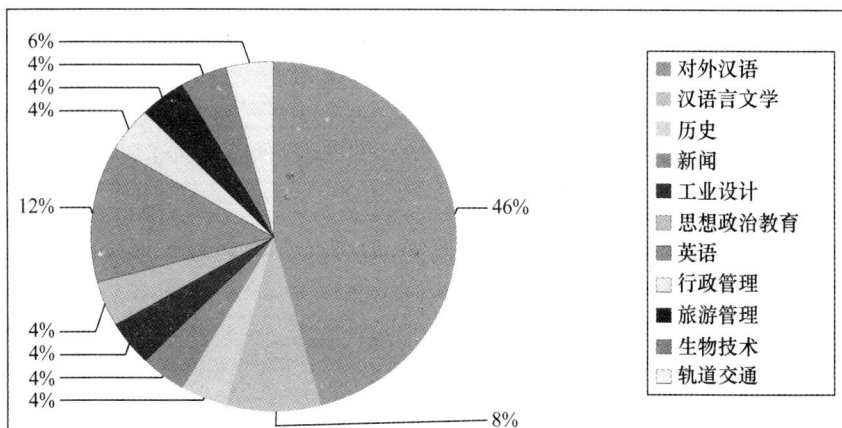

图 2　雅温得第二大学孔子学院汉语志愿者教师的本科专业统计情况图

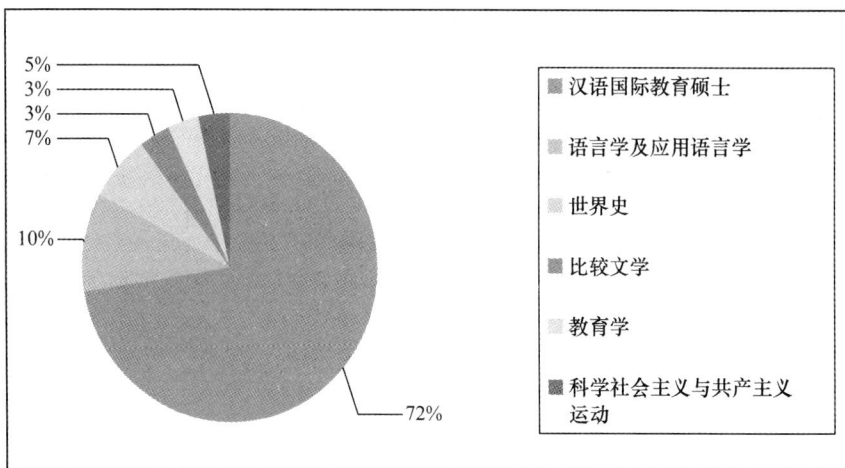

图 3　雅温得第二大学孔子学院汉语志愿者教师的研究生专业统计情况图

教师队伍专业背景的复杂性导致他们在专业能力方面出现参差不齐的现象。如部分非语言类背景出身的教师，在第二语言习得理论和教学理论方面存在明显的不足。即使是对外汉语教学专业出身的教师，在课堂管理、激发学生汉语学习兴趣方面又表现出各种欠缺。而一些没有教学经验的年轻教师更是容易在教学方法上互相模仿，形成无区别的统一教学模式。

此外，教师队伍的外语能力也有待提高。喀麦隆是一个"官方双语"国家，全国由八个法语区和两个英语区组成，法语是强势语言，全国通用，但是英语只为部分地区的人们所使用。而我们派出的汉语教师在法语方面都是零基础，一小部分人在实际教学当中逐步学习法语，大部分人直至任期结束也只懂得几句简单的口语。姬建国指出，如果教师能够比较准确流利地使用外国学生的本族语，那就能更好地了解和诊断学生的困难所在，更好地作出必要的解说，从而更好地满足学生的种种学习需求。① 因此，汉语教师法语能力的不足也会导致教学质量的下降。

2. 教师更替过于频繁

根据国家汉办的规定，国家公派教师的任期为两年，汉语志愿者教师的任期为一年。任期结束后可以申请留任，国家公派教师最长不超过四年，汉语志愿者教师不超过三年。实际上，大部分公派教师和汉语志愿者教师在任期结束后都选择回国，申请留任的不多。在上述43人的教师队伍中，只有1位公派教师和2位汉语志愿者教师选择了留任，其他人因为工作、家庭、健康等原因在任期结束后直接回国。因此，喀麦隆雅温得第二大学孔子学院的教师队伍流动性大，更替过于频繁，平均每年进行一次大变动。不断流动的队伍，既缺乏长期规划，也不利于汉语教学的长期发展。

3. 本土师资严重缺乏

喀麦隆雅温得第二大学孔子学院的教师队伍中，目前有2名本土汉语教师，其中1名已年近70岁，任教于雅温得第二大学高等商学院；另一人刚毕业于浙江师范大学汉语国际教育硕士专业，隶属于雅温得第二大学国际关系学院。现有本土汉语师资的情况不容乐观。

此外，马鲁阿大学高等师范学院设有汉语专业，是喀麦隆唯一培养本

---

① 姬建国：《跨文化教学意识与国际汉语师资培训》，北京师范大学出版社2011年版。

土汉语师资的教学点，2012 年首批毕业生 14 人，2013 年 30 人，截至目前共有 44 人。这些毕业生已经被分配到全国十个城市的 14 所中学教授汉语，他们享受政府公务员待遇，隶属于喀麦隆中等教育部。

总体来看，喀麦隆现有的本土汉语教师队伍共 46 人，规模十分小，而随着喀麦隆社会各个阶层学习汉语人数的增多，现有师资在数量上已不能满足学习者的需求。因此，加紧本土汉语师资的培养就显得尤为重要和迫切。

4. 汉语教师的心理健康问题

喀麦隆雅温得第二大学孔子学院的汉语教师团队不大，常年维持在 25 个人左右，根据教学需要分散居住在雅温得、杜阿拉和马鲁阿三个城市，即使在同一个城市，也分别住在不同的地方。从表 6 中可以了解到，目前雅温得第二大学孔子学院一共有七个住宿点，雅温得三个，杜阿拉三个，马鲁阿一个，每个住宿点的人数多少不一。最多的是马鲁阿，八个人住在一起，最少的是杜阿拉成人培训中心，只有一个人，其他住宿点一般为五个人，如孔子学院本部，或者两个人，如圣安德烈双语学校和 La Gaieté 国际学校等。也就是说，孔子学院 25 个人的团队在生活上是处于一种"四分五裂"的状态，而且因为每个城市之间相距比较远，各个教学点的汉语教师之间少有来往，基本上没有交流。

表 6　　喀麦隆雅温得第二大学孔子学院汉语教师住宿分布情况表

城市	住宿点	人数
雅温得	雅温得第二大学孔子学院本部	5
	雅温得斯噶龙街区	5
	La Gaieté 国际学校	2
杜阿拉	杜阿拉成人培训中心	1
	圣安德烈双语学校	2
	IUG 私立大学	2
马鲁阿	马鲁阿大学高等师范学院	8
共　计		25

此外，汉语教师的工作量一般为每周 12 节课左右，工作量小，空余时间多；而且为了安全起见，工作之余一般待在家里，不敢随意外出；加

上网络信号不好，语言不通，汉语教师容易产生孤独、寂寞、空虚、无聊和恐惧感。心理上的不舒适往往导致身体抵抗力的降低，不少教师因此而出现生理上的失调，如失眠、体虚、体弱等，严重的甚至生病，如得疟疾（俗称"打摆子"）等。以下两个案例即可说明这点。

案例一　志愿者 A，男，24 岁。初到孔子学院的前两个月，心里感觉非常压抑和烦躁，严重失眠，每天夜里坐着等天亮。结果接二连三"打摆子"，在其他志愿者的精心护理下，才逐步恢复过来。

案例二　志愿者 B，女，29 岁。抵达孔子学院后不到一个月就申请回国，理由是无法忍受她所工作的教学点只有两名汉语教师，她因为恐惧而出现心律不齐和失眠的症状。

（二）缺乏适合本地的汉语教材

随着对外汉语教学的迅速发展，各种版本的教材也如雨后春笋般涌现出来。根据国家汉办的统计，仅 2004 年北京语言大学等几家重点出版社出版发行的对外汉语教材就近 250 种，出版量达 120 余万册。[①] 国家汉办也给孔子学院赠送了大量教材，如《新实用汉语》、《长城汉语》、《世界少儿汉语》、《快乐汉语》等。喀麦隆的汉语教学历来使用上述教材，个别汉语教师尝试自编教材，通过选择国内教材的某些内容，利用网络资源，结合学生特点和教学实际，设计和编写汉语教材。如雅温得第二大学高等商学院的本土教师张宝林（ZANG ATANGANAEPSE ABENA PAULINE）就编过适合喀麦隆本地人的教材，迈出了编撰本土教材的第一步。

至今，喀麦隆还没有出版过适合其国情的汉语教材。现有教材主要存在以下问题：有的教材内容过多，不符合当地学期和学制；有的教材难度较大，不符合当地学生的学习水平；国内教材课文内容有的不符合当地文化风俗习惯；等等。因此，教师在参考现有教材的同时，还得根据教学需要修改教学内容，甚至有的完全抛开教材，自行编写教学材料。这就造成教学内容的混乱，缺乏系统性和连贯性，不利于学生长期的汉语学习。

---

① 数据来源：刘亚军：《汉语推广工作遭遇瓶颈教材编写出现低水平重复》，15 June, 2005, http：// www.ewen.cc./jiaoyu。

教材是学生学习过程中最重要的辅助工具，这个工具的缺乏，在一定程度上成为喀麦隆汉语教学最大的"绊脚石"。因此，加紧编写与喀麦隆实际情况相符合的本土汉语教材已经成为当务之急。

（三）部分汉语教学资源使用率低

雅温得第二大学孔子学院各个教学点共有中文图书2 100多册，对于汉语学习可以起到极大的辅助作用。但实际上，除了汉语教师和部分高年级学生外，很少人去借阅这些图书资料，而且所借的基本上是教材和字典类图书。孔子学院的图书馆也没有对当地社会人士开放，藏书皆束之高阁，无人问津。此外，由于网络条件不好，网络孔子学院等一系列网上资源并没有有效地被教师和学生利用起来。这就造成现有教学和学习资源的浪费。

喀麦隆有法国文化中心、德国文化中心和美国文化中心等，他们的图书馆和网络资源都是免费向社会公众开放的，还有专门为青少年儿童设置的阅读环境，深受喀麦隆人欢迎，读者如云。孔子学院可以向这些文化中心学习，让喀麦隆人走进我们的图书馆，从阅读中领略中国语言和文化的真正魅力。

（四）管理机制不完善

在管理制度方面，喀麦隆孔子学院没有一套完整的行政人员体制。孔子学院总部有两名外方行政人员，在杜阿拉和马鲁阿教学点分别有两名汉语教师担任负责人。外方行政人员一般不直接参与孔子学院日常的教学活动和文化活动的组织策划，而主要是协助的性质。两名汉语教师的主要任务是执行院长所安排的一系列教学和文化活动的方案，其他汉语志愿者教师则主要承担教学任务。这样的管理制度缺乏一种团队的合作，院长的个人专业素质在很大程度上影响着整个孔子学院的规划和发展。同样的，喀麦隆孔子学院也没有相对完整和专业的教学管理团队和财务管理人员。教师、教材、教学方法方面存在的问题依然是教学管理团队需要解决的首要问题，单纯以院长决策为主导的教学管理显然是不利于孔子学院的健康发展的。

四　建　议

（一）注重本土汉语师资的培养

本土汉语师资的培养有赖于雅温得第二大学孔子学院与喀麦隆各大高校的合作，以及政府的政策支持。马鲁阿大学高等师范学院已经开创了先例，设立汉语言专业，成为目前喀麦隆唯一的本土汉语教师培养基地。孔子学院还可以继续寻求与其他公立或私立大学的合作，争取多开设几个汉语专业教学点，从而扩大本土汉语教师的培养数量。然而，汉语教师的数量增加了，还得解决其就业出路问题。因为，在喀麦隆，公立大学的毕业生由政府分配工作，而每年汉语言专业的招生数量取决于政府对汉语的态度和政策。所以，孔子学院的负责人应该与喀麦隆高等教育部的领导人进行积极的沟通谈判，就解决该专业毕业生的出路问题达成共识，并制定相关的政策措施。在本土师资的培养方面，笔者有如下两点建议：

1. 关于培养模式

可以实行"3＋2"的培养模式，即学生在本国内学习三年，去中国留学两年，拿双证双文凭。如此不仅能够夯实学生的汉语言专业知识，还能够通过在中国的留学生活，加深他们对中国文化、民情、风俗的了解，从而说出准确而地道的汉语。国家汉办每年都为喀麦隆汉语言专业的学生提供留学资助名额，减轻了学生的负担，但是名额有限，希望汉办能够考虑增加名额，让更多的本土教师到中国去接受专业化的培训。

2. 关于专业能力的培养

对于一名合格的汉语教师来说，专业能力是最重要的。专业能力不仅包括运用汉语言本体知识的能力，还包括教授汉语的能力。因此，在培训本土汉语教师时，就要加强专业知识的学习和训练，如语音、词汇、语法等各个方面，一定要弄懂，弄通，不但要知其然，更要知其所以然。教师还要懂得怎样把所学到的汉语言知识传授给当地学生，这就是怎么教的问题。在课堂教学中，涉及很多教学技巧，如语法点的讲解，课堂纪律的管理等等，也是汉语教师必须认真学习的。

（二）加紧本土汉语教材的编写

雅温得第二大学孔子学院所使用的汉语教材均为国家汉办所捐赠，是中国人根据对外国汉语教学的合理想象的基础上构建的，是普适性的教材，适合于所有国家的汉语学习者，缺乏针对性。在喀麦隆的汉语教学实践当中，这些教材多少出现"水土不服"的现象，不利于教学的开展，学生的习得效果也不太好。

因此，笔者建议，教材编写者应该多了解当地的实际情况，包括喀麦隆的风俗民情、地理情况、政治状况，以及学生们所感兴趣的话题等等，这样编写出的教材才能真正适合喀麦隆学生，发挥其作用。例如，在词汇编排方面，不妨加进当地人民所熟悉的食物词如"木薯"、"鳄梨"、"烤鱼"等，这样的教材不但能够拉近与学生的距离，让学生感觉亲切，同时也更能够激发学生的学习兴趣。此外，在教材的练习部分，可以多设计一些任务型、活动型或者游戏类的练习，让学生们愿意参与其中，同时也为教师的教学提供一些思路。而且，要使我们的教材真正地"走出去"，必须有国际合作的眼光，其出路就是中外合编教材。① 我们应该利用孔子学院这个已经搭建好的平台以及投放到那里的汉语教师和志愿者的力量，联合喀方合作院校及其他合作机构，共同编写有针对性的本土化汉语教材。

（三）健全和完善孔子学院管理机制

"无规矩不成方圆"，健全和完善的管理机制是孔子学院健康持续发展的基础。按照国家汉办出台的《孔子学院章程》，各孔子学院在创立之初就有一套完整的参考框架，但是由于各国各地条件的限制，制度不健全和职能不完善的情况普遍存在。

针对雅温得第二大学孔子学院管理体系比较混乱的特点，应该在如下两方面进行改善。第一，建立一个分工明确的管理体系。以院长为核心，下设招生宣传部、教学部、财务部、后勤部等行政管理部门，分别由不同的教师负责管理，每个部门均配给一名喀方工作人员，解决语言不通、文

---

①　赵金铭：《汉语国际传播研究述略》，《浙江师范大学学报（社会科学版）》2008 年第 5 期。

化冲突的问题。院长的权力进行适当的分散和下放，各部门之间互相监督。第二，定期召开内部会议，增强教学点之间的互动和联系。各教学点之间虽然因为距离的缘故不能碰头开会，但是可以通过网络通信设备，定期召开内部会议，从而增强孔子学院整个团队的向心力和凝聚力，同时让汉语教师更有归属感和安全感。

（责任编辑：周玉渊）